projeto **Teláris**

estudar GEOGRAFIA

Daniel Almeida/Arquivo da editora

Gráficos e tabelas: aprenda a conviver com eles!

NOSSAS MUITAS INTELIGÊNCIAS!

O ser humano tem capacidades variadas. As capacidades verbal e matemática são as mais lembradas, mas há muitas outras, como as habilidades para os esportes ou para a música. Todas igualmente válidas. Ou seja, todos nós temos muitas ***inteligências****. Elas funcionam combinadas e muitas vezes uma, ou mais de uma, se destaca em relação às outras.*
Saiba quais são essas inteligências. Isso vai ajudá-lo a se conhecer melhor e a descobrir suas aptidões.

Ícones e infográfico: Bruno Algarve/Arquivo da editora

INTELIGÊNCIA MUSICAL
Ouvir músicas, tocar instrumentos, interpretar sons e cantar são as aptidões que mais se destacam nesse tipo de inteligência.

INTELIGÊNCIA CORPORAL
Interagir com o mundo por meio do contato manual e corporal, ter habilidade para o esporte, a dança e a construção de objetos são as aptidões que predominam.

INTELIGÊNCIA LÓGICO-MATEMÁTICA
Contar e classificar objetos, criar tabelas e gostar de solucionar problemas complexos são habilidades que se destacam.

INTELIGÊNCIA LINGUÍSTICA
A aptidão para atividades de comunicação centradas no uso da palavra falada ou escrita é própria desse tipo de inteligência.

INTELIGÊNCIA ESPACIAL
Habilidade especial para orientar-se no espaço, usar mapas e visualizar um objeto de um ângulo diferente, como no jogo de xadrez, bem como aptidão para as artes visuais e artes gráficas são características da inteligência espacial.

INTELIGÊNCIA INTERPESSOAL
Perceber mudanças de humor, de motivação e de intenções nas pessoas e ter facilidade de interação com os outros seres humanos são habilidades que sobressaem.

INTELIGÊNCIA INTRAPESSOAL
Habilidade de perceber os aspectos mentais e emocionais das pessoas e aptidão para a autorreflexão e para atividades que requerem escrita ou pesquisa, em projetos individuais e independentes, são características predominantes na inteligência intrapessoal.

O nome do Projeto Teláris se inspira na forma latina telarium, que significa "tecelão", para evocar o entrelaçamento dos saberes na construção do conhecimento.

Com realidade aumentada

Use esse QR Code para acessar o *site* exclusivo do Projeto Teláris. Basta fazer o *download* de um leitor de QR Code no seu celular ou *tablet* e posicionar a câmera como se fosse fotografar a imagem acima.

projeto Teláris

J. William Vesentini
Vânia Vlach

Geografia 9

Países do Norte e problemas mundiais

J. William Vesentini

- Doutor e livre-docente em Geografia pela Universidade de São Paulo (USP)
- Professor e pesquisador do Departamento de Geografia da USP
- Especialista em Geografia Política/Geopolítica e Ensino de Geografia
- Ex-professor do Ensino Fundamental e Médio das redes particular e oficial de São Paulo

Vânia Vlach

- Doutora em Geopolítica pela Université Paris 8
- Mestra em Geografia Humana pela USP
- Ex-bolsista de Produtividade em Pesquisa do Conselho Nacional de Desenvolvimento Científico e Tecnológico (CNPq)
- Ex-professora do Curso de Graduação e pesquisadora do Programa de Pós-Graduação em Geografia da Universidade Federal de Uberlândia (UFU)
- Ex-professora de educação básica das redes oficial e particular do estado de São Paulo

editora ática

editora ática

Diretoria de conteúdo e inovação pedagógica
Mário Ghio Júnior
Diretoria editorial
Lidiane Vivaldini Olo
Gerência editorial
Luiz Tonolli
Editoria de Ciências Humanas
Heloisa Pimentel
Edição
Fabíola Tibério Nunes, Francisca Edilania de Brito Rodrigues,
Mirna Acras Abed Moraes Imperatore e
Mariana Renó Faria (estag.)
Arte
Ricardo de Gan Braga (superv.),
Andréa Dellamagna (coord. de criação),
Katia Kimie Kunimura (editora de arte)
e Casa de Tipos (diagram.)
Revisão
Hélia de Jesus Gonsaga (ger.), Rosângela Muricy (coord.),
Ana Paula Chabaribery Malfa, Luís Maurício Bôa Nova,
Patrícia Travanca, Vanessa de Paula Santos
e Brenda Morais (estag.)
Iconografia
Sílvio Kligin (superv.),
Fernanda Gomes (pesquisa),
Cesar Wolf e Fernanda Crevin (tratamento de imagem)
Ilustrações
Biry Sarkis, Julio Dian e Suryara Bernardi
Cartografia
Eric Fuzii, Marcelo Seiji Hirata, Márcio Santos de Souza,
Robson Rosendo da Rocha e Alessandro Passos da Costa
Foto da capa: Norman Chan/Shutterstock/Glow Images

Avenida das Nações Unidas, 7221, 3º andar, Setor C
Pinheiros – São Paulo – SP – CEP 05425-902
Tel.: 4003-3061
www.atica.com.br / editora@atica.com.br

Dados Internacionais de Catalogação na Publicação (CIP)
(Câmara Brasileira do Livro, SP, Brasil)

Vesentini, José William
Projeto Teláris: geografia : ensino fundamental 2 / José William Vesentini, Vânia Vlach. – 2. ed. – São Paulo: Ática, 2015. – (Projeto Teláris: geografia)

Obra em 4 v. para alunos do 6º ao 9º ano.
Conteúdo: 6º ano. O espaço natural e a ação humana – 7º ano. O espaço social e o espaço brasileiro – 8º ano. Regionalização do mundo e países do Sul – 9º Países do Norte e problemas mundiais.

1. Geografia (Ensino fundamental) I. Vlach, Vânia. II. Título. III. Série.

15-03003 CDD-372.891

Índice para catálogo sistemático:
1. Geografia : Ensino fundamental 372.891

2016

ISBN 978 85 08 17228 3 (AL)
ISBN 978 85 08 17227 6 (PR)
Cód. da obra CL 738812
CAE 542 425 (AL) / 542 426 (PR)

2ª edição
4ª impressão

Impressão e acabamento
Log&Print Gráfica e Logística S.A.

Apresentação

Há livros-estrela e livros-cometa.

Os cometas passam. São lembrados apenas pelas datas de sua aparição. As estrelas, porém, permanecem.

Há muitos livros-cometa, que duram o período de um ano letivo. Mas o livro-estrela quer ser uma luz permanente em nossa vida.

O livro-estrela é como uma estrela-guia, que nos ajuda a construir o saber, nos estimula a perceber, refletir, discutir, estabelecer relações, fazer críticas e comparações.

Ele nos ajuda a ler e transformar o mundo em que vivemos e a nos tornar cada vez mais capazes de exercer nossos direitos e deveres de cidadão.

Estudaremos vários tópicos neste livro, entre os quais:

- Europa;
- Comunidade de Estados Independentes;
- Estados Unidos da América e Canadá;
- Japão;
- Austrália e Nova Zelândia;
- as desigualdades internacionais, a globalização, a nova ordem mundial;
- a nova questão demográfica e as questões ambientais.

Esperamos que ele seja uma estrela para você.

Os autores

Conheça seu livro de Geografia

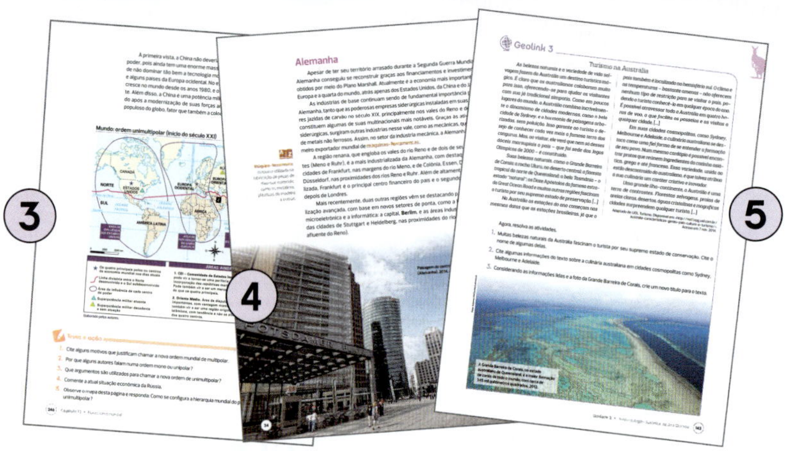

CONTEÚDO DIGITAL

Este ícone indica que há conteúdo digital disponível em: www.projetotelaris.com.br

① Abertura da Unidade

Em página dupla, apresenta uma imagem significativa e atraente e um breve texto de introdução que relacionam algumas competências que você vai desenvolver na Unidade. Cada volume está dividido em quatro unidades.

Cada Unidade é identificada por um ícone **laranja**, que se repete nas páginas ímpares na cor **roxa**. Os ícones ajudam a localizar a Unidade mais facilmente.

Ponto de partida

Esta seção traz questões que ajudam você a refletir sobre os conceitos que serão trabalhados na Unidade e a discuti-los previamente.

② Abertura dos capítulos

Os capítulos se iniciam com um pequeno texto introdutório, seguido de uma ou duas imagens. Logo após, há um boxe com questões sobre as ideias fundamentais do capítulo. Elas permitem a você ter um contato inicial com os assuntos que serão estudados e também expressar suas opiniões, experiências e conhecimentos anteriores sobre o tema.

③ Texto e ação

Ao fim dos tópicos principais há algumas atividades para você verificar o que aprendeu, resolver dúvidas e comentar os assuntos em questão, antes de continuar o estudo do tema do capítulo.

④ Glossário

Os termos e expressões destacados em laranja remetem ao glossário na lateral da página, que apresenta sua significação.

⑤ Geolink

Consiste em textos que apresentam informações complementares aos temas tratados no capítulo com o objetivo de ampliar seu conhecimento. No fim da seção, há sempre questões para você avaliar o que leu, discutir e expressar sua opinião sobre o conteúdo do texto.

Com o estudo da Geografia você vai compreender o mundo em que vivemos em todas as suas escalas, da local até a global, vai aprender como a humanidade produz e organiza o espaço geográfico. Com isso, você estará mais apto a entender os noticiários de tevê, a ler jornais e revistas com visão mais crítica, a debater questões atuais. Poderá ter uma participação mais ativa na sociedade, exercendo assim a sua cidadania. Veja como os livros desta coleção estão organizados.

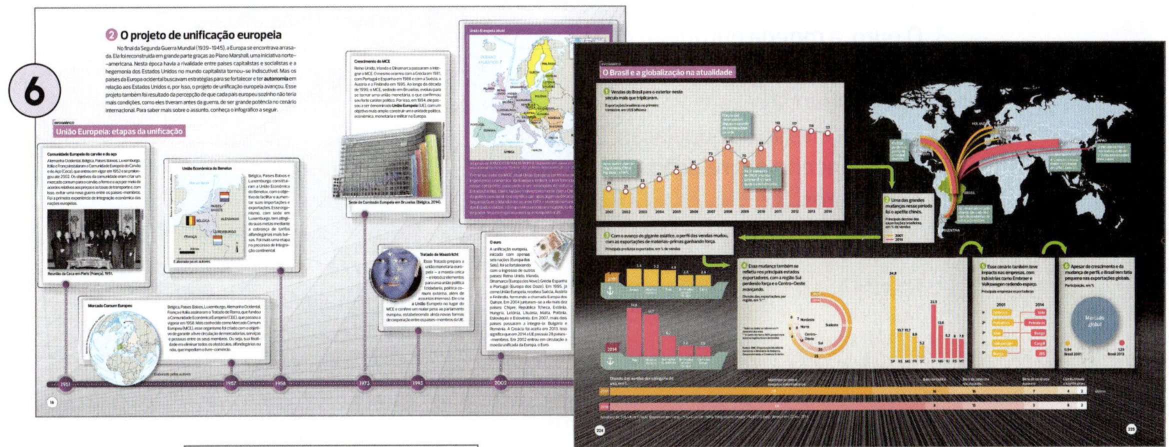

⑥ Infográficos, mapas, gráficos e imagens

No decorrer dos capítulos você encontra imagens variadas especialmente selecionadas para ajudá-lo em seu estudo.

Atividades finais

No final dos capítulos você vai encontrar três seções com diferentes tipos de atividade. São elas:

- *+ Ação*
- *De olho na imagem*
- *Conexões*

⑦ + Ação

Trata-se de atividades diversificadas (com tabelas, mapas, textos, etc.) e relacionadas à compreensão do capítulo.

⑧ De olho na imagem

Atividades relacionadas à observação e análise de fotos, bem como à interpretação de mapas.

O ícone, colocado à direita do título, indica que as atividades devem ser feitas em dupla. Junte-se a um colega para realizá-las.

⑨ Conexões

Atividades interdisciplinares que permitem fazer conexões com outras áreas do conhecimento.

⑩ Ponto de chegada

No final de cada unidade, a seção está dividida em duas subseções.

O que você estudou – Apresenta um resumo das habilidades e competências desenvolvidas.

Mix cultural – Subdividida em três partes: *Biblioteca*, *Geografia nos* sites e *Geografia nas telas*. Traz dicas e sugestões de livros, *sites*, filmes e documentários que complementam e enriquecem os assuntos vistos e trabalhados.

Sumário

Unidade 1 — Europa e CEI

Alexander Mak/Shutterstock/Glow Images

Sumário

Unidade 2 América Anglo-Saxônica, Japão e Oceania

Tooykrub/Shutterstock/Glow Images

Sumário

Unidade 3 Desigualdades internacionais

Kjell Nilsson-Maki/CartoonStock

Sumário

Unidade 4 — Globalização e nova ordem mundial

zhu difeng/Shutterstock/Glow Images

Unidade 1

S-F/Shutterstock/Glow Images

Transporte de pessoas em um canal de Amsterdã (Países Baixos), 2014.

Europa e CEI

Nesta Unidade, você estudará duas importantes regiões do Norte geoeconômico: a Europa e a CEI. Entre as competências que você desenvolverá, destacam-se: compreender as razões pelas quais foi na Europa que ocorreu a Revolução Industrial e, mais recentemente, a primeira experiência de formação de um mercado regional; identificar o conjunto de fatores que levou à constituição da União Europeia e a persistência das desigualdades regionais no continente; relacionar a redefinição de fronteiras do mapa político da Europa com, entre outras coisas, a crise do socialismo e o final da União Soviética; conhecer a CEI e suas diversidades regionais.

Ponto de partida

Converse com o professor e com os colegas sobre as seguintes questões.

1. O que você sabe sobre a Europa?
2. Você sabe o que significa a sigla CEI? Conhece os países que fazem parte dela? Cite-os.

Capítulo 1

Uma visão conjunta da Europa

Neste capítulo você estudará a **Europa** em conjunto: os aspectos físicos e humanos dos países que a compõem. Será dado especial destaque à **União Europeia**, o bloco econômico regional que unificou o continente e que serve como exemplo para diversas iniciativas em outras partes do mundo.

União Europeia (2014)

Elaborado com base nos dados de: UNIÃO EUROPEIA. Disponível em: <http://europa.eu/index_pt.htm>. Acesso em: 20 out. 2014.

Banco de imagens/Arquivo da editora

Para começar, observe o mapa acima. Nele estão representadas as bandeiras dos países-membros, além do emblema da organização. Converse com o professor e os colegas sobre as questões.

1. O que você sabe sobre a União Europeia? Quantos são atualmente os países-membros da organização? Identifique a que países pertencem as bandeiras dispostas ao redor do mapa.
2. Mencione um país europeu bastante desenvolvido e outro menos desenvolvido.
3. Na parte central do mapa há um país que não entrou na UE. O que você sabe sobre ele?

1 Aspectos físicos da Europa

No conjunto de terras chamado **Velho Mundo** – Eurásia e África –, a Europa, do ponto de vista físico, é apenas uma **península** da Ásia.

Do ponto de vista histórico-social, no entanto, a Europa é um continente, pois ao longo dos séculos desenvolveu uma cultura que a diferencia da Ásia e da África. A cultura europeia é ocidental, baseada no alfabeto latino, nas religiões judaico-cristãs e na ideia de progresso ou desenvolvimento material.

Com pouco mais de 10 500 000 km² de extensão (incluindo a parte ocidental da Rússia), contava em 2015 com uma população de cerca de 743 milhões de habitantes. Foi em sua porção oeste, ou ocidental, que a partir do século XV se iniciou a expansão marítimo-comercial em direção ao restante do mundo, por meio do oceano Atlântico.

A Europa é um continente relativamente pequeno. Sua área é menor do que a do Brasil se desconsiderar a parte ocidental da Rússia. Contudo, ela é bastante recortada e possui grande variedade de paisagens naturais. Nesse pequeno continente existem 42 países, alguns com área extremamente pequena, e um número muito grande de povos e idiomas. Aí ocorreu a maior parte das guerras já registradas na História.

PhotoAlto/SuperStock/Glow Images

Pessoas caminham em uma manhã de primavera em Estocolmo (Suécia), 2014.

Europa: político

Adaptado de: IBGE. *Atlas geográfico escolar*. 6. ed. Rio de Janeiro, 2012. p. 43.

photo.ua/Shutterstock/Glow Images

Tarde de inverno em Atenas (Grécia), 2013.

A Europa é limitada ao norte pelo oceano Glacial Ártico e ao sul pelo mar Mediterrâneo. A oeste é banhada pelo oceano Atlântico, que forma vários mares, golfos e canais, como o mar do Norte, o mar Báltico, o mar da Noruega, o canal da Mancha, o golfo de Biscaia, etc. E a leste, a Europa se une à Ásia, e os limites entre elas são os montes Urais, o mar Cáspio e o rio Ural.

Ao observar o mapa físico, é possível perceber que esse continente possui grandes extensões de terras baixas. São as planícies Germânica, da Hungria, Russo-Sarmática e outras. A Europa possui também altas cadeias de montanhas: os Alpes, os Alpes Escandinavos, os Apeninos, os Cárpatos, os Pireneus, etc. Numa altitude intermediária, existem ainda alguns planaltos, especialmente o Central Russo e o do Volga. Os principais rios europeus, cujos vales em geral formam planícies densamente povoadas, são o Reno, o Danúbio, o Volga, o Pó, o Sena, o Elba, o Loire, o Douro, o Tejo, entre outros.

Também podemos ver no mapa as principais ilhas e penínsulas do continente. No oceano Atlântico, a oeste da Europa, estão a Islândia e as várias ilhas que formam o Reino Unido (ilhas da Grã-Bretanha e da Irlanda, etc.). Ao sul, no mar Mediterrâneo, ficam diversas ilhas da Itália, da França, da Grécia e de outros países: Córsega, Sardenha, Sicília, Creta, etc. As principais penínsulas são: ao norte, a península Escandinava, na qual se encontram a Noruega e a Suécia, e a da Jutlândia, onde está a Dinamarca; ao sul, a península Ibérica, onde se encontram Portugal e Espanha, a Itálica, na qual se destaca a Itália, e a Balcânica, na qual se situam a Grécia, a Albânia e partes de outros países.

Europa: físico

Banco de imagens/Arquivo da editora

Adaptado de: IBGE. *Atlas geográfico escolar*. 6. ed. Rio de Janeiro, 2012. p. 42.

A Europa se localiza quase que inteiramente na **zona temperada**, já que está ao norte do trópico de Câncer e é atravessada pelo círculo polar Ártico. Por esse motivo, no continente, predomina o clima temperado.

Os climas são mais frios ao norte, na parte central do continente e também nas áreas de altitudes elevadas. Já na parte sul ou meridional do continente os climas são mais quentes. São mais úmidos na parte litorânea – a oeste – e mais secos na parte continental – a leste. Nessa área há maior variação anual da temperatura, com invernos bem mais rigorosos e verões quentes. São climas nos quais as quatro estações do ano estão bem definidas, com queda de neve e congelamento dos rios no inverno e calor no verão. Somente no norte da Europa, nas vizinhanças do oceano Glacial Ártico, é que encontramos o clima frio polar. No extremo sul, nas vizinhanças do mar Mediterrâneo, encontramos o clima mediterrâneo, que é seco no verão e chuvoso no inverno.

CONTEÚDO DIGITAL

Texto e ação

1. Qual é a extensão da Europa? Quantas pessoas habitavam o continente em 2015?
2. Por que pode-se dizer que a Europa é uma península da Ásia?
3. Observe o mapa da página 14 e anote no caderno os limites a norte, a leste, a sul e a oeste do continente europeu.
4. Além de altitudes do relevo e hidrografia, o mapa da página 14 apresenta ilhas e penínsulas do continente europeu. Com base nas informações do mapa e do texto, resolva as atividades.
   a) Que ilhas formam o Reino Unido?
   b) Cite o nome de quatro ilhas localizadas no mar Mediterrâneo.
   c) Cite as principais penínsulas do continente.
5. O clima europeu é predominantemente temperado. Que outros tipos climáticos são encontrados na Europa? Para resolver essa questão, faça o que se pede.
   a) Copie o quadro no caderno e complete-o com base nas informações apresentadas no texto do capítulo.

Climas do continente europeu

Tipo	Características e áreas de ocorrência
Temperado	|||||||||||||||||||||||||||||||||||||
Clima frio polar	|||||||||||||||||||||||||||||||||||||
Clima mediterrâneo	|||||||||||||||||||||||||||||||||||||

   b) Existe semelhança entre algum tipo de clima do continente europeu e o que predomina no lugar onde você mora? Qual?

SOPA RF/SOPA/Corbis/Latinstock

Praia Costa Adeje nas ilhas Canárias (Espanha), 2013.

② O projeto de unificação europeia

No final da Segunda Guerra Mundial (1939-1945), a Europa se encontrava arrasada. Ela foi reconstruída em grande parte graças ao Plano Marshall, uma iniciativa norte-americana. Nesta época havia a rivalidade entre países capitalistas e socialistas e a hegemonia dos Estados Unidos no mundo capitalista tornou-se indiscutível. Mas os países da Europa ocidental buscavam estratégias para se fortalecer e ter **autonomia** em relação aos Estados Unidos e, por isso, o projeto de unificação europeia avançou. Esse projeto também foi resultado da percepção de que cada país europeu sozinho não teria mais condições, como eles tiveram antes da guerra, de ser grande potência no cenário internacional. Para saber mais sobre o assunto, conheça o infográfico a seguir.

INFOGRÁFICO

União Europeia: etapas da unificação

Comunidade Europeia do carvão e do aço

Alemanha Ocidental, Bélgica, Países Baixos, Luxemburgo, Itália e França instalaram a Comunidade Europeia do Carvão e do Aço (Ceca), que entrou em vigor em 1952 e se prolongou até 2002. Os objetivos da comunidade eram criar um mercado comum para o carvão, o ferro e o aço por meio de acordos relativos aos preços e às taxas de transporte e, com isso, evitar uma nova guerra entre os países-membros. Foi a primeira experiência de integração econômica das nações europeias.

NATO/EC

Reunião da Ceca em Paris (França), 1951.

União Econômica do Benelux

Banco de imagens/Arquivo da editora

Elaborado pelos autores.

Bélgica, Países Baixos e Luxemburgo constituíram a União Econômica do Benelux, com o objetivo de facilitar e aumentar suas importações e exportações. Esse organismo, com sede em Luxemburgo, tem atingido suas metas mediante a cobrança de tarifas alfandegárias mais baixas. Foi mais uma etapa no processo de integração continental.

Mercado Comum Europeu

Banco de imagens/Arquivo da editora

Elaborado pelos autores.

Bélgica, Países Baixos, Luxemburgo, Alemanha Ocidental, França e Itália assinaram o Tratado de Roma, que fundou a Comunidade Econômica Europeia (CEE), que passou a vigorar em 1958. Mais conhecido como Mercado Comum Europeu (MCE), esse organismo foi criado com o objetivo de garantir a livre circulação de mercadorias, serviços e pessoas entre os seus membros. Ou seja, sua finalidade era eliminar todos os obstáculos, alfandegários ou não, que impediam o livre-comércio.

1951 · 1957 · 1958

Crescimento do MCE

Reino Unido, Irlanda e Dinamarca passaram a integrar o MCE. O mesmo ocorreu com a Grécia em 1981, com Portugal e Espanha em 1986 e com a Suécia, a Áustria e a Finlândia em 1995. Ao longo da década de 1990, o MCE, sediado em Bruxelas, evoluiu para se tornar uma união monetária, o que confirmou seu forte caráter político. Por isso, em 1994, ele passou a ser denominado **União Europeia** (UE), com um objetivo mais amplo: construir uma unidade política, econômica, monetária e militar na Europa.

artjazz/Shutterstock/Glow Images

Sede da Comissão Europeia em Bruxelas (Bélgica, 2014).

União Europeia atual

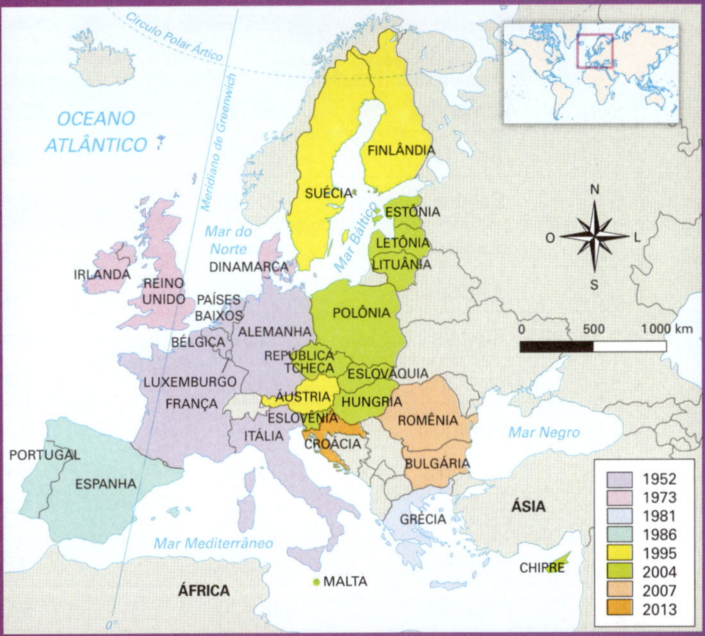

Banco de imagens/Arquivo da editora

Adaptado de: BANCO CENTRAL EUROPEU. Disponível em: <www.ecb.europa.eu/ecb/educacional/facts/euint/html/ei_001.pt.html>. Acesso em: 20 out. 2014.

O enorme êxito do MCE, atual União Europeia, contribuiu muito para ampliar a importância econômica da Europa e reduzir a interferência norte-americana nesse continente, colocando-a em condições de voltar a concorrer com os Estados Unidos, com o Japão e mais recentemente com a China, uma nova grande potência mundial. Isso significa que, após algumas décadas – desde o final da Segunda Guerra Mundial até os anos 1970 – vivendo numa situação de periferia dos Estados Unidos, a Europa voltou a ocupar uma posição de um centro mundial de poder. Veja no mapa os países que compõem a UE.

Tratado de Maastricht

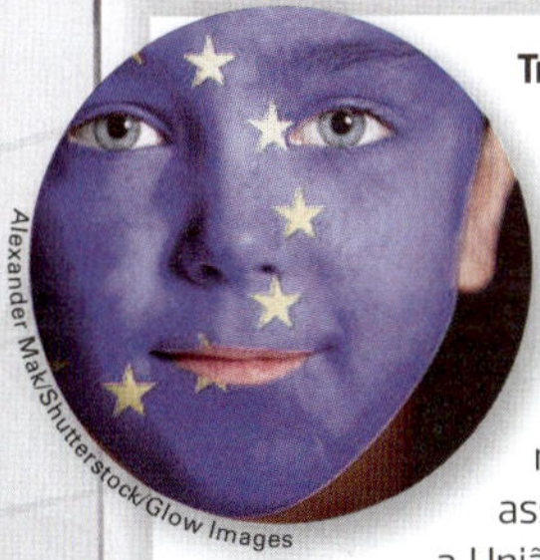

Alexander Mak/Shutterstock/Glow Images

Esse Tratado prepara a união monetária europeia – a moeda única – e introduz elementos para uma união política (cidadania, política comum externa, além de assuntos internos). Ele cria a União Europeia no lugar do MCE e confere um maior peso ao parlamento europeu, estabelecendo ainda novas formas de cooperação entre os países-membros da UE.

O euro

Ivan Majtan/Shutterstock/Glow Images

A unificação europeia, iniciada com apenas seis nações (Europa dos Seis), foi se fortalecendo com o ingresso de outros países: Reino Unido, Irlanda, Dinamarca (Europa dos Nove); Grécia, Espanha e Portugal (Europa dos Doze). Em 1995, já como União Europeia, recebeu Suécia, Áustria e Finlândia, formando a chamada Europa dos Quinze. Em 2004 juntaram-se a ela mais dez países: Chipre, República Tcheca, Estônia, Hungria, Letônia, Lituânia, Malta, Polônia, Eslováquia e Eslovênia. Em 2007, mais dois países passaram a integrá-la: Bulgária e Romênia. A Croácia foi aceita em 2013. Isso significa que em 2014 a UE possuía 28 países-membros. Em 2002 entrou em circulação a moeda unificada da Europa, o Euro.

1973 · 1993 · 2002 · 2015

União Europeia: dados estatísticos

País \ Indicador	Área (km²)	População (milhões de habitantes), 2015	PIB (bilhões de dólares), 2013	Renda *per capita* (dólares), 2013
Alemanha	357 120	82,6	3 730	47 270
Áustria	83 879	8,6	428	50 430
Bélgica	30 530	16,8	525	46 290
Bulgária	111 000	7,1	54	7 030
Chipre	9 250	1,2	22	25 210
Croácia	56 590	4,6	58	13 430
Dinamarca	43 090	5,7	336	61 680
Eslováquia	49 040	5,5	98	17 810
Eslovênia	20 270	2,1	48	23 210
Espanha	505 370	47,2	1 393	29 920
Estônia	45 230	1,3	25	17 690
Finlândia	338 420	5,5	267	48 820
França	549 190	65,0	2 806	43 460
Grécia	131 960	11,1	242	22 690
Hungria	93 030	9,9	133	13 260
Irlanda	70 280	4,7	232	43 110
Itália	301 340	61,1	2 149	35 860
Letônia	64 560	2,0	31	15 280
Lituânia	65 300	3,0	46	14 900
Luxemburgo	2 590	0,5	60	69 900
Malta	320	0,4	10	20 980
Países Baixos	41 540	16,8	853	51 060
Polônia	312 680	38,2	526	13 240
Portugal	92 090	10,6	227	51 260
Reino Unido	243 610	64,0	2 678	51 680
República Tcheca	78 870	10,8	209	18 950
Romênia	238 390	21,6	190	9 060
Suécia	450 300	9,7	580	61 760

Elaborado com base nos dados de: IBGE Países. Disponível em: <www.ibge.gov.br/paisesat/main_frameset.php>; UNITED NATIONS. Department of Economic and Social Affairs (Desa). *World Population Prospects*: The 2012 Revision. Volume II: demographic Profiles. Nova York: ONU, 2013. Disponível em: <http://esa.un.org/unpd/wpp/Documentation/pdf/WPP2012_Volume-II-Demographic-Profiles.pdf>; THE WORLD BANK. Disponível em: <http://data.worldbank.org/indicator>. Acessos em: 22 dez. 2014.

Podemos concluir pelo quadro que a **população** total da UE em 2015 era superior a 500 milhões. A **área** total é de 4 385 839 km², o que equivale a pouco mais da metade do território brasileiro. O maior país em extensão territorial é a França, com uma área um pouco menor que o estado da Bahia. E o menor, Malta, tem uma área inferior à maioria dos municípios do Brasil. O país mais populoso é a Alemanha, com mais de 80 milhões de habitantes; por sua vez, Malta tem apenas 430 mil moradores. O valor da economia do bloco, medido pela soma do **PIB** dos países, ultrapassa a cifra dos 17 trilhões de dólares, portanto superior ao PIB dos Estados Unidos. A **renda *per capita*** dos países varia muito, é maior em Luxemburgo e menor na Bulgária, mas a renda média da população do bloco é de cerca de US$ 33 mil.

Outro dado estatístico que merece destaque é o índice de **analfabetismo**: quase não há analfabetos entre a população de 15 anos ou mais da UE, com exceção de Portugal, onde chegou a 6% em 2011, Grécia, Bulgária e Espanha (de 2% a 3%). Praticamente não existe também **pobreza** absoluta nos países desse bloco, ou seja, populações que vivem abaixo da linha internacional da pobreza, com menos de 2 dólares por dia.

Voltando ao quadro, é possível observar que alguns países europeus ocidentais com elevadíssimo padrão de vida até agora não se interessaram em ingressar nesse bloco: a Noruega (que tem a segunda maior renda *per capita* do mundo), a Suíça e a Islândia (que têm a quarta e a décima sexta maiores rendas), além de alguns pequenos Estados com área e população bem reduzidas — Andorra, Vaticano, Mônaco, Liechtenstein e San Marino. No entanto, todos eles são países bastante integrados na Europa e têm como parceiros comerciais prioritários os membros da UE.

Texto e ação

1. Com base nas informações do infográfico das páginas 16 e 17, responda.
   a) Qual foi o objetivo da CEE?
   b) Que países compuseram essa união econômica?
2. Muitas datas importantes marcaram a evolução da União Europeia. Quais são elas?
3. Cite o nome dos países que ingressaram na União Europeia em 1981, 1986, 1995, 2004, 2007 e 2013.

3 O euro, a moeda europeia

Você já viu que, em dezembro de 1991, os países-membros do então MCE assinaram, na cidade de Maastricht (Países Baixos), um tratado, que leva o nome da cidade, com o objetivo de reforçar a integração europeia por meio da união monetária (moeda única) e de um futuro sistema único de defesa.

O sistema único de defesa ainda caminha a passos lentos, mas a moeda unificada – o **euro** – foi adotada, inicialmente, por doze países da União Europeia: Alemanha, França, Itália, Irlanda, Portugal, Finlândia, Áustria, Países Baixos, Luxemburgo, Bélgica, Espanha e Grécia. Posteriormente outros países ingressaram na chamada **Zona do Euro** (isto é, o conjunto de países que adota a moeda), como se observa no mapa da página 20. A partir de 2002 as notas de euro entraram em circulação, e as moedas nacionais dos países que participam da experiência (o franco francês, o marco alemão, a lira italiana, etc.) passaram a ser completamente trocadas por notas de euro.

Além dos países que compõem a Zona do Euro, outras nações, mesmo não pertencentes à União Europeia, acabaram adotando essa moeda, como Andorra, Vaticano, Mônaco, San Marino, Montenegro e outros.

Um fato que chama a atenção quando comparamos os membros da UE com aqueles da Zona do Euro é que alguns países importantes ficaram de fora, ou seja, não quiseram abrir mão de suas moedas nacionais. Esses países do bloco que não adotaram o euro e conservam as próprias moedas são o Reino Unido (com a sua valorizada libra esterlina), a Dinamarca (cuja moeda é a coroa) e a Suécia (coroa sueca), embora esta última deva adotar futuramente.

Símbolo do euro à frente da sede do Banco Central Europeu em Frankfurt (Alemanha), 2014.

imantsu/Shutterstock/Glow Images

Quando foi lançada a moeda, seu valor era igual ao do **dólar** norte-americano, mas com o tempo ela valorizou: no final de 2014 um euro equivalia a 1,32 dólar. Essa valorização do euro é positiva porque uma moeda forte, valorizada e bem aceita internacionalmente pode concorrer com o dólar como **divisa**, isto é, a que os países reservam para pagar suas importações, suas dívidas, etc., além de ser considerada um refúgio seguro nas crises. Muitos países, a começar pela China (que possui o maior montante do mundo em reservas de moedas estrangeiras, principalmente dólar), já estão fazendo parte das reservas em euro, o que aumenta mais ainda a confiança internacional nessa moeda. Mas essa valorização tem o seu lado negativo porque dificulta as exportações, já que comprar produtos em euro sai caro para os demais países, principalmente aqueles que têm moedas desvalorizadas. Por outro lado, as importações são facilitadas, pois uma moeda forte compra mais produtos estrangeiros. Esse fato já provocou *deficit* na balança comercial de vários países europeus, quando o valor das exportações é menor que o das importações. Os *deficit* de alguns países europeus contribuíram para que ficassem endividados.

União europeia: Zona do Euro (2014)

Banco de imagens/Arquivo da editora

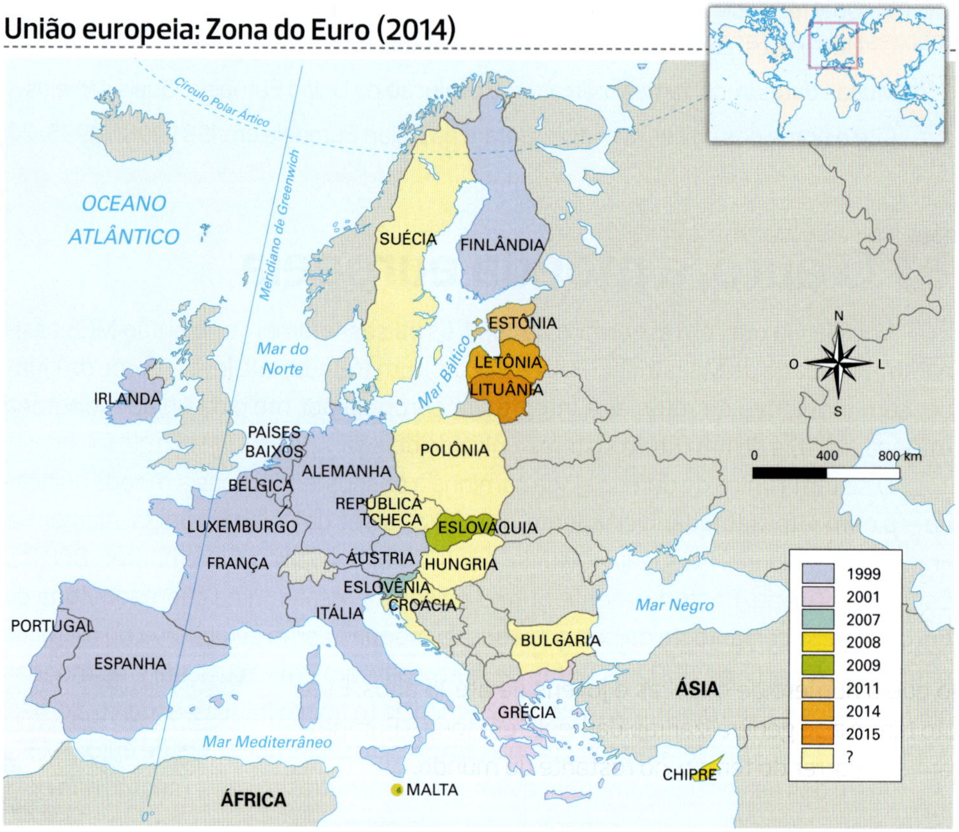

Elaborado com base nos dados de: COMISSÃO EUROPEIA. *Who can join and when?*. Disponível em: <http://ec.europa.eu/economy_finance/euro/adoption/who_can_join/index_en.htm>. Acesso em: 5 nov. 2014.

Texto e ação

1. O que é a Zona do Euro?
2. Quando as notas de euro entraram em circulação?
3. Alguns países da União Europeia não fazem parte da Zona do Euro. Quais são eles?
4. Em sua opinião, qual é a razão de vários países adotarem uma moeda única?
5. Pesquise a cotação do euro em relação ao dólar e em relação ao real. Traga sua descoberta para a sala de aula. Lembre-se de registrar o dia em que a cotação foi feita.

4 Crescimento demográfico baixo ou negativo

Existe um elevado **padrão de vida** nos países da Europa ocidental. Esse elevado padrão de vida está relacionado à industrialização e à modernização das sociedades e também a uma distribuição de renda em geral sem grandes desigualdades, ao contrário do que ocorre, por exemplo, nos Estados Unidos e mais ainda no Brasil. Os países da Europa, em especial os da parte ocidental, são reconhecidos pela eficiente rede de assistência médica e hospitalar, pelos ótimos sistemas escolares acessíveis a todos, por um seguro desemprego que oferece dinheiro suficiente para que se tenha boa qualidade de vida, pelas políticas sociais de habitação, assistência aos mais pobres e aos imigrantes, etc. Esse elevado padrão de vida pode ser avaliado pelas baixíssimas taxas de mortalidade infantil e pela elevada expectativa de vida, que são alguns dos indicadores mais significativos do desenvolvimento humano ou social de uma nação. Veja a tabela.

Países selecionados: dados estatísticos

País	Crescimento demográfico (%), 2010/2015	Mortalidade infantil (‰), 2012	Expectativa de vida (anos), 2013
Países Baixos	0,3	3	81,4
Alemanha	- 0,1	3	80,7
Dinamarca	0,4	3	79,4
Reino Unido	0,6	4	80,5
França	0,5	3	81,8
Áustria	0,4	3	81,1
Itália	0,2	3	82,4
Romênia	- 0,4	12	77,0
Portugal	0,0	3	79,9
Hungria	- 0,2	5	74,6

Elaborado com base nos dados de: PROGRAMA DAS NAÇÕES UNIDAS PARA O DESENVOLVIMENTO. Human Development Report 2014. *Sustaining Human Progress: Reducing Vulnerabilities and Building Resilience*. Nova York: Pnud, 2014. T. 1; 7; 15.

Envelhecimento da população

Muitos países europeus têm um **crescimento vegetativo** negativo, ou seja, morrem mais pessoas do que nascem a cada ano. Somente a vinda de imigrantes é que, em alguns casos, produz algum crescimento populacional. E como as taxas de natalidade são baixíssimas e a expectativa de vida é bastante elevada, existe um progressivo envelhecimento da população. Em vários países europeus o número de idosos (pessoas com mais de 60 ou de 65 anos de idade) já é maior do que o número de crianças e jovens de até 15 anos. Esse fato tende a se generalizar rapidamente em toda a Europa e, com o decorrer do tempo, no restante do mundo.

Mascha Brichta/Picture Alliance/Easypix Brasil

Idosas praticam hidroginástica em Hamburgo (Alemanha), 2013.

Texto e ação

1. A taxa de mortalidade infantil e a expectativa de vida são indicadores muito significativos das condições de vida de uma população. O que os dados da tabela acima revelam sobre esses indicadores nos países europeus selecionados?
2. Por que existe um progressivo envelhecimento da população na Europa?
3. Em sua opinião, quais são as consequências do envelhecimento da população da Europa?

A Z

Crescimento vegetativo: o mesmo que crescimento natural da população, ou seja, a taxa de natalidade menos a de mortalidade. É diferente do crescimento demográfico, pois este também leva em conta os que saíram (emigrantes) e os que entraram (imigrantes).

5 O preconceito em relação aos emigrantes

Desde meados da década de 1970, o **racismo** – desta vez, contra os emigrantes oriundos de países pobres – vem se agravando na Europa ocidental, particularmente na França, Bélgica, Áustria e Alemanha. Muitas vezes os grupos ou movimentos racistas assumem a ideologia **neonazista**, ou seja, se inspiram nas ideias de Hitler e nos preconceitos contra certos grupos étnicos ou religiosos – afrodescendentes, judeus, turcos, árabes, islâmicos, além de outros imigrantes de países mais pobres.

O amplo desenvolvimento econômico de vários países da Europa ocidental, entre os últimos anos da década de 1950 e o início da década de 1970, ocasionou o aumento da necessidade de mão de obra para exercer tarefas mais pesadas e de menor prestígio e remuneração, às quais a população local não se sujeitava mais a fazer. Assim, milhões de pessoas procedentes de países menos industrializados da própria Europa ocidental, como Grécia, Espanha e Portugal, e também da Turquia e de algumas ex-colônias africanas e asiáticas, migraram para esses países altamente industrializados. As **migrações** se intensificaram a partir de 1989, com a abertura das fronteiras dos países da Europa oriental, o que provocou o deslocamento em massa de alemães orientais, poloneses, albaneses, húngaros, romenos e outros para a Europa ocidental.

Contudo, a partir de meados dos anos 1970, houve uma grande mudança na economia capitalista: iniciou-se a **Terceira Revolução Industrial**, que substituiu maciçamente trabalhadores pouco qualificados por máquinas ou robôs. Junto a isso, muitas fábricas passaram a ser instaladas em outros países ou regiões com menores custos de produção, isto é, menos gastos com impostos, mão de obra e outros (eletricidade, telefonia, transportes, etc.). Esse conjunto de processos aumentou o desemprego nos países mais industrializados, que atingiu não apenas a população nacional, mas principalmente os imigrantes e seus descendentes. Com isso, parte desses imigrantes acabou retornando aos países de origem, além da expansão dos preconceitos de europeus contra os estrangeiros.

Mulher turca trabalha no comércio em Tromso (Noruega), 2011.

Tor Eigeland/Alamy/Glow Images

Desde então o desemprego vem sendo o grande problema social em todos os países desenvolvidos, particularmente na Europa por causa dos elevados salários e benefícios sociais para os trabalhadores. Ele é uma consequência da atual fase da economia globalizada, cuja base está na informática e na robotização: há menor necessidade de mão de obra, especialmente de trabalhadores pouco qualificados e, ao mesmo tempo, há uma forte concorrência internacional, fato que algumas vezes leva certos governos a tentar diminuir os benefícios sociais como forma de baratear os custos de produção no país. No entanto, as migrações internacionais prosseguem, com milhões de pessoas entrando todos os anos (legal ou clandestinamente) na Europa e nos Estados Unidos em busca de um melhor padrão de vida.

Com o aumento do **desemprego**, surge na Europa o **subemprego**, como os camelôs, os flanelinhas e outros, atividades que esses países praticamente não conheciam até os anos 1970. Algumas possíveis soluções são apontadas por especialistas, como a criação de novas atividades ou de empregos – por exemplo, nas atividades de turismo e lazer, proteção ao meio ambiente, ensino e outras –, ampliar os investimentos em educação, já que as novas atividades exigem elevada qualificação da mão de obra; o estabelecimento de uma jornada de trabalho menor, com seis ou até quatro horas por dia, e não mais sete ou oito, sem perdas salariais, o que permitiria que mais pessoas trabalhassem.

Essas mudanças, porém, são demoradas e, provavelmente, exigirão muitas lutas e greves, tal como ocorreu na passagem do século XIX para o século XX, quando se trabalhava em média catorze ou dezesseis horas por dia, até mesmo aos sábados. Atualmente, a jornada média na Europa é de oito horas diárias ou menos. No entanto, a concorrência agressiva dos produtos baratos oriundos da China, da Índia ou dos países do Sudeste Asiático, dificulta a implantação dessas alternativas, que poderiam encarecer ainda mais os produtos europeus.

Contudo, determinados grupos de indivíduos ou partidos de extrema direita insistem em culpar os imigrantes pelo elevado desemprego e também por outros problemas sociais, como o aumento na criminalidade, que ocorrem na Europa. Trata-se de um raciocínio simplista, pois, em vez de examinar os verdadeiros motivos do aumento do desemprego, tenta-se encontrar um "culpado" a ser punido e banido do país. Jogando os trabalhadores uns contra os outros, esses grupos **xenófobos** tentam dividir a população e despertar o ódio, a desconfiança, a antipatia e o temor, problema que vem se agravando nas últimas décadas em vários países europeus ocidentais. E as manifestações de intolerância continuam. Movimentos contrários a essa violência também têm se organizado, sem, contudo, conseguir contê-la. Até mesmo alguns partidos políticos de extrema direita aproveitam essa onda de descontentamento para propagar um discurso anti-imigração e com isso tentar conseguir mais adeptos ou mais votos nas eleições.

A Z

Xenófobo: pessoa que tem medo irracional, aversão ou profunda antipatia em relação aos estrangeiros.

Texto e ação

1. Desde meados de 1970, a xenofobia vem se agravando na Europa ocidental. Por que isso aconteceu?
2. Muitas vezes, grupos ou movimentos xenófobos assumem a ideologia neonazista. O que isso significa?
3. Por que muitos europeus não veem de forma favorável a chegada de estrangeiros?
4. Leia o seguinte texto para resolver as atividades.

*A responsável das Nações Unidas para os direitos humanos, Navi Pillay, manifestou-se hoje preocupada com o aumento do extremismo e do racismo retórico na Europa, avisando que a contestação à origem dos imigrantes pode conduzir ao abuso de direitos. "Estou preocupada com o aumento recente na vida política de vários Estados da Europa ocidental de um discurso marcado por um sentimento racista e pela intolerância religiosa", afirmou Pillay perante os diplomatas presentes num encontro do Conselho de Direitos Humanos da ONU, em Genebra. Lembrando a vitória recente dos **eurocéticos** e dos discursos anti-imigração e xenófobos proferidos no último mês por alguns partidos durante as eleições para o Parlamento Europeu, ela manifestou sua preocupação com o fato de haver nesse parlamento políticos que fazem declarações racistas.*

Adaptado de: DIÁRIO DE NOTÍCIAS. Disponível em: <www.dn.pt/inicio/globo/interior.aspx?content_id=3965013&seccao=Europa>. Acesso em: 27 out. 2014.

A Z

Eurocético: pessoa nacionalista (francesa, alemã, inglesa, etc.) contrária à unificação europeia.

a) Por que o avanço da xenofobia na Europa pode conduzir ao desrespeito em relação aos direitos humanos?

b) O que significa intolerância religiosa? Cite uma religião malvista pelos xenófobos europeus.

Atividades finais

+ Ação

1. Reproduza o quadro abaixo no caderno. Preencha-o com base no item 1 (Aspectos físicos da Europa) e no mapa da página 14.

Continente europeu

Área (em km²)	Formas de relevo e principais rios	Tipos de clima e vegetação original

- Escreva um pequeno texto sobre as paisagens naturais do continente europeu.

2. Em relação ao item 3 (O euro, a moeda europeia), faça o seguinte.

a) Cite os países que ficaram de fora da chamada Zona do Euro até 2014.

b) Pesquise a situação atual desses países em relação à adoção do euro. Anote as principais informações no caderno e, depois, converse com os colegas sobre o tema.

3. O mapa físico da Europa presente na página 14 apresenta, entre outras informações, as altitudes e a hidrografia do continente europeu.

a) Observe o título, a legenda, a distribuição das cores e dos símbolos e responda.

- Qual o significado das cores mais fortes? E das mais claras?
- Qual a altitude da nascente do rio Tejo?
- Quais altitudes o rio Tejo percorre da nascente até a foz?

b) Analise as respostas das atividades anteriores e escreva um pequeno texto relacionando as altitudes do relevo com a hidrografia na Europa.

4. Observe a tabela da página 18 e realize as atividades a seguir.

a) Cite:

- o país com a maior extensão territorial;
- o país mais populoso;
- o país com o maior e o menor PIB;
- o país que apresentou a maior e a menor renda *per capita*.

b) O que podemos concluir pelos dados apresentados?

5. Escolha um país europeu e pesquise as seguintes informações sobre ele:

- moeda;
- religião;
- atividades econômicas;
- festas típicas;
- danças e instrumentos;
- arte popular.

Produza textos, cartazes ou álbuns de imagens para apresentar a pesquisa ao professor.

6. Leia o texto a seguir. Depois, faça o que se pede.

A Europa enfrentará uma crise de obesidade de grandes proporções em 2030, de acordo com projeções da Organização Mundial de Saúde (OMS), com mais da metade de sua população adulta acima do peso saudável. As projeções indicam que 89% dos homens irlandeses e 77% dos homens gregos vão estar acima do peso. Um terço das mulheres no Reino Unido deverão ser obesas em 2030, em comparação com 26% em 2010. Para os homens britânicos, quase três quartos vão estar acima do peso em 2030. Mesmo nos países com menor obesidade, como a Suécia, estima-se que 26% dos homens suecos serão obesos até 2030 em comparação com 14% em 2010, enquanto para as mulheres as taxas de obesidade vão subir de 12% para 22%. O índice de massa corporal (IMC) é calculado dividindo o peso da pessoa em quilos pelo quadrado da sua altura em metros; um IMC maior que 25 é indicador de sobrepeso, e superior a 30 é obesidade. "Embora não haja nenhuma bala de prata para combater a epidemia, os governos devem fazer mais para limitar a comercialização de alimentos não saudáveis e tornar mais acessíveis os alimentos saudáveis", afirma o relatório. Também uma vida menos sedentária, com mais atividade física, contribui para minimizar o problema.

Adaptado de *EurActiv*. Disponível em: <http://www.euractiv.com/sections/health-consumers/who-warns-burgeoning-obesity-crisis-europe-314355>. Acesso em: 11 maio 2015.

a) Explique o que é obesidade e como ela é medida em uma pessoa.

b) Quais são as consequências da obesidade para a saúde das pessoas e para os sistemas públicos de saúde?

c) Vamos calcular o seu IMC? Cada aluno vai multiplicar sua altura por ela mesma (por exemplo, 1,70m × 1,70m = 2,89); agora vamos dividir o peso de cada aluno por esse índice (por exemplo, 68 kg ÷ 2,89 = 23,5). Se o resultado for superior a 30, trata-se de obesidade. Se estiver entre 18 e 25 é um IMC saudável.

d) Esse problema de crescimento da obesidade é apenas europeu ou também existe em outras regiões do globo? Você acha que existe esse problema no Brasil?

e) Na sua opinião, quais são as causas do crescimento da obesidade? E como esse problema pode ser combatido?

De olho na imagem

1. Em 2011, e prolongando-se pelos anos seguintes, ocorreu a chamada crise na Zona do Euro, com muitos bancos europeus sofrendo grandes prejuízos, com estagnação ou retração da atividade econômica em vários países, especialmente nos apelidados de Pigs (sigla que une Portugal, Irlanda, Itália, Grécia e Espanha, cujo nome em inglês é *Spain*). As charges a seguir procuram retratar com humor esse episódio.
   a) Qual é o humor ou a crítica contida em cada charge?
   b) Pesquisem a situação atual dos países da Zona do Euro, principalmente dos cinco Pigs, e tragam suas descobertas para serem comentadas na sala de aula.
   c) Em inglês, *pig* significa 'porco'. Quando foi criada a sigla Pigs para os cinco países europeus bastante endividados e onde os governos durante vários anos gastaram mais do que arrecadaram, será que houve a intenção de compará-los com o animal? Em caso positivo, vocês pensam que isso seria uma ironia, uma brincadeira ou uma ofensa?

NANI Humor. Disponível em: <www.nanihumor.com/search/label/Europa>. Acesso em: 20 out. 2014.

ERASMO. Disponível em: <www.humorpolitico.com.br/uniao-europeia-ue/crise-na-europa/>. Acesso em: 20 out. 2014.

2. Observem a foto e leiam o texto para fazer as atividades.

Daniel Roland/AFP/Getty Images

Seleção alemã de futebol em Mainz (Alemanha), 2014.

A multiétnica seleção alemã de futebol

Já imaginou turcos, poloneses, bósnios, ganenses, nigerianos, brasileiros e alemães jogando na mesma seleção? Pois essa situação é uma realidade quando se fala da seleção alemã de futebol de 2014.

Sim, é a mesma Alemanha que ficou marcada a ferro e fogo na história pelo regime nazista, de alto teor racista e xenófobo, que tinha o conceito da raça pura ariana como ideal. Felizmente, o país tem apresentado mudanças (ainda que a contragosto dos mais conservadores, nacionalistas e xenófobos de plantão) e o esporte representa um belo termômetro dessa abertura recente.

Na Copa do Mundo de 2010, por exemplo, nada menos que dez dos jogadores convocados para defender a Alemanha eram estrangeiros naturalizados ou descendentes: Klose, Podolski e Trochowski, nascidos na Polônia; Marin, da Bósnia; Özil e Tasci, alemães de nascimento e descendentes de turcos; Aogo, Boateng e Khedira, com pais nigerianos, ganenses e tunisianos, respectivamente.

O time do último Mundial ainda contava com o brasileiro Cacau, de Santo André (SP), naturalizado alemão desde 2009. E outro "novo" alemão, o descendente de espanhóis Mario Gomez (também apelidado de "Super Mario"), aparecia nas convocações.

Já em 2014, a presença imigrante se faz com Klose, Podolski, Özil, Boateng, Khedira, Höwedes (descendente de noruegueses) e Mustafi (de pais albaneses nascidos na Macedônia). [...]

Essa nova geração de jogadores, considerada a mais talentosa do país desde o início da década de 1990, reflete o tamanho da população imigrante na Alemanha. Dos 82 milhões de habitantes, cerca de 7 milhões têm origem estrangeira – sendo 3 milhões deles de origem turca.

Adaptado de: DELFIM, Rodrigo Borges. *Migramundo*. Disponível em: <http://migramundo.com/2012/10/11/a-multietnica-selecao-alema-de-futebol/>. Acesso em: 12 jan. 2015.

a) Por que a Alemanha conta com tantos jogadores de origens diferentes?

b) Um dos maiores antropólogos do século XX, Claude Lévi-Strauss, afirmou que a aceitação de pessoas, ideias, invenções e valores de outras culturas enriquece, acelera o progresso, ao passo que aquelas culturas que se fecharam às influências estrangeiras em geral estagnaram ou declinaram com o tempo. Você pensa que o sucesso da seleção alemã de futebol, que ganhou a Copa de 2014, exemplifica essa afirmação? Justifique.

Conexões

ARTE E LÍNGUA PORTUGUESA

1. Diversas obras de músicos, pintores, escritores, poetas e cineastas foram inspiradas em rios europeus. O Tejo é um exemplo. Leia o poema e realize as atividades.

Rio Tejo

Tejo rio da Espanha e Portugal
Rio Tejo de Lisboa e Toledo capital
Tejo rio das forjas de muitas espadas
Rio Tejo das naus de águas navegadas

Teu leito é da meseta e da montanha
Tua terra é da Espanha
Tua nascente é do Monte Universal
Tua foz é do mar de Portugal

Rio Tejo, és o rio da Torre de Belém
A guardiã branca e casta do mar d'além
Tejo rio, és o rio do Alcácer de Toledo
A fortaleza incorruptível sem medo

Rio Tejo, acompanhaste a clássica civilização
Testemunhaste os bárbaros e sua conversão
Choraste pelos mouros e a injusta conquista
Alegraste pelos cruzados e a justa reconquista

Rio Tejo, a água que, por todo seu leito, percorre
É o sangue que, nas veias de Portugal e Espanha, corre
O sangue que Portugal deu pelos mares navegados
E a Espanha deu pelos territórios conquistados

De suas águas saíram as caravelas de futuras vitórias
Para suas águas voltaram as naus com muitas histórias
Suas águas foram usadas para a forja de espadas
Que na mão de reis ajudaram terras a serem tomadas

Rio Tejo, não chores por rios mais famosos
Tampouco por outros mais formosos
Teu curso é de terras majestosas
Teu leito é de águas corajosas

Tejo rio, não chores por rios maiores
Ou pretensamente melhores
Rio Tejo, tens belas histórias
Escritas com lutas e glórias

ANDRADE, Marcelo. *Rio Tejo*. Disponível em: <www.montfort.org.br/old/veritas/tejo.html>. Acesso em: 28 out. 2014.

Anton_Ivanov/Shutterstock/Glow Images

Rio Tejo em Lisboa (Portugal), 2014.

a) Que países têm suas terras banhadas pelo rio Tejo?

b) Você conhece outro poema inspirado em um rio da Europa ou de outro continente? Qual?

c) Em sua opinião, qual a relação do poeta com o rio Tejo?

d) Pesquise a situação atual do rio mais próximo do lugar onde você mora e escreva um pequeno poema sobre ele no caderno.

CIÊNCIAS DA NATUREZA

2. Leia o texto, observe as fotos e resolva as atividades.

Quase um terço dos habitantes das cidades europeias está exposto a concentrações excessivas de partículas em suspensão (PS) na atmosfera, que constituem uma das formas de poluição mais graves para a saúde humana, pois penetram no sistema respiratório. Ao longo das últimas décadas, a UE realizou progressos para reduzir os poluentes atmosféricos que causam acidificação, mas um relatório publicado em 2013 pela Agência Europeia do Ambiente (AEA) revela que as concentrações de partículas em suspensão na atmosfera e o ozônio na troposfera (a camada mais baixa da atmosfera) continuam a causar problemas em muitas regiões da Europa. [...]

A Professora Jacqueline McGlade, diretora executiva da AEA, declarou: "As políticas da EU permitiram reduzir as emissões de muitos poluentes ao longo da última década; contudo, podemos ir ainda mais longe. Em muitos países, as concentrações de poluentes atmosféricos continuam acima dos limites legais estabelecidos com o objetivo de proteger a saúde dos cidadãos europeus. Nas cidades e regiões mais poluídas, a poluição atmosférica reduz a esperança de vida humana em cerca de dois anos". [...]

As partículas em suspensão são o tipo de poluição atmosférica que apresenta mais riscos para a saúde, causando uma mortalidade prematura. Outro tipo é a presença do ozônio na troposfera, que pode provocar problemas respiratórios e também causar mortalidade. A exposição ao ozônio é muito elevada nas cidades da UE. A má qualidade do ar pode provocar doenças cardíacas, cancro do pulmão, problemas respiratórios e outras doenças. Alguns poluentes podem causar ***eutrofização****, diminuir os rendimentos agrícolas, diminuir o crescimento das florestas e apresentar impacto no clima.*

Adaptado de: AGÊNCIA EUROPEIA DO AMBIENTE. Disponível em: <www.eea.europa.eu/pt/pressroom/newsreleases/muitos-europeus-continuam-expostos-a>. Acesso em: 20 out. 2014.

A Z

Eutrofização: fenômeno causado pelo excesso de nutrientes nos corpos d'água, que provoca a multiplicação de algas e, consequentemente, o empobrecimento do oxigênio, causando grande mortandade entre os peixes. Esse processo pode ser causado pela ação humana, como o lançamento de poluentes nas águas dos rios e mares.

a) Com o Japão, a Europa se destaca no panorama mundial pela preocupação em cuidar do ambiente, com rigorosas leis para a proteção de matas e animais, para o estabelecimento de filtros nas chaminés das fábricas, para a reciclagem do lixo, etc. Mesmo assim, no continente existem graves problemas ambientais. Qual é o problema ambiental mencionado no texto? O que você sabe sobre ele?

b) Quais são os problemas ocasionados pela má qualidade do ar? Explique com detalhes cada um deles.

c) As fotos abaixo mostram paisagens das cidades de São Paulo (Brasil) e de Paris (França). Você pensa que a situação ambiental das grandes cidades brasileiras é melhor ou pior do que na Europa? Justifique a sua resposta.

Rodrigo Coca/FotoArena

Paisagem de São Paulo (Brasil), 2013.

Eric Beracassat/Only France/Ag-encia France-Presse

Vista de Paris (França), 2014.

Capítulo 2

Diversidades regionais na Europa

Neste capítulo você conhecerá a diversidade de desenvolvimento dos países da Europa. Você verá que há diferenças econômicas e sociais entre a parte ocidental e a oriental do continente e que, apesar de ter diminuído nas últimas décadas, essa ainda é uma realidade presente na Europa.

Mikko Ryynanen/Shutterstock/Glow Images

Helsinque (Finlândia), 2014.

Tirana (Albânia), 2010.

Alvaro Leiva/Age Fotostock/Easypix Brasil

Para começar, observe as duas fotos e resolva as atividades.

1. Existem contrastes econômicos e sociais na Europa? Como essas duas fotos retratam esse fato?
2. Qual é a foto tirada num país da Europa oriental? E qual foi tirada na Europa ocidental?
3. Mencione três países europeus cujas economias são bastante desenvolvidas e três de economias menos desenvolvidas. Quais deles são da parte ocidental e quais pertencem à Europa oriental?

1 As "duas Europas"

A porção da Europa formada pelos países capitalistas desenvolvidos ou de economia de mercado mais consolidada é conhecida como **Europa ocidental** – essa é a Europa das "sociedades de consumo". Reino Unido, Países Baixos, França, Espanha, Suécia e outros, são os países que deflagraram a revolução marítimo-comercial dos séculos XV e XVI e onde primeiro ocorreu a Revolução Industrial. Há séculos essa parte da Europa é a mais desenvolvida do continente.

A porção leste é conhecida como **Europa oriental** ou **Leste europeu**. É formada por antigos países socialistas, que até 1990 eram uma espécie de periferia da antiga União Soviética (URSS). Esses países, atualmente, consolidam suas economias de mercado e procuram se integrar à União Europeia para trilhar o caminho da industrialização e do consumismo da Europa ocidental. A diferença socioeconômica presente entre as duas porções da Europa tende a diminuir com o tempo.

A rivalidade entre a ex-URSS e os Estados Unidos – ou entre o mundo comunista e o capitalista, respectivamente – existente desde a Segunda Guerra Mundial (1939-1945) até por volta de 1989, se refletia nessas duas Europas. Hoje a URSS já não existe mais, mas permanecem certos preconceitos de alguns europeus ocidentais contra os orientais, considerados atrasados. O grande desafio europeu no século XXI é diminuir as diferenças, promover a integração da parte oriental do continente ao padrão de vida e de consumo da parte ocidental.

Veja na tabela os Estados que compõem a Europa ocidental.

Europa ocidental: dados estatísticos

País / Indicador	Área (km²)	População (milhões de habitantes), 2015	PIB (bilhões de dólares), 2013	Renda *per capita* (dólares), 2013
Alemanha	357 120	82,6	3 730	47 270
Áustria	83 879	8,6	428	50 430
Bélgica	30 530	16,8	525	46 290
Dinamarca	43 090	5,7	336	61 680
Espanha	505 370	47,2	1 393	29 920
Finlândia	338 420	5,5	267	48 820
França	549 190	65,0	2 806	43 460
Grécia	131 960	11,1	242	22 690
Irlanda	70 280	4,7	232	43 110
Islândia	103 000	0,3	15	46 400
Itália	301 340	61,1	2 149	35 860
Luxemburgo	2 590	0,5	60	69 900
Noruega	323 780	5,1	513	102 610
Países Baixos	41 540	16,8	853	51 060
Portugal	92 090	10,6	227	51 260
Reino Unido	243 610	64,0	2 678	51 680
Suécia	450 300	9,7	580	61 760
Suíça	41 280	8,2	685	90 760

NOTA: Existem ainda alguns Estados situados na Europa ocidental, com territórios, populações e economias insignificantes: Andorra (470 km² e 90 mil habitantes), Liechtenstein (160 km² e 35 mil habitantes), Malta (320 km² e 430 mil habitantes), San Marino (60 km² e 38 mil de habitantes), Mônaco (2 km² e 40 mil habitantes) e o Vaticano (0,44 km² e menos de mil habitantes). Generalizando um pouco, podemos afirmar que a existência desses Estados é um resquício da Idade Média, na qual havia uma multiplicidade de feudos, pequenas propriedades defendidas pelos senhores feudais com seus exércitos particulares. São Estados que nos dias de hoje dependem basicamente do turismo e só sobrevivem pelo consentimento de seus vizinhos, com os quais mantêm acordos ou tratados de reconhecimento e cooperação que por vezes remontam há séculos.

Elaborado com base nos dados de: IBGE Países. Disponível em: <www.ibge.gov.br/paisesat/main_frameset.php>; UNITED NATIONS. Department of Economic and Social Affairs (Desa). *World Population Prospects*: the 2012 Revision. Volume II: Demographic Profiles. Nova York: ONU, 2013. Disponível em: <http://esa.un.org/unpd/wpp/Documentation/pdf/WPP2012_Volume-II-Demographic-Profiles.pdf>; THE WORLD BANK. Disponível em: <http://data.worldbank.org/indicator>. Acessos em: 22 dez. 2014.

Veja na tabela abaixo os Estados que compõem a Europa oriental.

Europa oriental: dados estatísticos

País / Indicador	Área (km²)	População (milhões de habitantes), 2015	PIB (bilhões de dólares), 2013	Renda *per capita* (dólares), 2013
Albânia	28 750	3,2	13	4 710
Bósnia Herzegovina	51 210	3,8	18	4 780
Bulgária	111 000	7,1	54	7 030
Chipre	9 250	1,2	22	25 210
Croácia	56 590	4,6	58	13 430
Eslováquia	49 040	5,5	98	17 810
Eslovênia	20 270	2,1	48	23 210
Estônia	45 230	1,3	25	17 690
Hungria	93 030	9,9	133	13 260
Kosovo*	10 887	sem dados	7	3 940
Letônia	64 560	2,0	31	15 280
Lituânia	65 300	3,0	46	14 900
Macedônia	25 710	2,1	10	4 870
Montenegro	13 810	0,6	4	7 250
Polônia	312 680	38,2	526	13 240
República Tcheca	78 870	10,8	209	18 950
Romênia	238 390	21,6	190	9 060
Sérvia	88 360	9,4	46	6 050

Elaborado com base nos dados de: IBGE Países. Disponível em: <www.ibge.gov.br/paisesat/main_frameset.php>; UNITED NATIONS. Department of Economic and Social Affairs (Desa). *World Population Prospects*: the 2012 Revision. Volume II: Demographic Profiles. Nova York: ONU, 2013. Disponível em: <http://esa.un.org/unpd/wpp/Documentation/pdf/WPP2012_Volume-II-Demographic-Profiles.pdf>; THE WORLD BANK. Disponível em: <http://data.worldbank.org/indicator>. Acessos em: 22 dez. 2014.

*Kosovo proclamou a sua independência da Sérvia em fevereiro de 2008 e já foi reconhecido como um novo Estado por dezenas de países. Todavia, tanto a Sérvia como alguns de seus aliados (principalmente a Rússia) ainda não aceitaram a independência do Kosovo. Mas o país funciona de forma independente, com governo próprio.

Ao comparar as tabelas é possível notar a grande diferença entre as "duas Europas", com um maior desenvolvimento econômico na parte ocidental. As maiores rendas *per capita* estão na Europa ocidental, assim como os países mais desenvolvidos e mais populosos, com exceção da Polônia.

Outros dados estatísticos, como mortalidade infantil, escolaridade, expectativa de vida, acesso à água encanada e à rede de esgotos, acesso ao atendimento médico-hospitalar e à internet, etc., mostram que em média os países ocidentais possuem indicadores melhores do que os orientais da Europa.

Europa: divisão regional

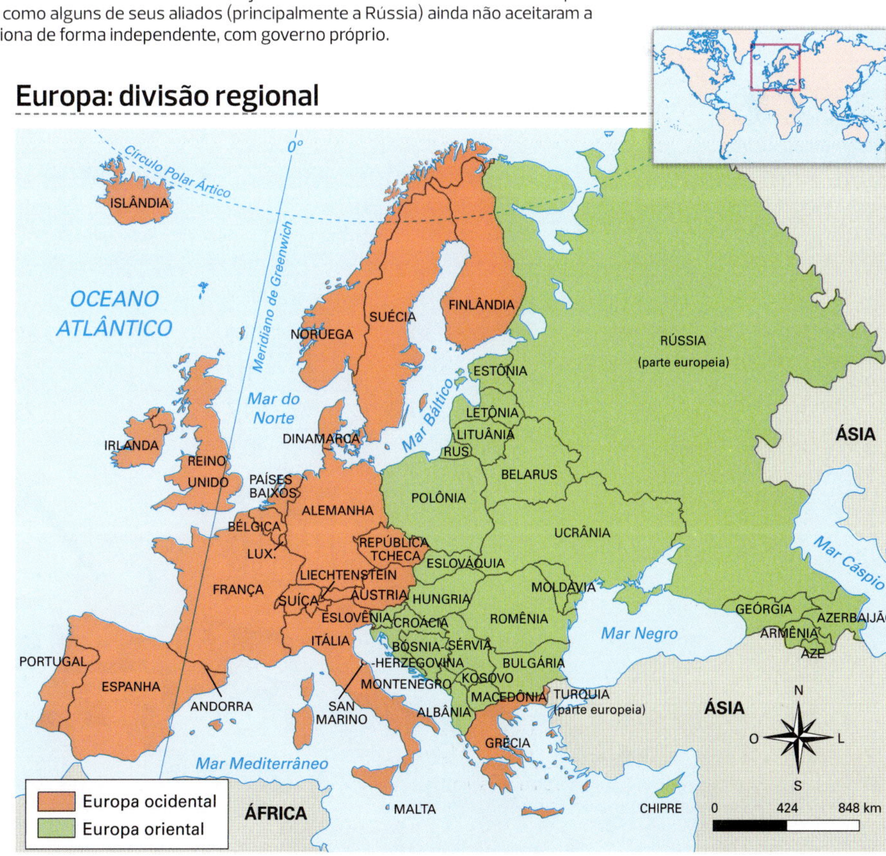

Banco de imagens/Arquivo da editora

Adaptado de: IBGE. *Atlas geográfico escolar*. 6. ed. Rio de Janeiro, 2012. p. 43.

Texto e ação

1. Caracterize a Europa ocidental e a oriental. Para isso, cite as semelhanças e as diferenças entre as duas regiões.
2. Compare as informações das tabelas das páginas 30 e 31. O que você conclui?
3. Sobre os miniestados europeus, faça o que se pede.
   a) Cite o nome, a área e a população do menor Estado da Europa ocidental.
   b) Calcule a distância em linha reta entre Liechtenstein e San Marino (lembre-se de que, no mapa da página 31, cada centímetro corresponde a 424 km na realidade).

2 Europa ocidental

Mesmo dentro da Europa ocidental, os países apresentam grandes diversidades, geralmente originadas pela Revolução Industrial. Os países que se **industrializaram** primeiro – Reino Unido, França, Alemanha e Itália – constituem hoje Estados altamente industrializados. Ainda nesse grupo podem ser incluídos a Bélgica, os Países Baixos, a Suécia, a Áustria e a Suíça, embora numa posição inferior. No entanto, vale lembrar que poderio econômico não significa, necessariamente, elevado padrão de vida. Por exemplo, o padrão de vida em Luxemburgo, que possui uma escassa industrialização, é superior ao da Itália ou da Alemanha, países mais industrializados.

A Islândia, a Noruega, a Finlândia, a Espanha, a Irlanda e a Dinamarca, apesar de não serem tão industrializados quanto o grupo citado acima, têm **padrão de vida** igualmente elevado. Em virtude da população escassa, de regimes políticos que há décadas procuram distribuir melhor a renda nacional e, no caso da Noruega, da exportação de petróleo, alguns países menos industrializados possuem rendas *per capita* e padrões de vida superiores a outros países bem mais industrializados.

Vista de um bairro residencial de Ronne (Dinamarca), 2014.

Milosz_M/Shutterstock/Glow Images

Podemos ainda reconhecer um grupo de países, formado por aqueles em que o **setor primário** ainda exerce papel fundamental na economia. Nesses países, a industrialização recente limita-se à produção de bens de consumo duráveis e não duráveis. É o caso de Portugal e da Grécia, que encontram na indústria do turismo outra importante fonte de renda.

A agropecuária, embora empregue um percentual cada vez menor de pessoas na Europa ocidental, não deixa de ser uma atividade econômica importante, seja pelo peso político (o voto dos camponeses e dos simpatizantes), pela tradição (o orgulho dos franceses por seus queijos e vinhos, dos gregos e espanhóis por seus azeites, etc.), seja pela participação da atividade nas relações comerciais entre os países não só da Europa, mas do mundo todo. Na verdade, em alguns países a agropecuária cumpre um papel muito importante nas relações comerciais. Isso se deve às fortes tradições camponesas que ainda se mantêm e que pressionam os governos a atender aos seus interesses. A França é um exemplo disso.

Cultivo de lavanda em Valensole (França), 2014.

Régine Rosenthal/Biosphoto/Agência France-Presse

Um dos focos de conflito da União Europeia com o resto do mundo, principalmente com os Estados Unidos – e também com o Brasil –, é o protecionismo que ela exerce sobre o seu setor primário, que só se mantém graças aos inúmeros **subsídios**. Os europeus cobram elevados impostos de importação sobre os produtos agropecuários do resto do mundo, principalmente do continente americano, como forma de evitar que esses produtos, mais baratos do que os europeus, provoquem um esvaziamento ainda maior do seu setor primário, algo que levaria a protestos sociais.

As quatro maiores economias da Europa são a Alemanha, a França, o Reino Unido e a Itália. A seguir, você estudará cada um desses países detalhadamente.

A Z

Subsídio: neste caso, preço mínimo garantido aos produtores, imposto reduzido, crédito bancário superfacilitado e com juros baixíssimos, entre outras medidas que fortalecem a competitividade do setor.

Texto e ação

Os países da Europa ocidental apresentam diversidade, a maioria delas resultante da Revolução Industrial. Sobre o assunto, realize as atividades.

a) Elabore uma lista com o nome dos países da Europa ocidental altamente industrializados.

b) Relacione o nome dos países da Europa ocidental que não tem um alto nível de industrialização.

c) É possível afirmar que o setor primário representa um papel importante em alguns países da Europa ocidental? Justifique.

Alemanha

Apesar de ter seu território arrasado durante a Segunda Guerra Mundial, a Alemanha conseguiu se reconstruir graças aos financiamentos e investimentos obtidos por meio do Plano Marshall. Atualmente é a economia mais importante da Europa e a quarta do mundo, atrás apenas dos Estados Unidos, da China e do Japão.

As indústrias de base continuam sendo de fundamental importância para a Alemanha, tanto que as poderosas empresas siderúrgicas instaladas em suas maiores jazidas de carvão no século XIX, principalmente nos vales do Reno e do Ruhr, constituem algumas de suas multinacionais mais notáveis. Graças às atividades siderúrgicas, surgiram outras indústrias nesse vale, como as mecânicas, químicas e de metais não ferrosos. Assim, no setor da indústria mecânica, a Alemanha é o primeiro exportador mundial de **máquinas-ferramentas**.

Máquina-ferramenta: máquina utilizada na fabricação de peças de diversos materiais, como os metálicos, plásticos, de madeira e outros.

A região renana, que engloba os vales do rio Reno e de dois de seus afluentes (Meno e Ruhr), é a mais industrializada da Alemanha, com destaque para as cidades de Frankfurt, nas margens do rio Meno, e de Colônia, Essen, Dortmund e Düsseldorf, nas proximidades dos rios Reno e Ruhr. Além de altamente industrializada, Frankfurt é o principal centro financeiro do país e o segundo da Europa, depois de Londres.

Mais recentemente, duas outras regiões vêm se destacando pela industrialização avançada, com base em novos setores de ponta, como a biotecnologia, microeletrônica e a informática: a capital, **Berlim**, e as áreas industriais ao redor das cidades de Stuttgart e Heidelberg, nas proximidades do rio Neckar (outro afluente do Reno).

Paisagem do centro de Berlim (Alemanha), 2014.

AR Pictures/Shutterstock/Glow Images

Embora a economia alemã tenha sofrido com a valorização do euro e com o elevado custo da mão de obra, dois fatores que aumentam os preços de seus bens e, com isso, diminuem sua competitividade no mercado internacional, o país é um grande exportador mundial. A Alemanha, há vários anos, vem sendo o terceiro maior exportador mundial, ficando atrás somente da China e dos Estados Unidos. É um dos raros países europeus que possuem uma balança comercial (saldo das exportações menos as importações) positiva ou superavitária, o que contribui para manter o euro valorizado. A Alemanha consegue esse feito graças à qualidade de seus produtos e também porque exporta principalmente para seus parceiros da União Europeia. Esse país foi o grande beneficiário da UE.

Até 1990 existiam duas Alemanhas, a Ocidental e a Oriental. Nesse ano, com a crise do antigo mundo socialista, ocorreu a reunificação das duas Alemanhas, que na verdade foi uma anexação da parte oriental pela ocidental. A moeda da ex-Alemanha Ocidental, o marco, tornou-se a moeda do novo país (antes da entrada do euro), e praticamente todas as leis da Alemanha capitalista passaram a vigorar na parte que era socialista. Com isso, alguns aspectos positivos da ex-Alemanha Oriental, como o baixo índice de desemprego, a preservação de monumentos históricos, e outros, não foram incorporados.

Alemanha: indústria e recursos minerais

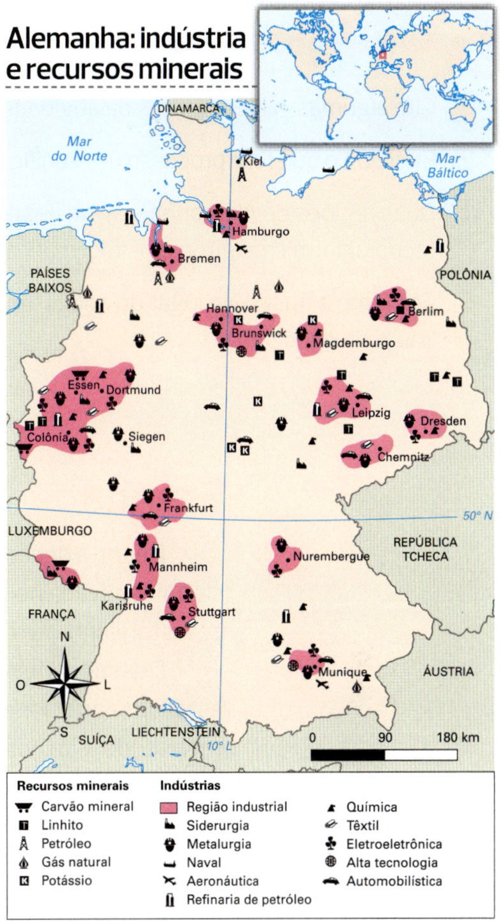

Adaptado de: CHARLIER, Jacques (Dir.). *Atlas du 21e siècle édition 2010*. Groningen: Wolters-Noordhoff; Paris: Nathan, 2010. p. 73.

A Alemanha reunificada

A ex-Alemanha Ocidental, que praticamente incorporou a ex-Alemanha Oriental, possuía uma área de 248 709 km², com uma população de mais de 62 milhões de habitantes. Somando-se a isso a área e a população da ex-Alemanha Oriental – 108 333 km² e 16 milhões de habitantes –, temos hoje uma Alemanha reunificada com 357 042 km² e mais de 82 milhões de habitantes. Trata-se do país mais populoso e mais industrializado de todo o continente europeu. Em 1990, começou a ocorrer uma verdadeira desmontagem do parque industrial da ex-Alemanha Oriental para adaptar as empresas alemãs orientais às normas de produção e à tecnologia da Alemanha Ocidental. Apesar de ter sido o país mais industrializado do Leste europeu, a Alemanha Oriental possuía um setor produtivo obsoleto diante da moderna tecnologia ocidental, com muito desperdício de energia e de mão de obra. Além disso, a indústria da atual parte leste da Alemanha era altamente poluidora. De todo o lado leste, apenas a região de Berlim, que em parte já pertencia à Alemanha ocidental, vem desenvolvendo uma notável industrialização desde os anos 1990.

Até hoje, embora venha diminuindo, ainda existe um problema de identidade nacional na nova Alemanha, em virtude do preconceito contra os novos cidadãos oriundos da parte leste. Estes se sentem bem mais pobres do que os cidadãos da ex-Alemanha Ocidental e se julgam "cidadãos de segunda categoria". No lugar do antigo "muro da vergonha" (o muro de Berlim, que separava a parte ocidental da oriental da cidade), alega-se que passou a existir o "muro da riqueza", ou seja, a disparidade entre os habitantes da parte ocidental, mais ricos, e aqueles oriundos da parte oriental, que em alguns casos são discriminados e obrigados a trabalhar nos serviços mais desprestigiados.

Adaptado de: DUBY, G. *Grand atlas historique*. Paris: Larousse, 2004. p. 123.

Texto e ação

1. Cite algumas características da atividade industrial na Alemanha.
2. Explique o que foi o processo de reunificação da Alemanha.
3. Duas regiões da Alemanha vêm se destacando pela industrialização avançada, com base nos setores de biotecnologia, microeletrônica e informática. Quais são elas?
4. Comente a frase: "No lugar do antigo 'muro da vergonha' (o muro de Berlim), alega-se que passou a existir o 'muro da riqueza'".

França

Desde a década de 1960, a descentralização econômica do território francês tem sido incentivada pelo governo. O objetivo é diminuir a concentração do poder econômico historicamente exercida por **Paris**.

Dessa maneira, o governo tem procurado diminuir as diferenças regionais que estavam agravando as dificuldades econômicas da França. E isso, em grande parte, está sendo feito por meio do incremento da tecnologia de ponta, graças à qual puderam se desenvolver indústrias elétricas, eletrônicas, químicas, eletromecânicas, etc., cujos estabelecimentos industriais estão espalhados por diversas áreas do território.

Assim, indústrias mecânicas – sobretudo a automobilística – e eletrônicas são encontradas em todo o oeste da França, destacando-se as cidades de Caen, Le Mans, Rennes, Brest, Argentan, Morlaix e Lannion. Com os investimentos do Estado, as indústrias dos setores aeronáutico e espacial começaram a ocupar grandes áreas no sudoeste do país, principalmente a cidade de Toulouse. Isso atraiu para a região outras indústrias, como a de mecânica fina, a eletrônica e a química, instaladas em Bordéus, La Rochelle, Lacq e Bayonne.

Técnicos trabalham em um satélite de comunicação na Atrium, empresa com sede em Toulouse (França), 2012.

Eric Cabanis/Agência France-Presse

Reino Unido

A ilha da Grã-Bretanha, onde estão a Inglaterra, o País de Gales e a Escócia, juntamente com a Irlanda do Norte formam o Reino Unido. A Inglaterra é, há muito tempo, a nação mais povoada e mais importante do ponto de vista político e econômico desse Estado monárquico. Isso explica por que o Reino Unido (ou Reino Unido da Grã-Bretanha e Irlanda do Norte) é conhecido apenas como Inglaterra. Em 1536, a Inglaterra uniu-se ao País de Gales; em 1707, à Escócia; e, em 1800, à Irlanda, oficialmente. Mas, no início do século XX, perdeu a maior parte do território da Irlanda, como você estudará mais adiante.

Ilhas britânicas: Reino Unido e Irlanda

Banco de imagens/Arquivo da editora

Adaptado de: SIMIELLI, Maria Elena. *Geoatlas*. 34. ed. São Paulo: Ática, 2013. p. 73.

O ingresso do Reino Unido no Mercado Comum Europeu, que ocorreu apenas em 1973, representou uma mudança significativa na política econômica do país, pois até 1960 defendia uma política de isolamento em relação ao continente europeu. Preferia manter relações comerciais, políticas e militares com os Estados Unidos e com os países da *Commonwealth* – a Comunidade Britânica de Nações, fundada pela Grã-Bretanha e integrada por suas ex-colônias.

Londres, capital e principal cidade do país, continua sendo o grande centro industrial, financeiro, comercial e portuário do Reino Unido. Aí se localizam principalmente setores da indústria mecânica (construção de automóveis, navios, aviões, aerobarcos) e da indústria química. Liverpool e Birmingham, também situadas na Inglaterra, são importantes centros siderúrgicos. Em Cardiff, no País de Gales, e em Belfast, na Irlanda do Norte, estão as indústrias mecânicas. Na Escócia, Glasgow se destaca nos setores mecânico, siderúrgico e químico.

Paulina Grunwald/Shutterstock/Glow Images

Paisagem turística de Londres (Reino Unido), 2014.

Reino Unido e Irlanda: indústria e recursos minerais

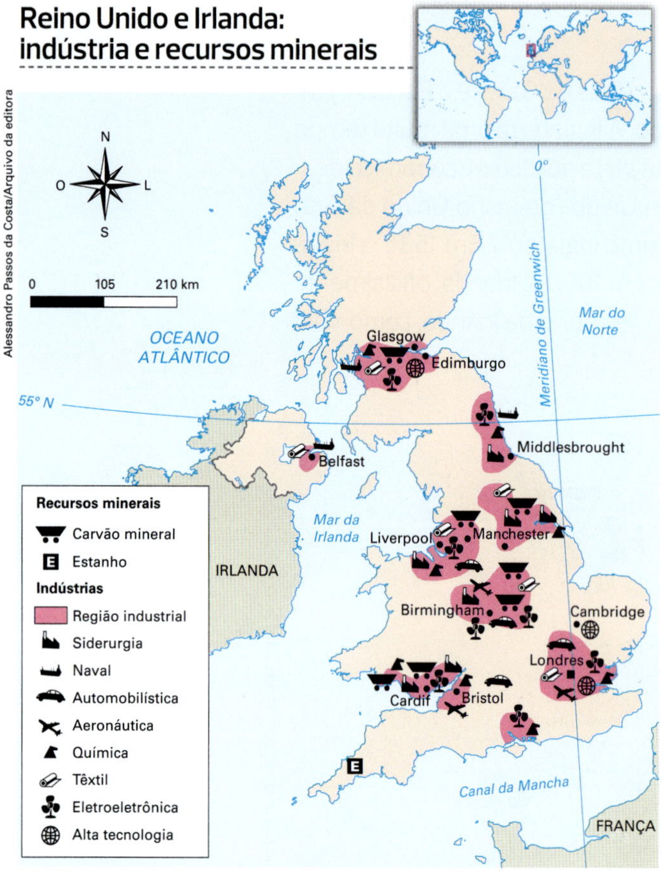

Alessandro Passos da Costa/Arquivo da editora

Adaptado de: CHARLIER, Jacques (Dir.). *Atlas du 21e siècle édition 2010*. Groningen: Wolters-Noordhoff; Paris: Nathan, 2010. p. 67.

A participação da Irlanda do Norte no Reino Unido é, até hoje, motivo de conflitos, pois a Irlanda (também chamada de Eire ou Irlanda do Sul), que ocupa a maior extensão territorial da ilha de mesmo nome, reivindica a reunificação das duas Irlandas e a constituição de um único país independente. Essa questão vem desde o início do século XX (1921-1922), quando os 26 condados do sul da ilha da Irlanda decidiram se tornar independentes do domínio britânico e proclamaram o Estado Livre da Irlanda, depois transformado na República da Irlanda (1949). Mas os seis condados da parte norte da ilha, região também conhecida como Ulster, não aceitaram a independência e decidiram continuar fazendo parte do Reino Unido.

Essa divisão foi influenciada pelas diferenças religiosas entre os protestantes, que predominam na Irlanda do Norte, e os católicos, predominantes no sul, na atual República da Irlanda. A Irlanda do Norte é a parte menos desenvolvida do Reino Unido, uma região onde se tem investido pouco, sobretudo por causa dos riscos políticos determinados pelas frequentes crises e ações terroristas.

A charge ironiza a relação dúbia do Reino Unido com a UE. Em 2014 o primeiro-ministro britânico anunciou que até 2017 o país fará uma votação para decidir se continua ou se sai da UE. Os líderes europeus, surpresos, leem a notícia num jornal, preocupados com a possível saída de uma economia forte. Por outro lado, o representante grego, para irritação dos presentes (por causa da fraqueza e da crise da economia grega), afirma que a Grécia continua na organização.

© Chapatte in The International New York Times-www.globecartoon.com

CHAPPATTE, Patrick. Disponível em: <www.voxeurop.eu/pt/content/cartoon/3341731-quem-vai-e-quem-fica>. Acesso em: 29 out. 2014.

Itália

Em 1950 uma política de grandes investimentos foi implementada pelo Estado e, desde então, a Itália conseguiu realizar mudanças profundas no sul do país, principalmente no setor primário, por meio da modernização das práticas agrícolas, como a conservação dos solos e a irrigação. Além disso, fábricas estatais dos setores químico e metalúrgico foram instaladas nas cidades de Palermo e Siracusa, na Sicília, e em Nápoles, Bari e Tarento. Veja o mapa ao lado.

O capital privado também teve participação no processo de modernização econômica: a Fiat e a Alfa-Romeo, grandes multinacionais italianas, instalaram fábricas de automóveis em Nápoles e na Sicília. Dessa maneira, o sul vem conseguindo diminuir as diferenças em relação ao norte, embora até hoje o norte, onde Milão se destaca como capital econômica do país, continue sendo a região mais desenvolvida da Itália.

Itália: indústria e recursos minerais

Alessandro Passos da Costa/Arquivo da editora

Adaptado de: CHARLIER, Jacques (Dir.). *Atlas du 21e siècle édition 2010.* Groningen: Wolters-Noordhoff; Paris: Nathan, 2010. p. 85.

Texto e ação

1. De que maneira o governo francês tem procurado diminuir as diferenças regionais que estavam agravando as dificuldades econômicas no país?
2. O Reino Unido também é conhecido apenas como Inglaterra. Por que isso acontece?
3. Observe os mapas das páginas 37 e 38 e cite:
   a) o nome das duas ilhas britânicas mais importantes;
   b) o nome das nações que fazem parte do Reino Unido;
   c) os principais ramos industriais do Reino Unido;
   d) os principais recursos minerais do país.
4. Com base no mapa desta página, responda.
   a) Quais são os setores industriais que mais se destacam no país?
   b) Em que áreas se concentra a atividade industrial italiana?
   c) Como é a presença de indústrias estatais no sul do país?

Vista aérea do Castelo de Santo Ângelo em Roma (Itália), 2014.

Bokstaz/Shutterstock/Glow Images

③ Europa oriental

CONTEÚDO DIGITAL

A Europa oriental, ou, Leste europeu, é a parte **menos desenvolvida** do continente. O desenvolvimento do capitalismo e a Revolução Industrial, bases da sociedade moderna, ocorreram inicialmente na parte ocidental da Europa, região banhada pelo oceano Atlântico. Além disso, até o início do século XX, o Leste europeu ainda não tinha definido seu mapa político, isto é, ainda não existiam nessa parte do continente os países atuais com seus territórios nacionais.

Paisagem da Cidade Velha de Riga (Letônia), 2011.

Calle Montes/Photononstop/Corbis/Latinstock

Até a Primeira Guerra Mundial, a área situada na parte centro-oriental da Europa, ao sul da Alemanha, formava o imenso Império Austro-Húngaro, que foi desmembrado por ocasião desse conflito. A desintegração desse império originou vários países, como, a Áustria, hoje incluída na Europa ocidental, a Hungria, a República Tcheca, a Eslováquia e a Polônia, que hoje fazem parte da Europa oriental.

Também a Rússia – que até 1917 era chamada de Império Russo – e a Alemanha perderam terras nesse conflito, das quais se originaram a Estônia, a Letônia, a Lituânia e a parte norte da Polônia. Portanto, o mapa político da Europa oriental, ou seja, os territórios nacionais com suas fronteiras definidas, foi construído fundamentalmente a partir da Primeira Guerra Mundial. Compare os mapas 1 e 2 com o mapa da página 31.

Mapa 1: Europa (1914)

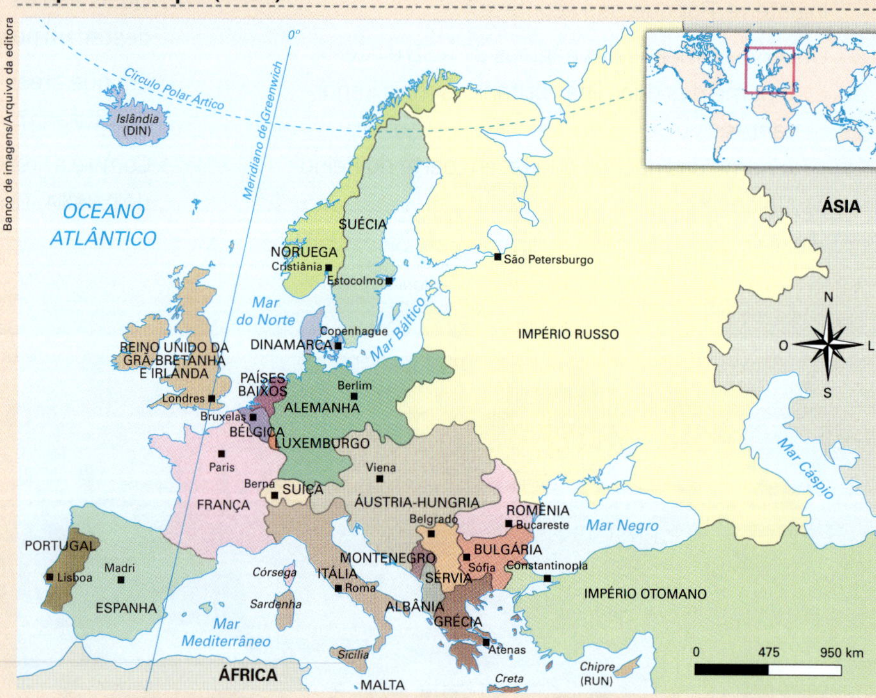

Banco de imagens/Arquivo da editora

Adaptado de: DUBY, Georges. *Grand atlas historique*. Paris: Larousse, 2004. p. 90.

A crise do mundo socialista, entre 1989 e 1991, definiu novamente as fronteiras de algumas nações do Leste europeu. A antiga Alemanha Oriental deixou de existir em 1990, sendo anexada à Alemanha Ocidental. A Tchecoslováquia dividiu-se em República Tcheca e Eslováquia. E a antiga Iugoslávia esfacelou-se, dando origem a novos Estados-Nações, num processo conflituoso que você verá mais adiante.

A Europa oriental se consolidou com a Segunda Guerra Mundial. Após a guerra, o mundo ficou dividido em dois blocos principais: o capitalista, liderado pelos Estados Unidos, e o socialista, liderado pela ex-União Soviética. Durante quase meio século, a Europa oriental manteve fortes laços econômicos e militares com a antiga superpotência socialista.

Em geral, os partidos comunistas, que monopolizaram o poder nesses países até por volta de 1989, chegaram ao governo com o auxílio militar soviético. As únicas exceções foram a antiga Iugoslávia e a Albânia. Os regimes comunistas sempre foram malvistos pela maioria da população da Europa oriental e só se mantiveram durante décadas por causa do poderio militar soviético. Isso explica por que, depois da desintegração da União Soviética, o socialismo rapidamente chegou ao fim nos países do Leste europeu (com exceção da Albânia, onde esse processo foi mais lento) e o consumismo se ampliou nesses países.

Existem algumas economias maiores na Europa oriental, como a Polônia, a Hungria, a República Tcheca e a Romênia, embora nenhuma delas se compare à Alemanha, à França ou sequer à Espanha. Observe novamente as tabelas das páginas 30 e 31 e compare os valores de PIB e de renda *per capita* entre elas.

No lado oposto, de economias menos desenvolvidas, existe no Leste europeu a Albânia, país predominantemente agroindustrial, ao lado de Kosovo e da Bósnia-Herzegovina, cujas economias foram arrasadas por guerras recentes.

Mapa 2: Europa (1919)

Banco de imagens/Arquivo da editora

Adaptado de: DUBY, Georges. *Grand atlas historique*. Paris: Larousse, 2004. p. 96.

Texto e ação

1. Ao comparar os dois mapas presentes nas páginas 40 e 41, que representam a divisão política da Europa antes e depois da Primeira Guerra Mundial, o que você conclui?

2. Com base na resposta da atividade anterior é possível afirmar que as fronteiras dos países não são eternas? Explique.

Polônia

A Polônia, cujo território foi invadido pelas tropas de Hitler em 1º de setembro de 1939 – fato que marcou o início da Segunda Guerra Mundial –, teve sua economia agrícola e industrial seriamente prejudicada pela guerra. Após a introdução da **economia planificada**, a indústria de base recebeu maior atenção e se desenvolveu consideravelmente. Houve, então, o aproveitamento das imensas reservas de carvão mineral, aumentadas pela anexação da região da Silésia (na fronteira com a Alemanha) ao seu território. Todavia, a Polônia ficou dependente da importação de petróleo soviético.

A-Z

Economia planificada: o mesmo que economia socialista, ou centralizada, na qual o Estado é proprietário dos principais meios de produção (indústrias, bancos, terras rurais, etc.) e elabora os planos que oficialmente devem nortear todas as decisões econômicas, sobre onde e como investir, quais serão os salários e os preços de todos os produtos, etc.

Economia de mercado: economia capitalista e descentralizada, na qual o mercado, isto é, o jogo da oferta e da procura, é que norteia as decisões econômicas. Se houver escassez de um produto (procura maior que a oferta), seu preço sobe e torna-se lucrativo investir mais nele; inversamente, quando há excesso de um produto (oferta maior que a procura), seu preço declina e deixa de ser lucrativo investir nele. A maioria das empresas é privada.

A indústria polonesa não só cresceu como se diversificou. A siderurgia está concentrada em Nova Huta, na Cracóvia, além da bacia carbonífera da Silésia. Já as indústrias mecânicas concentram-se no norte do país. Entre elas, a de construção naval merece destaque e se concentra nos portos de Gdansk (cidade que já pertenceu à Alemanha com o nome de Dantzig) e Gdynia. As indústrias químicas estão presentes em **Varsóvia**, Poznan e Wroclaw.

S-F/Shutterstock/Glow Images

Porto de Gdansk (Polônia), 2014.

A Polônia tem avançado muito desde os anos 1990 em direção à **economia de mercado**. Mas o desmonte da economia planificada não foi fácil: as empresas estatais eram muitas vezes deficitárias, usavam tecnologia ultrapassada, mas geravam muitos postos de trabalho. A privatização de empresas estatais avançou bastante no país, o que aumentou o desemprego. Além do término do controle rígido sobre os preços, já que a lei da oferta e da procura passou a vigorar, o que fez com que eles no início disparassem, com uma inflação altíssima, que posteriormente foi controlada.

Luis Abrantes/Shutterstock/Glow Images

Centro histórico de Varsóvia (Polônia), 2014.

Hungria

Bela Szandelszky/Associated Press/Glow Images

Mulheres ciganas evacuam o povoado de Gyongyospata (Hungria), 2011, por causa da pressão exercida por grupos de extrema direita.

A Hungria ocupa uma grande área de planície atravessada pelo rio Danúbio. Esse rio separa os dois centros urbanos (Buda e Peste) que formam a capital, **Budapeste**. Indiscutivelmente, Budapeste foi, nas últimas décadas, a verdadeira metrópole da Europa oriental, pois fornecia produtos e serviços diversificados a uma população com razoável poder aquisitivo. O turismo cresce a cada ano no país.

Com a Polônia e a República Tcheca, a Hungria foi o país europeu oriental que mais avançou no desmonte da economia planificada e na introdução do capitalismo; foi também um dos países que mais recebeu investimentos estrangeiros desde os anos 1990. Com a privatização de empresas estatais e o fechamento de outras deficitárias, o desemprego aumentou bastante na Hungria, gerando grande descontentamento popular. O final da censura e do impedimento de organização de partidos políticos fez surgir várias correntes, que promovem manifestações e disputam o poder: os social-democratas, os antigos comunistas, os nacionalistas radicais e até grupos neonazistas, que atuam contra os ciganos (minoria bastante significativa na Hungria, correspondente a cerca de 4% da população total), judeus e outros grupos étnicos.

Cabe lembrar que mais de um terço da população de origem húngara vive em países vizinhos, como Croácia, Romênia, Eslováquia, Eslovênia, Ucrânia, Sérvia e Montenegro, por causa da perda de territórios após a Primeira Guerra Mundial.

Texto e ação

1. Caracterize a atividade industrial na Polônia.
2. Comente a situação da Polônia após 1990.
3. Por que Budapeste foi, nas últimas décadas, a verdadeira metrópole da Europa oriental?

Botond Horvath/Shutterstock/Glow Images

Paisagem de Budapeste (Hungria), 2014.

República Tcheca e Eslováquia

A Tchecoslováquia, que surgiu como Estado em consequência do desmoronamento do Império Austro-Húngaro ao término da Primeira Guerra Mundial, compreendia os territórios da Boêmia e Morávia, localizados a oeste, e o território da Eslováquia, a leste do país. Em 1992, esses territórios foram separados e formaram dois países: a **República Tcheca** e a **Eslováquia**. Foi uma separação pacífica, fruto de negociações e votações no Parlamento.

A República Tcheca é a mais rica e industrializada das duas nações. Indústrias siderúrgicas e metalúrgicas concentram-se na região da Boêmia, no oeste do país, e na Morávia há uma continuidade da bacia carbonífera polonesa da Silésia. A Boêmia também é internacionalmente conhecida pela produção de cristais.

Vista de Praga (República Tcheca), 2014.

kavalenkava volha/Shutterstock/Glow Images

Em toda a Europa oriental, a República Tcheca é o país que tem obtido os melhores resultados no processo de desmonte da economia planificada e introdução do capitalismo: os investimentos estrangeiros (especialmente alemães) têm sido volumosos em virtude da estabilidade econômica e fiscal do país. A privatização das empresas estatais foi feita com ampla participação da população: já em 1994, de cada quatro habitantes, três possuíam ações de empresas que foram privatizadas. O turismo no país cresceu muito nos últimos anos, impulsionado especialmente pela beleza de sua capital, **Praga**.

A criação da Eslováquia não foi muito comemorada nas ruas de **Bratislava**, a capital do novo país. A população não se sentiu representada, já que a separação das duas repúblicas foi decidida pelos políticos. A qualidade de vida na Eslováquia é bastante inferior à da República Tcheca. Antes da separação, porém, era justamente o nacionalismo eslovaco o que mais crescia na Tchecoslováquia, preocupando os tchecos e as demais etnias. Hoje permanece um foco de tensão entre a Eslováquia e a vizinha Hungria, pois existem cerca de 11% de húngaros na população total do país (os eslovacos correspondem a 85% do total), e essa importante minoria étnica queixa-se de uma discriminação crescente por parte dos eslovacos.

Renata Sedmakova/Shutterstock/Glow Images

Paisagem de Bratislava (Eslováquia), 2014.

Somente na capital do país e nos seus arredores é que existe uma atividade industrial forte. Até o início dos anos 1990, havia muitas indústrias armamentistas no país, mas, com a diminuição do comércio internacional de armas, elas entraram em crise. Em 1996 a economia eslovaca iniciou uma fase de expansão, apresentando, na primeira década dos anos 2000, um notório crescimento.

Texto e ação

1. Explique o processo de divisão da Tchecoslováquia em dois países.
2. Quais são as diferenças econômicas e sociais entre a República Tcheca e a Eslováquia?

A antiga Iugoslávia e os novos países

A antiga Iugoslávia originou-se também ao término da Primeira Guerra Mundial, integrada por alguns territórios que pertenceram ao Império Austro-Húngaro, à Sérvia e à Turquia. Manteve-se unida durante várias décadas graças às pressões das grandes potências, que não desejavam conflitos nessa região, e graças também ao **carisma** do grande líder do país, o marechal Josip Broz Tito.

Após a expulsão das tropas nazistas que ocuparam o território iugoslavo durante a Segunda Guerra Mundial, Tito proclamou a República Socialista Federativa da Iugoslávia. O regime político centralizado em Tito, durante algumas décadas, conseguiu submeter as ex-repúblicas ao governo central, garantindo-lhes alguns direitos, mas mantendo-as muito distantes de qualquer autonomia administrativa. A introdução da frágil **autogestão** nas fábricas e nos estabelecimentos rurais, por exemplo, não satisfez aos anseios das várias nacionalidades, porque tinham de se submeter a um plano definido pela burocracia estatal. Mas esse sistema político-econômico era mais flexível que o dos demais países socialistas. Além disso, o marechal Tito exercia uma grande liderança sobre as várias etnias por causa do papel que desempenhou na luta contra as tropas alemãs invasoras.

Em 1991, com o final da União Soviética, a **Eslovênia** e a **Croácia** se declararam independentes da Iugoslávia. Em resposta, o exército iugoslavo (na realidade, controlado pela Sérvia) invadiu esses novos países, dando início à guerra. A Eslovênia logo se viu livre das tropas, principalmente porque lá elas não tinham o apoio das minorias étnicas importantes e precisavam se voltar para outras áreas em guerra. Mas na Croácia as batalhas duraram mais de um ano, e durante vários anos uma parte do país ficou sob o domínio sérvio.

Também em 1991 ocorreu a independência da **Macedônia**. Mas nesse caso não houve guerra, porque a Macedônia continuou muito ligada à Iugoslávia. Além disso, os sérvios constituem somente 2,3% da população total da Macedônia e mesmo assim o idioma servo-croata foi considerado uma das línguas oficiais do novo país.

Em 1992, com a declaração de independência da **Bósnia-Herzegovina**, iniciou-se a mais sangrenta das guerras da antiga Iugoslávia: a chamada "guerra da barbárie". A Bósnia – região de grande diversidade étnica e de nacionalidades, com muçulmanos, croatas, sérvios e outros – foi, de 1992 a 1996, o palco de violentas lutas entre tropas sérvias, forças croatas e populações muçulmanas, num processo que arrasou o país e que até hoje não está definitivamente resolvido, pois não se sabe se essas três etnias poderão conviver num mesmo território sem a intermediação de tropas estrangeiras.

De toda a Iugoslávia restavam a **Sérvia** e **Montenegro**, que, em 2003, fundaram a União da Sérvia e Montenegro. Em 2006, no entanto, esses dois países se declararam independentes. Em 2008, o Kosovo, então uma província da Sérvia, proclamou-se independente. Intensos bombardeios arrasaram o território do **Kosovo** até 1999, quando se instalou ali um governo provisório, sob a tutela da ONU.

A Z

Carisma: conjunto de habilidades e/ou poder de encantar, de seduzir, que faz com que um indivíduo (um líder, um político, um ator) desperte a aprovação e a simpatia das massas.

Autogestão: administração de uma empresa por seus trabalhadores ou de um bairro por seus moradores.
A autogestão da antiga Iugoslávia não era completa, pois existia um forte controle por parte do antigo Partido Comunista.

Veja os países resultantes da antiga Iugoslávia no mapa a seguir.

Países resultantes da antiga Iugoslávia

Adaptado de: IBGE. *Atlas geográfico escolar*. 6. ed. Rio de Janeiro, 2012. p. 43.

Bósnia-Herzegovina

A Bósnia ocupa uma área de 51 210 km². Sua população foi de cerca de 3,8 milhões de habitantes em 2015, e os servo-croatas correspondem a 51,4% desse total; os bósnios, a 48%.

Na realidade, todos são eslavos e falam o mesmo idioma, o servo-croata, com diferenças apenas de sotaque e de algumas palavras específicas. Mas os bósnios professam a religião islâmica; os croatas, a religião católica; e os sérvios, o cristianismo ortodoxo. Em geral, os bósnios se concentram nas cidades, enquanto os croatas e os sérvios são mais numerosos no campo e nas montanhas, onde desenvolvem atividades agrícolas e de pastoreio.

Desde que se proclamou um país independente, em 1991, a Bósnia viu-se envolvida na mais intensa guerra da década de 1990. A guerra na Bósnia foi uma dura prova da nova situação internacional: não existia mais a bipolaridade Estados Unidos/União Soviética, as duas superpotências que controlavam esse tipo de conflito desde 1945. Assim, durante dois anos, o mundo inteiro protestou contra as atrocidades cometidas na guerra e pediu que alguém fizesse alguma coisa, mas não se sabia ao certo quem deveria agir e o que fazer. As lideranças da União Europeia, mesmo incomodadas com o fato de esse problema se localizar no "seu quintal" (a Europa oriental), queriam que os Estados Unidos tomassem alguma atitude militar. Mas o governo dos Estados Unidos também resolveu esperar o desenrolar dos acontecimentos. Isso porque, nesses casos, uma liderança acarreta gastos consideráveis e inúmeras mortes de soldados do país, cujas famílias e amigos protestavam na imprensa, realizavam manifestações públicas e comprometiam a popularidade do governo.

Finalmente, em 1993, a ONU – a partir da liderança dos Estados Unidos, de alguns países europeus ocidentais e até da Rússia – resolveu enviar tropas internacionais de paz (os chamados "capacetes azuis") para a Bósnia, a fim de impedir novos massacres. Essas tropas não entraram diretamente no combate; apenas tentaram evitar a continuação do conflito, embora não tenham obtido êxito total. O lançamento aéreo de medicamentos e comida para as populações sitiadas (em cidades cercadas por tropas adversárias) passou a ser realizado com frequência desde 1993.

Em 1995, as três partes envolvidas na guerra assinaram um tratado de paz (o Acordo de Dayton), intermediado pela ONU, que oficializou a independência da Bósnia-Herzegovina, mas com o estabelecimento de duas regiões distintas: uma ocupada pelos sérvios (49% da área total) e outra compartilhada pelos croatas e muçulmanos (51%). Com isso a guerra cessou, mas o impasse permaneceu no novo país: a população e sua diversidade religiosa continuaram a conviver com dificuldades e sob a vigilância das tropas internacionais.

O país foi arrasado pela guerra: cidades, fábricas e campos de cultivo foram destruídos, houve milhares de mortos e feridos, as doenças proliferaram por causa das precárias condições sanitárias, etc.

M Grafman/UN Photo

Tropa da ONU em Sarajevo (Bósnia-Herzegovina), 1993.

Kosovo

Kosovo era uma província autônoma na federação da Iugoslávia, mas integrada à república da Sérvia, e perdeu sua autonomia em 1989. A maioria da população é de origem albanesa (92%) e professa a religião islâmica. Nessa província, a ex-Iugoslávia tentou promover uma "limpeza étnica", para exterminar a população de origem albanesa.

O Kosovo tem uma área de 10 800 km^2 e localiza-se no sul da Sérvia, fazendo fronteira com a Macedônia (a sudeste) e com a Albânia e Montenegro (a oeste). Cerca de 2 milhões de pessoas viviam no Kosovo em 1997, mas os conflitos de 1998-1999 provocaram milhares de mortes e cerca de 1 milhão de refugiados. Em 2014 o país contava com 1,8 milhão de habitantes.

Em 1996, formou-se um grupo guerrilheiro, o Exército de Libertação do Kosovo (ELK), de etnia albanesa, para lutar pela independência da província. Em 1998, as atrocidades sérvias, que já ocorriam havia anos, aumentaram: o governo iugoslavo, liderado pelo então presidente Slobodan Milosevic, deixou de agir de forma disfarçada e passou a massacrar abertamente a etnia albanesa, expulsando as famílias de suas casas e da própria região, fuzilando pessoas simplesmente porque eram jovens e poderiam tornar-se guerrilheiros ou dar à luz a mais albaneses.

Nesse momento o apoio popular ao ELK era cada vez maior no Kosovo. Além disso, os conflitos na região estavam chamando a atenção do mundo. Graças à mídia internacional (redes de televisão, jornais, revistas, etc.), uma opinião favorável à independência do Kosovo começava a crescer em vários países, principalmente nos Estados Unidos e na Europa. Para tentar impedir que isso acontecesse, houve uma intensificação do genocídio (matança em massa) contra os kosovares.

Contudo, de abril a junho de 1999, as forças armadas da Otan, lideradas pelos Estados Unidos, promoveram milhares de operações aéreas de bombardeios nas áreas do Kosovo dominadas pelas tropas sérvias. Estradas, aeroportos, pontes, usinas, edifícios do governo foram bombardeados e destruídos na região sérvia e no Kosovo. Finalmente, em junho de 1999, o governo iugoslavo assinou um tratado de paz, concordando em retirar suas tropas do Kosovo e permitindo o controle desse território por tropas da ONU, composta de milhares de soldados norte-americanos, britânicos, alemães, franceses e russos. Após o acordo de paz, mais de 800 mil refugiados albaneses retornaram ao território na tentativa de reconstruir sua vida. No sentido oposto, cerca de 200 mil sérvios abandonaram a província desde então, temendo o aumento da discriminação étnica dos albaneses.

Novos prédios em Pristina (Kosovo), 2014.

123RF/Easypix Brasil

Em fevereiro de 2008, Kosovo declarou-se independente da Sérvia. Sua independência foi logo reconhecida por vários países, como Estados Unidos, Alemanha e França, mas outros, como Rússia e Espanha, ainda não a reconheceram. A Sérvia não só não aceita a independência de sua província como também procura impedir o reconhecimento internacional do Kosovo. Isso, no entanto, pode ser uma questão de tempo. A Sérvia pretende ingressar na União Europeia, mas só conseguirá realizar essa pretensão após reconhecer a independência do Kosovo.

Texto e ação

1. Por que a antiga Iugoslávia, uma verdadeira colcha de retalhos com povos, idiomas e religiões diferentes, se manteve unida de 1945 até 1991?
2. Quais são os países que se originaram da antiga Iugoslávia?
3. Qual é o maior deles em território? E em produção econômica (o valor do PIB)? E em renda *per capita*?
4. Copie a tabela no caderno e preencha-a com as seguintes informações sobre a população da Bósnia:

População em 2015	Composição étnica	Religiões

- Escreva um pequeno texto comentando os dados apresentados na tabela.

5. Explique por que a guerra da Bósnia foi considerada uma dura prova da situação internacional nos anos 1990.
6. A mídia internacional chamou a atenção para os conflitos que ocorriam na região do Kosovo no final dos anos 1990. A partir de então, a opinião a favor da independência do Kosovo começou a tomar força principalmente nos Estados Unidos e na Europa.
   a) Qual foi a reação do governo iugoslavo?
   b) Como foi a intervenção da ONU?

Atividades finais

+ Ação

1. O Capítulo 2 apresenta fotografias de algumas capitais de países da Europa ocidental e Europa oriental.
   a) Faça uma lista das capitais mostradas nas fotos. Escreva ao lado o nome do país a que pertencem.
   b) Alguma das paisagens mostradas nas fotos se parece com as do município onde você mora? Em quê?
   c) Escolha uma das capitais e faça uma pesquisa sobre ela.

2. Leia o texto e responda às questões.

As relações comerciais do Brasil com a União Europeia

Nos últimos anos a União Europeia tem sido o maior exportador e investidor em uma escala global, e o principal parceiro comercial de mais de 100 países em todo o mundo. O Brasil é um deles. A UE, com apenas 7,8% da população mundial, possui quase 21% da produção econômica (PIB) planetária e participa com mais de 31% das exportações totais do globo.

Hoje o Brasil é o 10º parceiro comercial da UE, representando 2,2% do comércio total do bloco. Em contrapartida, a UE representa mais de 22% do total do comércio externo brasileiro. As exportações brasileiras para a UE estão ligadas, principalmente, a três tipos de produtos: os manufaturados (36% do total), os semimanufaturados (14%) e as matérias-primas (50%), especialmente minérios e produtos agropecuários. Os principais países da UE para os quais o Brasil exporta são pela ordem Países Baixos, Alemanha, Itália, Reino Unido, França, Bélgica, Espanha e Portugal. Da UE o Brasil importa principalmente bens manufaturados, em especial carros, aviões e medicamentos. Os países da UE dos quais o Brasil importa produtos são, pela ordem: Alemanha, Itália, França, Espanha, Reino Unido e Países Baixos.

Adaptado de: DURAN, Rebeca. *Commercial Relations*: Brazil and European Union. Disponível em: <http://thebrazilbusiness.com/article/commercial-relations-brazil-and-european-union>. Acesso em: 20 out. 2014.

   a) A UE como um todo é o maior parceiro comercial do Brasil, participando com mais de 22% do total do comércio externo brasileiro em 2013 (em segundo lugar vem a China com 17,3% desse total; em terceiro os Estados Unidos com 12,7%).
      - Quais são os principais países da UE para os quais o Brasil exporta e quais são os produtos?
      - Quais são os principais países da UE dos quais o Brasil importa e quais são os produtos?
   b) Apesar de a UE representar mais de 22% do comércio exterior do Brasil, este representa apenas 2,2% do comércio da UE, ocupando o 10º lugar entre os parceiros comerciais do bloco. Procure explicar esse fato e dê a sua opinião sobre como o Brasil poderia ampliar a sua participação nas relações comerciais da UE.

3. Leia o texto e faça o que se pede.

Conhecido no mundo todo, o queijo está presente de petiscos a pratos principais, exibindo uma variedade quase infinita de cores, cheiros e sabores. Existem hoje centenas de tipos de queijos produzidos em todo o mundo, sendo que os diversos estilos e sabores são o resultado de formas diversificadas de produção, tais como o uso do leite de diferentes mamíferos, o acréscimo de diferentes teores de gordura, o emprego de determinadas espécies de bactérias e bolores e a adição de agentes aromatizantes, tais como ervas, especiarias ou defumação.

Mesmo que popular em muitos países, é indiscutível a importância e prestígio que ele ganha em terras francesas. Afinal, a França ainda é o maior exportador de queijos, com cerca de trezentas variações. Cada região ou pequena cidade produz qualidades específicas do alimento e até dão nome a elas: cremosos, firmes, macios, aromáticos, adocicados ou picantes.

Adaptado de: BLOG Malas Prontas. *Um tour pelos queijos franceses*. Disponível em: <http://gcnturismo.wordpress.com/2011/03/22/um-tour-pelos-queijos-franceses/>. Acesso em: 20 out. 2014.

   a) Há relação entre o texto e o que você estudou no capítulo? Qual?
   b) Pesquise em supermercados queijos feitos com matéria-prima da agropecuária francesa.
      - Examine a embalagem e anote o nome do produto, o nome da empresa e a cidade de origem.
      - Compare o preço com o de algum produto similar fabricado no Brasil e escreva suas conclusões.

c) Traga as informações obtidas para a sala de aula. Discuta-as com os colegas.

4. Sobre o turismo na Europa, leia o texto e responda às questões.

O crescimento do turismo na Europa está contribuindo para atenuar os efeitos da crise econômica no continente, principalmente nos países mais afetados, como Grécia, Espanha, Itália e Portugal. A conclusão é da diretora de Comunicação da Organização Mundial do Turismo (OMT), Sandra Carvão. "Em vários países europeus, é o consumo externo, dos turistas, que ajuda a compensar a falta de demanda interna, provocada pela crise", destacou.

A contribuição da atividade turística para o desenvolvimento econômico é o tema da reunião nesta terça-feira (25 out. 2011), em Paris, de ministros do Turismo do G20 (que reúne as vinte maiores economias do mundo, inclusive o Brasil). "O turismo internacional funciona como uma atividade de exportação, permitindo a entrada rápida de divisas, e ajuda a atenuar os déficits da balança de pagamentos", disse a diretora.

A porta-voz da OMT lembrou que o turismo exerce um papel fundamental na economia de vários países europeus. Na França, a atividade representa de 6% a 7% do Produto Interno Bruto (PIB), o equivalente ao produzido pela indústria automobilística.

Em Portugal, o turismo totaliza 11% do PIB. Na Grécia, ele representa 16% e é um setor estratégico para uma economia em agonia. Por esse motivo, o governo grego declarou que aposta na atividade este ano para tentar tirar o país da recessão. Segundo dados da OMT divulgados este mês, o turismo na Grécia cresceu 13,9% nos primeiros oito meses de 2011, na comparação com o mesmo período do ano passado.

Na Espanha, quarto país mais visitado do mundo, o fluxo de turistas estrangeiros já cresceu 7,8% em 2011. Em agosto, alta temporada de verão, o aumento no número de visitantes chegou a 9,4%.

Em Portugal, outro país fortemente afetado pela crise na Europa, o número de turistas internacionais cresceu 11,2%. Na Itália, o aumento chegou a 5,8%.

Na Europa em geral, o número de turistas aumentou 6% este ano, segundo a OMT. A América do Sul foi a região onde o turismo mais cresceu, ao registrar aumento de 13,2%.

De acordo com a OMT, 80% dos turistas que visitam países europeus são originários do próprio continente. Os emergentes têm uma participação no crescimento do turismo na Europa, mas a proporção desses visitantes no fluxo de entrada é bem mais limitada do que a dos europeus.

Os turistas de países emergentes, no entanto, não medem gastos nas viagens e se tornaram uma clientela-alvo do setor em países como a França.

Para estimular o turismo, o governo francês começou a implantar este ano um sistema a fim de melhorar as informações aos estrangeiros nos aeroportos e em meios de transportes e também para agilizar a passagem nas fronteiras. Segundo a porta-voz da OMT, as limitações em termos de orçamento público na Europa podem levar os governos a rever estratégias de promoção do turismo no exterior.

Adaptado de: PORTAL Brasil. *Busca pelo turismo na Europa ameniza efeitos da crise econômica internacional, diz OMT*. Disponível em: <www.brasil.gov.br/noticias/arquivos/2011/10/25/busca-pelo-turismo-na-europa-ameniza-efeitos-da-crise-economica-internacional-diz-omt>. Acesso em: 29 out. 2014.

a) Que países europeus são citados no texto?
b) O que o texto revela sobre o turismo na Europa?
c) Há relação entre o texto e o que você estudou sobre a crise na Zona do Euro, no capítulo anterior? Qual?

5. Pesquise textos e imagens em jornais, revistas e na internet que revelem informações sobre o turismo na Europa. Leve-os para a sala de aula na data combinada com o professor. Em pequenos grupos a classe deverá fazer a seguinte atividade.

a) Com a orientação do professor, organizem o material pesquisado e confeccionem cartazes.
b) Criem um título para identificar e representar o tema do trabalho.
c) Com base no material produzido pelo grupo, respondam às questões.
   - Vocês encontraram alguma dificuldade para conseguir o material solicitado? Qual?
   - Dos países europeus que fazem parte do material pesquisado, quais pertencem à Europa ocidental? E à Europa oriental?
   - Nas imagens pesquisadas há algum anúncio publicitário estimulando as pessoas a visitar os países europeus? Descrevam como é esse anúncio.
   - Na opinião de vocês, qual a importância do turismo para a economia de um país?
   - Na opinião de vocês, o turismo para a Europa é possível para a maioria dos brasileiros? Expliquem a resposta.
   - Vocês conhecem alguém que fez turismo na Europa? Vocês sabem que países esta pessoa visitou?

De olho na imagem

Observem as fotos e resolvam o que se pede.

TonyV3112/Shutterstock/Glow Images

Paisagem de Amsterdã (Países Baixos), 2014. A cidade possuía cerca de 1,6 milhão de habitantes em 2013. Grande parte do sítio urbano de Amsterdã é constituída por pôlderes, isto é, áreas que foram conquistadas ao mar. Perto do mar e cortada pelo rio Amstel (que deu o nome à cidade), Amsterdã tem inúmeros canais, intensamente aproveitados para a navegação, tanto de carga como de pessoas. Muitos moradores possuem barcos ou vivem neles. A cidade também se destaca pelo enorme número de bicicletas, que constituem um dos principais meios de transporte de pessoas. A cidade recebe anualmente milhões de turistas e possui muitas atrações: ricos museus, belas paisagens, intensa vida noturna, ótimos restaurantes e hotéis, o mercado de flores, etc.

Paisagem de Veneza (Itália), 2014. A cidade tinha cerca de 420 mil habitantes em 2013. Construída sobre terras baixas e ilhas do mar Adriático, Veneza também conquistou espaços dos mares com aterramentos. Com esse processo, ganhou inúmeros canais que são intensamente navegados. Veículos automotivos (carros, ônibus, caminhões) não entram em Veneza – existe apenas um imenso estacionamento na entrada da cidade, ao lado da estação de trem, cujos trilhos também param ali e não entram na cidade – por causa das ruas ou vielas estreitas e cheias de multidões e o progressivo afundamento da cidade, que com frequência tem áreas alagadas resultante das marés cheias e/ou das chuvas torrenciais. Calcula-se que Veneza afundou 23 cm nos últimos cem anos. O principal meio de transporte é por água: há *vaporettos* ou barcos motorizados que cobram uma tarifa e levam centenas de passageiros a diversos lugares; barcos táxi; os barcos ou canoas de moradores e as famosas gôndolas, canoas manobradas pelos gondoleiros e que são mais utilizadas pelos turistas. Veneza é um dos mais importantes destinos turísticos de todo o mundo: mais de 50 mil pessoas visitam a cidade todos os dias, o que significa que a cada ano ela recebe quase 20 milhões de turistas.

g215/Shutterstock/Glow Images

a) O que Amsterdã e Veneza têm em comum?

b) Que outras informações vocês possuem dessas duas cidades?

c) Qual delas vocês gostariam de visitar? Por quê?

d) Existe alguma cidade brasileira semelhante a Amsterdã e/ou a Veneza? Qual? Citem semelhanças e diferenças entre elas.

Conexões

HISTÓRIA

1. Observe as imagens e resolva as atividades.

Arend van Dam/Acervo do cartunista

Arend van Dam/Acervo do cartunista

Charges: DAM, Arend van. Disponível em: <http://www.cagle.com/tag/1914-2014/>. Acesso em: 20 out. 2014.

a) O que essas imagens sugerem? Segundo elas, como era a Europa em 1914 e como era em 2014, cem anos depois?

b) Escreva no caderno o que você sabe sobre a Primeira Guerra Mundial.

c) Qual foi o elemento ou instituição importante para manter a paz na Europa, principalmente na sua parte ocidental? Em qual das imagens esse elemento está simbolizado?

HISTÓRIA

2. O espaço geográfico, as regiões e as paisagens nunca são estáticos e imutáveis. Sempre ocorrem alterações, mesmo que, às vezes, elas demorem muito tempo para serem claramente percebidas. Os dois textos a seguir comentam sobre as diferenças, que vão diminuindo, entre a Europa ocidental e a oriental. Depois de ler os textos, resolva as atividades.

As duas europas evocam imagens mentais bem diferentes. A Europa ocidental sugere imagens como a do Big Ben em Londres (Reino Unido), a Torre Eiffel em Paris (França), o Coliseu em Roma (Itália) ou uma tourada na Espanha. Em contrapartida, a Europa oriental evoca imagens como a cortina de ferro separando o capitalismo do comunismo, a guerra do Kosovo, os orfanatos na Romênia ou a limpeza étnica na Bósnia. A Europa ocidental é vista como democrática, moderna e dinâmica, enquanto que a oriental é tida como totalitária, atrasada e estagnada. Mas esses estereótipos são superficiais e em grande parte incorretos. Sem dúvida que Tirana (Albânia) jamais será confundida com Paris, e a Romênia nem de longe se parece com o Reino Unido. Mas ao mesmo tempo, Praga (República Tcheca) e Budapeste (Hungria) são cidades que fascinam os turistas, que muitas vezes as consideram mais atrativas do que Paris ou Londres. O belo rio Danúbio não corre apenas em Viena (Áustria), mas também em Budapeste, Belgrado (Sérvia) e Bratislava (Eslováquia).

Adaptado de: FRUCHT, Richard. Prefácio. *Eastern Europe*: an Introduction to the People, Land and Culture. Santa Barbara, Califórnia: Richard Frucht Copyright, 2005.

Em fevereiro de 2009, a importante revista The Economist *publicou uma charge na qual os líderes da UE estavam sentados ao redor de uma mesa com os rostos congelados de horror. Estavam pensando num hipotético projeto de lei intitulado "O resgate para a Europa oriental". O Leste europeu, o artigo* [que acompanhava a charge] *advertia, tinha sido abalada pela crise econômica internacional iniciada nos Estados Unidos. Eles tinham perdido ou desperdiçado ou bilhões de dólares emprestados pelas organizações internacionais, os investimentos estrangeiros iriam começar a diminuir e a UE acabaria tendo que ajudar esses países com um imenso montante de recursos.*

Mas a Europa oriental não entrou em colapso, pelo menos não toda ela. Na verdade foram países ocidentais, a Irlanda e principalmente a Grécia, que entraram numa grave crise econômica, seguidas pela Espanha, Itália e Portugal. Isso sem falar no aumento do desemprego na França. Em suma, a revista estava redondamente enganada. Quatro anos após esse artigo [isto é, em 2013], *os países ricos ocidentais não tiveram que aportar nenhum recurso financeiro para o Leste europeu enquanto que alguns países dessa parte oriental da Europa estão na verdade contribuindo para minimizar a crise na Europa.*

Penso que é hora de deixar de lado os nossos preconceitos e estereótipos sobre a Europa oriental. A primeira crise econômica na Europa depois de 2008 não começou no leste, mas na Islândia, no extremo oeste. A recessão mais profunda estava na Irlanda e agora em Portugal e na Grécia. Sim, a Letônia sofreu uma bancarrota, mas o governo com apoio da população empenhou-se num programa de austeridade e superou a crise, sendo que hoje está crescendo a uma taxa de 5% ao ano. Os gregos, por outro lado, confrontados com uma perspectiva semelhante, se revoltam, protestam e depredam, e a UE teve que intervir e ditar a política econômica do país [pois o governo nacional foi incapaz de adotar medidas efetivas para solucionar a crise]. *A Eslováquia, que teve uma taxa de crescimento de 10% ao ano após se tornar independente, conheceu há alguns anos uma crise, mas agora voltou a crescer num ritmo de 4% ao ano* [bastante elevado para a Europa]. *A Polônia não sofreu crise alguma e vem crescendo numa taxa de 4% ao ano desde 2008. Ao invés de arrastar para baixo a Europa, a metade oriental do continente é agora um dos principais contribuintes para o crescimento e riqueza da Europa. Isso não quer dizer que tudo vai bem na Europa oriental. Mas, não podemos generalizar e falar em "bem" ou "mal" para toda essa região porque ela já não é uma entidade única. Já foi uma vez, é claro. Essa expressão, Europa oriental, pertence mais a um determinado período histórico. Refere-se às nações que estavam, entre 1945 e 1991, dominadas pelo comunismo de estilo soviético. Eram nações nas quais o planejamento central e o controle estatal da economia eram universais. Mas essa sempre foi uma região cultural e etnicamente heterogênea, com grupos católicos, ortodoxos gregos, ortodoxos russos, judeus, muçulmanos, etc., que falavam e falam línguas eslavas, românicas, fino-húngaras, bálticas e germânicas. Alguns moravam e moram em cidades cosmopolitas e outros viviam e vivem em comunidades rurais isoladas, muitas vezes ainda sem eletricidade e água corrente. Desde a queda do muro de Berlim e o final da União Soviética, esses países europeus orientais estão tomando caminhos muito diferentes entre si.*

Adaptado de: APPLEBAUM, Anne. *Does Eastern Europe still exist?* Disponível em: <www.prospectmagazine.co.uk/features/does-eastern-europe-still-exist>. Acesso em: 20 out. 2014.

a) As imagens mentais das pessoas em geral contrapõem uma Europa moderna e democrática a outra atrasada e totalitária (totalitarismo é o oposto de democracia, um regime político de partido único que controla tudo: a economia, os meios de comunicação e até a vida cotidiana das pessoas). O autor do primeiro texto concorda com essa ideia? Justifique.

b) Essas imagens mentais, apesar de serem estereótipos, isto é, clichês ou ideias preconcebidas sem muita fundamentação na realidade, foram mais aceitáveis durante a Guerra Fria, de 1945 até 1991. Por que essas imagens possuem cada vez menos conteúdo atualmente?

c) Explique, com base em pesquisas em *sites* de História, o que foi a limpeza étnica na Bósnia.

d) A autora do segundo texto mostra que a revista britânica *The Economist* se enganou completamente sobre a Europa oriental. Procure explicar como se deu esse equívoco.

e) De acordo com o segundo texto, existiria uma tendência de maior homogeneização ou de heterogeneização entre os países da Europa oriental? Por quê?

f) No segundo texto a autora afirma que a ideia de Europa oriental é histórica. Procure explicar o que ela quis dizer com isso.

Capítulo 3

Aspectos gerais da CEI

Neste capítulo você conhecerá a CEI e identificará os países que a compõem. Compreenderá que a ex-União Soviética, um dos países mais influentes no século XX, deixou de existir em dezembro de 1991. Essa antiga superpotência existiu durante quase setenta anos e representou um tipo diferente de economia e de sociedade, distinto do capitalismo.

Georges Million/Acervo do cartunista

MILLION, Georges. Disponível em: <www.cvce.eu/obj/cartoon_by_million_on_the_break_up_of_the_ussr-en-5ee9ace2-475b-4373-9627-ee5bf1cf8108.html>. Acesso em: 30 out. 2014.

Para começar, observe a charge acima, elaborada logo após a dissolução da União Soviética.

1. Nessa charge aparece uma *matrioshka*, boneca russa tradicional composta de uma boneca maior que é oca e de várias bonecas menores dentro dela, igualmente ocas e cada uma delas contendo uma boneca menor em seu interior, até a menor de todas, a única que não é oca. Você já conhecia esse tipo de boneca?
2. Qual é o significado dessa charge? Discuta com os colegas e com o professor.
3. Quais são os novos países que estão saindo de dentro da ex-União Soviética? Além desses seis, quais outros se originaram desse imenso país que deixou de existir no final de 1991?

1 Da URSS à CEI

Com a desagregação da **União das Repúblicas Socialistas Soviéticas (URSS)**, quinze países independentes foram criados: Armênia, Azerbaijão, Belarus, Casaquistão, Estônia, Geórgia, Letônia, Lituânia, Moldávia, Quirguistão, Rússia, Tadjiquistão, Turcomenistão, Ucrânia e Uzbequistão. Com exceção das três nações bálticas (Estônia, Letônia e Lituânia), os países oriundos desse imenso Estado ainda lutam para superar a herança da antiga superpotência e eliminar as características deixadas pelas décadas de união político-territorial e de planificação da economia. Daí a necessidade de estudá-los em conjunto, pois até hoje esses países são interdependentes. Todavia, cada vez mais uns se afastam dos outros e muitos deles estão ficando mais próximos da Europa do que da Rússia.

Logo após a dissolução da ex-URSS, em dezembro de 1991, a maioria dos novos países independentes, que durante quase todo o século XX viveram com moeda, governo central e forças armadas unificados, percebeu que ainda tinha profundas ligações econômicas e militares e precisava de acordos ou tratados para resolver uma série de questões importantes. Grande parte dos povos não russos da ex-URSS (georgianos, azerbaijões, armênios, ucranianos, moldávios e outros) desejava se tornar independente do domínio de Moscou, mas, uma vez autônomos, perceberam que havia a necessidade de oficializar laços econômicos uns com os outros para poder continuar a se desenvolver.

Com a liderança dos presidentes da Rússia, da Ucrânia e de Belarus, nasceu a **Comunidade dos Estados Independentes (CEI)** em dezembro de 1991. Desde o início, as três nações bálticas resolveram se afastar das demais, buscando uma integração maior na Europa. Elas puderam fazer isso sem grandes problemas, pois conviveram menos tempo no seio da ex-União Soviética e possuem uma situação geográfica peculiar na parte ocidental ou europeia dessa antiga superpotência, o que as afasta consideravelmente dos países que integram a CEI, cuja maioria fica na Ásia.

Manifestantes soviéticos protestam em frente ao parlamento em Moscou durante a tentativa de golpe militar, em 1991, que levou ao fim da URSS.

Peter Turnley/Corbis/Latinstock

Bandeira da Comunidade dos Estados Independentes (CEI).

A intenção original do tratado que instituiu a CEI era criar uma federação no lugar do antigo regime autoritário soviético, centralizado pelo governo de Moscou. Mas a realidade acabou se revelando distante dessa ideia original, pois, além do afastamento definitivo das três nações bálticas, houve também vários desentendimentos entre os principais países-membros, especialmente a Rússia e a Ucrânia, cada qual defendendo um caminho diferente para essa organização.

A Geórgia deixou a CEI durante algum tempo, retornou depois e se afastou em definitivo em 2009. O Azerbaijão em 1992 se declarou somente observador, e não membro efetivo. Também a Ucrânia e o Turcomenistão se afastaram em 2010, ficando apenas como membros observadores do bloco. E por fim a Ucrânia se desligou definitivamente da CEI em 2014.

Nos países que atualmente compõem o bloco circulam duas ou até três moedas diferentes, pois muitos já criaram suas moedas nacionais; em quase todos ainda circula o rublo russo e, às vezes, também o euro.

Alguns também criaram as próprias forças armadas, que, embora frágeis, geraram conflitos com a Rússia, que desejava recuperar armas nucleares, instalações militares, navios, submarinos e mísseis construídos pelo exército soviético, pois se considera a única herdeira da antiga superpotência. Algumas nações, especialmente a Ucrânia, resistiram durante algum tempo a essa imposição russa, e acabaram cedendo depois por pressão da comunidade internacional, liderada pelos Estados Unidos, que não queriam vários países da antiga União Soviética dispondo de armamentos nucleares.

CEI (1991-2014)

Elaborado pelos autores.

Parece que a CEI está se estruturando como uma associação econômica e em parte política, a exemplo da União Europeia. No entanto, a União Europeia se desenvolveu a partir de uma comunidade econômica e evoluiu para uma relativa integração política, com uma moeda única e uma crescente importância do Parlamento europeu. A CEI parece trilhar o caminho inverso: ela começou com uma forte integração econômica (moeda única) e até político-militar; com o tempo, foi ocorrendo uma maior autonomia de cada país-membro. Portanto, não é certo que a CEI se fortaleça ou mesmo sobreviva no transcorrer do século XXI.

A grave crise que, desde os anos 1990, assolou a economia russa (a mais importante) e também as demais – com inflação elevada, fechamento de indústrias, crescimento nulo ou até retração da produção, etc. – pode dar margem a um esfacelamento dessa organização.

Contudo, a elevação dos preços internacionais do petróleo e do gás natural na primeira década do século, juntamente com a exploração agressiva dessas fontes de energia com vistas ao mercado internacional (exportações), trouxe um relativo reerguimento da economia russa, embora com frágeis alicerces na medida em que são recursos naturais não renováveis e a Rússia possuir reservas bem menores que os países do golfo Pérsico, por exemplo. A prolongada e grave crise favoreceu a multiplicação de **máfias** nesses países, especialmente na Rússia. Por esse motivo – e também por privatizações suspeitas de empresas estatais, compradas a baixos preços por pessoas bem relacionadas politicamente – o modelo econômico da Rússia neste novo século passou a ser chamado de capitalismo mafioso.

A Z

Máfia: organização criminosa que costuma controlar atividades ilícitas, como o tráfico de drogas, o jogo, a prostituição e o comércio ilegal de armas.

Alexey Malgavko/RIA Novosti/Agência France-Presse

Refinaria de petróleo em Omsk (Rússia), 2012.

Observe, na próxima página, alguns dados a respeito dos países que foram ou ainda são membros da CEI, isto é, a tabela inclui a Geórgia e a Ucrânia, que saíram definitivamente, o Azerbaijão e o Turcomenistão, que são apenas observadores e não membros plenos dessa associação.

Países-membros ou que já foram membros da CEI: dados estatísticos

Indicador / País	Área (km²)	População (milhões de habitantes), 2015	PIB (bilhões de dólares), 2013	Renda *per capita* (dólares), 2013	Etnias principais*
Armênia	29 740	3,0	10	3 770	Armênios (98,1%), curdos (1,1%), outros (0,7%)
Azerbaijão	86 600	9,6	74	7 350	Azeris (91,6%), lezguianos (2%), russos (1,3%), armênios (1,3%), outros (3,7%)
Belarus	207 600	9,3	72	6 730	Bielorrussos (83,7%), russos (8,3%), poloneses (3,1%), ucranianos (1,7%), outros (3,3%)
Casaquistão	2 724 900	16,8	232	11 550	Cazaques (63,1%), russos (23,7%), outros (13,2%)
Geórgia	67 700	4,3	16	3 570	Georgianos (83,8%), azeris (6,5%), armênios (5,7%), russos (1,5%), outros (2,5%)
Moldávia	33 850	3,4	8	2 470	Moldávios (75,8%), ucranianos (8,4%), russos (5,9%), outros (9,9%)
Quirguistão	199 949	5,7	7	1 210	Quirguizos (64,9%), uzbeques (13,9%), russos (12,5%), outros (8,8%)
Rússia	17 098 240	142,1	2 097	13 850	Russos (77%), tártaros (3,7%), ucranianos (1,4%), bashkir (1,1%), chechenos (1%), chuvash (1%), outros (14,1%)
Tadjiquistão	142 550	8,6	9	990	Tadjiques (79,9%), uzbeques (15,3%), russos (1,1%), quirguizos (1,1%), outros (2,6%)
Turcomenistão	488 100	5,4	42	6 880	Turcomenos (85%), uzbeques (5%), russos (4%), outros (6%)
Ucrânia	603 550	44,6	177	3 960	Ucranianos (77,8%), russos (17,3%), outros (4,9%)
Uzbequistão	447 400	29,7	57	1 880	Uzbeques (80%), russos (5,5%), tadjiques (5%), outros (9,5%)

* A data dos dados varia na última década, mas são os últimos dados disponíveis no CIA: The World Factbook, em 2014.

Elaborado com base nos dados de: IBGE Países. Disponível em: <www.ibge.gov.br/paisesat/main_frameset.php>; UNITED NATIONS. Department of Economic and Social Affairs (Desa). *World Population Prospects*: the 2012 Revision. Volume II: Demographic Profiles. Nova York: ONU, 2013. Disponível em: <http://esa.un.org/unpd/wpp/Documentation/pdf/WPP2012_Volume-II-Demographic-Profiles.pdf>. THE WORLD BANK. Disponível em: <http://data.worldbank.org/indicator>; CIA. *The World Factbook*. Disponível em: <www.cia.gov/library/publications/the-world-factbook/geos/uz.html>. Acesso em: 22 dez. 2014.

Como se percebe pela tabela, a CEI é composta de países com **rendas** médias baixas – a maior é a da Rússia, seguida pela do Casaquistão, que é semelhante à do Brasil –, e algumas rendas *per capita*, como a do Quirguistão, Tadjiquistão e Uzbequistão, que estão próximas às dos países mais pobres do mundo.

No tocante à **área** territorial, observamos que a Rússia possui um imenso território (o maior do mundo). Em **população**, a Rússia sozinha possui um número de habitantes semelhante ao total dos demais países somados. Também a economia russa, com um **PIB** de 2,1 trilhões de dólares em 2013 (semelhante ao do Brasil), é bem maior do que a soma de todas as demais economias da CEI. Isso significa que a Rússia é a verdadeira gigante desse bloco.

Outro fato relevante na tabela é a grande **diversidade étnica** em todos os países, com exceção da Armênia e, em parte, do Azerbaijão. Esse fato costuma suscitar movimentos separatistas que às vezes dão origem a guerrilhas, atos terroristas e até guerras civis.

Texto e ação

1. Descreva o surgimento da CEI.
2. Cite os países que formaram a CEI, o nome das três nações da ex-União Soviética que nunca fizeram parte, os países que se desligaram e os que ficaram apenas como observadores do bloco.
3. Por que a Rússia é o verdadeiro gigante da CEI?
4. Até hoje a CEI encontra-se indefinida em alguns aspectos. Dê exemplos que justifiquem essa afirmação.

2 Aspectos físicos da CEI

A área abrangida pelos doze países oriundos da ex-União Soviética é imensa, bem maior do que a do continente europeu: mais de 22 milhões de km². Esse fato torna a CEI, especialmente a Rússia, praticamente autossuficiente em recursos naturais: petróleo e principalmente gás natural, potencial hidrelétrico, carvão mineral, minérios de ferro e manganês, cobre, níquel, chumbo, zinco, estanho, urânio e outros.

Essa imensa superfície territorial localiza-se em parte no continente europeu – uma parte da Rússia, Armênia, Belarus, Moldávia e Azerbaijão, além da Estônia, da Letônia e da Lituânia, Ucrânia e Geórgia (sendo os dois últimos ex-membros) – e outra parte no asiático – onde estão a maior parte da Rússia e os outros países.

A CEI estende-se por cerca de 10 mil quilômetros no sentido oeste-leste, indo desde o mar Báltico – que banha trechos da Rússia e as fronteiras com a Finlândia, a Polônia e outros países europeus, inclusive as três nações bálticas – até o Extremo Oriente, na Ásia, onde estão o oceano Pacífico e as fronteiras da Rússia com a China e a Coreia do Norte. Do norte para o sul, as terras dos países associados à CEI possuem menor extensão (4 500 km), indo desde o oceano Glacial Ártico até as fronteiras com a China, a Mongólia, os países do Oriente Médio e os mares Cáspio e Negro. Observe o mapa físico da CEI.

CEI: físico

Banco de imagens/Arquivo da editora

Adaptado de: IBGE. *Atlas geográfico escolar*. 6. ed. Rio de Janeiro, 2012. p. 42; 46.

A localização da CEI no norte da zona temperada e na zona polar, além da grande extensão leste-oeste da região, faz com que os **invernos** sejam bastante rigorosos, causando grandes transtornos. O solo e os rios ficam congelados de sete a oito meses por ano em quase toda a porção leste da Sibéria (parte oriental da Rússia) e de quatro a seis meses por ano em metade do norte da Rússia.

Além de longos, os invernos registram baixíssimas temperaturas, no norte da Sibéria oriental os termômetros já chegaram a marcar -69 °C. Mas não é só isso: o clima também é seco. No Turcomenistão, principalmente entre o mar Cáspio e o mar de Aral, e nas proximidades do oceano Glacial Ártico, algumas áreas chegam a se transformar em deserto. Essas características dificultam a prática da agricultura, pois as chuvas são geralmente insuficientes e irregularmente distribuídas.

O inverno rigoroso afeta também os meios de transporte, já que o congelamento da superfície da água interrompe a navegação fluvial durante vários meses. No verão, o rápido degelo em algumas áreas provoca sérias dificuldades às ferrovias e rodovias, cuja construção exige materiais apropriados, que possam resistir ao intenso e constante desgaste causado pelo congelamento e descongelamento anual. A grande dimensão desses territórios integrados – responsável pela existência de aglomerações urbanas muito distantes entre si –, aliada às dificuldades causadas pelo clima, transformou o setor de transportes num ponto problemático para a economia dos países da CEI.

Texto e ação

1. Observe o mapa presente na página 59 e responda.
   a) Ao observar a distribuição das cores no mapa, o que você pode concluir sobre as altitudes do relevo?
   b) Em sua opinião, por que as cores mais quentes são utilizadas para representar as maiores altitudes?
2. Caracterize o clima dos países da Comunidade dos Estados Independentes.
3. Considerando o que você estudou sobre o clima dos países que formam a CEI, responda.
   a) Como a agricultura da região é afetada pelas características do clima?
   b) Qual é a influência do clima nos meios de transporte dos países que formam a CEI?

519 Graphic/Shutterstock/Glow Images

Aerobarco em trecho congelado do rio Volga em Samara (Rússia), 2014.

3 Do Império à Revolução

Do final do século XV até 1917 existiu o imenso Império Russo, cujos governantes, os czares, desde o século XVIII tentaram imitar a modernização da Europa ocidental, mas apenas no aspecto econômico e não no social. Neste ainda havia uma sociedade quase feudal, com os camponeses pagando elevados impostos e vivendo sob o jugo dos proprietários da terra. Também os operários – a Rússia no início do século XX já era um dos países mais industrializados do mundo – viviam com baixíssimos salários e péssimas condições sanitárias nas fábricas.

A situação de crise econômica e a participação russa na Primeira Guerra Mundial (1914-1918), com grande número de mortos entre os soldados, em geral filhos de camponeses, favoreceram a multiplicação dos **sovietes**. Os sovietes eram conselhos populares – assembleias ou comunidades de operários, camponeses e até soldados – que surgiram pela primeira vez na Rússia em 1905. Em fevereiro de 1917, eles obrigaram o czar Nicolau II a abdicar. Foi criado então um governo provisório chefiado por **Aleksander Kerenski**, cujas medidas (entre elas a não retirada das tropas russas do conflito mundial) foram consideradas insuficientes pela população.

Nessas condições, fortaleceu-se o **Partido Bolchevique** – que, no ano seguinte, passou a se chamar **Partido Comunista** –, que assumiu papel de destaque na deposição do frágil governo de Kerenski. O líder dos bolcheviques, conhecido como **Lenin**, pregava que todo poder deveria ser exercido pelos sovietes e defendia o fim da participação russa na Primeira Guerra Mundial. Com isso, conseguiu o apoio popular, que o levou ao poder em outubro de 1917. Todavia, uma vez no poder, Lenin revigorou o exército e fortaleceu o Estado, enfraquecendo assim os sovietes. Com o tempo os sovietes foram massacrados, pois podiam rivalizar com o Partido Comunista no exercício do poder. Outras medidas adotadas por ele e pelo Partido Bolchevique foram a estatização dos meios de produção – a terra, o capital, o subsolo, os meios de transporte, as indústrias, os bancos tornaram-se propriedades do Estado; o confisco das grandes propriedades da antiga nobreza e da Igreja ortodoxa; uma reforma agrária, que na verdade foi mais uma estatização dos imóveis rurais; e a assinatura do Tratado de Brest-Litovsk com os alemães, para a retirada do país da guerra.

Retrato de Vladmir Lenin, de 1977, produzido muitos anos depois de sua morte.

O fato de o Estado ter se tornado o único proprietário de todos os meios de produção foi decisivo para o fortalecimento do Partido Comunista e explica o desaparecimento progressivo dos sovietes, extintos entre os anos 1921-1924.

Bandeira da União das Repúblicas Socialistas Soviéticas (URSS) em Samara (Rússia), 2013.

Com isso, os demais partidos políticos e as cooperativas que haviam se formado espontaneamente foram gradativamente eliminados, desaparecendo a possibilidade de organizar democraticamente o país. O Partido Comunista se firmou na Rússia, dando origem a uma burocracia que passou a administrar os bens públicos, de acordo com planos econômicos elaborados e definidos por funcionários do Estado, a serviço do partido único. Não demorou para que essa burocracia passasse a controlar o poder político e econômico, sem permitir a participação do povo em suas deliberações.

Ao longo desse período, a sociedade russa enfrentou profundas crises, que causaram danos consideráveis à sua economia. Para ter uma ideia desses danos, basta verificar que em 1916 a Rússia era um dos seis países mais **industrializados** do mundo, ao lado da Alemanha, do Reino Unido, da França, dos Estados Unidos e do Japão. Em 1921, a produção industrial russa tinha caído para menos de 20% do total registrado no início de 1917. Consequentemente, os 3 milhões de operários existentes no país em 1916 caíram para menos de 1,5 milhão em apenas quatro anos.

Apesar desses problemas, o Partido Comunista se impôs como o grande vitorioso, pois derrotara todas as oposições que haviam surgido. Então, já na condição de partido único e responsável pelo governo, decidiu, ao promulgar a primeira Constituição russa em 1922, que o nome do país seria União das Repúblicas Socialistas Soviéticas (URSS), mais conhecida por União Soviética. Mas a transformação da Rússia em União Soviética não consistiu somente numa mudança de nome, e sim numa anexação de novos territórios: a Armênia, a Geórgia e o Azerbaijão, incorporados em 1922, além das três nações bálticas, incorporadas em 1940.

Texto e ação

1. Que fatores favoreceram o surgimento dos sovietes?
2. Uma vez no poder, Lenin, o líder dos bolcheviques, adotou diversas medidas. Quais foram elas?
3. Podemos afirmar que a derrota dos sovietes na Rússia não foi tranquila? Justifique.
4. Comente o surgimento da burocracia na Rússia.
5. Em 1922, a Rússia recebeu o nome de União das Repúblicas Socialistas Soviéticas (URSS). Podemos afirmar que a transformação da Rússia em URSS consistiu somente em uma mudança de nome? Explique.

Teares semiautomáticos em soviete em Leningrado (URSS), atual São Petersburgo (Rússia), 1924.

Losin Boris/RIA Novosti/Agência France-Presse

4 A *perestroika* e o fim da URSS

Desde a introdução do socialismo em 1917, a centralização política tornou-se a principal característica da ex-União Soviética. Comandada pela burocracia, tal centralização não foi responsável apenas pelos maus resultados na agricultura e na indústria civil. Ela também esteve presente no assassinato de todos os que se opunham ao regime. Essas mortes ocorreram principalmente no governo de **Josef Stalin** (1924-1953), quando foram eliminadas algumas lideranças do próprio Partido Comunista, como Trotski (expulso do país e assassinado no México), Bukharin, Zinoviev e outros. O massacre de milhões de pessoas confinadas nas prisões da Sibéria também faz parte dessa história, em que a centralização do poder mostrou sua face mais terrível e avassaladora. Também a enorme mistura de nacionalidades na maior parte dos atuais países oriundos da URSS, que você viu na tabela da página 58, foi decorrência de uma decisão de Stalin de obrigar milhões de russos a migrarem para outras repúblicas (Ucrânia, Belarus, Casaquistão, etc.), de ucranianos a irem para repúblicas vizinhas, e assim por diante. Foi a chamada "política do liquidificador", uma tentativa de misturar as nacionalidades, evitando que cada uma continuasse concentrada no próprio território, na sua pátria e, com essa mistura, enfraquecer os diversos nacionalismos (russo, ucraniano, georgiano, etc.) e no seu lugar criar um único sentimento nacional, o soviético.

©Swim Ink/Corbis/Latinstock

Retrato de Josef Stalin, de 1974, produzido muitos anos depois de sua morte.

Em decorrência de tal centralização, a ex-União Soviética tornou-se uma superpotência mundial apenas no setor armamentista. A situação interna do país foi se agravando consideravelmente ao longo do tempo: as taxas de crescimento do setor agrícola foram negativas várias vezes e, desde 1971 até o final do século XX, as baixas taxas de crescimento da economia civil se mantiveram no mesmo nível. Esses resultados se refletiram diretamente na sociedade, com a falta de produtos básicos como certos alimentos, eletrodomésticos, sapatos e roupas, etc. Com vistas a solucionar o crescente atraso da ex-União Soviética em relação aos Estados Unidos e aos países da Europa ocidental, **Mikhail Gorbachev**, que se tornou secretário-geral do Partido Comunista em 1985, propôs em 1986 a *perestroika*, palavra russa que significa **reestruturação**. Tratava-se de uma proposta econômica e geopolítica para superar os limites do socialismo e da economia centralmente planificada. Era um projeto para o século XXI, uma tentativa de modernizar o país e mantê-lo entre as grandes potências mundiais neste novo século.

Peter Turnley/Corbis

Mikhail Gorbachev propôs em 1986 um programa de reestruturação da ex-União Soviética, que ficou conhecido como *perestroika*.

De maneira simplificada, é possível dizer que a *perestroika* pretendia tornar a economia soviética menos dividida entre os setores militar e civil. Para isso, era necessário desviar recursos para o setor de bens de consumo, enfrentando o desafio da informática e da robótica – tecnologias de vanguarda –, e para a agricultura. Recursos estes que até então eram canalizados para o setor militar. A baixa competitividade da economia civil soviética, aliada a seu atraso no setor de informática, provocou uma larga diferença entre a ex-URSS e as economias mais industrializadas do mundo, como Estados Unidos, Japão e Alemanha

Tanto a *perestroika* como a *glasnost* – palavra russa que significa **transparência** –, faces mais políticas das reformas do governo de Gorbachev, tornaram possível a manifestação de conflitos diversos entre as várias nacionalidades. A grave crise econômica do país havia afetado de maneira diferenciada as repúblicas (hoje países) que formavam a ex-União Soviética, e os privilégios que favoreciam a Rússia não passaram despercebidos às demais repúblicas.

Pode-se dizer que a *perestroika* e a *glasnost* acabaram em agosto de 1991, por ocasião de um frustrado golpe militar. Essa liberalização político-econômica do Estado soviético, na realidade, enfrentava três tipos principais de oposição ou pressão. De um lado, havia a chamada "linha-dura" ou corrente stalinista, representada pelas camadas dominantes que se sentiam atingidas pela **abertura econômica** e **política**. Alguns militares de alta patente e importantes membros do Partido Comunista desejavam manter a situação vigente nas últimas décadas. De outro lado, havia os chamados "progressistas". Entre eles o nome de **Boris Ieltsin** sempre era mencionado. Os progressistas pressionavam Gorbachev para apressar as reformas que a *perestroika* e a *glasnost* acarretavam; criticavam o ritmo, para eles demasiadamente lento, da abertura para a economia de mercado e para a democratização da vida política. Finalmente, havia os interesses de maior autonomia por parte das diversas repúblicas que compunham a ex-União Soviética. Algumas reivindicavam a independência total.

O setor mais forte era a linha-dura, pelo menos até agosto de 1991. Frequentemente, falava-se na possibilidade de um golpe militar comandado por esse setor, o que realmente acabou acontecendo. Muitos ministros do governo Gorbachev eram desse setor conservador e foram mantidos no poder exatamente porque inspiravam certo temor e respeito. Por isso o ritmo de abertura, até 1991, não foi muito intenso. Havia mais retórica e discursos liberalizantes do que mudanças profundas e irreversíveis.

Congresso soviético no Palácio do Kremlin, em Moscou (URSS), 1990, durante a demissão do ministro das Relações Exteriores diante da pressão do golpe militar.

O golpe militar

De fato, até agosto de 1991 a maioria dos recursos financeiros do país ainda era destinada ao setor militar, e o Partido Comunista continuava, na prática, a monopolizar o poder político. Até esse momento a linha-dura ainda dominava grande parte dos principais cargos políticos e militares no país, mesmo convivendo arduamente com a *perestroika* e a *glasnost*.

Naquele período discutia-se um tratado da União que concedesse maior autonomia às diversas repúblicas. Esse tratado objetivava manter a integridade do país, mas fazia algumas concessões aos interesses das repúblicas.

A tentativa de golpe militar, em agosto de 1991, para depor Gorbachev e criar uma junta que o substituísse visava impedir a assinatura desse tratado e a continuidade da política de abertura. Se fosse bem-sucedido, esse golpe poderia, talvez, reavivar a **Guerra Fria** e o papel de superpotência socialista da ex-União Soviética.

A Z

Guerra Fria: período de 1945 a 1989, marcado pela intensa rivalidade entre Estados Unidos e URSS.

A reação popular

Ocorreu, porém, uma rápida e maciça reação da população, que se opôs aos tanques nas ruas de Moscou. Os golpistas não esperavam a manifestação popular, que foi acompanhada pela reação de políticos progressistas e de outros políticos ligados aos interesses nacionais de suas repúblicas, como o da Lituânia. Esse fato paralisou as tropas enviadas para controlar os edifícios públicos.

Houve um momento em que os soldados não sabiam se obedeciam aos golpistas, entre os quais estava o próprio ministro do exército, ou aos políticos que se opunham ao golpe e contavam com o apoio popular. Estes últimos acabaram vencendo, e o resultado do golpe malogrado foi o contrário do que pretendiam os golpistas: em vez de manter a integridade da ex-União Soviética e impedir novas aberturas na vida política, consolidando o poder nas mãos do Partido Comunista, o golpe acabou acelerando a desagregação do país, gerou novas aberturas e provocou o fim do próprio Partido Comunista da ex-União Soviética.

David Turney/Corbis/Latinstock

Manifestação popular nas ruas de Moscou (URSS), em agosto de 1991. A população se opôs ao golpe dado pela linha-dura do Partido Comunista para depor Gorbachev. Observe como os manifestantes fizeram barricadas nas ruas, impedindo os tanques de circular.

Com a cumplicidade da imensa maioria dos burocratas do Partido Comunista, as autoridades das diversas repúblicas ganharam mais força. Esses governos sempre foram subordinados aos interesses do governo central, o soviético, mas a reação ao golpe praticamente esvaziou esse poder centralizado e fortaleceu as diversas autoridades regionais das repúblicas.

Após a rendição dos golpistas e a libertação de Gorbachev, percebeu-se que ele já não tinha mais autoridade nem poder. O poder de fato estava com o governo da Rússia, em primeiro lugar, e com os governos das outras repúblicas, que acabaram por proclamar suas independências. Gorbachev teve importante papel histórico, mas deixou o governo com pouca representatividade popular.

O Partido Comunista da ex-União Soviética saiu arrasado com o fracasso do golpe: edifícios foram depredados, membros eminentes perderam seus cargos e elementos de menor prestígio se apressaram em repudiar suas antigas ideias e adotar novas posições. Esse golpe deixou claro que a política de abertura introduzida pela *perestroika* e pela *glasnost* foi imposta "de cima para baixo", conduzida de forma controlada, com o objetivo de manter a integridade da ex-União Soviética e a hegemonia desse partido, no poder desde outubro de 1917. Mas o resultado mais importante do golpe foi o fim da União Soviética.

Em setembro de 1991, as três repúblicas bálticas – Lituânia, Letônia e Estônia – conquistaram sua independência, fato imediatamente reconhecido pela ONU e pela maioria dos países, inclusive a Rússia. As demais repúblicas ficaram juntas durante algum tempo, mas depois se separaram de vez.

Texto e ação

1. Em 1986, o governo soviético, com a liderança de Mikhail Gorbachev, iniciou uma série de reformas políticas e econômicas. Sobre esse assunto, resolva as atividades.
   a) Qual é o significado da palavra *perestroika*?
   b) Qual foi a proposta da *perestroika*?
   c) Cite uma das grandes dificuldades enfrentadas pela *perestroika* e pela *glasnost*.

2. Sobre o fim da União Soviética, responda às questões.
   a) Quem representava a chamada linha-dura na União Soviética? O que ela tentou fazer em 1991?
   b) Podemos afirmar que o golpe da linha-dura fracassou?
   c) Por que Gorbachev renunciou ao governo da União Soviética?
   d) Qual foi o resultado mais importante do golpe da linha-dura?
   e) Em 1991, três repúblicas soviéticas conquistaram sua independência. Quais foram elas? O que aconteceu com as demais repúblicas?

3. Observe atentamente a foto da página 65 e interprete-a recorrendo aos conteúdos que estudou neste capítulo.

4. Observe novamente a tabela da página 58. Nela, há uma coluna sobre a diversidade étnica nos diversos países que compuseram a ex-URSS. Agora, resolva o que se pede.
   a) Há uma etnia comum a todos os países da ex-URSS. Qual?
   b) Quais são os países (exceto a Rússia) com maior e com menor porcentagem de russos?
   c) Quais são os países com maior mistura de nacionalidades?
   d) Levando-se em conta o fim da União Soviética em 1991 com a independência de quinze novos países (contando as nações bálticas), você pensa que a "política do liquidificador" de Stalin foi bem-sucedida? Quais são as consequências dessa política até hoje?

5 Perspectivas atuais

O destino da CEI permanece indefinido. Por um lado, essa organização econômica pode se consolidar e evoluir para uma união política, a exemplo da União Europeia. Essa possibilidade, porém, parece cada vez menos provável em face do **temor** que a Rússia desperta nos vizinhos (ela já invadiu a Geórgia e a Ucrânia). Além disso, os países europeus da CEI são atraídos pela União Europeia, enquanto os países asiáticos da CEI tendem a se aliarem à China.

As nações bálticas, por exemplo, já são membros da UE desde 2004, na qual pretendem ingressar também Armênia, Geórgia, Ucrânia, Belarus, Moldávia. Com uma futura mudança do atual governo, extremamente autoritário e que sonha reviver a União Soviética, talvez a própria Rússia ingresse no bloco. Para esses países não islâmicos, com exceção da Rússia, a CEI é apenas uma espécie de segunda opção, de alternativa a ser perseguida no caso de não haver nenhuma esperança de integração na União Europeia.

Todavia, para as nações islâmicas e não europeias da CEI – Casaquistão, Tadjiquistão, Quirguistão e Uzbequistão, além do Azerbaijão e do Turcomenistão (estados observadores) – a situação é diferente. Elas não aspiram uma integração à União Europeia já que têm culturas e tradições bem diferentes da ocidental. Se a CEI não se consolidar, provavelmente esses países vão se aproximar ainda mais dos países do **Oriente Médio**, como o Irã, a Síria ou a Turquia, podendo dar origem, futuramente, a um novo bloco político e econômico.

Há ainda a questão da pulverização de algumas etnias e nacionalidades pelos países outrora integrantes da ex-URSS, que dão origem a **movimentos separatistas**, inclusive a guerras civis como as da Chechênia (Rússia).

Texto e ação

- Escreva um pequeno texto no caderno sobre as perspectivas para a CEI no início deste século. Depois, discuta suas ideias com os colegas e com o professor.

Musa Sadulayev/Associated Press/Glow Images

Prédio queimado de uma agência de notícias internacional em Grozny, região da Chechênia (Rússia), 2014.

Atividades finais

+ Ação

1. Observe a tabela da página 58 e faça o que se pede.
   a) Cite:
      - o país com a menor e a maior população;
      - o país com a menor e a maior economia;
      - o país com a menor e a maior renda *per capita*.

   b) Elabore um pequeno texto contendo os dados levantados na atividade acima.
   c) Imagine que você tem de escolher um país da CEI para morar. Com base nas informações da tabela, qual deles você escolheria? Justifique sua escolha.

2. Leia o texto e faça o que se pede.

Tornou-se cada vez mais claro nos últimos anos que a Rússia não tem a intenção de relaxar seu controle sobre o antigo bloco soviético. A Ucrânia tornou-se recentemente um bom exemplo disso [com a Rússia incentivando e apoiando movimentos separatistas na parte leste do país após a Ucrânia demonstrar preferir a Europa à Rússia]. *Embora Moscou esteja mais preocupado com os países europeus da antiga União Soviética, ele não esqueceu a Ásia. Mas aí ela encontra uma forte expansão da China. A Rússia tem procurado, através de diversos tratados econômicos, restabelecer seu controle sobre as repúblicas da Ásia Central. O governo russo procura instituir a União Econômica da Eurásia, numa ofensiva que visa refrear os líderes da Ásia Central que se tornam cada vez mais independentes de Moscou. Mas com a prosperidade advinda das exportações de petróleo e gás natural, países menos pobres como o Casaquistão e o Uzbequistão estão se afastando de Moscou, que por sua vez estreita seus laços com os países mais pobres como a Quirguistão e o Tadjiquistão.*

Mas o avanço russo na Ásia Central enfrenta dificuldades crescentes com os interesses da China a leste, e da Turquia, ao sul. A China vem se tornando o mais importante parceiro comercial dos países da Ásia Central, superando a Rússia. Enquanto o comércio externo total (exportações e importações) da Rússia com a Ásia Central foi de 27,3 bilhões de dólares em 2012, esse total da China foi de 46 bilhões. Além disso, no ano passado [2013]*, a China selou um pacote de investimentos de 30 bilhões de dólares com o Casaquistão, de 15 bilhões com o Uzbequistão e 3 bilhões de ajuda financeira para o Quirguistão. A China vem investindo na infraestrutura da Ásia Central e em setores de extração do petróleo e gás natural, construindo gasodutos ou oleodutos que levam esses produtos até a China. Uma usina chinesa de refinaria de petróleo no Quirguistão vai quebrar o monopólio de fornecimento de combustível da Rússia nesse país.*

Percebendo a possibilidade de uma maior independência frente a Moscou, alguns países da Ásia Central começaram a resistir às tentativas da Rússia de integração. Contudo, o governo russo não vai desistir facilmente. A Rússia tem aumentado sua presença militar na região e pressionado os países a assinarem um acordo de União Aduaneira. O Azerbaijão manifestou a sua preocupação com a intenção russa de incluir a Arménia nessa União e propôs a entrada da Turquia numa manobra para diminuir o poder russo nessa organização. A Turquia hoje tem uma economia com rápido crescimento econômico e o seu comércio com os países da Ásia Central tem aumentado a cada ano, já chegando a quase 10 bilhões de dólares em 2013. A influência cultural da Rússia está diminuindo na Ásia Central: o Casaquistão já aprovou uma legislação para substituir alfabeto cirílico [russo] *pelo latino, assim como o Uzbequistão já fez isso há 10 anos. Existe ainda um declínio acentuado da etnia russa nas repúblicas da Ásia Central e o afluxo de alunos formados em escolas e universidades turcas têm contribuído para diminuir a influência cultural de Moscou ao longo dos anos.*

Adaptado de: BESHIMOV, B.; SATKE, R. *The struggle for Central Asia*: Russia *vs* China. Disponível em: <www.aljazeera.com/indepth/opinion/2014/02/struggle-central-asia-russia-vs-201422585652677510.html>. Acesso em: 31 out. 2014.

   a) O governo russo tem procurado agrupar os países do imenso império por meio de uma série de pressões e propostas. Cite algumas delas.

b) O texto fala sobre a Ásia Central. Quais são os países mencionados que pertencem a essa região?

c) Quais são os competidores que a Rússia vem enfrentando hoje em dia na tentativa de controlar novamente os países da Ásia Central?

De olho na imagem

1. Leiam a charge e resolvam as atividades.

VBogorad/Acervo do cartunista

BOGORAD, Victor. Disponível em: <www.themoscowtimes.com/opinion/article/kazakhstan-may-be-the-next-ukraine/499376.html>. Acesso em: 31 out. 2014.

A charge mostra um urso (símbolo da Rússia) com os ossos da Ucrânia no prato, significando que ele "comeu" o país (trata-se de uma sátira da intervenção russa na Ucrânia) e olhando de forma faminta para o Casaquistão, uma provável nova vítima.

- Qual é a relação da charge com o texto que vocês leram na atividade anterior?

2. No norte da Sibéria oriental os termômetros já chegaram a marcar -69 °C. Observem a imagem e façam o que se pede.

Nickolay Vinokurov/Demotix/Corbis/Latinstock

Mercado de rua em Irkutsk (Rússia), 2013.

a) Que item do capítulo vocês ilustrariam com esta foto? Justifiquem.

b) O que a paisagem revela sobre o modo de vida das pessoas, principalmente como se vestem, como se locomovem?

3. Observem as imagens e respondam às questões.

Ekaterina Bykova/Shutterstock/Glow Images

Kremlin de Moscou (Rússia), 2014.

Boris Yurchenko/Associated Press/Glow Images

Manifestantes contra o golpe militar em Moscou (Rússia), 1991.

a) Que itens do capítulo vocês ilustrariam com essas fotos?

b) Que informações vocês acrescentariam na legenda de cada uma delas?

Conexões

ARTE E MATEMÁTICA

1. Leia o texto e observe a foto a seguir. Depois responda às questões.

As matrioshkas *são bonecas russas tradicionais, feitas com madeira e contendo várias outras bonecas menores no interior. Ela aporta a ideia de maternidade, fertilidade, riqueza e vida eterna (isto é, a sucessão de gerações) e é um símbolo da terra russa.* Matrioshka *significa mãe e simboliza uma família grande e unida: a mãe dá origem a uma filha, a filha a uma outra, e assim sucessivamente... A quantidade de descendentes depende da fantasia e da paciência do artesão. A boneca, dizem, reflete a cultura filosófica da Rússia: para entender um russo deve-se ir retirando todas as camadas superficiais até chegar à alma.*

Existem várias crenças sobre as matrioshkas. *Por exemplo, existe a ideia de que colocando dentro dela um papel com um desejo, com toda certeza ele será realizado e que, quanto mais tempo o artesão dedicou na criação da boneca, mais rápido esse desejo será realizado. Também existe a crença que a* matrioshka *leva para a casa de quem a possui amor e esperança. Desde a sua aparição no século XIX, a boneca era usada como um jogo para as crianças, porém ela também servia para os professores ensinarem matemática nas escolas elementares das aldeias russas.*

Adaptado de: *Rusopedia*: todo sobre Rusia. Disponível em: <http://rusopedia.rt.com/cultura/artesania/issue_18.html>. Acesso em: 31 out. 2014.

a) A *matrioshka* é uma boneca artesanal e um importante símbolo do folclore russo. Existe no Brasil algo semelhante? O quê?

b) Como um professor do Ensino Fundamental poderia usar essas bonecas para ensinar Matemática?

c) Observe a foto da *matrioshka* e faça um comentário sobre ela.

blackboard1965/Shutterstock/Glow Images

MATEMÁTICA

2. O Índice de Desenvolvimento Humano (IDH) é o principal critério utilizado pela Organização das Nações Unidas (ONU) para avaliar o desenvolvimento dos países. Ele inclui estatísticas de economia, como a renda nacional bruta *per capita*, educação e saúde sobre cada país-membro da ONU. Vai de 0,944 – IDH da Noruega, um país desenvolvido – até 0,337 – IDH da Nigéria, um país subdesenvolvido –, dados de 2013. Observe a tabela e responda às questões.

Países-membros ou que já foram membros da CEI: IDH (2013)

País	*Ranking* do IDH	IDH
Belarus	53º	0,786
Rússia	57º	0,778
Casaquistão	70º	0,757
Azerbaijão	76º	0,747
Geórgia	79º	0,744
Ucrânia	83º	0,734
Armênia	87º	0,730
Turcomenistão	103º	0,698
Moldávia	114º	0,663
Uzbequistão	116º	0,661
Quirguistão	125º	0,628
Tadjiquistão	133º	0,607

Elaborado com base nos dados de: PROGRAMA DAS NAÇÕES UNIDAS PARA O DESENVOLVIMENTO. Relatório de desenvolvimento humano 2014. *Sustaining Human Progress*: Reducing Vulnerabilities and Building Resilience. Nova York: Pnud, 2014. T. 1.

a) O que os números revelam sobre os países da CEI? Existe algum que está entre os 49 países com IDH Muito Elevado, ou seja, superior a 0,800?

b) Quais são os IDHs mais altos dentre os mostrados acima? E os mais baixos?

c) De acordo com o relatório de 2014, o IDH Brasil foi 0,744. Ao comparar o IDH do Brasil com o dos países da CEI, o que você conclui?

Capítulo 4

Aspectos regionais da CEI

A regionalização da CEI e a situação de vários países-membros dessa comunidade são os assuntos que você vai estudar neste capítulo.

União Europeia, Rússia e vizinhos do leste

Alessandro Passos da Costa/Arquivo da editora

Adaptado de: COMISSÃO EUROPEIA. Disponível em: <http://ec.europa.eu/environment/international_issues/eastneighbours_en.htm>. Acesso em: 31 out. 2014.

Para começar, observe o mapa acima. Ele mostra a União Europeia (UE), a parte europeia da Rússia e seis países considerados pela UE como vizinhos do leste e com os quais a organização vem realizando acordos de cooperação em vários setores, especialmente relativos à proteção do ambiente. Alguns desses países, a começar pela Ucrânia, almejam ingressar na UE e se afastar em definitivo da Rússia. Observe o mapa e converse com o professor e com os colegas sobre as seguintes questões.

1. Quais são os seis países europeus oriundos da ex-União Soviética que aparecem no mapa?
2. A crescente aproximação da UE com esses países poderá ocasionar conflitos com a Rússia? Por quê?
3. Além desses seis países, quais são os demais que fazem ou faziam parte da CEI? Por que eles não aparecem no mapa?

1 Regionalização da CEI

Para regionalizar a CEI, é preciso encontrar alguma característica que seja comum entre os países e, com isso, formar **regiões** que possam ser individualizadas nessa imensa organização político-econômica.

Uma primeira divisão poderia ser feita entre a parte europeia e a asiática. No lado europeu – a oeste dos montes Urais, do rio Ural e do mar Cáspio – estão Belarus, Ucrânia (ex-membro), Moldávia, Geórgia (ex-membro), Armênia, Azerbaijão (observador) e uma parte da Rússia. No lado asiático da CEI está outra porção da Rússia (a maior), além do Turcomenistão (observador), o Quirguistão, o Uzbequistão, o Tadjiquistão e o Casaquistão.

Mas essa divisão não é a ideal para os estudos do capítulo, pois o território da Rússia se estende do continente europeu ao continente asiático e não faz sentido dividi-lo. Aliás, a Rússia, por sua enorme superfície, merece um estudo à parte. Os demais países da CEI costumam ser agrupados em três conjuntos regionais. Veja o mapa a seguir.

CEI: regiões (2014)

Adaptado de: CHARLIER, Jacques (Dir.). *Atlas du 21e siècle édition 2010*. Groningen: Wolters-Noordhoff; Paris: Nathan, 2010. p. 199.

- Região situada na periferia leste da Europa oriental – Belarus, Moldávia e Ucrânia (ex-membro);
- Região localizada a sudeste da Europa oriental, ou seja, entre o mar Negro, ao norte, o mar Cáspio, a sudeste, e a Turquia e o Irã, ao sul – Armênia, Azerbaijão (observador) e Geórgia (ex-membro);
- Região situada na Ásia central, ao sul da Rússia e ao norte do Irã e do Afeganistão – Casaquistão, Turcomenistão (observador), Uzbequistão, Tadjiquistão e Quirguistão.

2 A Federação Russa

A Federação Russa é o país que tem o maior **território**, com 17 098 240 km². Tinha cerca de 142,1 milhões de **habitantes** em 2015, sendo neste ano o nono país mais populoso do globo. A **densidade demográfica** média, portanto, é baixíssima: aproximadamente oito habitantes por quilômetro quadrado. As condições socioeconômicas no país foram melhores no passado; atualmente são medianas: em 2013, a **renda *per capita*** foi de 13 850 dólares (semelhante à do Brasil), **expectativa de vida** de 68 anos (menor do que a do Brasil, de 73,9 anos) e taxa de **mortalidade infantil** de 9‰ (menor do que a do Brasil, de 13‰, mas maior que a do Uruguai, de 6‰, dados de 2012).

A Rússia herdou alguns dos grandes problemas da antiga União Soviética. Nela precisa urgentemente ser construída uma identidade nacional, pois continua sendo um Estado **multinacional**, composto de várias etnias ou nacionalidades que, em muitos casos, pleiteiam independência. Existem hoje mais de trinta repúblicas e regiões relativamente autônomas na Rússia, nas quais habitam minorias nacionais que desejam reforçar suas identidades próprias (veja o mapa abaixo). A situação mais grave, pelos conflitos militares que já originou, é o separatismo na república da Chechênia. Também a forte presença de russos em países vizinhos, que você já viu no capítulo anterior, constitui um problema (embora maior para os vizinhos), pois muitas vezes esses países (como a Ucrânia, o Casaquistão, a Geórgia e outros) pretendem se afastar da Rússia e estreitar laços com a UE, com a China ou com a Turquia, e o governo russo sempre usa o pretexto da defesa das minorias russas nesses países para tentar evitar esse afastamento.

Rússia: divisão interna e conflitos

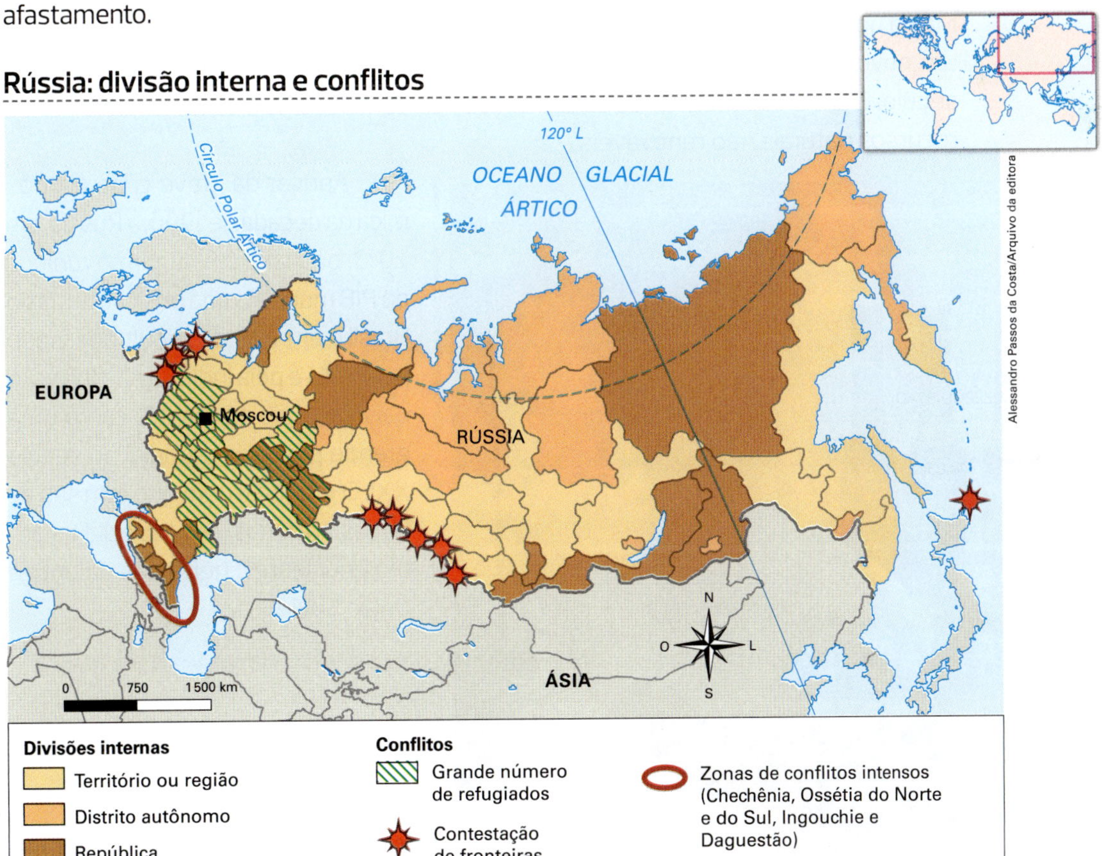

Adaptado de: SIMIELLI, Maria Elena. *Geoatlas*. 34. ed. São Paulo: Ática, 2013. p. 98.

A economia russa

A questão russa mais imediata é a situação econômica. Boa parte dos problemas da economia russa decorreu – e em parte ainda decorre – das dificuldades de reconverter o poderoso setor **militar** em indústrias que desenvolvam alta tecnologia no setor **civil** da economia. Outra questão é a ausência de uma mentalidade (do povo, do governo e dos empresários) de economia de mercado, já que, durante quase todo o século XX, o país conviveu com uma economia centralizada e dirigida pelo Estado, de maneira que não havia liberdade para investimentos particulares. Outra questão, que certamente afeta o crescimento econômico, é o notável encolhimento da população, cujas taxas de mortalidade são superiores às de natalidade.

A **privatização** das empresas estatais, que, em geral, eram deficitárias e com baixa modernização, foi um processo rápido e mal conduzido. Muitos antigos burocratas do Partido Comunista ainda sem capacidade empresarial ficaram com as empresas, apenas por terem influência política. Além disso, a caótica situação econômica e política do país nos anos 1990 originou a multiplicação de grupos criminosos, as famosas máfias russas, que hoje se espalham pelo mundo e estão em vários negócios ilegais, como tráfico de armas, drogas, de crianças e mulheres, de escravos, prostituição, etc. Ocorreu também um aumento no desemprego com as demissões em massa após o fechamento ou a privatização das empresas estatais, que eram fonte de numerosos postos de trabalho, embora muitas vezes inúteis ou dispensáveis. Por fim, os investimentos estrangeiros na Rússia não foram os esperados, pois os investidores temeram os riscos de instabilidade econômica e política. Com isso, acabaram por eleger outras áreas para investir, como o leste da Ásia e a Europa oriental. Mas a notável subida nos preços internacionais do petróleo e do gás natural trouxe um novo crescimento da economia russa, em especial na primeira década deste século. É um crescimento não sustentável, pois tem base na intensa exploração de recursos naturais não renováveis.

Ivan Sekretarev/Associated Press/Glow Images

Sistema de mísseis de defesa aérea em exibição em Moscou (Rússia), 2013.

Apesar da grave crise econômica da década de 1990, a Rússia, em 2013, ocupava o 9º lugar no *ranking* do PIB mundial, uma posição atrás do Brasil e em vias de ser ultrapassado pela Itália e pela Índia. Desta forma, o país luta para se manter como uma grande potência mundial no século XXI. O grande trunfo que tem são as forças armadas, em especial as armas nucleares, herdadas da antiga União Soviética.

Chechênia

Você já viu que o **separatismo** é uma das questões russas, principalmente na região da Chechênia. Localizada entre os mares Cáspio e Negro, essa república é estratégica para o governo russo, já que um dos mais antigos e importantes oleodutos, construído na época da União Soviética, cruza o seu território. Parte significativa do petróleo que a Rússia exporta para a Europa vem do mar Cáspio e passa por esta república. Mas a etnia chechena, predominante na região, cuja religião é islâmica sunita, não se considera russa e pleiteia a independência.

Essa questão política e religiosa deu origem a duas guerras. A primeira ocorreu em 1991, quando o presidente dessa república declarou a sua independência. É evidente que o governo russo não aceitou esse fato e, em 1994, enviou tropas do exército para combater os soldados chechenos, que, após uma pesada luta com milhares de mortes, foram derrotados em 1995. No entanto os separatistas infligiram grandes baixas às tropas russas. Em agosto de 1996 o governo russo aceitou um cessar-fogo com os líderes chechenos, e um tratado de paz foi formalmente assinado em maio de 1997.

O confronto armado foi reiniciado em 1999, dando início à segunda guerra da Chechênia, que tornou nulo o acordo de 1997. Os separatistas ainda queriam a independência da república e organizaram operações no próprio território, além de ataques terroristas em outras regiões da Rússia, incluindo Moscou. Uma década de guerra deixou a maior parte do território checheno sob controle militar russo. Guerrilheiros chechenos invadiram a vizinha república russa do Daguestão, onde a maioria da população também é muçulmana, e anunciaram a criação de um Estado islâmico. O exército russo expulsou os rebeldes para a Chechênia, libertando o Daguestão, mas os separatistas passaram a adotar a estratégia de ataques terroristas, com atentados frequentes contra diversas instalações nas cidades russas que já mataram centenas de pessoas.

Texto e ação

1. Leia o título, a legenda e a distribuição espacial das cores do mapa da página 72 e responda.
   a) Quais são os conjuntos regionais da CEI e seus países?
   b) Em sua opinião, que outros critérios podem ser utilizados para agrupar os países da CEI?
2. Explique a frase: "O problema russo mais imediato é a situação econômica".
3. Outro grande problema russo é o separatismo, que atinge algumas de suas regiões. No caderno, escreva um pequeno texto sobre o caso da Chechênia.

Vista aérea do centro de Grozny, na Chechênia (Rússia), 2013.

Rasul Yarichev/Corbis/Latinstock

3 A CEI no extremo leste da Europa

Você já viu que há duas **sub-regiões** da CEI na Europa oriental. Uma delas é a dos países que se situam no **extremo leste**: Ucrânia (ex-membro), Belarus e Moldávia. A outra se localiza ao **sudeste** da Europa: Armênia, Azerbaijão (observador) e Geórgia (ex-membro). Agora, você estudará cada um desses países.

CEI no extremo leste da Europa*

Adaptado de: SIMIELLI, Maria Elena. *Geoatlas*. 34. ed. São Paulo: Ática, 2013. p. 83.
* A Ucrânia deixou a CEI em 2014.

Paisagem de Kiev (Ucrânia), 2012.

Ucrânia, uma nação ex-integrante da CEI

A Ucrânia, em 2015, foi o segundo país mais **populoso** da CEI, perdendo apenas para a Rússia. Em produção **econômica**, em 2013, a Ucrânia esteve em terceiro lugar, atrás da Rússia e do Casaquistão. Esse país, que foi, durante décadas, o celeiro da União Soviética, possui um dos melhores solos agrícolas do mundo – o famoso tchernozion ou terra negra –, onde há extensas plantações de trigo, beterraba, batata, milho, soja e outros produtos. Existem também inúmeras indústrias importantes no país, com destaque para a metalúrgica, mecânica, química, de equipamentos e petroquímica. Mas, no país, mais de 17% da população é de origem russa, que se concentra na **Crimeia** e na parte leste do país, que faz fronteira com a Rússia.

Com a dissolução da ex-URSS e a independência da Ucrânia em 1991, surgiu na Crimeia um poderoso movimento separatista que, em 2013, passou a reivindicar autonomia em relação ao novo governo de **Kiev**. O movimento tem apoio da Rússia, em represália ao povo ucraniano, que derrubou o governo pró-Rússia por meio de protestos populares. O que motivou a população foi a não assinatura pelo então governo de um tratado de maior integração do país à UE. Por isso uma guerra civil foi deflagrada, em que os separatistas russos invadiram duas regiões a leste da Ucrânia. O governo ucraniano procura recuperar os territórios perdidos, em especial a Crimeia. Veja o mapa a seguir.

Em 2014 a situação ainda não tinha sido definida, mas o mais provável é que a Crimeia e talvez uma faixa de terras a leste da Ucrânia acabem por se tornar independentes, formando um ou dois novos países na região.

A única região da Ucrânia onde há maioria de russos (58% da população total) é a Crimeia; nas demais, há minorias significativas de russos (de 24% até 39% do total), mas predominam os ucranianos. Em todo o caso, essas minorias contam com o apoio de Moscou, que lhes forneceu armamentos e até voluntários (ou mercenários) russos que foram lutar na Ucrânia.

Ucrânia: distúrbios pró-Rússia (2014)

Banco de imagens/Arquivo da editora

Adaptado de: GLOUCESTER, R. Disponível em: <www.americanclarion.com/war-coming-30331>. Acesso em: 11 nov. 2014.

Belarus

Viktar Malyshchyts/Shutterstock/Glow Images

Paisagem do centro de Minsk (Belarus), 2014.

Belarus ainda permanece com uma economia bastante estatizada, com pouco mais de 50% de funcionários públicos, entre o total de trabalhadores do país. Apesar de estar diminuindo ano a ano, a Belarus ainda é bastante dependente da Rússia. Em 2005, cerca de 70% de suas exportações ia para a Rússia e em 2013 essa proporção diminuiu para 45%; mas 52,5% das importações do país (petróleo, gás natural, minerais, máquinas, comida) ainda vêm da Rússia. O país, contudo, principalmente graças à pequena população (menos de 10 milhões) e à razoável industrialização, possui uma das mais elevadas rendas *per capita* da CEI (6 730 dólares em 2013). Mas em termos internacionais essa renda média é considerada baixa, menor do que a da Colômbia, da Turquia ou do Brasil.

Moldávia

A Moldávia é um país pouco industrializado, cuja composição do PIB é, em sua maior parte, proveniente dos serviços. A agropecuária é uma atividade importante e o clima favorável lhe permite ter boas safras de tabaco, uva e outros cultivos. É um país com baixa urbanização, já que, em 2013, 49,1% de sua população total vivia no campo. Existem no país algumas reservas de petróleo e gás natural, que atualmente têm sido mais exploradas.

John McConnico/Associated Press/Glow Images

Estátua que homenageia o exército vermelho em Chisinau (Moldávia), 2012.

Texto e ação

1. Observe o mapa da página 76 e escreva no caderno o nome das capitais dos países citados.
2. Converse com o professor e faça uma pesquisa em jornais ou na internet e descubra como ficou a Ucrânia: se fragmentou, dando origem a novos países, com a independência da Crimeia e talvez de outras áreas? Esse ou esses novos países se uniram à Rússia?

4 A CEI no sudeste da Europa

Você verá agora o conjunto regional da CEI formado por Armênia, Azerbaijão (observador) e Geórgia (ex-membro). É a parte da CEI situada na região montanhosa chamada de **Transcaucásia**.

CEI no sudeste da Europa*

Alessandro Passos da Costa/Arquivo da editora

Adaptado de: SIMIELLI, Maria Elena. *Geoatlas*. 34. ed. São Paulo: Ática, 2013. p. 83.

* A Geórgia deixou a CEI em 2009 e o Azerbaijão é um país observador do bloco.

Armênia

A Armênia é um país pobre que, em 2015, tinha aproximadamente 3 milhões de habitantes (existem cerca de 8 milhões de armênios vivendo no exterior, que inclusive enviam dinheiro para o país) e que continua bastante ligado à Rússia. No entanto, em 2013, o principal destino das exportações da Armênia era a União Europeia e as importações do país vinham tanto da Rússia como da UE, com 25,9% e 24,4%, respectivamente.

O país era bastante industrializado até 1998, quando um violento terremoto arrasou seu território. Ainda há algumas indústrias – químicas, de máquinas e produtos eletrônicos, de processamento de alimentos –, mas depende muito de matérias-primas que vêm do exterior.

Anton_Ivanov/Shutterstock/Glow Images

Paisagem de Erivã (Armênia), 2014.

Duas tragédias envolvendo armênios

Os armênios foram vítimas de um dos maiores genocídios do século XX, perpetrado por turcos em 1915, durante a Primeira Guerra Mundial. Na época, a Armênia pertencia ao então imenso Império Turco, que estava do lado da Alemanha na guerra. Os armênios apoiaram os russos, que lutavam ao lado dos aliados (ingleses, franceses e outros) contra os alemães. Assim, a Turquia, que lutava contra as tropas russas, como represália, massacrou os armênios e matou cerca de 1,5 milhão deles.

Em 1988 teve início a guerra de Nagorno-Karabakh, que opôs a Armênia ao vizinho Azerbaijão. O Nagorno-Karabakh é uma região montanhosa com pouco mais de 8 mil km² e habitado principalmente por armênios (mais de 90% da população). Durante o governo de Stalin, na ex-União Soviética, porém, a região ficou sob o controle do Azerbaijão. Com o fim da ex-União Soviética e a independência das antigas repúblicas, os armênios dessa região fizeram um referendo que aprovou a sua independência do Azerbaijão. Este reagiu invadindo a região, e a Armênia, por sua vez apoiou os armênios do Nagorno-Karabakh, entrando em guerra com o Azerbaijão. Após várias batalhas e milhares de mortos, ocorreu um cessar-fogo em 1994, mas a violência continuou até 2008, quando se iniciou uma negociação internacional para decidir sobre o futuro da região, que até 2014 estava indefinido.

Azerbaijão, um país observador da CEI

O Azerbaijão era considerado uma das repúblicas mais desenvolvidas da ex-União Soviética em razão de suas amplas reservas de petróleo e inúmeras indústrias petroquímicas, químicas, de construção, têxteis e outras. Mas, com a independência, a incompetência do novo governo e os conflitos militares com a Armênia, o país pouco evoluiu nos anos 1990. Porém, com a subida dos preços do petróleo e gás natural neste início de século sua economia se estabilizou e cresceu bastante em alguns anos. O país já não é mais tão dependente da Rússia e hoje seus principais parceiros comerciais são as nações da União Europeia, a Indonésia, a Turquia e a própria Rússia. O Azerbaijão conta com a 3ª maior renda *per capita* da CEI, atrás apenas da Rússia e do Casaquistão.

Svetlana Jafarova/Shutterstock/Glow Images

Vista de Baku (Azerbaijão), 2014.

Geórgia, uma nação ex-integrante da CEI

Desde sua independência em 1991, a Geórgia vive uma situação conturbada. O primeiro governo eleito do país acabou sendo derrubado por um golpe militar. Na década de 1990 o país se destacou pelos frequentes conflitos internos, além daqueles com a Rússia. A Geórgia se afastou da CEI durante cerca de dois anos, mas depois retornou. E se desligou novamente desse bloco em 2009, justamente por causa da relação conflituosa com a Rússia, um afastamento provavelmente definitivo.

Em 2015 sua **população** era de aproximadamente 4,3 milhões. A **economia** do país sofreu muito com as guerras, teve de recorrer aos empréstimos internacionais, mas demonstra sinais de melhora. A Rússia já não figura entre seus maiores parceiros comerciais – em 2013 esse posto ficava com os países da União Europeia, a Turquia, o Azerbaijão e a Armênia.

Uma questão territorial importante da Geórgia são os movimentos separatistas que existem em duas de suas províncias ou regiões: a **Abecásia** e a **Ossétia do Sul**. Nessas regiões existem importantes contingentes de russos e de outras etnias, especialmente os que professam a religião islâmica, que pleiteiam suas independências do país. O governo da Geórgia controlava as rebeliões com o apoio da Rússia, pois havia uma lealdade do país à Federação Russa e à CEI. Mas a situação se complicou quando a Geórgia apoiou o movimento separatista na vizinha Chechênia, atrapalhando as suas relações com a Rússia, que, em contrapartida, passou a apoiar o separatismo nessas duas regiões georgianas.

Na Abecásia, habitada por minoria de etnia de mesmo nome, os rebeldes criaram a República Autônoma da Abecásia em 1992, o que deu início aos conflitos entre tropas georgianas e as rebeldes. Um cessar-fogo foi alcançado em 1993, seguido do envio de uma força de paz da CEI e de uma missão de observadores da ONU. Mesmo assim, continuam a ocorrer frequentes conflitos armados com mortes de ambos os lados.

Em 1990, a Ossétia do Sul declarou a sua independência, mas a Geórgia, lançou uma ofensiva militar contra os ossetas. Os choques terminaram depois da mediação da Rússia em 1992. O conflito caminhava para uma solução pacífica até agosto de 2008, quando forças georgianas entraram no território osseta, o que levou à intervenção russa na região.

Essa guerra colocou de um lado as tropas da Geórgia e, do outro, forças armadas da Rússia, Ossétia e separatistas da Abecásia. Para retaliar a Geórgia, a Rússia reconheceu a Abecásia e a Ossétia do Sul como países independentes, o que não foi confirmado pela maioria dos demais países e tampouco pela ONU. Como você já viu, esse conflito levou a Geórgia a sair da CEI, e, nos últimos anos, ela vem procurando se integrar à União Europeia.

Vista de Tbilisi (Geórgia), 2014.

Anton_Ivanov/Shutterstock/Glow Images

Texto e ação

1. Escreva um pequeno texto no caderno sobre os principais conflitos que ocorreram envolvendo a Armênia e o Azerbaijão.

2. Quais foram os conflitos territoriais que ocorreram na Geórgia? Como ficou a situação das duas regiões separatistas?

5 A CEI na Ásia central

Os países da CEI que se localizam na Ásia central, ao norte do Oriente Médio e ao sul da Rússia, são o Casaquistão, o Turcomenistão (país observador), o Uzbequistão, o Quirguistão e o Tadjiquistão. Esses países possuem algumas características comuns: populações islâmicas e um baixo padrão de vida (com exceção do Casaquistão), com baixas rendas *per capita* e atividades econômicas em geral baseadas no setor primário, como a agropecuária e a mineração.

Desses países o que tem a maior economia é o Casaquistão, com grandes reservas de petróleo, tornando-se, nos últimos anos, um importante exportador mundial; por isso mesmo ele tem o melhor padrão de vida dessa região da CEI, com uma renda *per capita* de aproximadamente 11 550 dólares, em 2013, perdendo apenas para a Rússia.

Observe o mapa e as fotos a seguir.

CEI na Ásia central*

Alessandro Passos da Costa/Arquivo da editora

Adaptado de: SIMIELLI, Maria Elena. *Geoatlas*. 34. ed. São Paulo: Ática, 2013. p. 83.
* Turcomenistão é país observador da CEI.

Palácio presidencial de Duchambe (Tadjiquistão), 2013.

Ulf Mauder/Agência France-Presse

Paisagem de Tashkent (Uzbequistão), 2013.

Lemaire Stéphane/Hemis.FR/Agência France-Presse

Vista panorâmica de Astana (Casaquistão), 2013.

Ververidis Vasilis/Shutterstock/Glow Images

Texto e ação

1. Os países da CEI situados na Ásia central têm alguns traços comuns. Quais são eles?

2. Observe novamente a tabela da página 58, no capítulo anterior, para resolver o que se pede.
   a) Qual é o país com maior renda *per capita* da Ásia central? E com maior economia, isto é, maior PIB?
   b) Qual é o país com menor renda *per capita* nessa região?

3. Observe novamente o quadro com os IDHs dos países da CEI na página 70, no capítulo anterior, e responda:
   a) Qual é o país dessa região com mais elevado IDH, isto é, com melhor desenvolvimento humano?
   b) Qual é o país com o mais baixo IDH?

Atividades finais

+ Ação

1. Reproduza a tabela abaixo no caderno e realize as seguintes atividades.

Nome do país	Rússia
Área	
População	
Densidade demográfica	
Renda *per capita*	
IDH	
Expectativa de vida	
Taxa de mortalidade infantil	

a) Preencha a tabela com base nas informações coletadas nos dois últimos capítulos.

b) Escreva um texto sobre a Rússia. Lembre-se de destacar as informações da tabela que você preencheu no caderno.

2. Imagine que um amigo deseja visitar algum país da CEI e pediu a sua opinião sobre qual país escolher. O que você responderia? Justifique.

3. Sobre a questão ambiental na região ártica controlada pela Rússia, leia o texto a seguir e resolva as atividades.

Com a mudança climática global existe uma redução da cobertura de gelo sobre o Ártico, tanto no mar como nas terras. Em setembro último [2012] a cobertura de gelo no oceano Ártico atingiu o menor nível desde que se iniciou a sua monitoração por satélite em 1979. Durante décadas a Rússia tem sido pioneira no desenvolvimento da região, e continua a avançar sobre os recursos (especialmente petróleo) ali presentes. O desenvolvimento do Ártico russo teve início na década de 1930 com uma política de expansão territorial do governo ditatorial de Josef Stalin. Naquele tempo as pessoas eram enviadas, contra a sua vontade, para o norte gélido para povoar a área. Quando a União Soviética entrou em colapso, em 1991, havia cerca de 10 milhões de pessoas nessa região. O caos econômico e a liberalização que ocorreram após a independência da Rússia levou a uma grande migração para o sul e, em 2006, um sexto dessa população havia deixado a região. Isso levou à deterioração das redes de transportes, pois já não havia trabalhadores para mantê-las. Algumas cidades ficaram sem ninguém, se tornando cidades fantasmas. Mas com o descongelamento progressivo do Ártico e com as descobertas de petróleo e gás natural, um novo povoamento se iniciou. Isso vem gerando grandes impactos ambientais naquela área, com concentrações de metais pesados nas plantas e animais, na água, na neve e no gelo. Grandes derramamentos de petróleo vêm ocorrendo ali nos últimos anos. Segundo a organização ambientalista Greenpeace, a Rússia é de longe o maior poluidor por petróleo do mundo. Estima-se que em média existam 20 mil derrames de petróleo por ano, principalmente por oleodutos corroídos. E o norte da Rússia é seguramente a região em que há mais derramamentos de petróleo, afirma um relatório da Greenpeace.

Adaptado de: SCHWARTZ, Daniel. *CBS News*. Disponível em: <www.cbc.ca/news/world/russia-world-s-worst-oil-polluter-now-drilling-in-arctic-1.1281291>. Acesso em: 3 nov. 2014.

a) Por que, após anos de abandono, a região ártica da Rússia voltou a ser mais intensamente povoada?

b) Como a mudança climática global vem ajudando na exploração da região ártica?

c) Descreva os problemas ambientais ocasionados por esta exploração dos recursos do ártico.

4. A página 83 apresenta fotografias de capitais de alguns países da CEI na Ásia central. Escolha a foto que mais chamou a sua atenção e faça uma pesquisa sobre a cidade apresentada.
Na data marcada pelo professor, traga para a sala de aula o material pesquisado.

De olho na imagem

1. Observem a seguinte charge.

Dave Carpenter/Acervo do cartunista

"Bem, tecnicamente os montes Urais estão localizados na Terra, mas eu queria que você fosse um pouco mais específico..."

CARPENTER, Dave. Disponível em: <www.cartoonstock.com>. Acesso em: 3 nov. 2014.

a) Qual é a ironia contida na charge?

b) Onde os montes Urais estão localizados? Eles servem de divisa entre quais continentes?

2. Observem as bandeiras e façam o que se pede.

1

Wavebreak media LTD/Shutterstock/Glow Images

Brasília: 20h28min.

2

Antenna International/Shutterstock/Glow Images

Moscou: 2h28min.

a) Respondam.
- Que países são representados pelas bandeiras?
- Quais são as cores da bandeira 2? Na opinião de vocês, por que esta bandeira tem essas cores?
- Qual é a diferença horária entre Moscou e Brasília (se não for horário de verão no centro-sul brasileiro)?

b) Para calcular a diferença horária entre a capital do Brasil e outras capitais do mundo, acessem o *site* <www.soleis.com.br/fusohorario_calcular.htm>.

3. Observem as imagens e leiam as legendas . Depois façam o que se pede.

Alexandr Kryazhev/RIA Novosti/Agência France-Presse

Novosibirsk (Rússia), 2013.

Sefa Karacan/Anadolu Agency/Agência France-Presse

Moscou (Rússia), 2014.

- Criem uma legenda para as imagens, com base nas informações deste capítulo e do capítulo anterior.

Conexões

HISTÓRIA

O novo grande jogo na Ásia central

Satoshi Kambayashi/Acervo do cartunista

KAMBAYASHI, Satoshi. Disponível em: <www.economist.com/news/asia/21586304-vast-region-chinas-economic-clout-more-match-russias-rising-china-sinking>. Acesso em: 3 nov. 2014.

A expressão "o grande jogo" é usada para se referir à rivalidade, ocorrida no século XIX, entre o império britânico e o império russo com vistas ao controle da Ásia central. Você já estudou que durante quase todo o século XX esses países da Ásia central se tornaram repúblicas da União Soviética. Após o desmembramento desse imenso país e o surgimento de novos Estados, nos anos 1990, surgiu a expressão "o novo grande jogo" para descrever a competição entre Estados Unidos, União Europeia, Rússia e China pela influência política e acesso aos recursos naturais dessa região asiática. A charge acima mostra de um lado o urso (que simboliza a Rússia) e do outro o panda (a China) olhando com cobiça para os recursos naturais da Ásia central. Leia o texto a seguir e responda às questões.

Menos de uma década atrás, pouca dúvida pairava sobre para onde os novos estados independentes da Ásia central teriam que bombear suas enormes fontes de petróleo e gás: para a Rússia. Mas atualmente as tubulações vão mais para leste, para a China. Para reforçar esse fato, esta semana [setembro de 2013] *o presidente Xi Jinping visitou a Ásia central, assinando acordos energéticos e prometendo bilhões de dólares em investimentos. O Turcomenistão já é o maior fornecedor de gás natural para a China e o presidente chinês inaugurou o segundo maior gaseoduto do mundo que leva gás desse país até a China* [o maior é um que vai do Casaquistão até a China, inaugurado em 2012]. *No Casaquistão ele anunciou 30 bilhões de dólares de investimentos, incluindo a participação chinesa em Kashagan, o maior campo de petróleo do mundo, descoberto recentemente. No Uzbequistão ele assinou acordos para investimentos de 15 bilhões de dólares em petróleo, gás e urânio.*

A crescente expansão da China nessa região se faz às custas da diminuição relativa da presença russa. Durante muito tempo a Rússia se relacionou com a região como seu território exclusivo, insistindo na compra de petróleo e gás a preços abaixo do mercado internacional por meio de gaseodutos construídos na era soviética. Essa prática ajudou no avanço da China, especialmente no Casaquistão e no Turcomenistão, ambos com imensas reservas de energia. Empreiteiras da China estão construindo estradas, oleodutos e gaseodutos na Ásia central, mas há um crescente ressentimento por parte dos trabalhadores locais. As empreiteiras trazem trabalhadores chineses e com isso cresce o desemprego entre os trabalhadores da região, que em geral migram para a Rússia em busca de emprego. Há alguns anos ativistas do Casaquistão decapitaram publicamente um panda de brinquedo, num gesto simbólico de protesto contra os planos do governo de arrendar terras para a China. No Quirguistão, intensos protestos contra os acordos que cedeu para a China um território disputado entre os dois Estados levaram à deposição do presidente do país. E mais recentemente trabalhadores chineses foram espancados nesse mesmo país.

Adaptado de: THE ECONOMIST. Disponível em: <www.economist.com/news/asia/21586304-vast-region-chinas-economic-clout-more-match-russias-rising-china-sinking>. Acesso em: 3 nov. 2014.

a) Quem está se expandindo comercialmente hoje em dia na Ásia central? Cite exemplos.

b) Por que os habitantes desses países da Ásia central estão ressentidos com a expansão chinesa? Quais foram as reações contra a China mencionadas no texto?

c) A Rússia, por um lado, é bem vista na região porque existem milhões de pessoas da Ásia central que trabalham no país e, além disso, o idioma russo é bem conhecido, ao contrário do chinês. Por outro lado, a Rússia durante muito tempo explorou esses países. Qual exemplo de exploração o texto menciona?

Ponto de chegada

O que você estudou

Nesta Unidade, você desenvolveu, entre outras, as seguintes habilidades:

- localizar a península europeia;
- reconhecer a organização do espaço geográfico europeu com base na Revolução Industrial;
- identificar e caracterizar os países da Europa ocidental e da Europa oriental;
- conhecer o processo que permitiu a construção da União Europeia;
- identificar os objetivos da União Europeia e sua situação atual;
- detectar e avaliar criticamente atitudes de preconceito na Europa;
- compreender os conflitos étnico-religiosos que levaram ao aparecimento de novos Estados na Europa oriental;
- comparar mapas da Europa oriental no pós-Segunda Guerra Mundial e na atualidade;
- relacionar o desaparecimento da União Soviética à constituição da CEI;
- identificar, localizar e caracterizar os países da CEI e suas sub-regiões;
- associar movimentos separatistas à fragilidade da CEI.

Mix cultural

Biblioteca

***A crise do mundo socialista*, de Rosana Bond e José W.Vesentini, Ática. (Coleção Viagem pela Geografia).** Livro que aborda a crise do mundo socialista no final dos anos 1980 por meio da vida de Tólia, de 16 anos, que vive com a família em um apartamento comunitário em Moscou. O cotidiano deles é marcado pelas reformas de Gorbatchev. E a vida de Tólia também muda, e muito, com a chegada de Nina, uma garota da Alemanha Oriental, por quem se apaixona.

***A Revolução Russa de 1917*, de Marc Ferro, Perspectiva. (Coleção Kronos).** O autor aborda a passagem da antiga Rússia czarista à nova organização estatal. O livro faz primeiro a descrição detalhada dos fatos para posteriormente propor o entendimento das questões que até hoje são objetos de polêmica.

***Cidadania da União Europeia*, de Isabela K. Stelges, Del Rey.** A obra trata da cidadania e sua relação com os processos de integração da União Europeia e do Mercosul.

***O diário de Zlata:* a vida de uma menina na guerra, de Zlata Filipovic, Companhia das Letras.** Zlata Filipovic começou seu diário pouco antes de eclodir a guerra na Bósnia-Herzegovina. Durante dois anos ela registra o terror ao seu redor e mostra-nos como a violência invadiu o seu cotidiano.

***Tragédia na Iugoslávia*, de Jayme Brener, Atual. (Coleção História Viva).** Neste volume da coleção são tratados: o crescimento do nacionalismo em todo o mundo; a crise econômica mundial e os movimentos nacionalistas; origem dos conflitos na Iugoslávia.

***União Europeia*, de André Martin e Ivan Jaf, Ática (Coleção Viagem pela Geografia).** Livro que aborda a União Europeia desde sua formação até a adoção do euro, além das perspectivas futuras.

Geografia nos sites

- **<http://europa.eu/index_pt.htm>** – *Site* oficial da União Europeia, em português, com informações sobre histórico, principais tratados e situação atual desse bloco. Disponível também em vários outros idiomas.
- **<http://ansa.com.br>** – *Site* da agência italiana de notícias destinado a divulgar informações da Europa para a América Latina.
- **<www.bbc.co.uk/portuguese>** – *Site* da agência britânica BBC Brasil, com informações sobre a Europa e o mundo.
- **<www.diplomatique.org.br/>** – Periódico francês, publicado em 25 idiomas, que traz notícias de cunho crítico sobre aspectos sociais das mais diversas situações mundiais.
- **<www.brasilien.diplo.de>** – *Site* com informações sobre a Alemanha, traz notícias atualizadas, em português, e eventos culturais no Brasil e na Alemanha.
- **<http://educaterra.terra.com.br/voltaire/index_atualidade.htm>** – O *site* Educaterra disponibiliza diversas páginas dedicadas à ex-República Socialista Federativa da Iugoslávia.
- **<http://port.pravda.ru>** – Versão em língua portuguesa do Pravda, um dos jornais mais importantes da Rússia.

Geografia nas telas

***Adeus, Camaradas!*. Direção: Andrei Nekrasov. Rússia e França, 2012.** Documentário que aborda o apogeu e o declínio da ex-União Soviética. Filmado em 12 países, alterna entrevistas, músicas e imagens raras de arquivos.

***Adeus, Lenin!*. Direção: Wolfgang Becker. Alemanha, 2003.** Em 1989 o jovem Alexander protesta contra o regime de governo da Alemanha Oriental e é preso. Sua mãe sofre um ataque cardíaco e entra em coma. Meses depois, com a Alemanha já unificada, ela desperta. Temendo que as mudanças ocorridas no país provoquem fortes emoções em sua mãe, Alexander tenta evitar que ela saiba dos últimos acontecimentos.

***Dersu Uzala*. Direção: Akira Kurosawa. União Soviética/Japão, 1975.** Dersu Uzala é um caçador que vive nas florestas da Sibéria em plena comunhão com a natureza. Certo dia, ele conhece o capitão Arseniev, chefe russo de uma expedição cartográfica.

***Entre os muros da escola*. Direção: Laurent Cantet. França, 2009.** O filme mostra os conflitos entre professores franceses e alunos imigrantes em função das diferenças culturais entre eles.

***Neste mundo*. Direção: Michael Winterbottom. Reino Unido, 2002.** A produção mostra a trajetória de refugiados afegãos que tentam migrar para a Inglaterra e atravessam como clandestinos escondidos em cargas de caminhões para o Irã, a Turquia, a Itália e a França.

***O filho adotivo*. Direção: Aktan Abdykalykov. Quirguistão/França, 1998.** A partir de uma antiga tradição do povo do Quirguistão, é revelado o drama de um menino que, a duras penas, sai da adolescência.

***O pianista*. Direção: Roman Polanski. Reino Unido/França/Alemanha/Polônia/Holanda, 2002.** Filme baseado na autobiografia de Wladyslaw Szpilman, sobrevivente do nazismo. Wladyslaw, um pianista judeu-polonês, é o único membro de sua família a escapar da deportação para um campo de concentração durante a Segunda Guerra Mundial.

***O tempero da vida*. Direção: Tassos Boulmetis. Grécia, 2003.** Fanis Lakovids é um professor de astrofísica de origem grega que desde a infância adora cozinhar, seguindo a tradição turca de seu avô Vassilis, que desenvolveu uma filosofia culinária própria. Nascido e criado em Istambul, na Turquia, onde aprendeu com o avô as primeiras lições de sua vida, aos 7 anos Fanis é deportado junto com seus pais para a Grécia. Aos 40 anos de idade, quase trinta anos após o exílio, ele retorna à sua terra natal.

Suryara Bernardi/Arquivo da editora

Unidade 2

FiledIMAGE/Shutterstock/Glow Images

Paisagem de Melbourne (Austrália), 2015.

América Anglo-Saxônica, Japão e Oceania

Nesta Unidade, você estudará as outras três partes do Norte geoeconômico: a América Anglo-Saxônica, o Japão e os dois principais países da Oceania. Entre as competências que você desenvolverá, destacam-se: aprofundar a compreensão do que diferencia o Norte e o Sul geoeconômicos; associar desenvolvimento socioeconômico com educação e tecnologia; reconhecer as consequências do intercâmbio cultural entre o mundo ocidental e outras culturas; valorizar os direitos de todos os componentes étnicos de um país na constituição de uma democracia; avaliar a projeção da Austrália e da Nova Zelândia no Pacífico sul e no mundo.

Ponto de partida

Converse com o professor e os colegas sobre as seguintes questões.

1. Quais são os países que compõem a América Anglo-Saxônica? O que você sabe sobre eles?
2. O que você sabe a respeito da Oceania? Quais são os dois principais países desse continente?
3. Considerando o Norte e o Sul geoeconômicos, como você classificaria o Brasil, o Japão e a América Anglo-Saxônica? Por quê?

Capítulo 5

Estados Unidos e Canadá

Neste capítulo você conhecerá alguns aspectos dos dois países anglo-saxões da América.

Você estudará como se deu a conquista do papel de superpotência pelos Estados Unidos no mundo capitalista, o funcionamento do Tratado Norte-Americano de Livre Comércio (Nafta), entre outras características desses países.

Estados Unidos, Canadá e México: comércio exterior (2012)

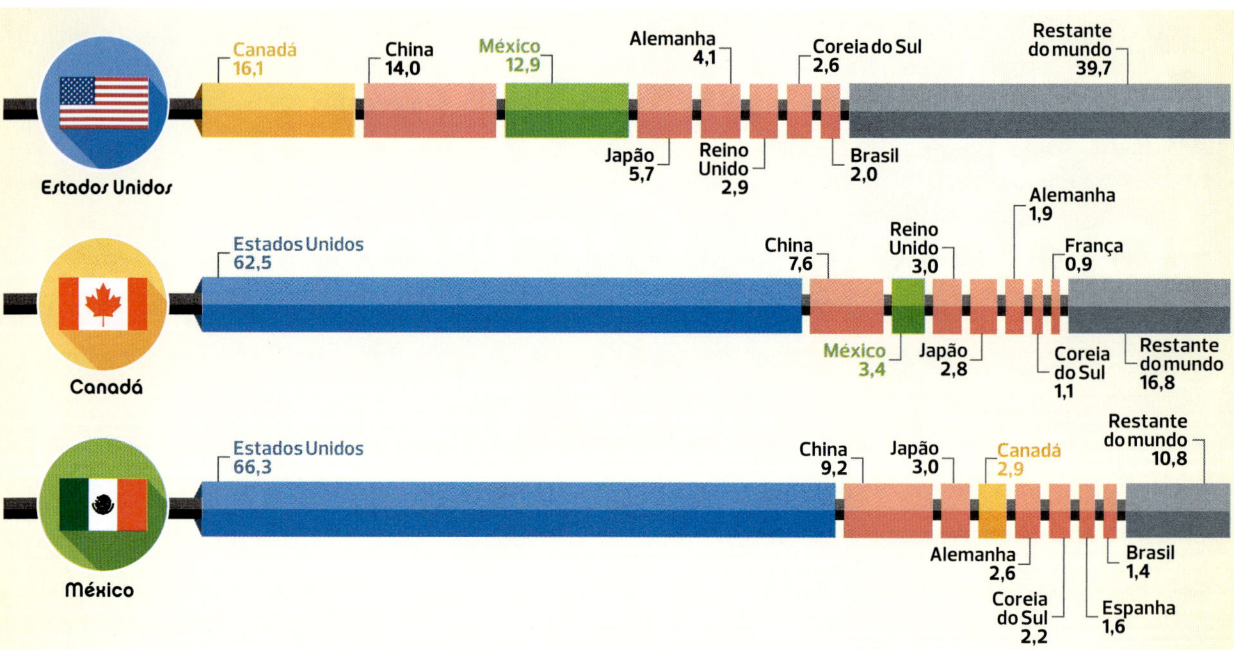

Adaptado de: THE ECONOMIST. Disponível em: <www.economist.com/news/briefing/21592631-two-decades-ago-north-american-free-trade-agreement-got-flying-start-then-it>. Acesso em: 5 nov. 2014.

Para começar, observe as imagens. Converse com o professor e com os colegas sobre as questões.

1. O Nafta completou 20 anos em 2014. O que você sabe sobre esse bloco econômico? Quais são os países-membros e quando ele foi criado?
2. O que o gráfico mostra? Os países que aparecem nele são os principais parceiros uns dos outros? Você pensa que esse fato tem alguma relação com a criação do Nafta? Por quê?

Dave Simonds/Acervo do cartunista

SIMONDS, Dave. Disponível em: <www.economist.com/news/leaders/21592612-north-americas-trade-deal-has-delivered-real-benefits-job-not-done-deeper-better>. Acesso em: 5 nov. 2014.

1 Aspectos gerais da América Anglo-Saxônica

Os Estados Unidos e o Canadá são os dois únicos países do continente americano que apresentam economias desenvolvidas e instituições democráticas sólidas. Ou seja, são os únicos países americanos incluídos no **Norte geoeconômico**.

Ambos formam a chamada América Anglo-Saxônica, pois o principal idioma oficial desses países é o inglês, língua de origem anglo-saxônica ou germânica. Nos Estados Unidos é cada vez maior o número de pessoas que falam o espanhol, principalmente ao sul, onde o idioma é ensinado em muitas escolas. As línguas oficiais do Canadá são o inglês e o francês. Esta última é a língua predominante na província de Quebec (habitada por dois terços dos cidadãos canadenses de língua francesa) e falada, em menor proporção, também em outras províncias (Manitoba, Nova Brunswick e Ontário). Assim, do ponto de vista linguístico, essa porção da América é **predominantemente** anglo-saxônica, embora não de maneira exclusiva, já que tanto o espanhol como o francês são línguas de origem latina.

Os Estados Unidos e o Canadá são os maiores países do continente americano e estão entre os maiores do mundo: o Canadá tem uma área de 9 984 670 km²; os Estados Unidos – considerando o Alasca, localizado a noroeste do Canadá, e o Havaí, situado em um arquipélago do oceano Pacífico –, possuem 9 831 510 km². Apenas a Rússia (17 098 240 km²) é maior do que o Canadá, e a China, terceiro país do mundo em extensão territorial, é maior do que os Estados Unidos. O Brasil vem em quinto lugar e a Austrália em sexto. Esses são os seis países "continentais" da superfície terrestre, com áreas tão extensas que poderiam ser equivalentes a continentes.

América Anglo-Saxônica: político

Adaptado de: IBGE. *Atlas geográfico escolar*. 6. ed. Rio de Janeiro, 2012. p. 37.

A grande extensão do território desses dois países, em especial no sentido leste-oeste do oceano Atlântico até o Pacífico, tem importância fundamental na existência de tantos recursos naturais. No entanto, os climas frios continental e polar, com os rigorosos invernos do Canadá dificultam o povoamento de boa parte do território, assim como a exploração dos recursos naturais. O Canadá tem uma **população** pequena; em 2015, contava com apenas 35,9 milhões de habitantes, e os Estados Unidos, com 325,1 milhões. Isso significa que o Canadá tem uma **densidade demográfica** baixíssima, de apenas 3,7 hab/km^2.

Diferentemente do Canadá, nos Estados Unidos apenas o Alasca apresenta clima frio polar. Há clima de altitude nas montanhas Rochosas, a oeste, e clima árido no deserto do Colorado, a sudoeste. No restante do território norte-americano o clima é ameno, característica que facilita tanto o povoamento como a exploração de recursos naturais.

Nas montanhas Rochosas existem importantes recursos minerais. Essa cordilheira atravessa de norte a sul todo o oeste do Canadá e dos Estados Unidos, inclusive do Alasca.

No Canadá, a leste, localiza-se o planalto do Labrador, com ricas reservas de ferro. Nos montes Apalaches, na parte leste dos Estados Unidos, há enormes reservas de carvão mineral, com numerosas minas exploradas a céu aberto.

Na região central de ambos os países existe uma importante área de planície, chamada planície Central, originalmente coberta por dois tipos de vegetação herbácea: as pradarias e as estepes. Nas áreas de pradarias o índice pluviométrico varia entre 250 e 500 milímetros por ano; as áreas das estepes são mais secas, com índice inferior a 250 milímetros.

Somente uma pequena área no sudoeste do Canadá está coberta por pradarias. Nos Estados Unidos, porém, uma imensa área apresenta essa vegetação, substituída pelas estepes apenas a oeste, na direção dos desertos e da área montanhosa.

América Anglo-Saxônica: recursos minerais e energéticos

Banco de imagens/Arquivo da editora

Adaptado de: ISTITUTO GEOGRAFICO DE AGOSTINI. *Atlante geografico metodico De Agostini*. Novara, 2011. p. 135, 141.

As **jazidas** minerais mais importantes do Canadá localizam-se nas proximidades da fronteira com os Estados Unidos. Essa é a área mais populosa do país, pois ali o clima é mais ameno; é onde se localizam os Grandes Lagos, as jazidas minerais e a planície Central canadense.

As reservas de **recursos naturais** dos Estados Unidos eram tão abundantes que o país se caracterizou por esbanjar recursos no início de sua industrialização. Exploravam-se apenas os melhores filões das jazidas de minério ferro, manganês, linhita, hulha, bauxita, cobre, níquel, petróleo, entre outras. Muitos poços petrolíferos e minas ainda em condições de funcionamento eram abandonados. Esse desperdício acabou provocando graves impactos ambientais, além de esgotar diversas minas. É por isso que atualmente os Estados Unidos dependem da importação de alguns recursos, como manganês, bauxita e níquel.

Deslizamento de terra na mina de cobre em Utah (Estados Unidos), 2013.

Ravell Call/The Deseret News/Associated Press/Glow Images

Sendo o terceiro país mais populoso do mundo, e com elevada **renda *per capita*** (53 670 mil dólares em 2013), os Estados Unidos têm o maior mercado nacional consumidor do planeta. Esse mercado tende a se fortalecer ainda mais, já que nas últimas décadas a economia do Canadá vem se integrando cada vez mais à norte-americana.

Texto e ação

1. Compare a extensão territorial dos Estados Unidos e a do Canadá com a dos demais países do mundo.
2. Examine o mapa da página anterior e responda: quais são os recursos minerais que mais se destacam nos países que formam a América Anglo-Saxônica?
3. É possível afirmar que, atualmente, os Estados Unidos dependem da importação de produtos como manganês, bauxita e níquel? Justifique.
4. Compare a população absoluta do Canadá com a dos Estados Unidos.
5. Calcule a densidade demográfica dos Estados Unidos e compare-a com a do Canadá.
6. Que áreas do Canadá são mais populosas? Que fatores explicam a concentração populacional nessas áreas?

2 Formação dos Estados Unidos

Existe uma grande diferença entre os dois tipos de colonização que ocorreram no continente americano:

- a colonização de **povoamento**, tal como ocorreu no litoral norte dos Estados Unidos (e também no Canadá), cujo objetivo era fundar uma nova pátria, isto é, os colonizadores tinham ideia de morar permanentemente no lugar;
- a colonização **mercantilista** ou de **exploração**, que ocorreu no sul dos Estados Unidos (e também na América Latina), em que o objetivo era tão somente enriquecer e retornar para a metrópole.

Embora reconhecendo a supremacia do governo inglês, desde o princípio os colonizadores do norte e do centro da costa atlântica asseguraram certa autonomia em relação à metrópole. Isso se traduziu na organização econômica dessas colônias, que passaram a desenvolver manufaturas, como roupas e gêneros alimentícios, apesar da proibição da Inglaterra.

O contínuo crescimento das manufaturas ampliou a autonomia dos colonos do norte em relação à Inglaterra. Em 4 de julho de 1776, romperam com a antiga metrópole, o que explica o surgimento dos atuais Estados Unidos da América.

A Declaração de Independência proclamava os direitos universais do homem e serviu de base para a Constituição dos Estados Unidos da América, promulgada em 1787 e em vigor até os dias de hoje.

A expansão dos Estados Unidos se deu de duas maneiras: pela compra de territórios, como foi o caso da Flórida, e por guerras com o México, que acabou perdendo uma extensa área, desde o Texas até a Califórnia. Veja o mapa na próxima página.

Declaração de Independência (1918), de John Trumbull. Óleo sobre tela.

Coleção do Capitólio, Washington, EUA/Foto: PoodlesRock/Corbis/Latinstock

Estados Unidos: formação do território

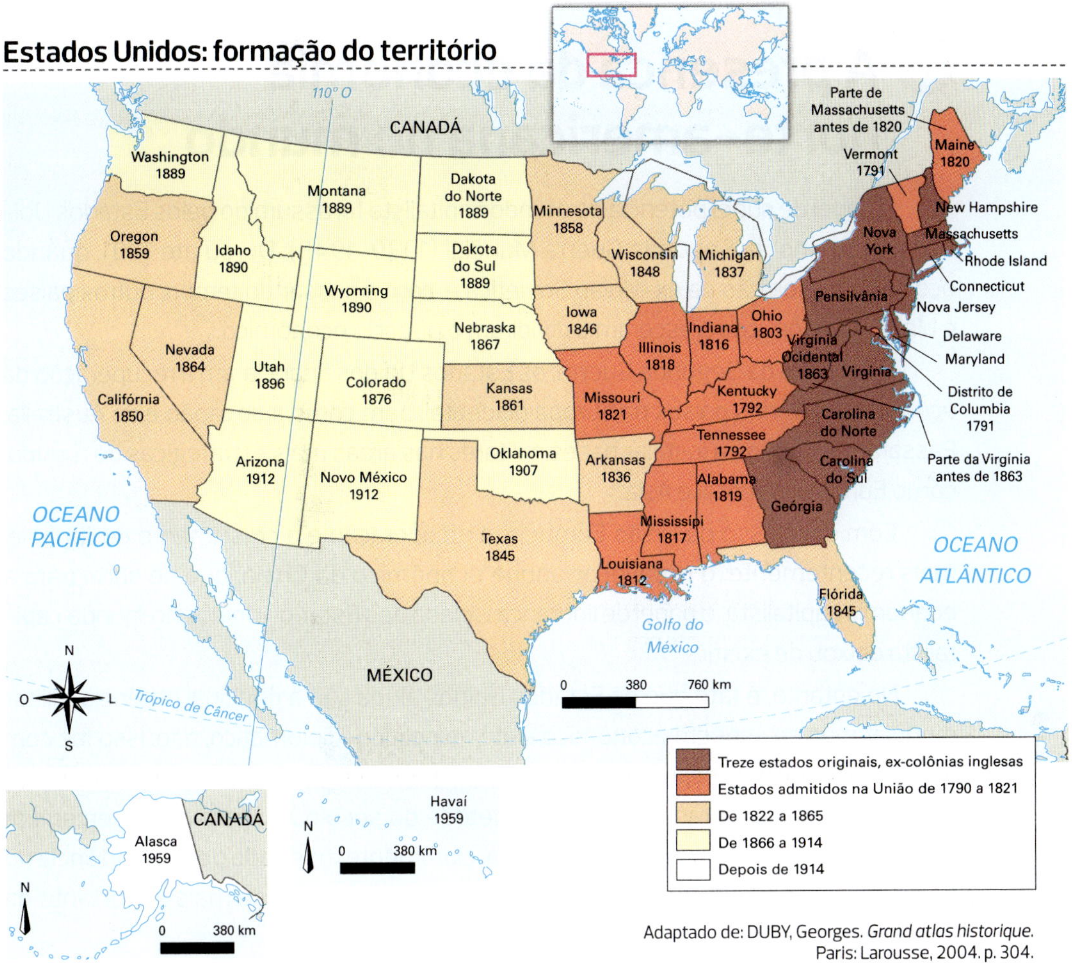

Banco de imagens/Arquivo da editora

Adaptado de: DUBY, Georges. *Grand atlas historique*. Paris: Larousse, 2004. p. 304.

Grandes contingentes de imigrantes europeus participaram da ocupação do oeste norte-americano, e sem eles essa conquista não se realizaria. Para atrair imigrantes, o governo norte-americano decretou, em 1862, o Homestead Act, que definia a posse de uma propriedade com 160 acres a quem a cultivasse durante cinco anos. Essa lei fez aumentar o fluxo de imigrantes europeus para os Estados Unidos.

As diferenças entre o norte – das manufaturas – e o sul – dos latifúndios – aprofundaram-se: ao mesmo tempo em que o processo industrial concentrou-se no norte, o poder político da federação ficou em parte com os estados do sul, que formaram os Estados Confederados da América. Isso provocou uma guerra civil: a **Guerra de Secessão**, que durou de 1861 a 1865, com a vitória do norte, que significou a diminuição da autonomia dos estados e o fortalecimento da União, do governo federal. Até a guerra civil, os Estados Unidos eram de fato uma Confederação, isto é, uma associação de Estados independentes. Hoje esse país é uma **Federação**, ou seja, uma União, onde existem vários estados com grande autonomia, mas não independentes.

Texto e ação

1. As Treze Colônias inglesas na América do Norte são consideradas os primórdios dos Estados Unidos. Observe o mapa acima e cite o nome dessas colônias.
2. Escreva um pequeno texto comparando a colonização de povoamento do Norte com a colonização de exploração do Sul dos Estados Unidos.
3. Observe novamente o mapa acima e analise as informações que ele traz. Registre suas conclusões no caderno.

❸ A presença da economia norte-americana no mundo

O papel de superpotência do mundo capitalista foi assumido pelos Estados Unidos ao término da Segunda Guerra Mundial (1939-1945). Durou até 1991, quando ocorreu a dissolução da ex-União Soviética e, com o passar do tempo, outros países e blocos econômicos cresceram e dividiram o poderio econômico.

Após o fim da Segunda Guerra, os Estados Unidos financiaram a recuperação da economia de vários países da Europa ocidental, bem como a do Japão e da Austrália. Passaram, também, a instalar bases militares nas áreas mais estratégicas do mundo, como Europa ocidental e Ásia.

Com o sucesso da União Europeia, a recuperação e o crescimento do Japão e, mais recentemente, o notável arranque econômico da China, que se abriu para a economia capitalista, o papel de liderança isolada dos Estados Unidos no mundo capitalista deixou de existir.

No entanto, é fato que os Estados Unidos ainda são a principal potência militar mundial, mas no aspecto econômico e até no político-diplomático, não. Isso faz com que o mundo de hoje seja **multipolar**, ou seja, que existam inúmeros polos ou centros de poder. Todavia, durante a segunda metade do século XX, este país exerceu um domínio efetivo sobre o mundo capitalista, claramente mostrado pela importância do dólar como moeda internacional. Essa é, ainda hoje, a moeda mais importante da economia mundial.

Estados Unidos: indústria

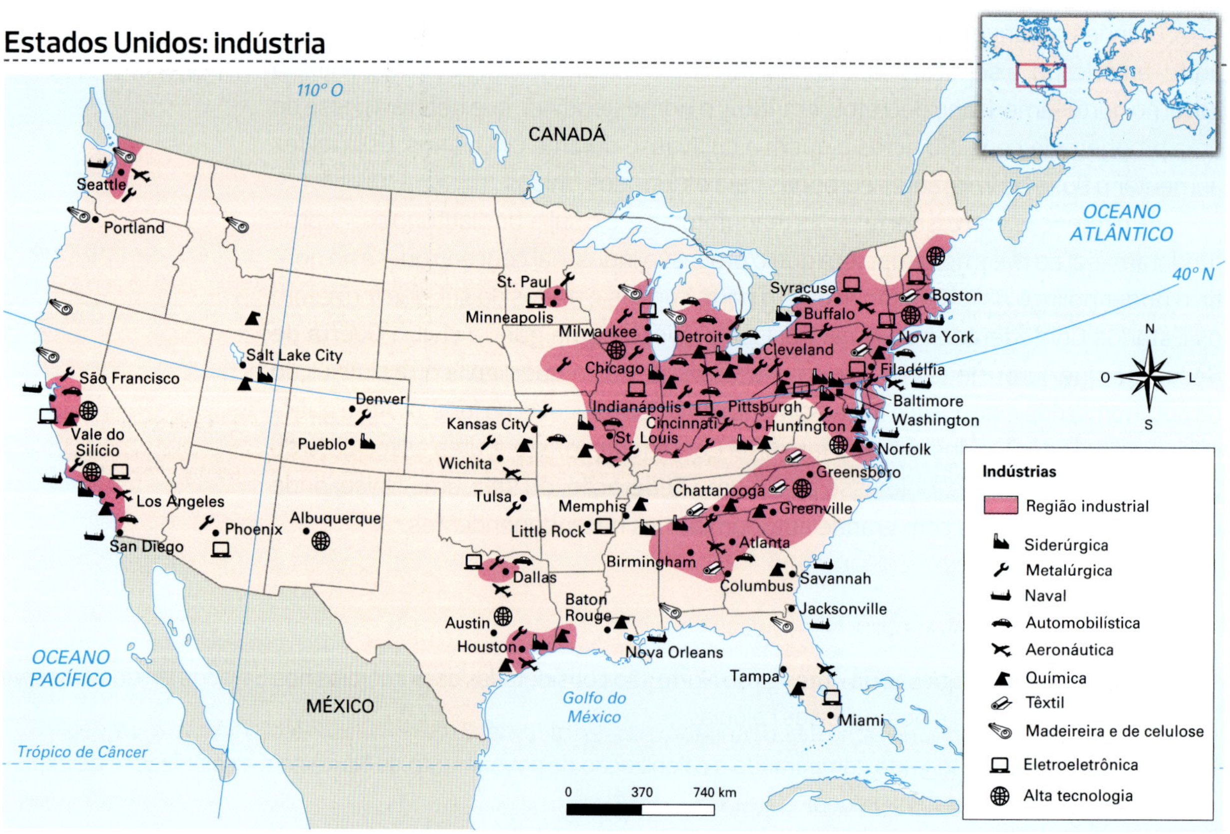

Adaptado de: CHARLIER, Jacques (Dir.). *Atlas du 21e siècle édition 2010*. Groningen: Wolters-Noordhoff/Paris: Nathan, 2010. p. 141.

Depois de 1945, as **multinacionais** norte-americanas mantiveram seus elevados investimentos no Canadá e intensificaram de duas maneiras sua presença na América Latina: pela instalação de filiais, principalmente no México, no Brasil e na Argentina; e pela exploração agrícola, sobretudo na América Central, onde a United Fruit Company é o melhor exemplo. A partir de 1960, essas empresas aumentaram consideravelmente seus investimentos na Europa ocidental, no Oriente Médio e em alguns países da África e da Ásia. E a partir dos anos 1980 passaram a investir grandemente na China, que hoje, junto com a Europa, é o local onde mais se concentram os capitais norte-americanos no exterior.

A instalação de filiais em outros países é uma maneira de as empresas conquistarem espaço, com a instalação de partes da produção em variados países e continentes. Para a instalação das fábricas, são procurados os lugares onde possam obter maiores lucros, diversificar seus investimentos e ampliar o mercado consumidor. A busca de menores custos de produção, como baixos impostos, a presença de mão de obra barata, além de facilidades para exportação, também são fatores atrativos que levam empresas para o exterior, em especial para a China, Índia e mesmo para o Brasil.

Stephen Brashear/Getty Images/Agência France-Presse

Fábrica da Boeing em Washington (Estados Unidos), 2012. A indústria aeronáutica norte-americana é uma das mais importantes do mundo.

Zhang Wenkui/Imaginechina/Agência France-Presse

Fábrica da multinacional norte-americana Chevrolet em Xangai (China), 2014.

Texto e ação

1. Qual é a moeda mais importante da economia mundial?
2. Observe atentamente o mapa da página 98 e registre suas conclusões no caderno.
3. Você conhece alguma indústria de origem norte-americana instalada no Brasil? Responda às questões.
   a) Qual é o nome da empresa?
   b) Em que cidade a fábrica está instalada?
   c) O que ela produz?

4 Espaço urbano-industrial dos Estados Unidos

A região nordeste dos Estados Unidos, formada pelas porções centro-norte da costa atlântica e pela região dos Grandes Lagos, concentra a poderosa **indústria** norte-americana e sedia os maiores empreendimentos da economia do país. Mas a porção litorânea do golfo do México e a costa do Pacífico tendem a desempenhar um papel cada vez mais importante no conjunto da economia do país.

A seguir, você estudará essas regiões de maneira mais detalhada para ter uma visão melhor do espaço urbano-industrial dos Estados Unidos da América.

O nordeste, centro financeiro e industrial

O processo de industrialização dos Estados Unidos provocou, no começo do século XIX, uma forte concentração industrial na porção nordeste do território. O minério de ferro em Birmingham, o petróleo em Ohio e as jazidas de carvão mineral entre a Pensilvânia e o Alabama garantiram o extraordinário desenvolvimento das indústrias siderúrgica e mecânica na região.

Mas a pujante indústria siderúrgica que aí se desenvolveu atualmente está em crise: os estabelecimentos industriais envelheceram; o preço do aço, muito elevado, incentiva a forte concorrência europeia e japonesa; a mão de obra tornou-se muito cara, já que a central sindical United Steel Workers of America é muito ativa.

Na parte centro-norte da costa leste, porém, formou-se a primeira **megalópole** do país e do mundo, que se estende de Boston a Washington, por 600 quilômetros da costa atlântica. Aí se localizam as grandes metrópoles de Nova York, Filadélfia e Baltimore. Veja o mapa da página seguinte.

Megalópole: área densamente povoada e urbanizada, na qual, numa parcela reduzida do espaço nacional, existem inúmeras grandes cidades com intenso fluxo de pessoas e de mercadorias entre elas.

Brian Snyder/Reuters/Latinstock

Indústria siderúrgica em Ohio (Estados Unidos), 2012.

Estados Unidos: densidade populacional e aglomerações urbanas

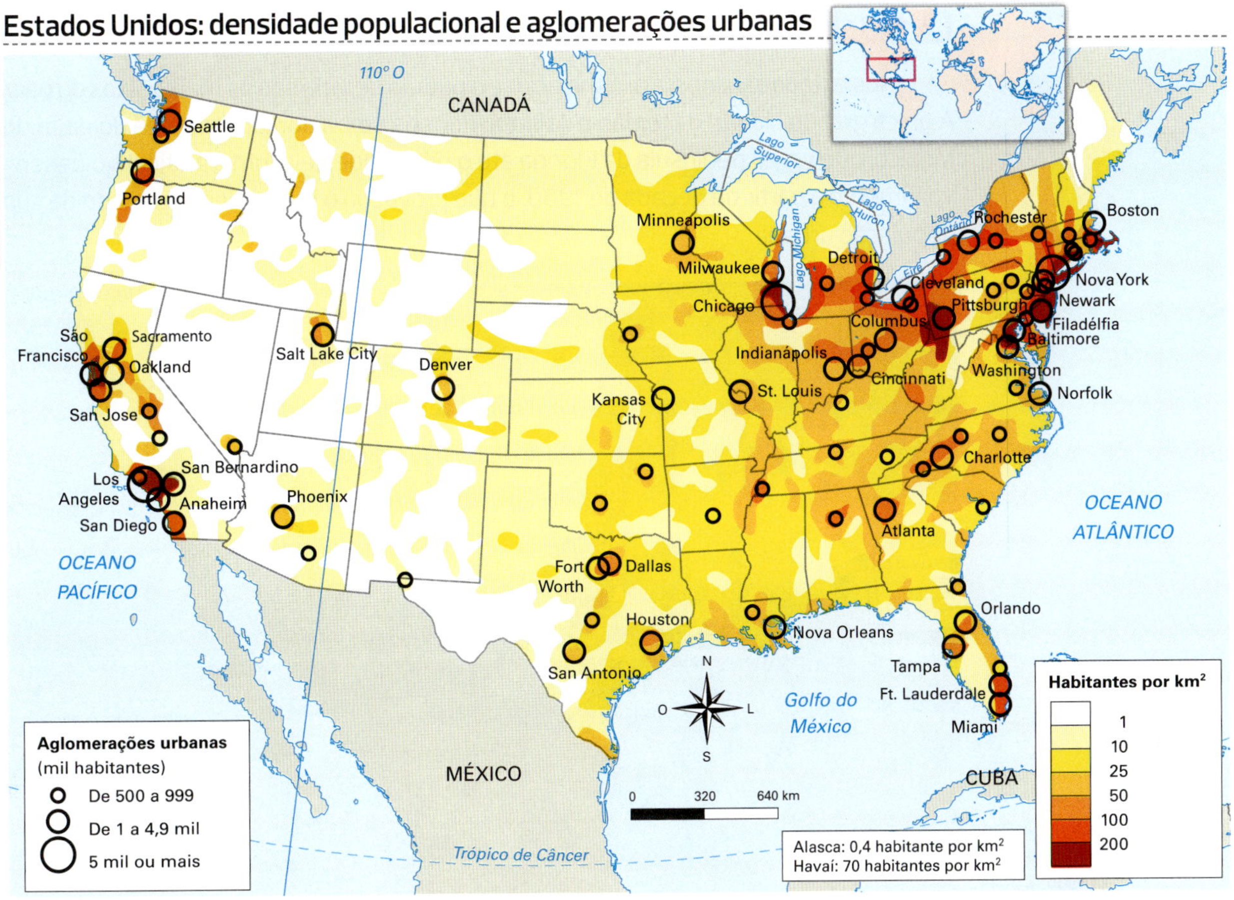

Adaptado de: CHARLIER, Jacques (Dir.). *Atlas du 21e siècle édition 2010*. Groningen: Wolters-Noordhoff/Paris: Nathan, 2010. p. 141.

Na costa leste, a megalópole Atlântica, que se estende de Boston a Washington, continua sendo a porção do espaço de maior concentração urbano-industrial dos Estados Unidos. Outras megalópoles surgiram no país, como a da costa do Pacífico, entre São Francisco e Los Angeles, resultado de um processo de industrialização intenso.

Apesar de hoje apresentar uma industrialização em declínio, o centro-norte da costa leste continua concentrando as maiores rendas do país, além de seus maiores recursos financeiros. Isso porque abriga os dois centros de decisão dos Estados Unidos: o político, em Washington, e o econômico-financeiro, em Nova York, cidade que concentra 52% das atividades financeiras do país e onde está a maior parte das sedes das multinacionais e seus laboratórios de pesquisa.

Outra área de antiga concentração industrial, que remonta o fim do século XIX, é a região dos Grandes Lagos – Superior, Michigan, Ontário, Erie e Huron –, que constitui uma verdadeira bacia marítima no interior do território, facilitando a navegação. A escavação do canal Erie permitiu a navegação até Nova York e o estabelecimento de relações entre o centro-norte e a costa atlântica.

Casa Branca em Washington (Estados Unidos), 2013.

O sudeste, a porção mais pobre do território

Nos estados sulinos, a urbanização e o padrão de vida são os mais baixos do país. A única grande cidade da região é Atlanta. Por sua vez, a porção litorânea do golfo do México, que vai da península da Flórida até o rio Grande, teve um significativo desenvolvimento a partir da década de 1960, o que provocou o crescimento elevado de sua população urbana.

f11photo/Shutterstock/Glow Images

Centennial Olympic Park em Atlanta (Estados Unidos), 2014.

A costa oeste, um ponto estratégico

A costa oeste dos Estados Unidos tem uma importância estratégica em relação ao Extremo Oriente, na Ásia. Intensificada pela guerra da Coreia (1950-1953), essa importância aumentou durante a guerra do Vietnã (1961-1975), quando o país fez uma série de encomendas à indústria japonesa; e ao longo dos anos 1980, quando o oceano Pacífico passou a rivalizar com o Atlântico pela posição de rota de transporte mais importante do mundo.

Com o objetivo de gerar inovações tecnológicas e científicas, a partir da década de 1950 muitas empresas começaram a se instalar na região do Vale do Silício. Hoje o vale abrange várias cidades do estado da Califórnia e se destaca na produção de *chips*, na eletrônica e na informática.

Kennytong/Shutterstock/Glow Images

Edifício San José City Hall na Califórnia (Estados Unidos), 2013.

Texto e ação

1. A região nordeste dos Estados Unidos abriga dois centros de decisão do país. Quais são eles?
2. Analise o mapa da página 98: observe o título, a legenda, a distribuição espacial das cores e o tamanho dos símbolos. Compare, do ponto de vista industrial, o nordeste dos Estados Unidos com a costa oeste.
3. Compare o mapa da página 98 com o mapa da página 101. Pode-se dizer que existe relação entre os mapas? Qual?

5 Recursos minerais, indústria e espaço urbano do Canadá

As enormes e diversificadas jazidas do território canadense – ferro, petróleo, gás natural, urânio, ouro, prata, níquel, cobre, molibdênio, zinco, amianto, etc. – garantiram ao país, no fim do século XIX, a exportação dessas **matérias-primas** para os países da Europa ocidental, principalmente para o Reino Unido. Esses mesmos recursos levaram, no início do século XX, à industrialização do Canadá, que se caracterizou por receber elevados investimentos do Reino Unido e dos Estados Unidos para extração e produção do petróleo e do gás natural, bem como para desenvolver suas **indústrias**.

Tudo indica que a integração entre o Canadá e os Estados Unidos avança. Mais do que isso, constitui uma das estratégias de fortalecimento dos Estados Unidos, diante da unificação econômica, e em parte política, dos países que integram a União Europeia.

O Canadá possui uma estrutura industrial completa, isto é, produz desde bens de consumo até bens de produção, destacando-se as indústrias mecânica e química, especialmente a automobilística, de alumínio e de borracha.

A região dos Grandes Lagos, diretamente relacionada com o vale do rio São Lourenço, é também a mais industrializada e **urbanizada** do país. Mas são notáveis as diferenças entre a província de Ontário, onde se destacam as cidades de Toronto e Ottawa, e a de Quebec, cujas principais cidades são Quebec e Montreal. A província de Ontário apresenta um padrão de vida mais elevado, pois aí se encontram as indústrias mais modernas do Canadá.

Nas demais províncias do Canadá existem apenas algumas cidades que têm certa importância de centros industriais, como Vancouver, na província da Colúmbia Britânica; Edmonton e Calgary, em Alberta; Regina, em Saskatchewan; e Winnipeg, em Manitoba.

Texto e ação

1. Como a presença de riqueza mineral e de fontes de energia do Canadá facilitou a industrialização do país?
2. A industrialização do Canadá foi facilitada por sua riqueza mineral e suas fontes de energia. Relacione esses elementos com a distribuição da população pelo país.

Lissandra Melo/Shutterstock/Glow Images

Paisagem de Vancouver (Canadá), 2014.

6 A questão dos povos autóctones no Canadá

A palavra *autóctone*, no Canadá, é usada para designar os indígenas, os inuítes (esquimós) e os mestiços, que representam 2% da população total do país. Vale lembrar que houve nesses últimos séculos o **genocídio** (extermínio) dos indígenas canadenses e também, em menor proporção, dos inuítes, que habitam o norte do país, próximo da região Ártica.

Os inuítes

Os inuítes são conhecidos por esquimós, mas muitos rejeitam o termo, que significa 'comedores de carne crua'. Tendo atravessado o estreito de Bering por volta de 3000 a.C., os inuítes hoje habitam uma vasta área do Canadá, Alasca e Groenlândia.

No Alasca, as antigas habitações dos inuítes eram retangulares e cobertas com terra. Já na Groenlândia eram em forma de cúpula e feitas de pedras, terra e ossos de baleia. No Canadá, os inuítes por vezes constroem iglus, mas hoje vivem a maior parte do ano em casas. Viviam à base de peixe e carne de rena ou alce, alimentos que ainda hoje consomem. A pesca da baleia ainda é vital na sua economia. Percorriam terras cobertas de neve e gelo em trenós puxados por cães ou deslocavam-se por mar, em caiaques ou umiaks, um pouco maiores. Hoje, porém, muitos usam veículos próprios para a neve, espingardas e equipamento para campismo moderno. Outrora utilizavam também ferramentas feitas de osso de baleia e morsa, cuidadosamente esculpidas. Hoje, porém, esses objetos são apenas artísticos. A religião tradicional dos inuítes organiza-se em torno de complexas crenças xamanistas, muitas delas descritas através da tradição oral que inclui epopeias e duelos cantados.

Adaptado de: CURIOSIDADES Geográficas. Disponível em: <http://curiosidadesgeograficas.blogspot.com/2008/03/os-inuite-tradio-e-modernidade-num-povo.html>. Acesso em: 5 nov. 2014.

White Fox/ZUMA Press/Glow Images

Inuítes em Nunavut (Canadá), 2013.

A partir da metade do século XX, importantes recursos minerais, inclusive petróleo, localizados nas terras de povos autóctones começaram a ser explorados pelas grandes empresas canadenses ou norte-americanas. Com isso, esses povos perceberam que não estavam sendo reconhecidos no seio do país. Lentamente, eles se uniram em luta pela reivindicação de direitos e, em especial, de autonomia em suas terras. Em outras palavras, eles pleitearam o direito de se autogovernar no interior das comunidades. Assim, foram criados dois imensos territórios indígenas no norte do país e, em 1999, foi criado um novo território na parte noroeste, em plena região polar. É o território de Nunavut, com cerca de 750 mil km^2 e 25 mil habitantes, em sua maioria inuítes, que, dessa forma, passam a ter uma autonomia relativa no Canadá.

Assim, o Canadá vem enfrentando de forma democrática dois tipos principais de questões étnicas: o movimento separatista no Quebec, uma região de origem francesa, e as constantes reivindicações dos povos autóctones.

Texto e ação

1. Sobre os povos autóctones no Canadá, responda às questões.
   a) Como a palavra autóctone é empregada no Canadá?
   b) Por que os povos autóctones atualmente representam apenas 2% da população total do Canadá?
   c) Como se deu a formação do território de Nunavut?
2. Comente os dois problemas relacionados às questões étnicas que o Canadá vem enfrentando.

7 Tratado Norte-Americano de Livre Comércio

Assim como ocorreu na Europa, também na América do Norte houve avanços na integração econômica, embora sem a integração política.

A interdependência das economias dos Estados Unidos e do Canadá propiciou, em 1989, a assinatura de um acordo de livre comércio entre ambos. Logo em seguida, em 1990, o México, situado ao sul dos Estados Unidos, propôs um tratado semelhante com os dois países. Após estudos e intensas discussões, pois havia e ainda há grupos contrários a tal integração, esses três Estados fundaram, em 1993, o Tratado Norte-Americano de Livre Comércio (Nafta, na sigla em inglês), bloco econômico que abrange uma área de 21780 560 km², banhada pelos oceanos Atlântico e Pacífico, e na qual viviam, em 2015, cerca de 486 milhões de habitantes (consumidores com elevado poder aquisitivo, com exceção de grande parte da população mexicana, que representa pouco mais de 25% do total).

Presidente dos Estados Unidos, Barack Obama, do México, Enrique Peña Nieto, e do Canadá, Stephen Harper, em Toluca (México), 2014.

Eduardo Verdugo/Associated Press/Glow Images

A principal finalidade do Nafta é eliminar as barreiras alfandegárias entre os países-membros, incentivando assim o comércio entre eles. A interdependência que já existia entre Estados Unidos e Canadá avança em relação ao México: um grande número de empresas norte-americanas se instalou, em especial a partir dos anos 1980, no norte desse país em busca de mão de obra barata e para fugir dos elevados impostos. São as *maquiladoras*, como são chamadas em espanhol: empresas em que são apenas montados os produtos, como automóveis, motocicletas, computadores, produtos eletrônicos, etc. Nelas, geralmente, são utilizadas peças importadas e os produtos montados são vendidos no mercado externo (exportações).

Os Estados Unidos têm ainda outro objetivo com esse tratado: tentar diminuir as intensas migrações de mexicanos (e outros latino-americanos, que em geral passam pelo México) em direção ao país.

O desenvolvimento do norte do México, com a criação de empregos em grande quantidade, seria uma forma de fazer essas populações ficarem por lá mesmo e não prosseguirem a viagem até os Estados Unidos.

Além de investirem no norte do México, eles também endureceram no controle das suas fronteiras com esse país latino-americano.

Outro elemento a destacar nessa integração econômica é que, com o Nafta, os Estados Unidos podem negociar melhor com a União Europeia, a China e até mesmo com o Japão, que estreitam seus laços comerciais com os vizinhos no leste e no sudeste da Ásia.

No plano econômico, parece que o mundo caminha para o enfraquecimento das fronteiras entre os países e para o aumento da interdependência dos povos. As economias nacionais dificilmente conseguem se destacar sozinhas no comércio internacional, e em várias regiões do globo ocorre a formação ou o fortalecimento de blocos econômicos.

A crise financeira iniciada nos Estados Unidos em 2008 – deflagrada principalmente pelos empréstimos realizados por bancos e outras instituições financeiras para proprietários de imóveis nos Estados Unidos, que se viram impossibilitados de pagar a dívida – se espalhou por todo o globo, provocando uma crise mundial no final desse ano e que se prolongou pelos anos seguintes.

Esse fato mostra a importância dos Estados Unidos para a economia mundial, já que o país ainda é o maior importador do mundo, além de ter um enorme volume de negócios (investimentos e empresas) em praticamente todos os países.

David Zalubowski/Associated Press/Glow Images

Casa à venda em Denver (Estados Unidos), 2008.

Texto e ação

1. O Nafta é um exemplo de bloco econômico e revela uma das características do "mundo globalizado". Sobre ele, desenvolva as seguintes atividades.

a) Reproduza no caderno a tabela abaixo e complete com as informações presentes no capítulo.

Sigla	Nome	Países-membros	Objetivos

b) Além de eliminar as barreiras alfandegárias, os Estados Unidos têm outros objetivos com o Nafta. Quais são eles?

2. Leia o seguinte texto sobre os 20 anos do Nafta. Depois, faça as atividades.

As economias dos Estados Unidos e do Canadá já estavam muito bem integradas antes da criação do Nafta, por isso não houve grande salto no comércio entre os dois. Mas o comércio dos Estados Unidos com o México aumentou 506% entre 1993 e 2012, em comparação com o aumento de 279% com os países de fora do bloco. As críticas sobre a perda de empregos dos EUA para o México devido ao Nafta são exageradas: os trabalhos industriais foram para várias partes do mundo, principalmente para a China, mais do que para o México. No entanto, os maiores ganhos no comércio entre os três países ocorreram no início do Nafta, e o ritmo de integração diminuiu nos últimos anos. Se o objetivo for avançar com o bloco, várias mudanças devem ocorrer. Primeiro, o transporte de mercadorias entre as fronteiras deve ser revisto. O tempo de espera na travessia do México para os EUA é muito longo; grande parte de infraestrutura (estradas) é antiquada, as bitolas das ferrovias são diferentes dos dois lados da fronteira e as rodovias são muito piores no México. Outro problema são os recentes acordos com países de fora do bloco. Por exemplo, cada um desses três países do Nafta tem assinado acordos com a União Europeia de forma separada dos demais, ao invés de agirem em conjunto. E o Nafta deveria convidar novos membros na América Latina para se espalhar para todo o continente. E por fim o Nafta deveria permitir um movimento mais livre de pessoas entre as fronteiras.

Adaptado de: THE ECONOMIST. Disponível em: <www.economist.com/news/leaders/21592612-north-americas-trade-deal-has-delivered-real-benefits-job-not-done-deeper-better>. Acesso em: 5 nov. 2014.

John Moore/Getty Images/Agência France-Presse

Checagem de tomates mexicanos na alfândega da Califórnia (Estados Unidos), 2013.

a) Houve um grande ganho de comércio entre os três países do Nafta nos 20 anos de vigência do bloco? Que países se integraram mais?

b) Por que a integração dos países do bloco avançou mais no início e nos últimos anos anda estagnada?

c) Quais são, na opinião do texto, os grandes desafios do Nafta?

Geolink

Crise na fronteira: fatos e ficções

A atual crise causada pelo fluxo de milhares de crianças da América Central que atravessam a fronteira EUA-México provocou profundas emoções nos Estados Unidos. Muitos mitos ou ficções foram produzidos; vamos separar os fatos das ficções.

Fatos:

- Os Estados Unidos têm experimentado uma onda massiva de crianças que cruzam ilegalmente a fronteira. Desde outubro de 2013 até o presente [julho de 2014] os agentes viram 52 mil crianças desacompanhadas atravessando a fronteira. Esse número deverá subir, pois esses agentes calculam que vão apreender 77 mil crianças desacompanhadas somente no ano de 2014, o dobro do ano anterior. As crianças vêm principalmente da América Central – de El Salvador, Honduras e Guatemala.
- O presidente dos Estados Unidos pediu ao Congresso que aprove um fundo de emergência de 3,7 bilhões de dólares para tentar resolver essa crise.
- As deportações já começaram. Foram deportados 40 adultos e crianças no último domingo. Foi a primeira deportação desde que o surto se iniciou em outubro último.

Ficção:

- Não é a violência que está levando as crianças migrantes para a fronteira, ao contrário do que se diz. O que provocou esse surto foi uma má interpretação de uma política assinada pelo presidente dos Estados Unidos em 2012. Agentes de fronteira entrevistaram centenas de migrantes e perceberam que a imensa maioria citou essa lei como principal razão para migrar para os Estados Unidos, pois imaginavam que crianças desacompanhadas jamais seriam deportadas. Mas a violência em países da América Central também contribuiu para essa migração, segundo o testemunho de algumas crianças. De fato, a taxa de homicídios subiu bastante em Honduras desde 2009, com uma média de 19 assassinatos por dia num país com apenas 8 milhões de habitantes. Um relatório das Nações Unidas comprova que a crescente violência em Honduras, El Salvador e Guatemala vem aumentando os pedidos de asilos em países vizinhos, num aumento de 435% entre 2009 e 2012.
- Os migrantes não trazem o vírus do ebola [causador de uma doença mortal] nem são violentos. Um deputado do partido Republicano escreveu uma carta a um jornal afirmando que os imigrantes ilegais são portadores de doenças como a gripe suína, a dengue, a tuberculose e o ebola. E um site conservador da internet publicou que uma pequena cidade no Texas perto da fronteira foi invadida por uma milícia violenta de imigrantes armados, que os expulsou de suas casas. Nada disso é verdade. Em primeiro lugar, o ebola de fato provoca uma doença geralmente fatal, mas a imensa maioria dos casos foi registrado em algumas regiões africanas e nenhum caso foi registrado na América Central ou no México. E a notícia sobre a pequena cidade do Texas é falsa conforme o testemunho de moradores, que só ficaram sabendo disso pelos jornalistas que foram para lá verificar a história.

Adaptado de: MYSA. Disponível em: <www.mysanantonio.com/news/local/article/The-border-crisis-fact-versus-fiction-5629051.php>. Acesso em: 5 nov. 2014.

*Fronteira dos Estados Unidos.

Gary Varvel/Creators Syndicate, Inc.

VARVEL, Gary. Disponível em: <www.thelivingmoon.com/forum1/index.php?topic=6954.0>. Acesso em: 5 nov. 2014.

Agora resolva as atividades.

1. Faça um comentário sobre a charge.
2. Quais são os motivos que levam milhares de crianças a migrar desacompanhadas para os Estados Unidos?
3. Quais foram os principais mitos ou ficções propagados sobre o assunto?
4. Na sua opinião, essas crianças decidiram sozinhas ir para os Estados Unidos ou foram influenciadas ou incentivadas por adultos? Justifique.

Atividades finais

+ Ação

1. Sobre os Estados Unidos e o Canadá, realize as atividades a seguir.

a) Reproduza no caderno a tabela abaixo e preencha-a com as informações do texto e dos mapas do item 1, nas páginas 93, 94 e 95.

País	O meio natural e a sua importância no desenvolvimento econômico
Estados Unidos	
Canadá	

b) Explique o processo de colonização do Canadá e do norte dos Estados Unidos. Compare-o com a colonização do sul dos Estados Unidos.

2. Textos, mapas e fotos foram recursos usados para você estudar o Canadá. Sobre esse país, registre no caderno:

a) uma justificativa para o fato de o Canadá ser considerado um anexo da economia dos Estados Unidos;

b) características do espaço urbano-industrial do Canadá;

c) uma explicação sobre a questão dos povos autóctones do Canadá.

3. Sobre as relações acadêmicas e culturais entre o Brasil e o Canadá, leia o texto e converse com o professor e os colegas sobre o assunto.

O Canadá e o Brasil compartilham conexões culturais e acadêmicas fortes, que tiveram expansão ao longo dos anos.

O Canadá é hoje o destino internacional número um dos brasileiros para fins de estudos.

Existe uma Associação Brasileira de Estudos Canadenses estabelecida desde 1991, que inclui 12 Núcleos de Estudos Canadenses em todo o Brasil e mais de 500 membros.

Em 2010, aproximadamente 16 mil brasileiros viajaram ao Canadá para estudar.

Desde 2007, mais de 100 estudantes brasileiros foram agraciados, por ano, com bolsa de estudo para estudarem em universidades canadenses.

Acadêmicos de todas as áreas do Canadá e do Brasil aproveitam as frequentes e regulares oportunidades de intercâmbio e cooperação, apoiadas por uma variedade de programas financiados por ambos os governos. A posição de Pesquisador Visitante no Canadá em Estudos Brasileiros envolve cinco universidades – Universidade York, Universidade de Western Ontário, Universidade de Québec em Montreal, Universidade St. Mary e a Universidade de Calgary. Estabelecido em 2003, este programa trouxe importantes brasileiros às universidades e reuniões no Canadá, incluindo uma conferência sobre biocombustíveis em 2008. O programa visa influenciar as orientações políticas e de pesquisa, construir o desenvolvimento institucional e aumentar nossa relação bilateral.

O governo canadense incentiva nosso fortalecimento de intercâmbio interpessoal para alcançar seu potencial para enriquecer o relacionamento Brasil-Canadá. Como complemento ao Acordo em Ciência e Tecnologia, no dia 30 de agosto de 2010, o Canadá e o Brasil assinaram um Memorando de Entendimento sobre os intercâmbios acadêmicos e cooperação científica *para impulsionar a inovação em ambos os países, usando projetos conjuntos de investigação orientada para a equipe.*

O Canadá e o Brasil compartilham fortes ligações culturais e acadêmicas, o que torna o Canadá uma atração natural para estudantes brasileiros. Em 2010, o Canadá emitiu cerca de 16 mil vistos de estudos. O Canadá é hoje o destino preferido dos brasileiros para o estudo de línguas no exterior e, consistentemente, tem sido um dos dois primeiros países (com os Estados Unidos) em termos de atratividade para os brasileiros. Estudos de língua tem sido tradicionalmente o principal interesse de brasileiros estudando no Canadá, com os programas de formação linguística "Pathway" – onde os estudantes podem estudar inglês e depois ir para uma faculdade ou universidade – aumentando em popularidade.

Adaptado de: GOVERNO DO CANADÁ. *Relações Canadá-Brasil*. Disponível em: <www.canadainternational.gc.ca/brazil-bresil/bilateral_relations_bilaterales/index.aspx?lang=por&menu_id=46&view=d>. Acesso em: 5 nov. 2014.

4. Sobre o número de brasileiros que vivem no exterior, leia o texto e faça o que se pede.

Dois milhões e oitocentos. Este é o número aproximado de brasileiros que vivem e trabalham no exterior, segundo o Ministério das Relações Exteriores, aos quais se somam os três milhões e meio que viajam todos os anos para fora do país como turistas. Desde os anos 1980, período em que se intensificou a migração, principalmente para os Estados Unidos e o Japão, a comunidade de brasileiros no exterior tem exigido do governo brasileiro mais atenção. Segundo a diretora do Departamento Consular de Brasileiros no Exterior, Luiza Lopes da Silva, há políticas diferenciadas para cada país e ações unilaterais do governo brasileiro, além dos acordos multilaterais, assinados entre os países em caráter de reciprocidade. Para ela:

"As demandas que nós temos de suprir aos brasileiros no Paraguai e na Bolívia são completamente diferentes daquelas que temos de brasileiros nos Estados Unidos, na Europa ou no Japão. Nós identificamos, por exemplo, baixíssima escolaridade dos brasileiros no exterior, porque eles migram muito cedo, muito jovens e muitas vezes antes de concluir um curso. Então, nós temos uma situação em que se paralisa porque eles estão trabalhando ali, de sol a sol, e na maioria das vezes, em trabalhos duros, e não têm tempo de continuar os estudos. Aí entramos num círculo vicioso do brasileiro com baixa qualificação que trabalha para criar uma vida melhor para a família e não tem tempo de estudar, então continua ali patinando naquele patamar de trabalho de baixa qualificação e, portanto, de baixa renda, e fica numa situação de difícil saída, tanto para continuar no exterior como para retornar ao Brasil. E se retornar ao Brasil, estará igualmente mal qualificado, terá uma inserção modesta no nosso mercado de trabalho e vai pensar novamente em emigrar, porque o trabalho de baixa qualificação tem um retorno muito melhor lá fora. Estamos organizando provas de supletivo no exterior para brasileiros no Japão, Estados Unidos, Portugal, Bélgica e Guiana Francesa. Em cada um desses países, estamos não só fazendo o exame, mas o curso de preparação, assumindo o ônus financeiro de recursos humanos."

Além dessas ações unilaterais, o governo percebeu a necessidade de uma maior proteção previdenciária dos brasileiros que exercem atividade no exterior e pretendem voltar ao país. De acordo com o secretário de Políticas do Ministério da Previdência Social, Benedito Brunca, os acordos bilaterais nessa área buscam proporcionar a totalização dos períodos de contribuição no Brasil e nos países acordantes para concessão de benefícios, como aposentadoria por invalidez e por idade, e pensão por morte.

Adaptado de: CÂMARA DOS DEPUTADOS. Disponível em: <www2.camara.leg.br/camaranoticias/noticias/RELACOES-EXTERIORES/468081-SITUACAO-DE-BRASILEIROS-QUE-VIVEM-NO-EXTERIOR-MOBILIZA-A-CAMARA-E-O-GOVERNO.html>. Acesso em: 5 nov. 2014.

a) As maiores comunidades brasileiras no exterior estão nos Estados Unidos, no Paraguai e no Japão; depois vêm os países da Europa ocidental, como Reino Unido, Portugal, Itália e outros. Procure explicar o porquê da escolha desses locais para emigração.

b) Quais são as consequências da baixa escolaridade média dos brasileiros no exterior?

c) Relacione as informações do texto acima e as informações do mapa a seguir.

Brasileiros no exterior (2013)

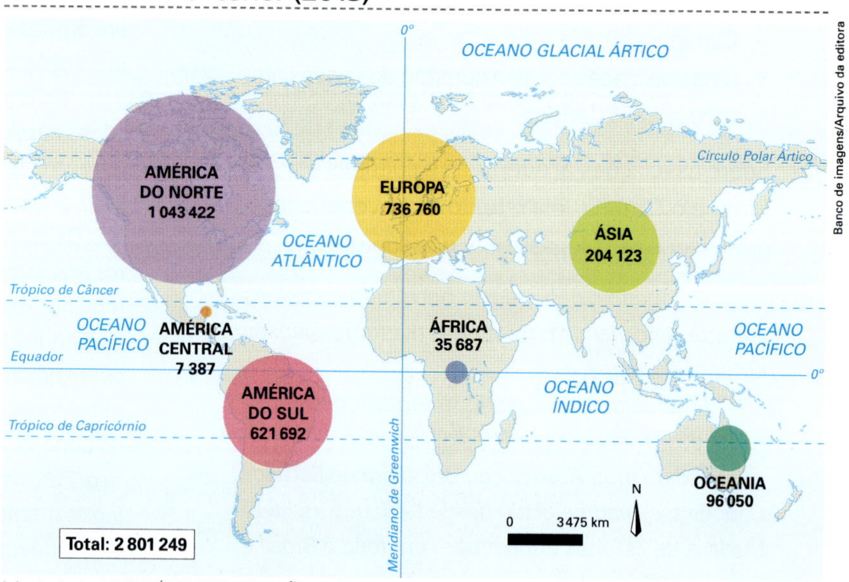

Adaptado de: MINISTÉRIO DAS RELAÇÕES EXTERIORES. Disponível em: <www.brasileirosnomundo.itamaraty.gov.br/a-comunidade/estimativas-populacionais-das-comunidades/estimativas-populacionais-das-comunidades-brasileiras-no-mundo-2013/estimativas-2013-site.jpg>. Acesso em: 5 nov. 2014.

De olho na imagem

A charge abaixo possui um forte conteúdo de crítica à questão armamentista nos Estados Unidos. Escrevam um pequeno texto para a charge. O texto deve comentar a crítica que a charge manifesta e estabelecer relações com as informações do seguinte texto.

> *Barack Obama faz parte de uma corrente política mais liberal do que a de seu antecessor, George W. Bush, que era fortemente conservador e adotava uma política externa arrogante e expansionista. Durante o seu mandato, Bush promoveu a invasão do Afeganistão e do Iraque e eliminou vários impostos que incidiam sobre a elite do país, os 1% mais ricos (mas não eliminou impostos que incidem sobre a maioria da população), fato que ajudou a ampliar as desigualdades sociais no país.*

Charge mostra Estados Unidos como uma nação armada

Desenho foi publicado no jornal Morning Herald, da Austrália. A águia, tradicional ícone americano, aparece armada.

Adaptado de: G1. Disponível em: <http://g1.globo.com/Noticias/Mundo/0,,MUL25793-5602,00-CHARGE+MOSTRA+EUA+COMO+UMA+NACAO+ARMADA.html>. Acesso em: 11 jan. 2012.

Alain Mori/Acervo do cartunista

Associação Nacional do Rifle, nos Estados Unidos, arma até os símbolos do país.

ATIVIDADES INTERDISCIPLINARES

Conexões

HISTÓRIA

1. Observe a tabela a seguir e resolva as atividades.

Intercâmbio bilateral (US$ bilhões FOB*)

Brasil e EUA	2003	2005	2007	2009	2011	2013
Intercâmbio total	26,26	35,14	43,79	35,63	60,1	61,0
Exportações	16,69	22,47	25,07	15,60	25,9	24,8
Importações	9,57	12,66	18,72	20,03	34,2	36,2
Saldo	**7,13**	**9,81**	**6,34**	**–4,43**	**–8,3**	**–11,4**

*Preço de venda da mercadoria que inclui as despesas de transporte.

Elaborado com base nos dados de: MINISTÉRIO DO DESENVOLVIMENTO, INDÚSTRIA E COMÉRCIO EXTERIOR. Disponível em: <http://aliceweb.mdic.gov.br/>. Acesso em: 5 set. 2014.

a) O que os números revelam sobre as relações comerciais Brasil e Estados Unidos no período de 2003 a 2013?

b) Os Estados Unidos já foram o maior parceiro comercial brasileiro, mas atualmente estão em terceiro lugar. Quais são os dois primeiros? Faça uma pesquisa para descobrir.

c) O fato de os Estados Unidos já não serem mais o principal parceiro comercial do Brasil significa uma grande mudança histórica no comércio externo brasileiro? Justifique.

HISTÓRIA

2. Leia o trecho abaixo, extraído da revista *Veja*, de 19 de setembro de 2001. Depois, realize as atividades propostas.

> "Nova York, 8h48min. Terça-feira, 11 de setembro de 2001. Este mundo nunca mais será o mesmo."

Peter C. Brandt/Getty Images

Torres do World Trade Center (WTC) logo após o atentado terrorista, no qual dois aviões se chocaram contra os edifícios.

Tom Till/Tony Stone Images

Ilha de Manhattan, em Nova York (Estados Unidos), antes do ataque terrorista ocorrido em setembro de 2001. Veja as torres gêmeas do WTC, mais à esquerda na foto.

a) Converse com seus familiares e outras pessoas com mais idade sobre o 11 de Setembro. Descreva o que eles lembram desses atentados.

b) Escreva um texto sobre a cidade de Nova York, que perdeu dois marcos importantes de sua paisagem.

c) Pesquise em jornais, revistas e na internet notícias da época sobre esses atentados e cole-as no caderno.

d) Esse atentado é considerado um marco histórico, um evento que se destacou no início do século XXI tornando-o diferente do século XX. Com a ajuda do professor de História e de *sites* da internet, procure explicar o que é um marco histórico e por que esse evento pode ser considerado como um deles.

e) Na data marcada pelo professor, exponha sua pesquisa ao restante da turma.

Capítulo 6

Japão

Neste capítulo você estudará o Japão, país cuja economia foi a que mais cresceu em todo o mundo após a Segunda Guerra Mundial até os anos 1980. De feudal, transformou-se numa potência industrial e, o mais importante, conheceu uma sensível melhora nas condições de vida da população. Vale lembrar que foi para o Brasil que veio a maior parte dos emigrantes que deixaram o país do Sol nascente na primeira metade do século XX. O Brasil possui a maior quantidade de japoneses e descendentes vivendo fora do Japão.

Museu Histórico Regional Saburo Yamanaka, Bastos, São Paulo

Agricultores japoneses trabalham em lavoura de melancias em São Paulo (Brasil), década de 1930.

Para começar, observe a foto. Converse com o professor e com os colegas sobre as seguintes questões.

1. Por que muitos japoneses escolheram o Brasil como "segunda pátria"?
2. Você conhece algum costume japonês que foi incorporado pelo povo brasileiro? Qual?
3. Existem hoje mais de 186 mil brasileiros residindo e trabalhando no Japão. Mas a imigração de japoneses para o Brasil, ao contrário das primeiras décadas do século XX, quase não existe mais. Procure explicar esse fato.

1 Aspectos gerais do Japão

O Japão é um país localizado no **Extremo Oriente**, a parte mais a leste da Ásia. Ele é constituído de um arquipélago no **Círculo de Fogo** do oceano Pacífico, área onde há diversos encontros de placas tectônicas. Isso explica a existência de vários vulcões em atividade naquele território, bem como a frequente ocorrência de maremotos e terremotos. O terremoto mais violento do país ocorreu em 1923 e atingiu Tóquio, matando cerca de 140 mil pessoas. Em 2011, o nordeste do país foi afetado por um terremoto ainda mais violento que atingiu 9,2 na escala Richter e foi seguido por um *tsunami*, que provocou a morte de 20 mil pessoas e um terrível acidente nuclear na usina de Fukushima.

Círculo de Fogo do Pacífico

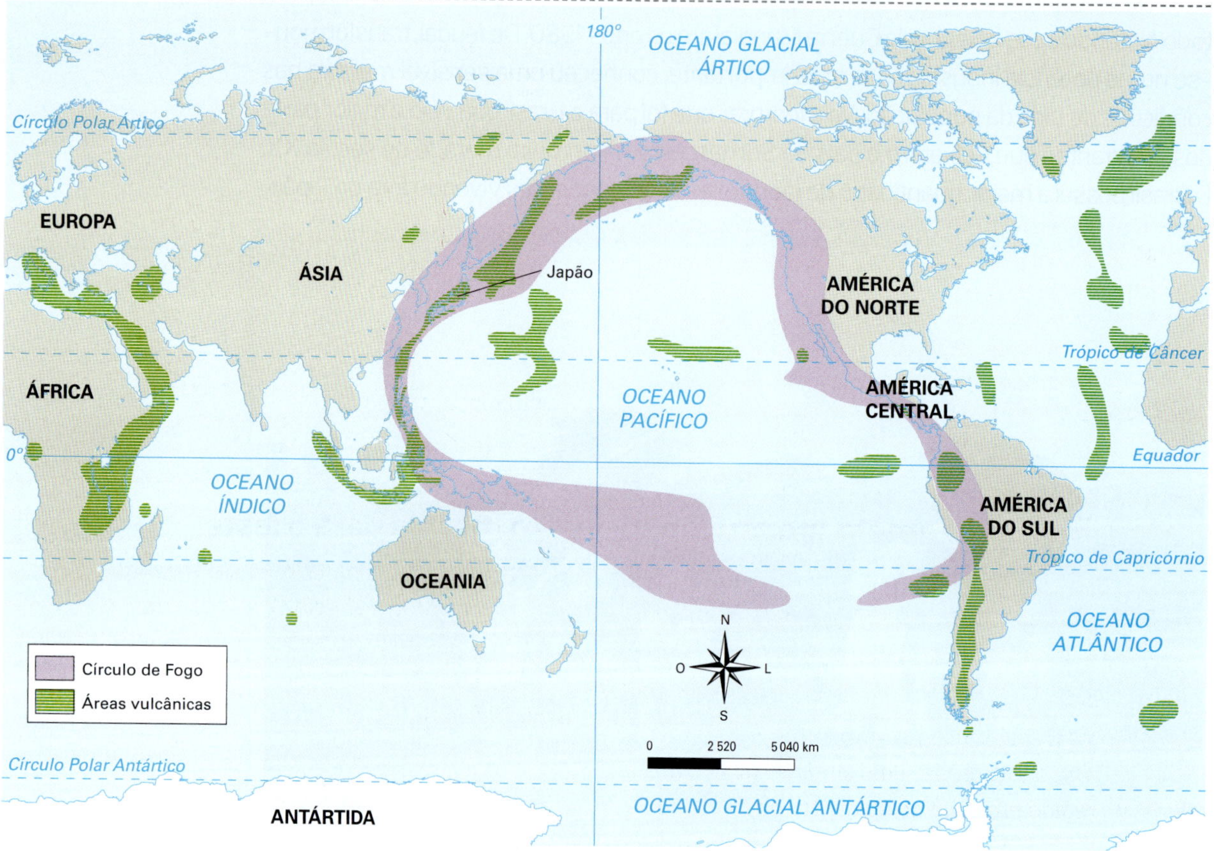

Adaptado de: ISTITUTO GEOGRAFICO DE AGOSTINI. *Atlante geografico metodico De Agostini*. Novara, 2011. p. E10-E11.

Banco de imagens/Arquivo da editora

O Círculo de Fogo margeia o oceano Pacífico, incluindo a cordilheira dos Andes, as montanhas Rochosas, as ilhas do Japão, da Indonésia e das Filipinas. Nessa área, encontram-se 82% dos 535 vulcões ativos existentes no planeta.

Com área de aproximadamente 377 947 km², o país é formado por cerca de 4 mil ilhas. As quatro maiores e mais importantes dessas ilhas correspondem a 97% do território japonês. São elas: Hokkaido, Honshu, Shikoku e Kiushu. Veja os mapas da próxima página. Nesse espaço relativamente reduzido – pouco maior que o estado de São Paulo – e com amplas extensões montanhosas (cerca de 80% da área total), em 2015, a população chegava a 126,8 milhões de habitantes. Esse fato explica as elevadas densidades demográficas no país.

As atividades econômicas mais importantes estão concentradas nas quatro grandes ilhas. Visando encurtar a distância entre elas, a engenharia japonesa construiu **túneis** e **pontes** para interligá-las. Um imenso túnel, com 54 quilômetros de extensão, liga Honshu a Hokkaido.

Japão: físico

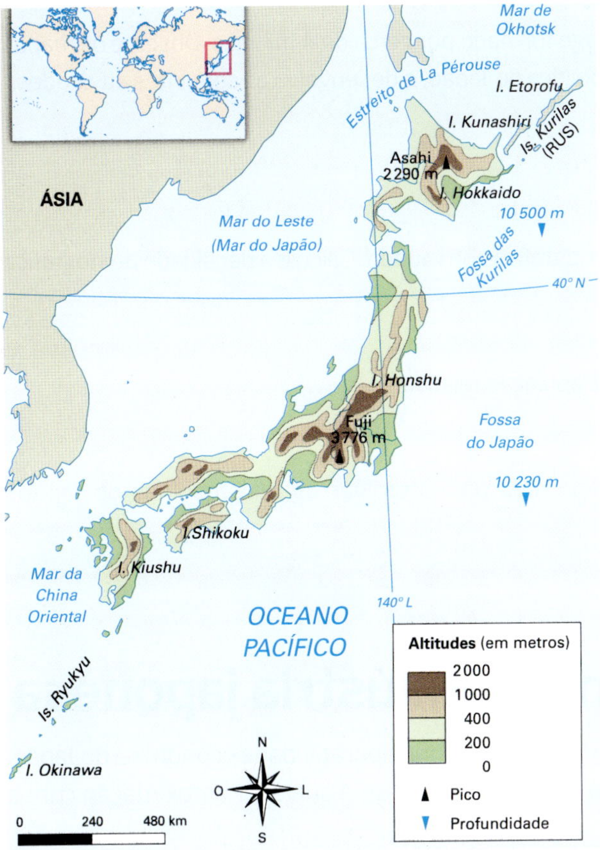

Japão: político

Adaptados de: IBGE. *Atlas geográfico escolar*. 6. ed. Rio de Janeiro, 2012. p. 46-47.

Terremoto moveu Japão quatro metros para o leste

Quarto maior tremor da História, o terremoto de 9,2 graus na escala Richter que sacudiu o Japão em 11 de março de 2011 deslocou o país quatro metros para o leste, de acordo com a Geonet, a maior empresa de geolocalização do mundo.

Segundo análises, o país ainda se tornou mais largo na região próxima ao epicentro do terremoto. Cartas náuticas e mapas terão que ser modificados.

O terremoto já havia provocado uma alteração de 16,9 centímetros no eixo da Terra, além de acelerar em 1,8 milionésimo de segundo o movimento de rotação do planeta.

Adaptado de: *Veja*. Disponível em: <http://veja.abril.com.br/noticia/internacional/violencia-do-terremoto-moveu-japao-quatro-metros-para-o-leste>. Acesso em: 6 nov. 2014.

Jiji Press/Agência France-Presse

Escombros em Onagawa (Japão), três dias depois do *tsunami* de 2011.

Texto e ação

1. Localizado no Extremo Oriente, o Japão é um arquipélago formado por cerca de 4 mil ilhas. Observe os mapas da página 115, que mostram as configurações física e política do Japão, e desenvolva as seguintes atividades.
   a) Cite o nome das quatro maiores ilhas do Japão.
   b) Em que ilha está localizada a capital do país?
2. Por que ocorrem tantos de terremotos no Japão?
3. O Japão apresenta uma das mais altas densidades demográficas do mundo. Calcule a densidade demográfica japonesa. Para isso, utilize a fórmula a seguir:

$$\frac{\text{População absoluta}}{\text{Área ocupada}} = \text{População relativa}$$

4. Por que a engenharia japonesa construiu túneis e pontes para interligar as maiores ilhas do Japão? Cite um exemplo.

❷ A extraordinária indústria japonesa

No início do século XIX, a agricultura era a principal atividade econômica do Japão. Politicamente o país se mantinha isolado, opondo-se a qualquer aproximação com a civilização ocidental.

Em 1853, Matthew Perry, oficial da Marinha dos Estados Unidos, conseguiu, por meio de um tratado com o governo militar japonês da época, autorização para que navios norte-americanos atracassem em portos do Japão. Esse fato estimulou o comércio entre os dois países e acabou mostrando ao Japão que seria possível abrir-se para o intercâmbio com o mundo. Isso começou a tornar-se realidade em 1868, quando o imperador **Meiji** assumiu o trono e restabeleceu o poder imperial no país.

Desejando acompanhar o desenvolvimento tecnológico do mundo ocidental, o governo japonês começou a investir na implantação de fábricas em todos os setores nos quais o capital privado não tinha condições de atuar. Posteriormente, alguns estabelecimentos industriais foram vendidos a baixo preço a empresários particulares.

Buddhika Weerasinghe/Getty Images/Agência France-Presse

Agricultores tradicionais trabalhando no arrozal em Osaka (Japão), 2014. A integração entre a agricultura e a indústria tem aumentado no Japão, mas até hoje isso não comprometeu a rizicultura, que continua sendo sua principal atividade agrícola.

A venda de algumas empresas estatais, além da concessão de inúmeras vantagens e privilégios por parte do governo, originou os *zaibatsu*, verdadeiros monopólios que tiveram um grande desenvolvimento entre as duas guerras mundiais.

Ainda no fim do século XIX, as empresas de materiais bélicos já desfrutavam de certos benefícios, pois o desenvolvimento da industrialização japonesa até a Segunda Guerra Mundial tinha objetivos militares. Da mesma forma que a industrialização livrou o país de qualquer dominação por parte de nações ocidentais, ela se constituiu também numa estratégia de expansão da área territorial japonesa para o Extremo Oriente.

De imperialista a país dominado

Na sua fase **imperialista** ou **expansionista**, o Japão invadiu e dominou a Coreia em 1910, a Manchúria (região ao norte da China) em 1931 e, ainda na década de 1930, outras províncias do norte da China.

Durante a Segunda Guerra Mundial, o Japão aliou-se à Alemanha e à Itália, formando o **Eixo**. Em 1941, os japoneses atacaram navios dos Estados Unidos em Pearl Harbor, que provocou a entrada deste país na guerra. Em 1945, com as cidades de Hiroxima e Nagasaki arrasadas por duas bombas atômicas lançadas pelos Estados Unidos, o Japão rendeu-se e teve o seu território ocupado por tropas norte-americanas até 1952.

Terminada a Segunda Guerra Mundial, as economias de mercado mais importantes da Europa ocidental estavam parcialmente destruídas. O Japão fora arrasado pelas duas bombas atômicas, cujas consequências eram então pouco conhecidas, pois o emprego da energia nuclear estava apenas começando. Com isso, os Estados Unidos tornavam-se a superpotência do mundo capitalista. E o medo do avanço do socialismo na Europa e na Ásia foi um dos motivos que incitaram os Estados Unidos a investir tanto na reconstrução da Europa ocidental como na do Japão.

Um dos resultados da intervenção dos Estados Unidos foi a desmilitarização japonesa, cujo objetivo era impedir que o país voltasse a investir na indústria bélica. No entanto, desde os anos 1990, o Japão vem se preocupando de forma crescente com a sua defesa e com os riscos das rivalidades asiáticas tradicionais, principalmente em relação à China. Em 1991, quando a guerra fria terminou, o Japão passou a investir cada vez mais em armamentos, ultrapassando 1% do Produto Nacional Bruto, fato que não ocorria desde a Segunda Guerra Mundial. Com o fim do bloco socialista, não havia mais razão para os Estados Unidos continuarem garantindo a segurança japonesa.

A recuperação japonesa

Além da **ajuda financeira** recebida dos Estados Unidos, dois fatores foram fundamentais para que a economia japonesa voltasse a crescer rapidamente depois de 1945. Um deles foi uma **reforma agrária**, promovida pelas tropas norte-americanas, que criou milhares de pequenas propriedades bastante produtivas no país. O outro foi o resgate dos valores tradicionais da sociedade japonesa, com um extremo **nacionalismo**, que permitiu o pagamento de baixos salários para uma população disciplinada e movida pela ideia de que o principal objetivo de seu trabalho era reerguer o país.

Obteve-se a ampliação da produtividade industrial com baixos salários, elevado número de horas de trabalho semanais, ausência de preocupação com as condições de trabalho nas fábricas, etc. Mas, a partir dos anos 1980, os níveis salariais e de consumo subiram bastante no Japão, que deixou de ser somente uma economia voltada para atender ao mercado externo (para exportação) e passou a ser também uma importante sociedade de consumo.

O comportamento abnegado do povo japonês pode ser explicado pela permanência de características de uma sociedade feudal, baseada na obediência servil ao governo e uma profunda admiração pelos que lideram, pelos empresários, por aqueles com maior escolaridade, etc.

Como exemplo de **valores** japoneses há a política trabalhista, que se apoia nos seguintes aspectos, entre outros.

- As empresas recrutam os jovens para o trabalho assim que eles concluem seus cursos na universidade ou em outra instituição escolar, e, uma vez contratados, geralmente permanecem na mesma empresa até se aposentar. Muitos consideram as firmas onde trabalham como uma segunda pátria, tendo orgulho e sendo fiéis a elas.
- É comum os filhos terem emprego garantido na empresa em que o pai trabalha, até mesmo antes de nascerem.
- O aumento de salário depende do tempo de serviço na empresa e da qualificação para o trabalho.
- Cada empresa procura ter seu próprio sindicato, que inclui tanto os trabalhadores como seus diretores.
- Em vez de acirrar os conflitos, lançando as empresas contra os trabalhadores, tal como ocorreu muitas vezes nos Estados Unidos e no Reino Unido, onde o governo incentivou as empresas a se transferirem de regiões nas quais os salários eram maiores para outras com nível salarial mais baixo, o "modelo japonês" procura integrá-los com acordos que garantem a não eclosão de greves desde que os salários acompanhem, no mínimo, os baixíssimos índices de inflação.

Cabe destacar ainda o papel estratégico do Estado no desenvolvimento industrial do Japão. Ao contrário dos Estados Unidos, cujos governantes, até o início dos anos 1990, não intervinham na economia e deixavam cada empresa fazer a sua política particular de investimentos ou pesquisas, o governo do Japão procura coordenar a política industrial de sua economia. O Estado japonês investe pesadamente na educação pública de ótima qualidade, que garante mão de obra qualificada para as empresas, e na pesquisa tecnológica, além de exercer um papel ativo na conquista de mercados externos, na proteção à indústria nacional, etc.

Kyodo/Associated Press/Glow Images

Fábrica de bebidas em Osaka (Japão), 2014.

O Japão apresentou, de 1955 a 1973, um extraordinário crescimento da produção industrial, com níveis acima dos obtidos na Europa ocidental e nos Estados Unidos. Nesse período, sua taxa média de crescimento anual foi de 13,2%. O país teve a economia que mais cresceu no mundo na segunda metade do século XX, em especial dos anos 1950 até início dos anos 1990. A partir daí, contudo, o Japão ingressou numa crise econômica, com uma fase de crescimento extremamente baixo e às vezes até negativo.

A China acabou substituindo o Japão como o país que mais cresce continuamente no mundo desde os anos 1980, inclusive ultrapassando a produção industrial do país e dos Estados Unidos em 2010. No entanto, o tamanho da economia do Japão fica somente atrás da desses dois países (Estados Unidos e China). Em 2013, o PIB foi de 4,9 bilhões de dólares.

Desenvolvimento e poluição

Um dos traços característicos da industrialização japonesa no período de 1955 a 1973 foi o crescimento das indústrias de base e química, que exigem muito capital e determinam o desenvolvimento de novas tecnologias. A siderurgia e a petroquímica merecem destaque, além da química fina, que recebeu grandes investimentos por ser a que mais desenvolve tecnologia.

Assim, já em 1970 as indústrias de base e química possuíam 28,4% das fábricas, absorviam 49,6% dos trabalhadores e contribuíam com 62,3% da produção nacional.

Uma consequência negativa desse rápido crescimento foram os **impactos ambientais**. O assunto passou então a ser discutido pela sociedade, na busca de soluções.

Japão: economia

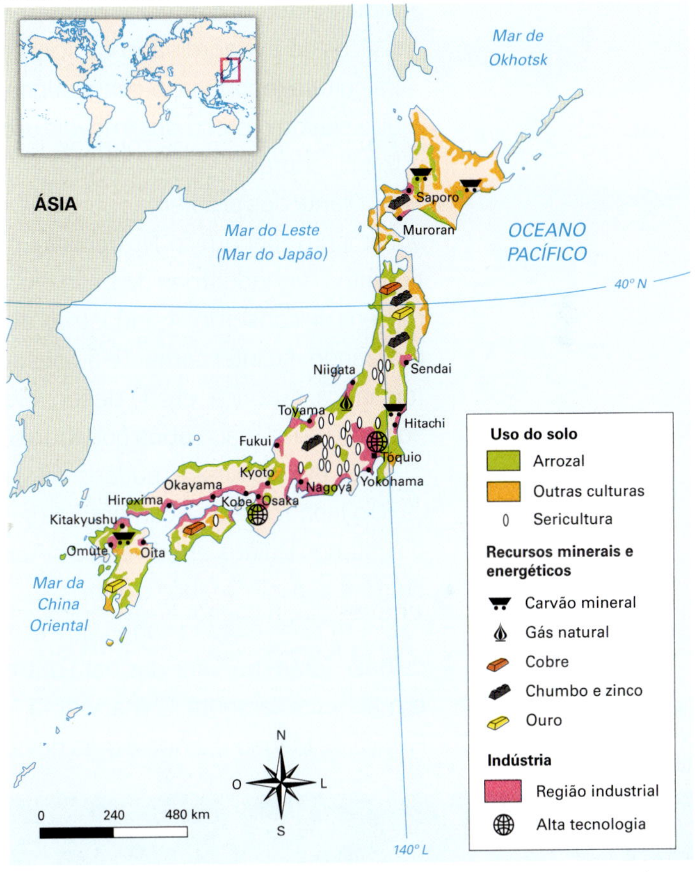

Banco de imagens/Arquivo da editora

Adaptado de: CHARLIER, Jacques (Dir.). *Atlas du 21e siècle édition 2010*. Groningen: Wolters-Noordhoff/Paris: Nathan, 2010. p. 120.

Japão e a poluição do meio ambiente

A fim de cumprir sua parte dentro do compromisso de reduzir pela metade as emissões globais de CO_2 até 2050, o Japão selecionou algumas tecnologias inovadoras que ajudarão o país a limitar suas emissões de dióxido de carbono.

As tecnologias escolhidas incluem usinas de carvão limpas e nucleares avançadas, veículos ecológicos, biocombustíveis, fabricação de aço com hidrogênio e novas técnicas de iluminação.

Já em 2008, o Japão propôs reduzir pela metade a emissão mundial de gases do efeito estufa até 2050, dentro do plano "Esfriar a Terra 50", que nasceu com a intenção de substituir o Protocolo de Kyoto.

Para alcançar esse objetivo, seria necessário conter pelo menos 40 bilhões de toneladas de gases causadores do efeito estufa. No entanto, o país ainda estava longe de alcançar seu compromisso de reduzir em 8% o nível de suas emissões poluentes em 2012 sobre os níveis de 1990.

Adaptado de: FOLHA.COM. *Japão seleciona 21 tecnologias para diminuir emissões de CO_2*. Disponível em: <www1.folha.uol.com.br/folha/ambiente/ult10007u378801.shtml>. Acesso em: 6 nov. 2014.

Tecnologia e bens de consumo

A partir de 1970, a situação altamente favorável do país começou a mudar, por várias razões.

- A desvalorização do dólar, em 1971, e a subida do iene (moeda japonesa) provocaram a alta dos preços das exportações japonesas no mercado externo, fato importante para um país com população bem inferior à dos Estados Unidos e da União Europeia – isto é, com um menor mercado de consumo interno.
- O preço do barril de petróleo aumentou muito, passando a pesar na balança comercial do Japão, país que não tem reservas próprias e importa o produto.
- Movimentos de contestação interna passaram a questionar os efeitos sociais e ecológicos do extraordinário crescimento, como a poluição do ambiente, a degradação da cultura japonesa, o congestionamento das cidades e a especulação imobiliária, que elevou o preço dos imóveis urbanos e agravou o problema de moradia para os trabalhadores.

Diante dos problemas surgidos, o Japão precisou reavaliar sua política de desenvolvimento econômico. No decorrer das décadas de 1970 e 1980, diminuíram os investimentos nas indústrias de base e química e voltou-se a investir mais nas indústrias de bens de consumo. As indústrias de tecnologia de ponta passaram a ser priorizadas, realizando-se internamente as pesquisas necessárias aos setores de eletrônica, informática, robótica, etc. O desenvolvimento da robótica foi tão intenso que o Japão sozinho utiliza mais **robôs** que todo o restante do mundo. Veja a foto abaixo.

Os efeitos dessa mudança de rumo não tardaram a aparecer, e desde os anos 1970 o Japão passou a competir de igual para igual (e às vezes até com vantagem) com os Estados Unidos em diversos setores, como a indústria automobilística, a indústria eletrônica, a informática e outros.

Em 1979, o Japão começou a reorganizar seu espaço industrial. Muitas indústrias de base foram transferidas para outros países, como Coreia do Sul, Taiwan, Cingapura e, mais recentemente, China, Vietnã, Malásia e até mesmo o Brasil (sobretudo na Zona Franca de Manaus), onde a mão de obra é mais barata.

Linha de montagem altamente robotizada em Toyota (Japão), 2014.

Kazuhiro Nogi/Agência France-Presse

Texto e ação

1. Considerando que, durante a Segunda Guerra Mundial, o Japão aliou-se à Alemanha e à Itália, formando o Eixo, comente a participação japonesa nesse conflito mundial.
2. Justifique a intervenção dos Estados Unidos na economia japonesa após a Segunda Guerra Mundial.
3. Comente o papel do governo japonês no desenvolvimento industrial do Japão.
4. Cite as principais características da economia japonesa no período de 1955 a 1973.
5. Em 1979, o Japão começou a reorganizar seu espaço industrial. Sobre o assunto, responda.
   a) O Japão transferiu muitas de suas indústrias de base para outros países. Cite alguns deles.
   b) Que fator apontado no texto influiu na expansão da indústria japonesa?
   c) Você conhece alguma indústria de origem japonesa com filial no Brasil? Onde ela se localiza? O que ela produz?

3 A megalópole mais populosa do mundo

A intensa relação entre Tóquio e Osaka, fruto de um processo de industrialização com forte intervenção do Estado, acabou por centralizar grande parte da atividade econômica naquela porção do território. Isso levou ao surgimento de uma megalópole: **Tokaido**, no eixo Kyoto-Osaka-Nagoia-Tóquio, onde se dá a maior concentração urbana do mundo contemporâneo.

Aí vive mais de 60% da população japonesa. Veja o mapa abaixo.

Japão: população

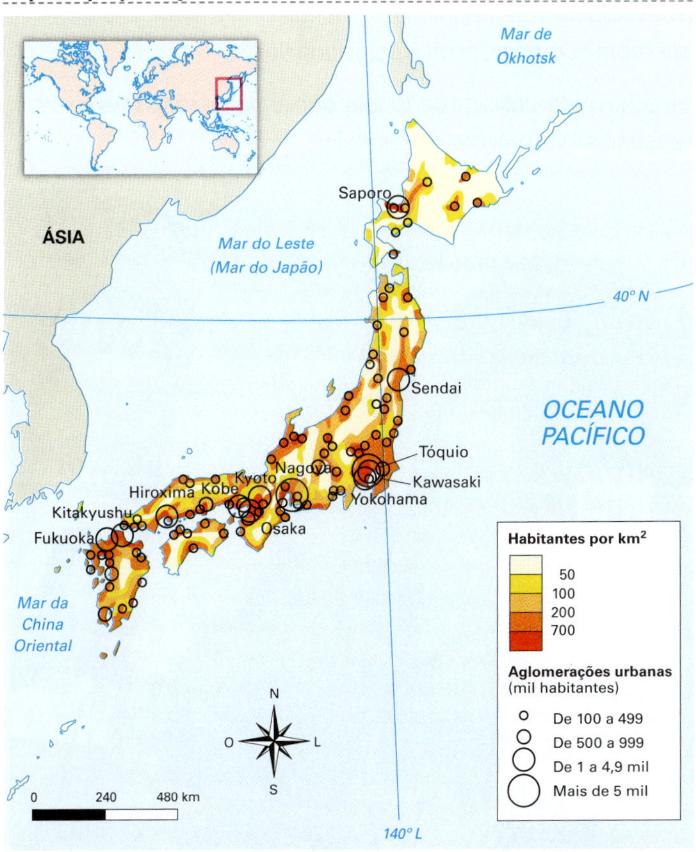

As intensas relações políticas, econômicas e culturais entre as quatro grandes metrópoles do Japão – Kyoto, Tóquio, Osaka e Nagoia – constituíram uma verdadeira megalópole no território japonês a partir da década de 1950, sem dúvida alguma a maior concentração urbana do mundo.

Adaptado de: CHARLIER, Jacques (Dir.). *Atlas du 21e siècle édition 2010*. Groningen: Wolters-Noordhoff/Paris: Nathan, 2010. p. 120.

Desde o início, o desenvolvimento industrial do Japão se concentrou na área ocupada por Tóquio, Nagoia e Osaka. A firme intervenção do Estado na economia demarcou aquela área de maneira muito especial até 1945. Durante a década de 1950, quando o Estado voltou a investir na industrialização, pois já havia se recuperado, em parte, das consequências da guerra, essa era a área que apresentava as melhores condições de infraestrutura para abrigar novas indústrias.

Um dos resultados da intensificação industrial foi a formação da megalópole. A área concentrou, de 1955 a 1973, as principais atividades da economia, levando o Japão a apresentar as maiores taxas de crescimento industrial em todo o mundo.

Tóquio, então, reafirmou sua posição privilegiada. A partir da década de 1970, essa metrópole passou a sediar a maioria das grandes empresas do setor de tecnologia de ponta e seus laboratórios de pesquisa. Mas aí se concentram também grandes problemas urbanos: poluição de vários tipos, deficiências no transporte, especulação imobiliária, infraestrutura incompleta, principalmente quanto ao abastecimento, etc.

A região metropolitana de Tóquio abrigava em 2013 mais de 37,8 milhões de pessoas na maior área urbana do mundo.

Texto e ação

1. Observe o mapa da página 121 e desenvolva as seguintes atividades.

a) Cite o nome de algumas cidades que integram a megalópole japonesa.

b) Qual é a densidade demográfica registrada nas maiores concentrações urbanas dessa megalópole?

2. Compare os mapas das páginas 119 e 121. O que você pode concluir?

3. As cidades da megalópole japonesa enfrentam sérios problemas urbanos.

a) Que problemas urbanos se concentram na megalópole mais populosa do mundo?

b) Esses problemas existem no lugar onde você mora? Como podemos solucioná-los?

4. Ao observar a foto desta página que retrata uma cena metropolitana de Tóquio, que aspecto mais chama a sua atenção na paisagem? Faça comentários com base nas informações do capítulo.

Paisagem de Tóquio (Japão), 2014.

bluehand/Shutterstock/Glow Images

4 O esgotamento do "modelo japonês"

O "modelo japonês" de desenvolvimento, tão bem-sucedido dos anos 1950 até início dos anos 1990, parece ter se esgotado. Ele precisa de reformas urgentes para que o país volte a crescer. Basicamente, a economia japonesa precisa deixar de ser essencialmente voltada para a exportação e voltar-se para o **mercado interno**.

De fato, o grande segredo do enorme desenvolvimento japonês foram as exportações, as maiores do mundo durante várias décadas, que inundaram o mercado mundial com automóveis, produtos eletrônicos, motocicletas, relógios, etc. O Japão, por exemplo, chegou a ter a maior indústria automobilística do mundo nos anos 1980, e isso dispondo de menos da metade da população e do mercado consumidor norte-americanos. No entanto, a maior parte dessa produção era exportada, notadamente para os Estados Unidos: de cada dez carros vendidos no país na década de 1980, três eram japoneses. Isso chegou até a provocar a falência e o fechamento de centenas de fábricas automobilísticas nos Estados Unidos, pois os veículos japoneses eram melhores e mais baratos. Esse quadro, porém, começou a mudar desde o fim dos anos 1980, por vários motivos.

Primeiro, os demais países industrializados começaram a copiar, adaptar e até a aperfeiçoar certos métodos japoneses de produzir com maior qualidade e menor custo. Os automóveis norte-americanos hoje, por exemplo, têm a mesma qualidade e praticamente os mesmos preços que os dos japoneses. Logo, houve um reerguimento da indústria desse país e uma perda relativa do mercado dos carros japoneses. E o mesmo ocorreu com outros produtos, como os eletrônicos, que o Japão conseguia vender com alta qualidade e preços inigualáveis. As indústrias de outros países se modernizaram, e hoje a vantagem japonesa praticamente não existe mais.

Segundo, surgiram concorrentes importantes para as exportações japonesas. Inicialmente foram os chamados Tigres Asiáticos – Taiwan, Coreia do Sul, Cingapura e a cidade de Hong Kong, hoje anexada à China –, que também passaram a exportar grande variedade de produtos bons e baratos. Eles não incomodaram muito até os anos 1980, pois exportavam produtos que o Japão estava deixando de lado, como tecidos e roupas, brinquedos, etc. A partir dessa década, eles passaram a exportar também automóveis, motocicletas, computadores, produtos eletrônicos (vídeos, gravadores, secretárias eletrônicas, etc.) e outras mercadorias básicas para as exportações do Japão. E a partir dos anos 1990 entrou em cena outro competidor: a imensa China, com força de trabalho barata, disciplinada e com boa qualificação, matérias-primas abundantes e com preço baixo, que recebeu enormes investimentos estrangeiros nessa década e começou a se tornar um dos maiores exportadores mundiais de produtos industrializados eletrônicos a preços baixos.

Televisores, componentes de computadores, *notebooks* e *smartphones* são exemplos de produtos eletrônicos fabricados na China.

Fotos: Shutterstock/Glow Images/ Fotomontagem Cesar Wolf

Outro desafio enfrentado pela economia japonesa foram as queixas dos demais países industrializados, especialmente os Estados Unidos (que tinham enormes déficits comerciais com o Japão), de que o Japão deveria **importar** mais do resto do mundo. Muitos Estados começaram a limitar as importações oriundas do Japão, pois exigiam uma contrapartida, isto é, que o Japão também comprasse produtos deles. Para continuar a exportar automóveis em grande quantidade para os Estados Unidos ou para a Europa, por exemplo, o Japão se viu obrigado a importar carros dessas regiões, algo difícil de ocorrer naturalmente por causa do nacionalismo da população japonesa, que prefere os produtos nacionais, mesmo quando são mais caros.

Por fim, a economia japonesa precisa depender menos do mercado externo, das exportações, e voltar-se mais para o mercado interno. Mas a população japonesa não é tão grande quanto a norte-americana ou a europeia, ou mesmo a chinesa. O japonês costuma poupar mais do que o norte-americano ou o europeu. Se, por um lado, a poupança de uma parte da renda das pessoas é positiva, pois aumenta os recursos no setor bancário, que pode emprestá-los a juros baixos favorecendo o crescimento econômico, por outro, o excesso de poupança é negativo, pois limita o consumo e, consequentemente, a produção. O ideal é um equilíbrio, que não existe no Japão. Dessa forma, não há muito incentivo para as empresas se expandirem, já que uma empresa só se expande se houver consumidores dispostos a comprar os seus produtos. Com a diminuição das exportações, que foram o principal incentivo do crescimento japonês, o desafio é expandir o consumo interno para vender no próprio país aquela imensa produção que era, até o início dos anos 1990, em grande parte exportada.

Rua comercial em Tóquio (Japão), 2014.

beibaoke/Shutterstock/Glow Images

Texto e ação

1. Explique qual foi o segredo do "modelo japonês" de desenvolvimento, tão bem-sucedido dos anos 1950 até início dos anos 1990.
2. Quanto mais uma população poupar sua renda, mais limitará o consumo e, consequentemente, a produção. Para aplicar essa ideia ao caso do Japão, desenvolva as seguintes atividades.
   a) Compare a maneira de poupar do japonês com a do norte-americano e do europeu.
   b) No Japão existe excesso de poupança? Esse excesso é positivo ou negativo? Justifique sua resposta.
   c) Pense e responda: você e seus familiares possuem o hábito de poupar parte do dinheiro que recebem?
3. Apesar da explosão industrial, tecnológica e econômica, o Japão entrou em crise nos anos 1990. Qual foi o desafio do Japão diante dessa crise?

5 Os impasses atuais

É possível enumerar pelo menos três questões que o Japão precisa lidar com urgência atualmente. Há a questão do desenvolvimento da indústria armamentista, da produção de energia, em especial a nuclear, e o envelhecimento da população. Agora, você conhecerá mais profundamente cada uma delas.

Indústria armamentista

Para consolidar uma posição de grande potência econômica e político-militar, falta ao Japão desenvolver a indústria armamentista. O impedimento, como você já viu, partiu dos Estados Unidos, que desde a Segunda Guerra Mundial temiam o rearmamento do país e suas consequências. Isso foi benéfico, pois, proibido de investir na área bélica, que representa um gasto improdutivo em tempos de paz, o Japão usou seus recursos na modernização industrial, fato que ajuda a explicar o acelerado crescimento econômico até o início dos anos 1990.

Mas com a notável expansão da vizinha China, um tradicional adversário, e com os Estados Unidos já não garantindo mais a defesa do país, o Japão iniciou com cautela uma política de maiores gastos na área armamentista. A cautela se explica porque há muita reação dos japoneses em relação a uma nova militarização do país.

É fato que toda potência econômica mundial acaba se transformando numa potência militar, pois tem interesses (investimentos, empresas, fontes de matérias-primas ou combustíveis, etc.) a preservar no restante do mundo, e há ocasiões em que se torna necessária a presença militar para evitar uma crise. Por exemplo: se os Estados Unidos não tivessem liderado uma guerra contra o Iraque, em 1991, pela libertação do Kuwait (que tinha sido invadido no ano anterior pelas tropas iraquianas), o preço do petróleo teria aumentado bastante, já que o Kuwait e seus vizinhos no Oriente Médio são os maiores exportadores mundiais, e isso prejudicaria as grandes potências industriais. E convém lembrar que o Japão é mais dependente de petróleo e outras matérias-primas do que os Estados Unidos, pois seu território é pequeno e pobre em recursos naturais. Esse fato mostra a necessidade de o Japão ter um forte sistema de defesa, em especial com a crescente militarização da China.

Militares japoneses em Tóquio (Japão), 2014.

Eugene Hoshiko/Associated Press/Glow Images

Texto e ação

1. Por que os Estados Unidos vêm incentivando o Japão a ampliar seus gastos com armamentos e por que o governo japonês iniciou essa política com muita cautela?
2. Cite alguns fatores que apontam a necessidade de o Japão dispor de um eficiente sistema de defesa.

Energia nuclear

Outro impasse atual do Japão é a energia nuclear, da qual o país é muito dependente. O Japão foi a primeira – e até o momento, a única – nação que sofreu os efeitos provocados por uma bomba nuclear, que foi lançada pelos Estados Unidos em 1945, nas cidades de Hiroxima e Nagasaki. Isso criou um profundo temor na população em relação aos perigos da radiação. E, como foi mencionado, em março de 2011 o país foi atingido por outra catástrofe nuclear, dessa vez gerada pela natureza: um maremoto que atingiu 9,2 pontos na escala Richter e foi seguido de um *tsunami*, que provocou um acidente nuclear na usina de Fukushima. Houve vazamento de radioatividade que colocou em risco a vida e a saúde das pessoas não só no lugar onde a usina se localiza (nordeste do Japão), mas também a vários quilômetros de distância, dada a disseminação dos elementos radioativos. A radiação também contaminou o solo e os alimentos produzidos numa imensa área.

Durante décadas se argumentou que a energia nuclear é uma energia limpa, isto é, que não provoca poluição e tampouco o aquecimento global, como ocorre com o carvão e o petróleo, e que fornece eletricidade a um custo baixo em uma área reduzida. As hidrelétricas em geral, ao contrário, acabam inundando uma imensa área e exigindo o deslocamento dos habitantes para outros lugares, além de provocar a perda de solos agricultáveis.

Embora a usina de Fukushima tenha sido construída levando-se em conta a ocorrência de um terremoto na área, não se previu a possibilidade de um forte *tsunami*. Esse acidente de 2011 no Japão foi classificado como gravíssimo. Por isso mesmo, o acidente repercutiu imediatamente no mundo inteiro, levando milhares de pessoas às ruas nas cidades mais importantes do mundo, como Berlim, Paris, Londres e Tóquio, solicitando o fechamento das usinas nucleares e defendendo a utilização de outras fontes de energia.

Protestos antinucleares em Tóquio (Japão), 2012.

Shizuo Kambayashi/Associated Press/Glow Images

A Alemanha, sob pressão popular, decidiu que não construirá novas usinas nucleares, porém o Japão, a França (o país que mais depende da energia nuclear em todo o mundo), os Estados Unidos e até a Índia mantêm suas usinas e não se opõem à construção de novas. O Brasil deve concluir Angra 3 e construir quatro novas centrais nucleares nos próximos anos. Mas esse acidente no Japão mostrou como as usinas nucleares são perigosas, pois acontecimentos inesperados como esse – além de outros, como ataques terroristas – sempre podem ocorrer.

Texto e ação

1. Por que o acidente nuclear ocorrido em 2011 no Japão foi considerado gravíssimo?
2. Após sofrer pressão popular, a Alemanha decidiu que não construirá mais usinas nucleares. Como se posiciona o Brasil sobre a energia nuclear?

Geolink

A disputa entre Japão e China

A declaração do primeiro-ministro japonês, em 2014, de que a relação entre o Japão e a China é a mesma que existia entre o Reino Unido e a Alemanha antes da Primeira Guerra Mundial, suscitou uma forte reação por parte dos líderes mundiais. A turbulência política no mar da China Oriental entre o Japão e a China [disputa pelas ilhas chamadas de Senkaku pelos japoneses e de Daioyu pelos chineses] *atingiu níveis sem precedentes. A situação é bastante preocupante, considerando as enormes repercussões econômicas que um conflito entre os dois países poderia ter sobre a economia mundial.*

O Japão teme a ascensão da China e sua rápida modernização militar. Em resposta ao crescimento militar da China, o Japão aumentou seu orçamento de defesa. A maior parte desse orçamento será gasto na aquisição de unidades de vigilância marítima. O Japão vai gastar 250 bilhões de dólares nos próximos cinco anos na defesa. O rápido crescimento econômico fez a China ultrapassar o Japão como a segunda maior economia do mundo, daí que o conflito entre os dois países não é apenas sobre as ilhas. O Japão tem sido o centro de prosperidade na região desde o fim da Segunda Guerra Mundial e não quer perder esse status. A corrida é para quem vai levar a Ásia no século XXI. É uma batalha entre as nações com um passado violento. Japão e China nunca foram grandes potências ao mesmo tempo e atualmente parece que a China está prestes a ultrapassar o Japão pela supremacia na Ásia oriental.

O papel dos Estados Unidos nessa disputa é muito peculiar. Por um lado, o Japão tem sido o seu principal aliado na região desde a Segunda Guerra Mundial. Por outro lado, a sua relação econômica com a China cresceu bastante ultimamente [existem atualmente maiores investimentos norte-americanos na China do que no Japão]. *O mundo está assistindo preocupado a disputa entre China e Japão e novas alianças e parcerias regionais se formam. Ambos os países começaram a cortejar a Índia, outra grande potência* [ou candidata a ser] *na Ásia, cujo apoio é crucial. Os dois países devem considerar a paz e a segurança no mundo, antes de tomar qualquer ação provocativa.*

Adaptado de: SINGH, P. *Japan-China Standoff in the East China Sea: Why Diplomacy Needs to Work.* International Policy Digest. Disponível em: <www.internationalpolicydigest.org/2014/05/10/japan-china-standoff-east-china-sea-diplomacy-needs-work/>. Acesso em: 6 nov. 2014.

Kyodo/Associated Press/Glow Images

Arquipélago de Senkaku no mar da China Oriental, 2013.

Responda às questões.

1. Qual é o fator mais imediato dessa disputa entre o Japão e a China?
2. Qual é o outro fator dessa disputa mencionado pelo texto?
3. Por que uma eventual guerra entre esses dois países preocupa o mundo todo?
4. Qual é a mensagem final do texto? Você concorda com ela? Explique.

Envelhecimento da população

Em 2014, a taxa de **natalidade** no Japão era de 0,8% e a de **mortalidade**, de 0,9%. Isso significa um ritmo de −0,1% de crescimento demográfico anual, ou seja, negativo. Existe assim uma espécie de estagnação ou até retração demográfica, já que o pouco crescimento só ocorre com a entrada de imigrantes – algo que também já diminuiu bastante – em um país que desde a década de 1960 se caracteriza por um contínuo envelhecimento das pessoas: 24,8% da população já tinha 65 anos de idade ou mais. O envelhecimento decorre das baixas taxas de natalidade e da elevada expectativa de vida: 88 anos para mulheres e 81 anos para homens. Isso tem levado o governo japonês a incentivar a natalidade, por enquanto sem nenhum resultado, com o aumento do auxílio financeiro aos casais que têm filhos e ampliação de acesso às creches.

Por outro lado, como o rendimento do aposentado japonês acompanha a renda dos trabalhadores ativos e existe uma elevada expectativa de vida no país, o consumo desse percentual de idosos não diminui, apenas aumenta em razão dos maiores gastos com a saúde. Até quando o país suportará o enorme número de aposentados à medida que diminui o número de trabalhadores ativos é uma questão que só o tempo responderá.

Japão: evolução etária (1950-2050)

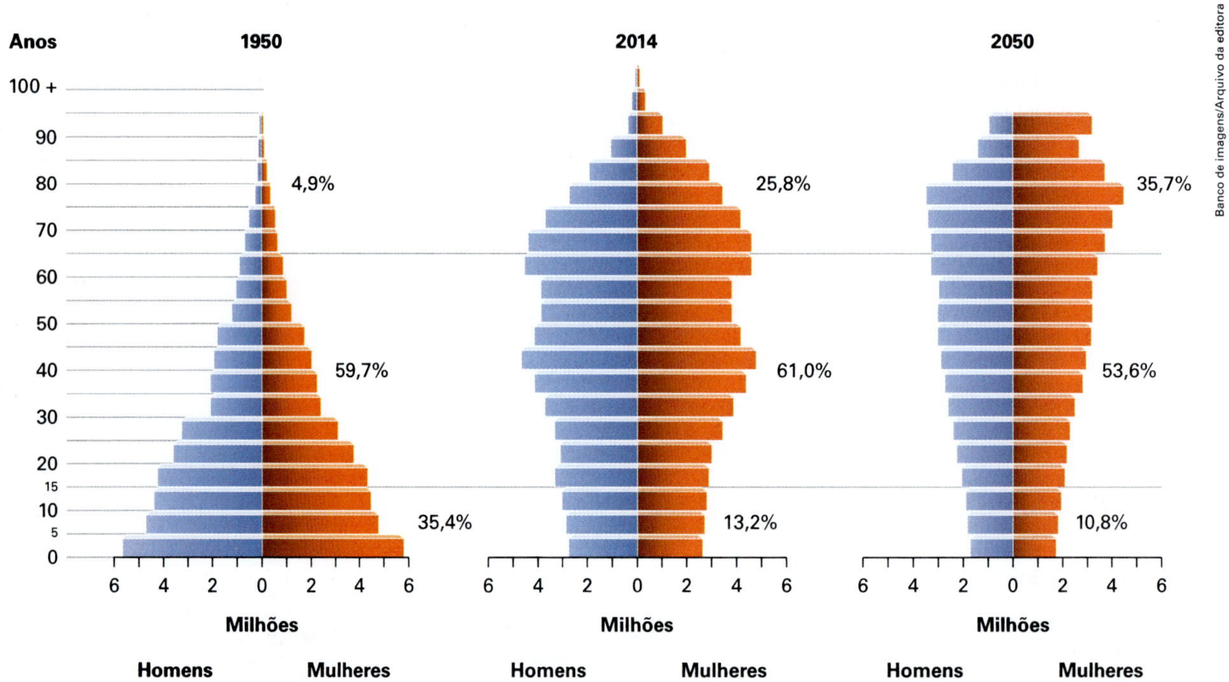

Adaptado de: STATISTICS Bureau, MIC; MINISTRY of Health, Labour and Welfare; CENSUS Bureau. Disponível em: <www.census.gov/population/international/data/idb/informationGateway.php>. Acesso em: 6 nov. 2014.

Texto e ação

1. Por que o Japão apresenta um crescimento negativo da população?
2. Se for confirmada a tendência apresentada nos gráficos relativos à pirâmide etária no Japão, em 2050, o que vai acontecer com a população desse país?
3. Na sua opinião, quais serão as consequências do envelhecimento da população japonesa?

Atividades finais

+ Ação

1. Reproduza no caderno a tabela a seguir e preencha-a com base nas informações do capítulo.

Japão: aspectos gerais

Superfície	
População	
Maiores ilhas	
Terremoto mais violento	
Relevo e vegetação	
Principal produto agrícola	

2. Leia o texto e resolva as atividades.

O chado, como é chamada a cerimônia do chá japonesa, teve início no século XV. Trata-se de um ritual para servir chá verde a convidados que dura aproximadamente quatro horas e é tão minucioso que é considerado uma representação artística e filosófica da cultura japonesa. O ritual foi trazido ao Brasil em 1954 pela família Takeda que, atualmente, mantém o centro Chado Urasenke de difusão da tradição.

O rito tem início em uma sala de espera, onde os convidados devem se desligar dos problemas cotidianos enquanto aguardam o anfitrião.

Entre a sala de espera e o local onde será servido o chá existe uma trilha de plantas, pedras e água corrente. Iuzo Takeda, da terceira geração da família Takeda, explica que esse trajeto é o início da "passagem do mundo material ao espiritual". Na sala, os convidados lavam mãos e boca em água corrente, para a purificar o corpo.

No tatame, os convidados recebem uma tigela de chá forte que deve ser compartilhada por todos os presentes. Nesta cerimônia integrada à filosofia budista, a passagem da tigela de mão em mão simboliza a igualdade entre os homens e o respeito mútuo. Em seguida, um segundo tipo de chá é servido.

Para Takeda, o chado é um ato de servidão. "O anfitrião nunca bebe o chá."

Adaptado de: CAPUCHINHO, Cristiane. *Cerimônia do chá japonesa mistura arte e filosofia*. Disponível em: <www1.folha.uol.com.br/folha/cotidiano/ult95u363399.shtml>. Acesso em: 6 nov. 2014.

a) Na sua opinião, na cerimônia do chá o mais importante é o preparo do alimento ou os momentos de meditação e relaxamento? Justifique.

b) Você conhece cerimônias de outras culturas?

c) No município onde você mora há alguma cerimônia que envolve preparo de alimentos?

3. Algumas empresas japonesas encontram-se entre as maiores do mundo.

a) Pesquise produtos fabricados no Japão e anote o nome do produto, o fabricante e o preço.

b) Verifique se existe algum produto nacional similar, compare os preços e registre suas conclusões no caderno.

4. Pesquise em jornais, revistas e na internet fotos, reportagens, mapas, gráficos, selos e cartões-postais sobre o Japão.

Na data marcada pelo professor, traga o material pesquisado para a sala de aula. Nessa data o professor vai dividir a classe em grupos para orientar as seguintes atividades.

a) Leiam as informações pesquisadas.

b) Separem o material pesquisado para elaborar um cartaz sobre o Japão.

c) Deem um título para o trabalho.

5. Examine atentamente os números da tabela.

Japão em números

Renda *per capita*, 2013	36 747 dólares
IDH, 2013	0,890 (17º lugar)
Taxa de analfabetismo (entre 15 e 24 anos), 2013	0%
População urbana, 2013	92,5%
População rural, 2013	7,5%
Taxa de mortalidade infantil (até 5 anos de idade), 2012	2 ‰

Elaborado com base nos dados de: PROGRAMA DAS NAÇÕES UNIDAS PARA O DESENVOLVIMENTO. Relatório de desenvolvimento humano 2014. *Sustaining Human Progress*: Reducing Vulnerabilities and Building Resilience. Nova York: Pnud, 2014. T. 1;7;9;15.

- Elabore um pequeno texto sobre o Japão; não se esqueça de comentar os números da tabela.

De olho na imagem

1. Observem a imagem e leiam o texto.

Tooykrub/Shutterstock/Glow Images

Turistas visitam o mais antigo templo budista do Japão, o Senso-ji, em Tóquio, 2014.

O Japão possui um grande número de santuários e templos que têm uma história de mil a 2 mil anos. Para grande surpresa dos que os visitam, a maioria não se encontra em estado de "ruína", mas a servir como centro de atividades religiosas e fonte de tradições culturais e de estilos de vida. É realmente estimulante ver santuários e templos banhados pelo tempo, ou bairros seculares de samurais, coexistindo em harmonia com a sociedade moderna.

Adaptado de: FUZIWARA, Marina Mityo. *Revista turismo*. Disponível em: <www.revistaturismo.com.br/Dicasdeviagem/japao.htm>. Acesso em: 6 nov. 2014.

- Na opinião de vocês, como os japoneses conciliam a modernidade e as tradições milenares de seu povo?

2. Em 1945, os norte-americanos lançaram bombas atômicas sobre as cidades japonesas de Hiroxima e Nagasaki. Observem atentamente a imagem.

a) Escrevam um pequeno texto sobre as impressões que tiveram ao observá-la.

b) Pesquisem sobre os efeitos imediatos e a longo prazo dessas bombas.

c) Pesquisem os países que possuem bomba atômica atualmente.

d) Qual é a opinião de vocês sobre os motivos que levam os países a lidar com armamentos nucleares?

Bettmann/Corbis

Cidade de Hiroxima (Japão) após o ataque atômico realizado pelos Estados Unidos, 1945.

Conexões

ARTE E LÍNGUA PORTUGUESA

Leia a letra da canção abaixo e resolva as atividades.

A rosa de Hiroxima

Pensem nas crianças
Mudas telepáticas
Pensem nas meninas
Cegas inexatas
Pensem nas mulheres
Rotas alteradas
Pensem nas feridas
Como rosas cálidas
Mas, oh, não se esqueçam
Da rosa, da rosa
Da rosa de Hiroxima
A rosa hereditária
A rosa radioativa
Estúpida e inválida
A rosa com cirrose
A antirrosa atômica
Sem cor, sem perfume
Sem rosa, sem nada

CONRAD, Gerson; MORAIS, Vinícius de. Rosa de Hiroxima. Intérprete: Ney Matogrosso. In: MATOGROSSO, Ney. *Seu tipo*, 1979. Faixa 11.

Biry Sarkis/ Arquivo da editora

a) Qual é a relação do poema com as bombas atômicas lançadas pelos Estados Unidos no Japão em 1945?
b) Qual é a opinião do autor do poema sobre as bombas? Como ele as denomina?
c) Como é possível chamar a bomba de Hiroxima de rosa?
d) Existem palavras com sentido figurado, diferente daqueles convencionais. Mencione exemplos disso na letra da canção.
e) O que ocasionou os traumas e as doenças mencionados no poema?
f) Levando-se em conta o verso "A rosa radioativa / Estúpida e inválida", qual seria a opinião do autor sobre a bomba atômica?
g) Que tipo de sonoridade a música transmite? Essa sonoridade se relaciona com o evento, ou seja, o lançamento da bomba em 1945?

Capítulo 7

Austrália e Nova Zelândia

Neste capítulo você conhecerá os dois únicos países do chamado Norte geoeconômico que se situam ao sul da linha do equador, ou seja, no hemisfério sul. Você estudará os dois países desenvolvidos da Oceania: a Austrália e a Nova Zelândia.

ChameleonsEye/Shutterstock/Glow Images

Parque Albert em Auckland (Nova Zelândia), 2014.

Para começar, observe a foto acima. Converse com o professor e os colegas sobre as questões:

1. O que você sabe sobre a formação histórica da Austrália e da Nova Zelândia? Quem as conquistou? Como foi a colonização?
2. Quais são as principais atividades econômicas desses países?
3. Descreva a paisagem de Auckland (Nova Zelândia), que aparece na foto. Você já tinha ouvido falar desse lugar? O quê?

1 Aspectos gerais da Oceania

A Austrália e a Nova Zelândia localizam-se na **Oceania** ou no **Novíssimo Mundo**. São os únicos países do Norte geoeconômico, isto é, do mundo desenvolvido, que se situam ao sul do equador; os demais estão localizados no hemisfério norte.

A Oceania é um conjunto de ilhas situadas no oceano Pacífico e ocupa uma área total de 8 935 000 km². A porção continental da Oceania é a Austrália, que, sozinha, abrange 7 741 220 km², ou seja, mais de 86% da área total do continente. Se a Austrália não tivesse essa dimensão "continental", esse conjunto de ilhas que pertencem à Oceania não seria considerado um continente, e sim apenas ilhas isoladas. Portanto, grande parte do continente Oceania é de fato a Austrália. Assim como nas dimensões, em outras características a Austrália também se sobressai: cerca de 23,9 milhões de habitantes viviam no país em 2015, ou seja, a Austrália tem cerca de 60% da população total da Oceania, que era de, aproximadamente, 39,4 milhões de pessoas.

Do ponto de vista físico, a Oceania é como uma continuação do Sudeste Asiático. Observe no mapa abaixo que algumas ilhas da Oceania são uma continuação natural das ilhas da Indonésia. Do ponto de vista histórico e de povoamento, no entanto, o Novíssimo Mundo possui características diferentes das do continente asiático, o que – além da dimensão continental da Austrália – justifica a sua separação da Ásia.

Oceania: físico

Banco de imagens/Arquivo da editora

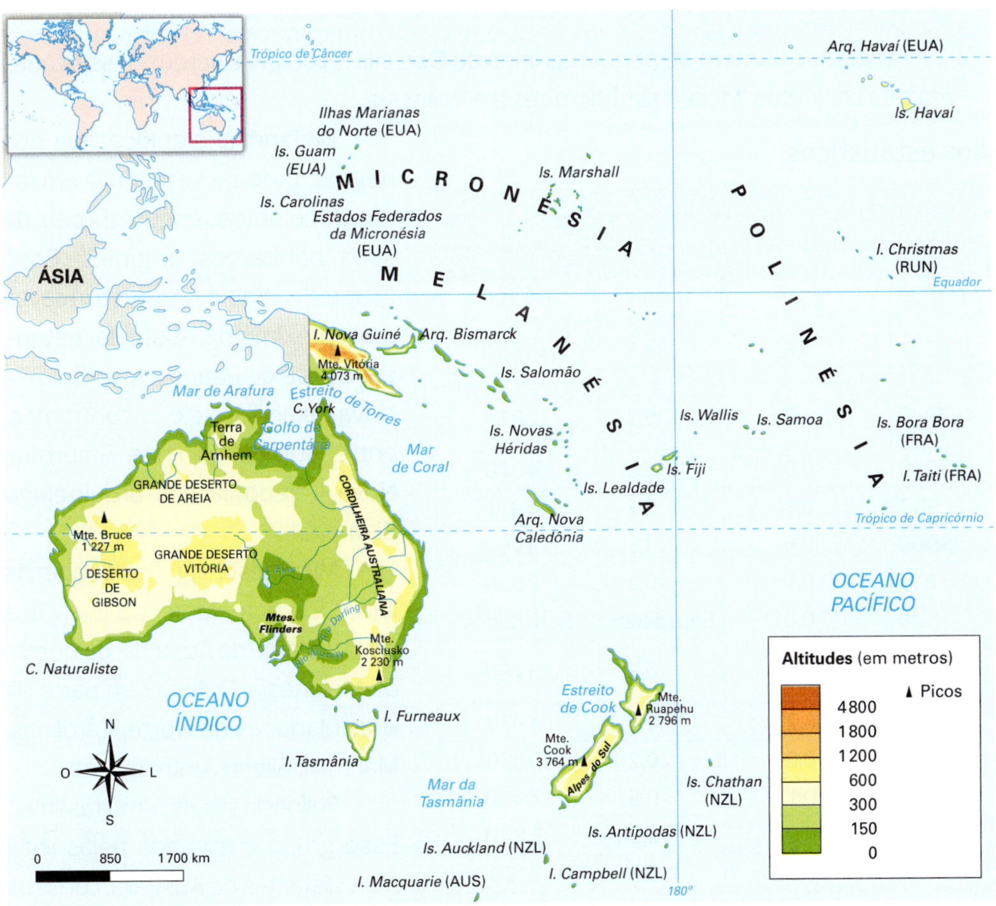

Adaptado de: IBGE. *Atlas geográfico escolar*. 6. ed. Rio de Janeiro, 2012. p. 52.

O povoamento do continente asiático ocorreu há milênios. Lá os colonizadores europeus encontraram elevadas densidades demográficas e sociedades tradicionais, cujos traços culturais permanecem até hoje. O mesmo não ocorreu no Novíssimo Mundo, onde os povos nativos foram massacrados pelos colonizadores europeus, principalmente na Austrália e na Nova Zelândia, países colonizados sobretudo por britânicos. Dessa forma, a cultura e as etnias dominantes nos dois principais países da Oceania são bem diferentes das culturas e etnias asiáticas. Ao contrário da vizinha Ásia, onde predominam as culturas orientais, tanto na Nova Zelândia quanto na Austrália predominam as culturas de origem europeia ou ocidental.

A Oceania é formada por um território principal, a Austrália, e um grande número de ilhas, a maioria de pequena extensão. A norte e a leste esse continente é banhado pelo oceano Pacífico; a oeste e a sul, pelo oceano Índico. O trópico de Capricórnio atravessa a Oceania e, assim, parte do continente se localiza na zona temperada e parte na zona tropical.

As maiores ilhas são:

- Nova Guiné, ao norte, que se divide em duas partes, Papua-Nova Guiné, um dos países da Oceania, e Irian ou Papua Ocidental, uma das províncias da Indonésia, país do Sudeste Asiático;
- ilha do Norte e ilha do Sul, separadas pelo estreito de Cook, a sudoeste, que, com as ilhas menores, formam a Nova Zelândia.

Melanésia, Micronésia e Polinésia

O grande número de pequenas ilhas da Oceania levou-as a serem classificadas em três conjuntos: Melanésia, Micronésia e Polinésia.

Oceania*: dados estatísticos

País	Área (km²)	População 2015 (milhões de habitantes)	PIB 2013 (bilhões de dólares)	Renda *per capita* 2013 (dólares)
Austrália	7741220	23,9	1560,3	65390
Nova Zelândia	276710	4,6	185,8	35550**
Papua-Nova Guiné	462840	7,6	15,3	2010
Fiji	18270	0,9	3,9	4370
Ilhas Marshall	180	0,1	0,2	4310
Ilhas Salomão	28900	0,6	1,1	1600
Kiribati	810	0,1	0,2	2620
Nauru	20	0,01	Sem dados	Sem dados
Federação da Micronésia	700	0,1	0,3	3280
Samoa	2840	0,2	0,8	3970
Palau	460	0,02	0,2	10970
Tonga	750	0,1	0,5	4490
Tuvalu	30	0,01	0,04	5840
Vanuatu	12190	0,3	0,8	3130

*Existem ainda várias ilhas na Oceania que não são independentes, e sim territórios pertencentes a alguns países, tais como Havaí, Guam, Samoa Americana e ilhas Baker (Estados Unidos), Polinésia Francesa e Nova Caledônia (França), ilhas Pitcairn (Reino Unido) e outras.
** Dado de 2012.

Elaborado com base nos dados de: IBGE Países. Disponível em: <www.ibge.gov.br/paisesat/main_frameset.php>; UNITED Nations Department of Economic and Social Affairs (Desa). *World Population Prospects*: The 2012 Revision. Volume II: Demographic Profiles. Nova York: ONU, 2013. Disponível em: <http://esa.un.org/unpd/wpp/Documentation/pdf/WPP2012_Volume-II-Demographic-Profiles.pdf>; THE WORLD Bank. Disponível em: <http://data.worldbank.org/indicator>. Acessos em: 9 jan. 2015.

Melanésia significa 'ilha dos negros'. O nome se justifica em razão da coloração escura da pele de seus habitantes originais. Esse grupo de ilhas é o que se localiza mais próximo da Austrália, estendendo-se de Papua-Nova Guiné à Nova Zelândia. Nele encontramos, entre outras, as ilhas Salomão, Nova Caledônia e o arquipélago Bismarck.

Micronésia significa 'pequenas ilhas'. Esse conjunto de ilhas fica mais distante da Austrália do que as da Melanésia. Dele fazem parte as ilhas Marianas do Norte, Carolinas, Marshall, Gilbert, entre outras.

Polinésia significa 'muitas ilhas'. Esse grupo é formado pelas ilhas mais distantes da Austrália, como os arquipélagos do Havaí, Samoa, Cook, Midway e Tonga.

Politicamente, a Oceania está organizada em catorze Estados independentes e vários territórios sob o controle político de outros Estados, como Estados Unidos (Guam, Samoa Americana, Marianas), França (Polinésia Francesa, Nova Caledônia), Reino Unido (Niue, Pitcaim) e outros.

Somente dois países do continente possuem um PIB e renda *per capita* mais elevados: Austrália e Nova Zelândia. Em população, além desses dois países, também a Papua-Nova Guiné, com mais de 7 milhões de habitantes, em 2015 (mas com uma produção econômica e uma renda *per capita* baixíssimas), possuía alguma relevância. Os demais países possuíam efetivos demográficos (cerca de 1 milhão de habitantes ou menos) e economias insignificantes. Os únicos países desenvolvidos dessa região do globo, de fato, são Austrália e Nova Zelândia.

Oceania: político

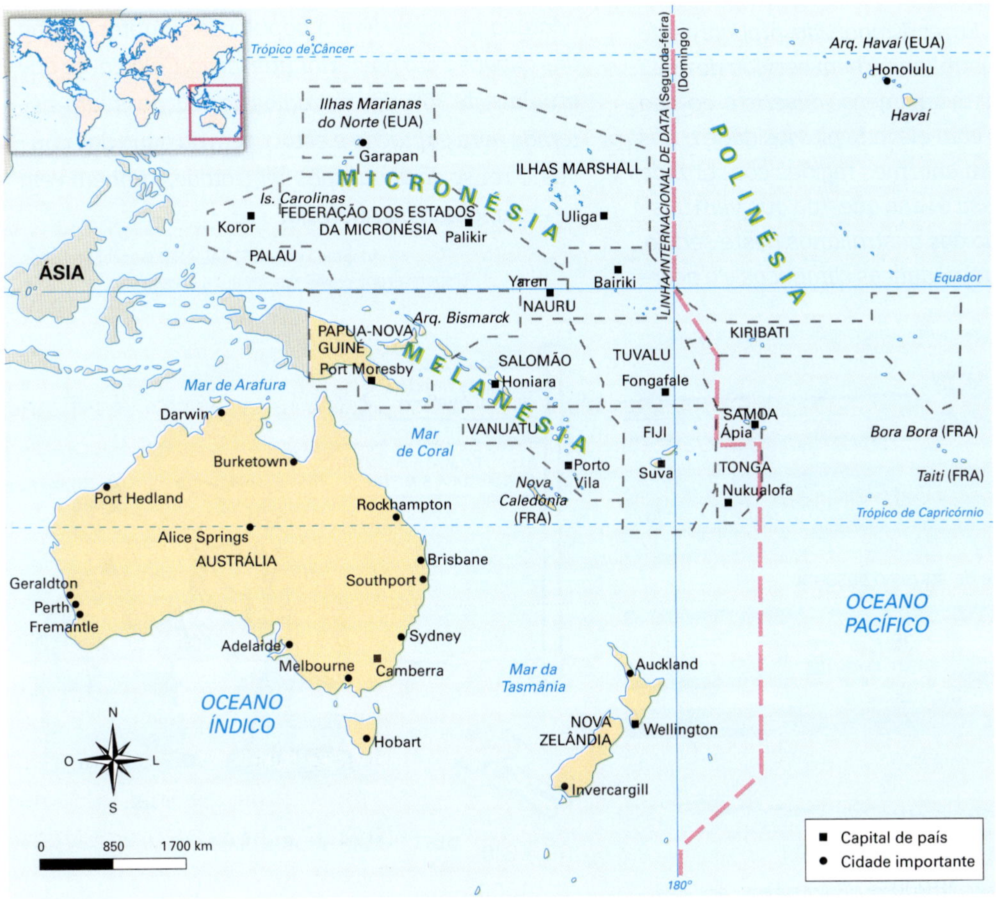

Banco de imagens/Arquivo da editora

Adaptado de: IBGE. *Atlas geográfico escolar*. 6. ed. Rio de Janeiro, 2012. p. 53.

Texto e ação

1. Explique por que geralmente se confunde a Oceania ou Novíssimo Mundo com a Austrália.
2. Compare o povoamento do continente asiático com o povoamento ocorrido no Novíssimo Mundo.
3. Com exceção dos dois principais países, Austrália e Nova Zelândia, as ilhas da Oceania podem ser agrupadas em três conjuntos: Melanésia, Micronésia e Polinésia. Observe os aspectos físicos da Oceania no mapa da página 133 e indique a localização desses conjuntos. Cite o nome de algumas ilhas e arquipélagos de cada um deles.
4. Com base nas informações do mapa acima desenvolva as seguintes atividades.
   a) Registre no caderno o nome da capital da Austrália e da Nova Zelândia.
   b) Calcule a distância aproximada, em quilômetros, entre a capital da Austrália e a capital da Nova Zelândia.

Geolink 1

O problema da água potável na Austrália

A Austrália é a região com menor disponibilidade de água potável da superfície terrestre, embora o Oriente Médio e a África tenham menor disponibilidade por habitante (mas não total). Apesar de ter maior quantidade de rios, lagos e água subterrânea em comparação à Austrália, o continente africano tem uma população muito maior e imensas regiões desérticas, advindo daí uma baixa disponibilidade de água por habitante, bem menor do que a Austrália, por causa da extrema carência em certas regiões e à falta de investimentos na captação e no tratamento desse importante recurso. Em contrapartida, praticamente toda a população australiana é bem servida de água tratada, mas o país tem um imenso deserto e, ao lado de algumas regiões com elevada pluviosidade e rios importantes, existem enormes regiões com grande carência de água. Essa é uma questão que vem suscitando preocupação dos australianos neste século, notadamente com as mudanças climáticas e a ocorrência cada vez mais frequente de períodos de secas no país, além dos eventos naturais de incêndios, que costumam ocorrer periodicamente.

O governo australiano inclusive reviu a sua política de incentivos à imigração com vistas a atingir 35 milhões de habitantes, pois chegou à conclusão de que não vai haver água potável para tanta gente. Recentemente foram construídas cinco imensas usinas de dessalinização da água do mar no país, a um elevado custo de 13,5 bilhões de dólares. Outra medida adotada foi incentivar a população a captar a água das chuvas para posterior utilização. Calcula-se que atualmente 35% das moradias no país possuam sistemas para captação e estocagem da água das chuvas. O reúso da água, após ser tratada, também vem se expandindo na Austrália.

Adaptado de: AUSTRALIAN Bureau of Statistics. Disponível em: <www.abs.gov.au/>. Acesso em: 7 nov. 2014.

Volume de água no passado.

Volume de água hoje.

INKCINCT. Disponível em: <www.inkcinct.com.au>. Acesso em: 7 nov. 2014.

Agora, faça o que se pede.

1. Apesar de a Austrália não ter uma situação crítica em relação à disponibilidade de água potável tal como na África e no Oriente Médio, existe uma preocupação no país com essa questão. Explique.
2. O que significa dessalinização da água do mar? Como esse processo é feito e em que outros lugares do mundo existem importantes usinas de dessalinização de água?
3. Você pensa que incentivos para a população estocar a água das chuvas são uma boa medida para combater as periódicas faltas de água? Na sua opinião, adotar essa medida no Brasil pode ser interessante? Justifique.

❷ Austrália

A Austrália é um dos países mais **extensos** do mundo: com seus 7 741 220 km², ocupa a sexta posição, depois de Rússia, Canadá, China, Estados Unidos e Brasil, em ordem decrescente, de tamanho. Considerando sua **população** de cerca de 24 milhões de habitantes, em 2015, a Austrália esteve entre os países que apresentam baixa **densidade demográfica**: inferior a 3,5 habitantes por quilômetro quadrado. Alguns estudiosos ainda utilizam a expressão "vazio demográfico" para caracterizar esses imensos territórios escassamente povoados. Por outro lado, a Austrália é o único país do mundo a ocupar, sozinho, a maior parte das terras do continente em que se localiza.

Austrália: população

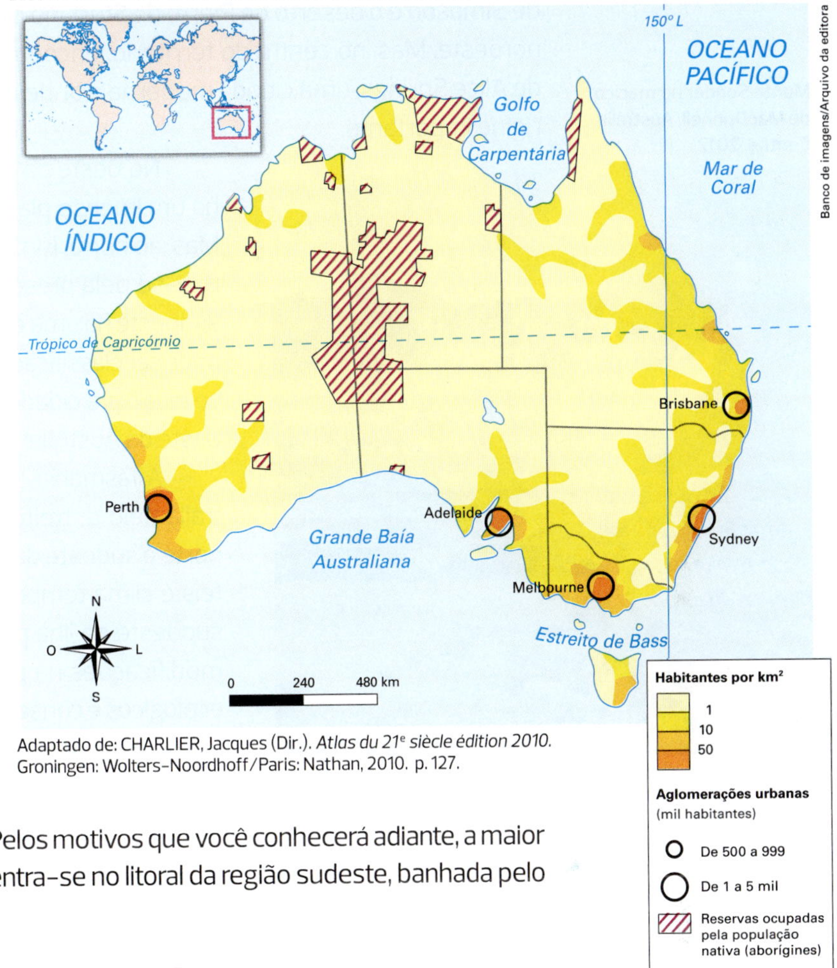

Adaptado de: CHARLIER, Jacques (Dir.). *Atlas du 21e siècle édition 2010*. Groningen: Wolters-Noordhoff/Paris: Nathan, 2010. p. 127.

O subsolo desse imenso país é rico em **reservas minerais**, entre as quais se destacam ouro, carvão mineral, níquel, bauxita, manganês, cobre, urânio, petróleo e gás natural. Pelos motivos que você conhecerá adiante, a maior parte da população australiana concentra-se no litoral da região sudeste, banhada pelo oceano Pacífico.

Aspectos físicos da Austrália

A Austrália localiza-se no hemisfério sul e é atravessada pelo trópico de Capricórnio, o que explica parte de seu território estar localizada na **zona Temperada** e a outra parte na **Tropical**, com clima tropical úmido ao norte. Top End, localizada no extremo norte da Austrália, é uma região tropical úmida atingida pelos ventos de monções, geralmente carregados de umidade. Apresenta índices pluviométricos consideráveis, mas as frequentes tempestades (principalmente de janeiro a março) impediram que se tornasse uma verdadeira região agrícola. Aí se distinguem basicamente duas estações no ano, uma úmida e outra seca.

Na parte central do país – atingindo cerca de 60% do território – o **clima** é árido. Na costa sudeste, existem algumas áreas com clima temperado úmido, como Melbourne, mas dificilmente a temperatura é inferior a 0 °C. Apenas na ilha da Tasmânia, no extremo sul da Austrália, os invernos são mais rigorosos.

A leste da Austrália localiza-se a cordilheira Australiana, Great Dividing Range, cujas altitudes mais elevadas atingem cerca de 2 300 metros. Ao reter a umidade que vem do oceano Pacífico, essa cadeia montanhosa provoca **chuvas orográficas**, ou de relevo, nessa costa litorânea. Entre a cordilheira Australiana e o litoral localiza-se uma estreita faixa de terras férteis, que é aproveitada para as atividades do setor primário, principalmente para o cultivo do trigo, da cevada, da cana-de-açúcar e outros produtos agrícolas.

Da cordilheira Australiana em direção ao oeste do país, o **relevo** é plano e o clima é predominantemente árido. Por isso, a paisagem se caracteriza pela existência de lagos secos e de **desertos**, como o Grande Deserto Vitória, no centro-sul, o deserto de Simpson e o deserto de Pierre de Sturt, no centro, e o Grande Deserto de Areia, no noroeste. Mas, no centro do território, encontramos o maciço de MacDonnell, perto de Alice Springs, uma cidade moderna e onde ainda hoje vive uma comunidade aborígine importante.

Monte Sonder no maciço de MacDonnell, Austrália Central, 2012.

Robert Harding/Age Fotostock/Easypix Brasil

No oeste da Austrália, banhado pelo oceano Índico, há um imenso planalto de altitudes não muito elevadas. Mas, ao norte, Kimberley, uma região selvagem, caracteriza-se pela presença de relevo ondulado. No extremo sudoeste há uma estreita faixa de terras férteis, cujo clima pode ser classificado como mediterrâneo. É nessa área que se localiza a cidade de Perth, a mais importante do litoral oeste da Austrália e uma das mais importantes do país.

A Tasmânia, separada da porção continental da Austrália pelo estreito de Bass, concentra a população ao norte e sudeste da costa litorânea, regiões de terras férteis e clima temperado úmido. Por sua vez, o oeste e o sudoeste da ilha permanecem selvagens, sem grandes modificações na paisagem natural. Vários movimentos ecológicos e conservacionistas contribuem para que essa região permaneça dessa forma.

Da colonização à federação

Em 1788, os **ingleses** se instalaram na baía de Sydney Cove, onde hoje se localiza a cidade de Sydney, iniciando a ocupação e a colonização britânica da Austrália. Com a chegada dos ingleses começou o extermínio dos **aborígines**, os habitantes originários da Austrália, que na época eram cerca de 300 mil. De maneira geral, os vários grupos de aborígines viviam da caça e da colheita, eram nômades e não praticavam a agricultura. Viviam em regime de autarcia, isto é, eram economicamente autossuficientes.

O **povoamento** da Austrália pelos europeus apresentou uma originalidade: após a independência dos Estados Unidos, em 1776, a Grã-Bretanha começou a enviar para a Austrália seus prisioneiros condenados – os *convicts* –, que antes eram enviados para o continente norte-americano. Apenas em meados do século XIX a Austrália começou a receber os primeiros colonos livres, isto é, que foram para lá de livre e espontânea vontade.

A enorme distância entre os dois continentes não atraiu, inicialmente, muitos europeus, que naquela época estavam emigrando para a América em busca de novas oportunidades. Por outro lado, a criação extensiva de ovinos, principal atividade econômica da Austrália, não exigia mão de obra numerosa.

Entretanto, a descoberta de ouro na Austrália em meados do século XIX mudou essa situação. Dez anos depois, a população australiana de origem europeia havia quase triplicado: de cerca de 400 mil em 1850, ultrapassou 1 milhão de pessoas em 1860. Até o fim do século XIX, a população, que crescia progressivamente, vivia em seis colônias autônomas e dois territórios, separados por imensos espaços vazios, difíceis de transpor em razão da precariedade dos meios de transporte.

A mineração e a exportação de lã para as indústrias têxteis da Grã-Bretanha explicam, de um lado, o desenvolvimento considerável da economia na Austrália a partir de 1850 e, de outro, o surgimento de um forte desejo de independência política. Assim, em 1º de janeiro de 1901, a Austrália tornou-se um Estado soberano, e as seis antigas colônias britânicas decidiram se unir politicamente na forma de federação.

Atualmente, a Austrália é um Estado federal, oficialmente conhecido como Comunidade da Austrália. A federação está dividida em seis estados: Austrália Ocidental, Austrália Meridional, Queensland, Nova Gales do Sul, Vitória, Tasmânia, além de dois territórios: o Território da Capital da Austrália e o Território do Norte. Veja o mapa ao lado.

Federação Australiana

Banco de imagens/Arquivo da editora

Adaptado de: CHARLIER, Jacques (Dir.). *Atlas du 21e siècle édition 2010*. Groningen: Wolters-Noordhoff/Paris: Nathan, 2010. p. 126.

Selfiy/Shutterstock/Glow Images

Vista de Camberra (Austrália), 2013.

TK Kurikawa/Shutterstock/Glow Images

Paisagem de Melbourne (Austrália), 2014.

Desenvolvimento econômico e humano

A economia australiana é bastante diversificada. Além do importante setor agropecuário e de mineração, há indústrias alimentícias, de exploração mineral, de máquinas e equipamentos, química, metalúrgica, siderúrgica e petroquímica, entre outras.

Nas últimas décadas o setor **secundário** tem ocupado cerca de 21% da força de trabalho do país. O setor **terciário**, que ocupa 75% dessa população economicamente ativa, vem se consolidando pela prestação de serviços altamente qualificados e pelo grande desenvolvimento no setor de tecnologia de ponta; algumas de suas universidades são verdadeiros centros de pesquisa, e Melbourne pretende se impor como a "capital intelectual" do país. Apesar de empregar apenas 4% da população trabalhadora do país, as atividades **primárias** (agropecuária e mineração) são fundamentais para as exportações australianas, que consistem em gêneros alimentícios, como carne e trigo, e também lã e minérios, como bauxita, chumbo, níquel, manganês, além de ouro e prata.

Até 1970, a Austrália privilegiou o Reino Unido como cliente e fornecedor em suas trocas comerciais. Em 1973, com o ingresso do Reino Unido no então Mercado Comum Europeu (atual União Europeia), que dava preferência às trocas entre seus membros, a Austrália teve de procurar novos clientes para **exportar** seus produtos (carne, lã, açúcar de cana e trigo), até então importados principalmente pelos britânicos. A partir dessa década, a Austrália voltou-se sobretudo para os países da Ásia, fazendo do Japão o seu grande parceiro comercial. Neste novo século, com o rápido e forte desenvolvimento da China, esta vem comprando em grande quantidade, mais do que o Japão, os produtos exportados pela Austrália.

Austrália: indústria e minérios

Banco de imagens/Arquivo da editora

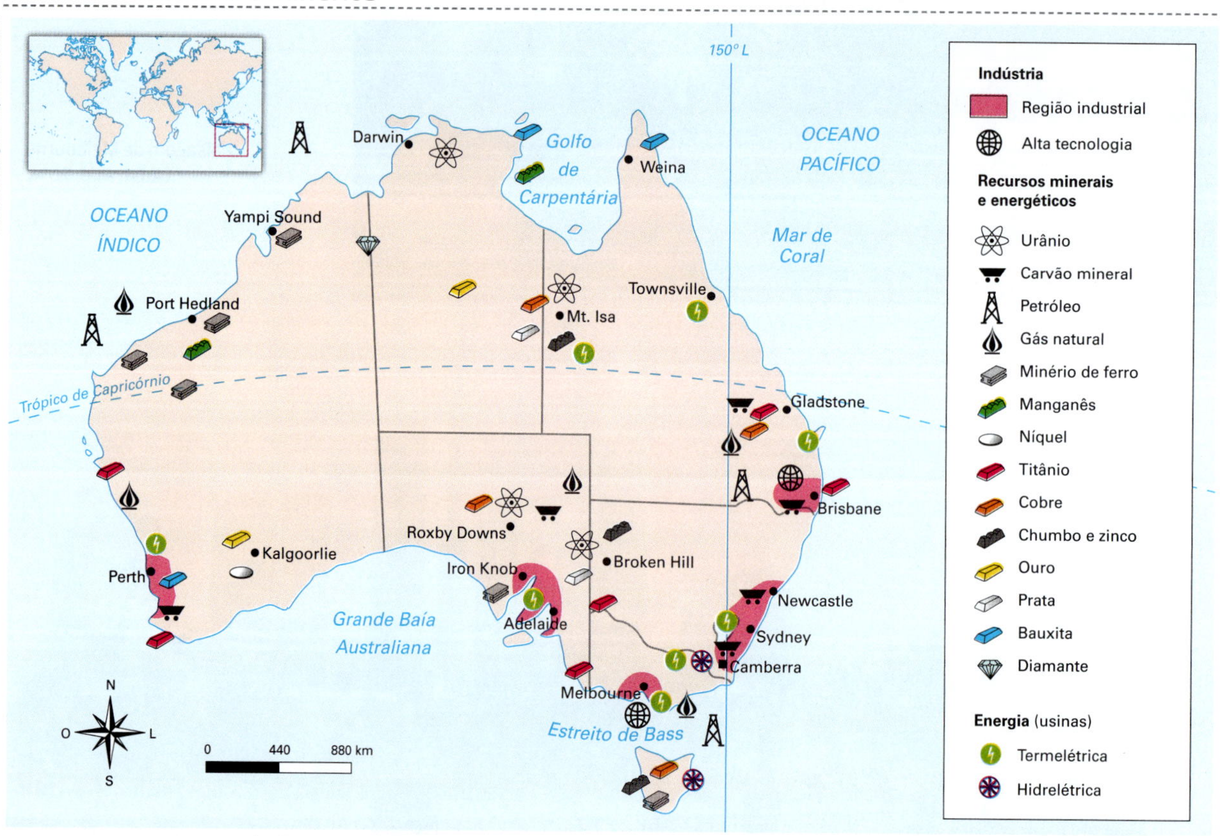

Adaptado de: CHARLIER, Jacques (Dir.). *Atlas du 21e siècle édition 2010*. Groningen: Wolters-Noordhoff/Paris: Nathan, 2010. p. 127.

Geolink 2

Imigração australiana divulga lista de profissionais em falta no país

A Austrália tem excelentes salários para todos os tipos de trabalho, não importa o setor, e, assim como o Canadá, é um país que importa muitos profissionais por falta de mão de obra local. Tais fatores vêm atraindo cada vez mais trabalhadores de outras nacionalidades. Isso vale para aqueles já consolidados no mercado, como também para estudantes, que aproveitam a estadia para conciliar estudo e algum trabalho. Se você é um deles e está pensando em morar e trabalhar por lá, novas oportunidades estão se abrindo. O Departamento de Imigração australiano acaba de anunciar formalmente a lista de profissões em demanda para a Austrália no próximo ano [2015].

A falta de profissionais qualificados faz com que a Austrália tenha uma demanda altíssima de trabalhadores em determinadas carreiras, e a Skilled Occupation List (SOL), válida de julho deste ano [2014] *a julho de 2015, é usada pelo governo australiano para selecionar profissionais de diversas áreas que estejam em falta na região.*

Ao todo, são 192 carreiras na lista, entre elas, gerentes de projetos em construção civil, arquitetos, engenheiros (em diversas modalidades, como químico, ambiental, biomédico, telecomunicações e de petróleo), auditores externo e interno, cirurgiões (geral e cardíaco), dentistas, osteopatas e médicos em diferentes especialidades. Chefs e pedreiros foram adicionados este ano à lista de ocupações qualificadas em demanda. E, de acordo com o site BrazilAustralia.com, houve conversações sobre a carreira de contador ser removida da SOL, mas, na lista publicada no dia 1º deste mês, ela continua lá.

Caso uma determinada profissão esteja em demanda na Austrália, o profissional daquela área tem a possibilidade de se candidatar para o visto de residência australiano ou mais chances de conseguir um emprego na função.

Nesta última lista, o governo australiano retirou cinco carreiras. São elas: farmacêutico de hospital, farmacêutico de loja, engenheiro de manutenção de aeronaves (aviões), engenheiro de manutenção de aeronaves (mecânica) e engenheiro de manutenção de aeronaves (estruturas).

Adaptado de: O GLOBO. Disponível em: <http://oglobo.globo.com/economia/emprego/imigracao-australiana-divulga-lista-de-profissionais-em-falta-no-pais-13260492>. Acesso em: 31 mar. 2015.

Dan Himbrechts/Bloomberg/Getty Images

Jovens estrangeiros que vivem em Sydney (Austrália), 2013.

Agora responda às questões.

1. Por que faltam profissionais de diversas áreas na Austrália?
2. Quais são as principais profissões citadas no texto?
3. Faça uma pesquisa para descobrir se essa situação se repete na Nova Zelândia.

Cooperação Econômica da Ásia e do Pacífico

Por iniciativa da Austrália, os representantes dos países que participaram da Conferência de Camberra, em 1989, aprovaram a criação da Cooperação Econômica da Ásia e do Pacífico, a **Apec**. Esse mercado internacional, sediado em Cingapura, é fruto de um desejo de integração da Austrália em um mundo que tende a se organizar em grandes blocos comerciais ou megablocos. A região do Pacífico concentra atualmente mais de 40% da produção econômica mundial, com PIB, em 2013, de 42 579 bilhões de dólares.

População desfruta de praia artificial em Brisbane (Austrália), 2014.

De acordo com dados de 2013, a renda *per capita* da Austrália era de aproximadamente 65,4 mil dólares, com um PIB superior a 1,5 trilhão de dólares (o 12º do mundo, sendo que os 11 primeiros possuem populações muito maiores que a australiana). No Relatório de Desenvolvimento Humano de 2014, o país apareceu em 2º lugar no *ranking* do IDH, atrás apenas da Noruega. A expectativa de vida era de 82,5 anos. Por isso, embora localizada no hemisfério sul, a Austrália é um dos países mais desenvolvidos do globo. Sua população apresenta um dos níveis mais elevados de qualidade de vida: em alfabetização, nutrição, atendimento médico-hospitalar, poder aquisitivo ou de consumo, etc.

Texto e ação

1. Reproduza a tabela a seguir no caderno e complete-a com base nas informações do capítulo.

Austrália: físico

Altitudes mais elevadas	
Tipos de clima	
Principais rios	

2. Sobre o processo de formação da Federação Australiana, realize as atividades.
   a) Como se formou a Federação Australiana?
   b) Qual foi a importância das atividades econômicas para o povoamento da Austrália?
   c) Observe o mapa da página 139 e anote o nome dos estados e dos territórios que constituem essa federação.
3. Observe o mapa da página 137 e responda.
   a) Qual o título do mapa?
   b) Que cor indica as áreas mais povoadas da Austrália? Onde elas se localizam?
   c) O que as cores revelam sobre a distribuição da população pelo território australiano?
   d) Que cor representa as reservas de população aborígine? Onde elas se localizam?

Geolink 3

Turismo na Austrália

As belezas naturais e a variedade de vida selvagem fazem da Austrália um destino turístico mágico. É claro que os australianos colaboram muito para isso, oferecendo-se para ajudar os visitantes com sua já tradicional simpatia. Como em poucos lugares do mundo, a Austrália combina incrivelmente o dinamismo de cidades modernas, como a bela cidade de Sydney, e a harmonia de paisagens arborizadas, sem poluição. Isso garante ao turista o desejo de conhecer cada vez mais a famosa terra dos cangurus. Mas, ao visitar, ele verá que nem só desses dóceis marsupiais o país – que foi sede dos Jogos Olímpicos de 2000 – é constituído.

Suas belezas naturais, como a Grande Barreira de Corais; a rocha Uluru, no deserto central; a floresta tropical do norte de Queensland; a bela Tasmânia – o estado "natural"; os Doze Apóstolos da famosa estrada Great Ocean Road e muitas outras regiões fascinam o turista por seu supremo estado de preservação. [...]

Na Austrália as estações do ano começam nas mesmas datas que as estações brasileiras, já que o país também é localizado no hemisfério sul. O clima e as temperaturas – bastante amenas – não oferecem nenhum tipo de restrição para se visitar o país, podendo o turista conhecê-lo em qualquer época do ano. É possível atravessar toda a Austrália em quatro horas de voo, o que facilita os passeios e as visitas a qualquer cidade. [...]

Em suas cidades cosmopolitas, como Sydney, Melbourne e Adelaide, a culinária australiana se destaca como uma fiel forma de se entender a formação de seu povo. Num mesmo cardápio é possível encontrar pratos que reúnem ingredientes da cozinha asiática, grega e até francesa. Essa variedade, unida ao estilo descontraído do australiano, é que talvez atribua à sua culinária um caráter criativo e inovador.

Uma grande ilha-continente, a Austrália é uma terra de contrastes. Florestas selvagens, praias de areias claras, desertos, águas cristalinas e magníficas cidades surpreendem qualquer turista. [...]

Adaptado de: UOL Turismo. Disponível em: <http://not1.xpg.uol.com.br/australia-caracteristicas-gerais-pais-cultura-e-turismo/>. Acesso em: 7 nov. 2014.

Agora, resolva as atividades.

1. Muitas belezas naturais da Austrália fascinam o turista por seu supremo estado de conservação. Cite o nome de algumas delas.
2. Cite algumas informações do texto sobre a culinária australiana em cidades cosmopolitas como Sydney, Melbourne e Adelaide.
3. Considerando as informações lidas e a foto da Grande Barreira de Corais, crie um novo título para o texto.

Peter Adams/JAI/Corbis/Latinstock

A Grande Barreira de Corais, no estado australiano de Queensland, é a maior formação de corais de todo o mundo, com cerca de 345 mil quilômetros quadrados, 2012.

Situação atual dos aborígines

Hoje reduzidos a cerca de 100 mil pessoas, os aborígines vivem nas várias ilhas do continente, mas também são encontrados na Austrália, especialmente no norte.

A mobilização dessa população em torno de seus direitos, desrespeitados pelos colonizadores desde o início da ocupação, intensificou-se na década de 1960. Com base em uma legislação aprovada pelo governo federal em 1976, o **Ato dos Direitos de Terra Aborígines** (Aboriginal Land Rights Act), os nativos puderam reaver suas antigas terras, que foram conquistadas em missões cristãs ou que os representantes do Estado haviam transformado em reservas governamentais.

Quase metade do Território do Norte é, atualmente, propriedade dos aborígines. A conquista de direitos territoriais os estimulou a voltar a viver como nômades em suas próprias terras, agora desfrutando melhores condições de vida. Afinal, são eles que concedem permissão para o governo federal explorar as reservas minerais que se localizam em suas propriedades, o que lhes garante uma parte dos benefícios da exploração econômica mineral.

David Gray/Reuters/Latinstock

Idoso e seu neto, aborígines da etnia yolngu, vivem na comunidade Ramingining no Território do Norte (Austrália), 2014.

Nos demais Estados da federação, os aborígines vivem em condições mais precárias. Na Austrália Ocidental, os descendentes dos europeus que desejam continuar controlando a exploração dos abundantes recursos minerais, opõem-se aos direitos territoriais conquistados pelos aborígines. É comum encontrar nas cidades grupos aborígines trabalhando com artesanato ou entregues à droga, ao álcool, à prostituição, o que mostra que perderam, ou estão perdendo, sua identidade étnico-cultural.

Projeção mundial da Austrália

Até a década de 1960, a Austrália manteve-se muito ligada ao Reino Unido, tanto como aliada militar quanto como parceira econômica: as tropas australianas sempre combateram com os britânicos, na Europa ou na África; a Austrália exportava a maior parte de sua produção para o Reino Unido. Foi considerável a influência britânica na cultura e na educação do povo australiano: o inglês é a língua oficial do país. A Austrália faz parte da Commonwealth Britânica, a **Comunidade Britânica de Nações**, que se define como "associação voluntária de Estados soberanos".

Localizada muito distante dos grandes centros ocidentais de poder, a Austrália era uma espécie de prolongamento da civilização europeia na Oceania. Muito isolada, temia ser invadida por povos asiáticos. Por esse motivo, o governo federal promulgou, em 1901, uma lei com o objetivo de restringir a entrada de imigrantes asiáticos e de povos insulares do Pacífico na Austrália.

Durante a Segunda Guerra Mundial, tropas japonesas invadiram o norte da Austrália. Apesar do avanço japonês em direção ao sul, o governo do Reino Unido não enviou o auxílio tão esperado pelo governo australiano. Derrotando os japoneses na Batalha do Mar de Coral, os norte-americanos ganharam a confiança do governo da Austrália, que, em face da vulnerabilidade de seu país diante do poderio da Ásia, começou a se aproximar dos Estados Unidos. A ameaça de expansão do socialismo no sudeste da Ásia, no período inicial da Guerra Fria, foi decisiva para estreitar os laços entre os dois países.

Austrália: situação geopolítica atual

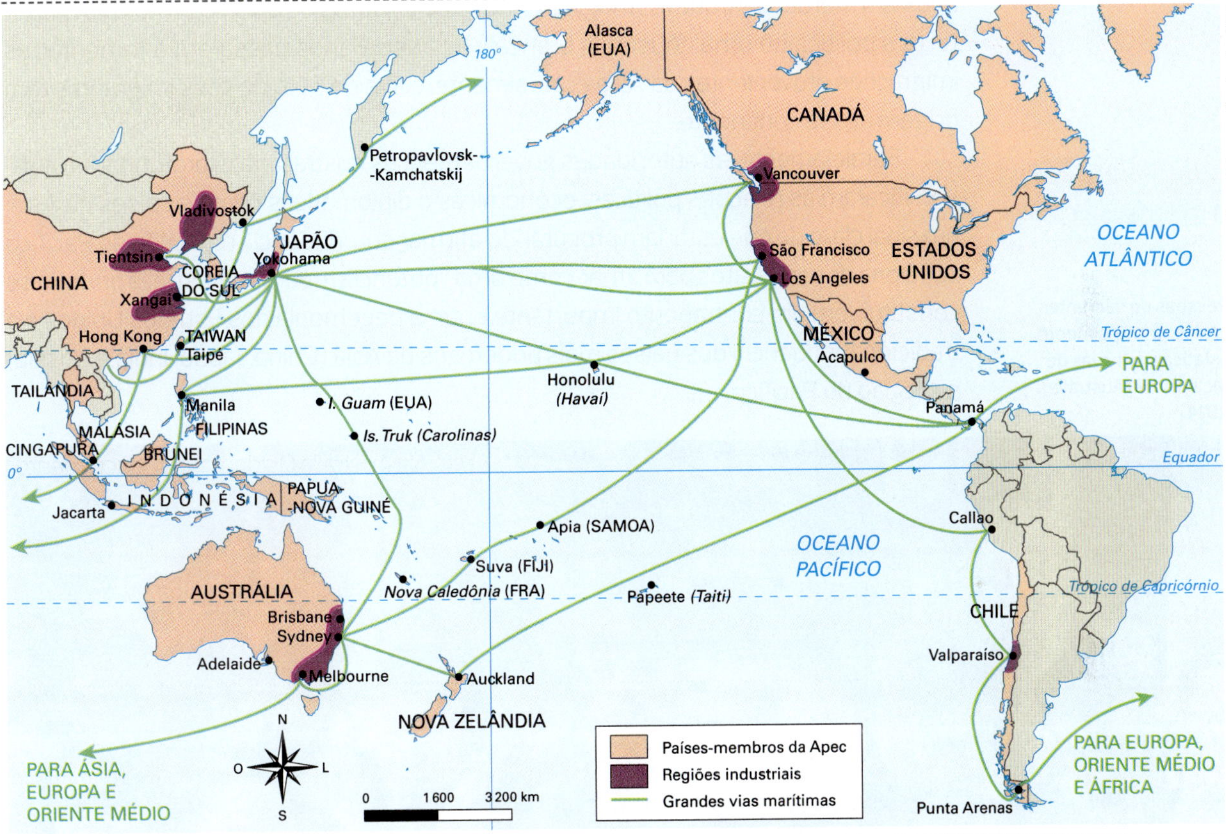

Adaptado de: ISTITUTO GEOGRAFICO DE AGOSTINI. *Atlante geografico metodico De Agostini*. Novara, 2011. p. E66-E67.

As mudanças políticas, militares e econômicas que ocorreram na conjuntura mundial no pós-Segunda Guerra Mundial contribuíram para que o governo da Austrália valorizasse mais a localização geográfica do país, sobretudo sua posição em relação ao litoral do Pacífico. Afinal, a Austrália está muito bem localizada na área que, desde então, se tornou estratégica para os interesses geopolíticos dos Estados Unidos, do Japão, da China, da Índia e da Rússia, e que muitos denominam **região do Pacífico**.

Além disso, essa é a região onde o comércio internacional é realizado de forma cada vez mais dinâmica: atualmente, a Cooperação Econômica da Ásia e do Pacífico (Apec) é responsável por quase 50% das exportações mundiais. Muitos pesquisadores afirmam que essa região possui as condições indispensáveis para superar a hegemonia comercial do Atlântico, onde os maiores centros mundiais estabeleceram as bases de seu poderio econômico. Veja o mapa acima.

Política, econômica, militar e diplomaticamente, a Austrália está muito bem equipada para desempenhar o papel de **potência regional** no Pacífico sul. Isso lhe permitiria realizar a ambição geopolítica de conquistar uma projeção maior no mundo contemporâneo. Convém assinalar que, no hemisfério sul, apenas o Brasil se apresenta como um sério concorrente ao posto de potência regional. De fato, as autoridades australianas, por suas ações no campo da política externa, vêm demonstrando que pretendem conquistar a hegemonia não somente no Pacífico, mas em todo o hemisfério.

Nesse sentido, vêm tomando iniciativas que marcam, cada vez mais, sua independência diante dos interesses dos Estados Unidos na região, demonstrando uma mudança drástica em suas relações com a grande potência mundial. Assim, em 1973, aboliram a lei de 1901, que restringia a entrada de asiáticos no país. Além de colocar por terra a política de uma "Austrália branca", os australianos passaram a fomentar as imigrações provenientes da Ásia e, atualmente, cerca de 60% de seus imigrantes tem origem nesse continente.

Paralelamente, as autoridades governamentais australianas aprofundaram e diversificaram as relações políticas, econômicas e diplomáticas com os países da Ásia, um sinal claro de que estariam procurando afirmar sua influência na região do Pacífico sul. Dona dos requisitos para atuar como uma "potência média", a Austrália poderia se constituir em um contraponto importante entre a hegemonia dos Estados Unidos e a tradicional influência dos países mais poderosos da Ásia (China, Japão, Índia e Rússia) na região do Pacífico.

Pessoas de diferentes etnias, principalmente asiáticas, nas ruas de Melbourne (Austrália), 2014.

Jeff Greenberg 2 of 6/Alamy/Latinstock

Texto e ação

1. Desde a ocupação da Austrália, no século XVIII, os aborígines foram marginalizados e viveram isolados da comunidade descendente de europeus. Comente a situação atual desses povos.

2. As autoridades australianas vêm demonstrando que pretendem conquistar a hegemonia na região do Pacífico sul. Cite algumas ações que vêm sendo tomadas no campo da política externa para atingir tal objetivo.

3 Nova Zelândia

A Nova Zelândia se localiza 1700 quilômetros a sudeste da Austrália. Com 276 710 km^2 e uma **população** de cerca de 4,6 milhões de habitantes, em 2015, é o segundo país da Oceania em **território** e o terceiro em população. Possui **clima** temperado oceânico.

Esse arquipélago constitui-se basicamente de duas ilhas montanhosas: a ilha do Norte, onde vivem cerca de dois terços da população neozelandesa, e a ilha do Sul, onde se localiza o monte Cook, com 3 754 metros de altitude, uma alusão ao capitão James Cook, que reivindicou para a Grã-Bretanha a posse dessas ilhas em 1769. Wellington, a capital, localiza-se na ilha do Norte.

ChameleonsEye/Shutterstock/Glow Images

Vista de Wellington (Nova Zelândia), 2013.

Da colonização ao Estado do bem-estar social

A ocupação da Nova Zelândia foi realizada por europeus, principalmente **ingleses**, que enfrentaram a resistência dos **maoris**, habitantes originais daquela ilha. Na época, os nativos foram estimados em 200 a 400 mil. Além de serem guerreiros, os maoris eram, certamente, os aborígines mais organizados politicamente na Oceania, o que explica sua forte resistência diante do colonizador. Somente cederam sua soberania à Grã-Bretanha em troca do reconhecimento do direito às terras de seus ancestrais, o que ficou estabelecido pelo **Tratado de Waitangi**, assinado em 1840. Entretanto, esse tratado não pôs fim às disputas entre aborígines e britânicos, pois estes não o cumpriram imediatamente.

De qualquer maneira, o Tratado de Waitangi lançou as bases de uma política de proteção aos maoris, o que explica por que esse povo representava, em 2013, 14,1% da população da Nova Zelândia. Esse percentual considerável de aborígines deve-se também, em parte, à imigração de indígenas da região do Pacífico: nas últimas décadas, a Nova Zelândia tem recebido principalmente habitantes das ilhas da Polinésia, sob sua soberania (como as ilhas Cook, Nieu e Toquelau), mas também habitantes de Samoa.

Em 1901, quando a Austrália se declarou independente do Reino Unido, a população da Nova Zelândia se recusou a integrar a recém-fundada Comunidade da Austrália. Em 1907, a Nova Zelândia conquistou sua independência e tornou-se mais um Estado da Comunidade Britânica de Nações.

Crianças maoris na comunidade Ohinemutu em Rotoma (Nova Zelândia), 2011.

Charles O. Cecil/Alamy/Latinstock

A influência britânica pode ser notada principalmente na conquista de direitos pela população neozelandesa. O fato de as mulheres votarem desde 1893 pode ser caracterizado como o marco inicial de um Estado que foi um dos primeiros a adotar práticas **políticas democráticas**. Comparada com os demais países da Oceania e mesmo da Ásia, podemos dizer que a democracia teve uma origem precoce na Nova Zelândia. Há muito tempo esse país conquistou o direito de ter sindicatos de trabalhadores, de aposentadoria, de assistência médica, entre outros. Isso quer dizer que a Nova Zelândia foi um dos primeiros Estados do bem-estar social do mundo, isto é, um Estado que garante uma série de benefícios para a população. E durante a primeira metade do século XX, caracterizou-se como um "laboratório social" do capitalismo, pois conciliou os interesses econômicos com as práticas políticas liberais que caracterizam a sociedade capitalista.

Aspectos econômicos da Nova Zelândia

Embora a população urbana da Nova Zelândia correspondesse em 2013 a mais de 86% da população total e o país possua um setor **industrial** diversificado, as atividades do setor **primário** continuam sendo muito importantes no conjunto de sua economia. Entre as atividades primárias destacam-se a agricultura (trigo, cevada, aveia, batata, milho, frutas, verduras) e a pecuária. Avaliado em cerca de 70 milhões de cabeças, o rebanho ovino, criado com as mais modernas técnicas, oferece os principais bens de exportação da Nova Zelândia: carne, lã, laticínios. Em posição bem mais modesta está o rebanho bovino, com cerca de 10 milhões de cabeças.

Além de um setor primário muito dinâmico, a diversificação industrial, que se estende dos bens de consumo não duráveis aos bens de produção, e o crescimento da prestação de **serviços** explicam por que a população neozelandesa desfruta de um dos padrões mais elevados em qualidade de vida. Dados de 2013 apontavam uma renda *per capita* superior a 35 mil dólares e um PIB de cerca de 185 bilhões de dólares. A expectativa de vida, em 2013, era de 81,1 anos, e o país estava em 7º lugar no *ranking* do **desenvolvimento humano**, o que coloca a Nova Zelândia no conjunto de países mais desenvolvidos.

Nova Zelândia: indústria, minerais e uso do solo

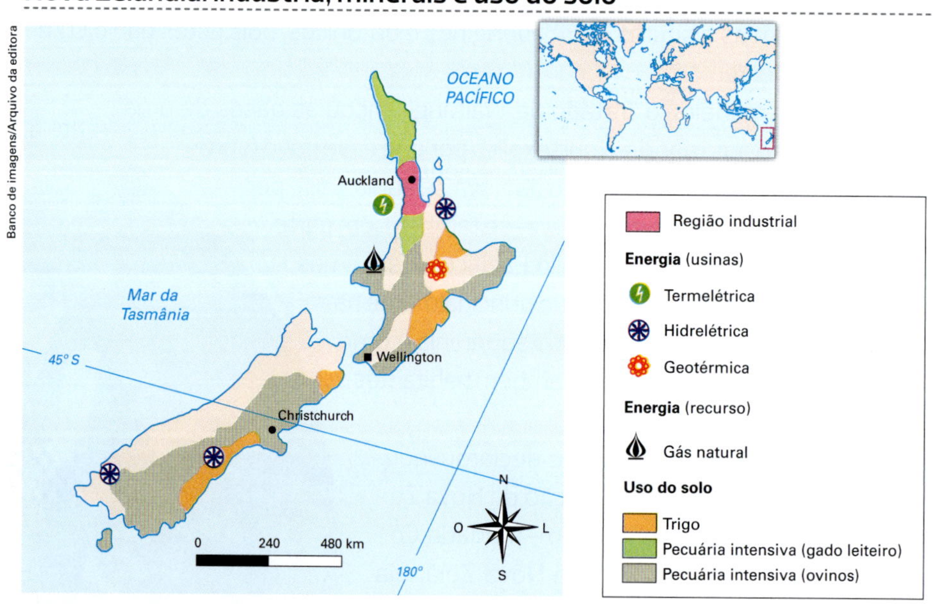

Adaptado de: CHARLIER, Jacques (Dir.). *Atlas du 21e siècle édition 2010*. Groningen: Wolters-Noordhoff/Paris: Nathan, 2010. p. 127.

Assim como a Austrália, a Nova Zelândia é membro da **Organização para Cooperação e Desenvolvimento Econômico** (Organization for Economic Cooperation and Development – OECD), uma organização que procura coordenar a política econômica e social de Estados "ricos" e promover o bem-estar social nos Estados "pobres".

Uma política antinuclear

A entrada do Reino Unido no então Mercado Comum Europeu (atual União Europeia), em 1973, determinou mudanças fundamentais na economia e na política da Nova Zelândia. No plano político, seus dirigentes escolheram o Pacífico sul como a área de atuação privilegiada; no plano econômico, o país aumentou consideravelmente as trocas comerciais com os países da Ásia (Japão e Tigres Asiáticos, sobretudo).

Muitas vezes, o envolvimento político da Nova Zelândia no Pacífico sul parece maior até do que o da Austrália. As autoridades neozelandesas fizeram da não proliferação de **armas nucleares** um princípio norteador de sua política desde a década de 1970. Assim, opuseram-se intransigentemente à realização de testes nucleares no Pacífico sul, bem como à presença de navios de guerra equipados com armas nucleares em seus portos, ou em trânsito nas águas dessa área. Uma atuação, portanto, bem mais firme que a da Austrália.

Essa posição firme explica a ocorrência de incidentes diplomáticos com a França e os Estados Unidos. Em 1985, o navio Rainbow Warrior, do movimento ecológico Greenpeace, que deveria supervisionar os testes nucleares franceses no atol de Mururoa, foi afundado no porto de Auckland. Em 1995, após sucessivos protestos das autoridades da Nova Zelândia, o governo dos Estados Unidos decidiu que os navios norte-americanos com armas nucleares não fariam mais escala nos portos neozelandeses.

Nesse mesmo ano, as relações diplomáticas com a França entraram em conflito novamente, pois o governo francês decidiu retomar os testes nucleares na Polinésia Francesa. Concluídos os últimos testes nucleares franceses, o governo da Nova Zelândia acompanhou com muito interesse o desmantelamento de seu Centro de Experiências do Pacífico (CEP).

Em 1996, os governos dos Estados Unidos, do Reino Unido e da França assinaram um tratado que definiu o Pacífico sul como uma zona não nuclear. Além de melhorar as relações diplomáticas neozelandesas com os Estados Unidos e com a França, esse tratado consolidou a posição da Nova Zelândia como uma possível concorrente às aspirações da Austrália de ser a potência regional do Pacífico sul.

ChameleonsEye/Shutterstock/Glow Images

Porto Nicholson em Wellington (Nova Zelândia), 2014.

Texto e ação

1. Desde a ocupação da Nova Zelândia pelos europeus os maoris lutam pelos seus direitos. Escreva um pequeno texto comentando a forte resistência dos maoris diante do colonizador.
2. Comente o povoamento e a precocidade das instituições democráticas na Nova Zelândia.
3. Reproduza a tabela a seguir no caderno e preencha-a com as informações do capítulo.

Nova Zelândia

Nome oficial	
Área	
Localização	
Capital	
População	
PIB	
Renda *per capita*	
Expectativa de vida	

4. Construa as tabelas sobre as economias da Austrália e da Nova Zelândia, conforme modelos abaixo. Preencha-as com base nas informações do capítulo.

Austrália e Nova Zelândia: aspectos econômicos

Austrália	
Agropecuária	
Recursos minerais	
Indústrias	

Nova Zelândia	
Agropecuária	
Recursos minerais	
Indústrias	

5. Com base nas informações do texto e das tabelas que você construiu, comente:
   a) a participação do setor secundário na economia da Austrália;
   b) a participação do setor primário na economia da Nova Zelândia.

Geopolítica da Austrália e da Nova Zelândia

Apesar da relativa proximidade geográfica e de heranças coloniais e linguísticas comuns, a Austrália e a Nova Zelândia são países bastante distintos. A Austrália é praticamente um continente autossuficiente. Os últimos anos registraram um pico de imigração asiática e muçulmana para o país, que motivou uma reação da maioria branca contra o que consideram ser falta de vontade dos recém-chegados em se integrarem na cultura australiana. A Nova Zelândia, por sua vez, é um grande arquipélago com uma sólida economia de subsistência e uma posição internacional que ocupa enquanto nicho de mercado (isto é, exportadora de produtos de origem animal, especialmente de carneiros). Ela incentiva a vinda de imigrantes qualificados, com elevada escolaridade, e orgulha-se da sua natureza multicultural.

A Austrália e a Nova Zelândia divergem nas suas políticas interna e externa. Nos últimos anos a Austrália tem empreendido reformas econômicas de abertura do mercado, promovendo um aumento do comércio com a Ásia e com os Estados Unidos e uma redução das despesas públicas em saúde, educação e segurança social, ao mesmo tempo em que aumentou as despesas militares de 1,8%, em 1998, para quase 3% do PIB atualmente, como parte de um esforço para afirmar a influência australiana na região do Pacífico. O processo de expansão militar começou com o apoio australiano à independência de Timor-Leste, em 1999, o que fez aumentar as tensões com a Indonésia, e acelerou-se depois dos atentados terroristas de 11 de setembro de 2001 nos Estados Unidos. A Austrália atribui a si própria o papel de representante dos Estados Unidos na guerra contra o terrorismo na Ásia, tendo como principal responsabilidade a patrulha da Oceania e arredores.

Ela também tornou-se um dos membros das coligações militares que invadiram o Afeganistão e o Iraque, concordou em participar nos esforços de defesa antimísseis balísticos dos Estados Unidos, permitindo o estacionamento em território australiano dos interceptores de terra, ar e mar controlados por esse país.

A Nova Zelândia esteve na linha da frente da abertura do mercado na procura de um aumento do comércio externo, mas tem se mostrado relutante em enfraquecer o Estado do bem-estar social, tal como fez a Austrália. Também não fez grandes aumentos no orçamento militar. Os gastos da defesa foram, em média, inferiores a 1% do PIB nos últimos anos, não sendo capaz de prever aumentos num futuro próximo. Este processo segue uma tendência iniciada em 1985, com a declaração da Nova Zelândia como Estado não nuclear, que conduziu à dissolução da aliança militar Anzus (Austrália, Nova Zelândia e Estados Unidos) e ao esfriamento nas relações com os Estados Unidos. A Nova Zelândia apoiou a invasão do Afeganistão, porque havia consentimento por parte do Conselho de Segurança da ONU, mas – ao contrário da Austrália – se opôs à invasão do Iraque. A Nova Zelândia opõe-se à doutrina de prevenção unilateral, típica dos Estados Unidos principalmente sob o governo George W. Bush [2001 a 2009], enquanto a Austrália vai para onde os Estados Unidos vão.

Por causa da percepção de vulnerabilidade causada pelo papel da Austrália na luta contra o terrorismo especialmente islâmico, o exército australiano expandiu e melhorou as suas defesas no norte, em direção ao sudeste asiático. O seu novo papel de segurança implica que seja os "olhos e ouvidos" e a primeira linha de defesa dos Estados Unidos no sudoeste do Pacífico, especialmente na Indonésia e na Malásia. Como resultado, os efetivos militares, serviços no exterior e compra de armas têm aumentado nos últimos cinco anos, o que não agradou aos indonésios e aos malaios, que protestaram contra o que entenderam como uma injustificada ameaça australiana em relação aos vizinhos muçulmanos. Disso surge a questão da ameaça regional. Os australianos veem a Indonésia como uma ameaça premente. A Indonésia vê o crescente arsenal ofensivo australiano como uma ameaça externa que se sobrepõe aos movimentos rebeldes internos que tradicionalmente prenderam a sua atenção. A maior preocupação indonésia com a defesa externa suscita inquietações entre os restantes vizinhos, em particular a Malásia e Cingapura, que por sua vez compram mais armas como forma de dissuadir as ameaças indonésia e australiana. Cria-se assim um círculo vicioso de escalada do militarismo na região.

Já as relações da Nova Zelândia com os seus vizinhos do sudeste asiático são muito melhores. A principal preocupação da Nova Zelândia é proteger os seus recursos econômicos e as zonas ecológicas marítimas. Numerosas embarcações de pesca e baleeiros estrangeiros invadem regularmente as águas da Nova Zelândia e acredita-se que o ruído dos arrastões é usado para encobrir a marca acústica dos submarinos elétricos da China e de outros países.

A Austrália e a Nova Zelândia têm uma visão comum sobre a potencial ameaça à segurança colocada pela imigração não ocidental. As leis de imigração tornaram-se consideravelmente mais rigorosas, em ambos os países, depois de 2001, incluindo disposições, que estão agora sendo aplicadas, que permitem a detenção por tempo indefinido e sem acusação de suspeitos ou simpatizantes de terroristas. Os grupos de Direitos Humanos queixam-se de que os muçulmanos que procuram asilo (incluindo crianças) têm sido detidos em ambos os países com base nesta fundamentação, mas não parece próxima uma amenização desta política. Além do mais, têm sido expandidos os poderes de espionagem interna e de detenção das agências de informação e da polícia em nome da segurança interna. É o caso, em particular, da Austrália, que tem uma crescente população muçulmana, insatisfeita com o papel do país na "guerra contra o terrorismo"; mas também é visível o aumento de asiáticos e muçulmanos na Nova Zelândia. Não é por isso surpreendente que a tensão entre direitos civis e segurança se tenha tornado a trave-mestra da discussão política interna em ambos os países.

Adaptado de: INSTITUTO DE ESTUDOS ESTRATÉGICOS E INTERNACIONAIS (IEEI). Disponível em: <www.ieei.pt/publicacoes/artigo.php?artigo=135>. Acesso em: 15 fev. 2012.

Atividades finais

+ Ação

1. A respeito do meio fisiográfico da Austrália e de sua ocupação humana, realize as atividades a seguir.
   a) Explique o papel das monções no clima do extremo norte da Austrália.
   b) A maior parte da população australiana concentra-se no litoral da região sudeste, banhada pelo oceano Pacífico. Explique como o quadro natural australiano contribui para essa situação.
   c) Reproduza a tabela a seguir no caderno para comparar as regiões leste e oeste da Austrália do ponto de vista natural, humano e econômico.

Austrália: aspectos naturais, humanos e econômicos

Região leste	
Região oeste	

2. Leia o texto e responda às questões.

Numa rua residencial, não muito longe do centro da cidade, você vê literalmente centenas de pessoas carregando pesadas mochilas, trajando o uniforme oficial dos viajantes do país: óculos escuros, tênis surrado, short *e camiseta. Assim é Victoria Street, a rua oficial dos mochileiros em Sydney, na Austrália.*

Viajar assim, com a mochila nas costas, é o meio mais popular (e também o mais barato) de se conhecer esse país, que é um pouco menor do que o Brasil e tem uma diversidade tão grande quanto. Se você quer torrar ao Sol, vá para Cairns. Se você pretende esquiar, Snowy Mountains é seu destino. Se você pretende fazer escaladas ou trilhas em matas fechadas (mas seguras), dirija-se para a Tasmânia. Pensando em visitar o deserto? Alice Springs é o lugar. E o país também conta com cassinos, parques temáticos, lojas de grife e museus, esses últimos, em quantidades inimagináveis.

Percorrer as distâncias australianas não é fácil, já que o país é pouco populoso e apresenta enormes trechos de puro deserto e estradas cercadas por enormes e sonolentos pastos, onde o vento sopra forte e perder o mapa de viagem é quase uma certeza. [...]

A Austrália cuida muito bem de seus viajantes. As cidades são extremamente seguras, sendo possível sair à noite e voltar a pé de 99% dos lugares, sem perigo de ser assaltado. As sinalizações existem em abundância e, não importa a cidade, os australianos estão sempre dispostos a ajudar um turista perdido. Todos são cordiais, educados e muito, muito prestativos.

Por essas e outras razões, não se espante de ver milhares de jovens viajando sozinhos pelo país. Adolescentes recém-saídos do Ensino Médio, entre 20 e 22 anos, compõem a maior parte dessa massa viajante. Eles vão ao país para trabalhar nas fazendas, colhendo frutas, ou como garçons e garçonetes nas grandes cidades. Um estágio de "vida real", antes de caírem na vida adulta.

Adaptado de: PRADO, Laura. *Austrália*. Disponível em: <www1.folha.uol.com.br/folha/turismo/oceania/australia.shtml>. Acesso em: 7 nov. 2014.

   a) Onde está localizada a Victoria Street? Por que ela é chamada de rua oficial dos mochileiros?
   b) O que o texto revela sobre as paisagens naturais da Austrália?
   c) Além do turismo ecológico, que outras opções a Austrália oferece aos seus visitantes?
   d) De acordo com o texto, é possível afirmar que a Austrália cuida bem de seus viajantes? Explique.

3. Leia a notícia publicada em fevereiro de 2011 e faça o que se pede.

Um terremoto de magnitude 6,3 matou pelo menos 65 pessoas nesta terça-feira (22) em Christchurch, segunda maior cidade da Nova Zelândia, e muitas outras ainda estão soterradas sob escombros de edifícios.

Foi o segundo grande terremoto em cinco meses na cidade, que tem 400 mil habitantes, e foi também o mais letal desastre natural no país em oitenta anos.

Adaptado de: G1. *Terremoto na Nova Zelândia mata ao menos 65, diz primeiro-ministro*. Disponível em: <http://g1.globo.com/mundo/noticia/2011/02/terremoto-na-nova-zelandia-mata-ao-menos-65-diz-primeiro-ministro.html>. Acesso em: 7 nov. 2014.

   a) Segundo a notícia, onde e quando ocorreu o terremoto na Nova Zelândia?
   b) Qual a população da cidade atingida pelo terremoto?
   c) Qual a magnitude do terremoto?
   d) Pesquise por que ocorrem terremotos na Nova Zelândia. Traga suas descobertas para a sala de aula.

4. Sobre a região do Pacífico, realize as atividades.
   - Reproduza a tabela a seguir no caderno e preencha-a com base no texto do capítulo.

Países	Participação econômica e papel político na região do Pacífico
Austrália	
Nova Zelândia	

5. Faça uma pesquisa sobre as regiões da Austrália, da Nova Zelândia e do Brasil onde se desenvolve (ou pode ser desenvolvido) o turismo ecológico. Depois, elabore um jornal de turismo e apresente-o aos colegas da escola.

6. De acordo com o texto e com os seus conhecimentos, faça uma comparação ao tratamento dado aos povos nativos na Austrália e na Nova Zelândia.

Haka – a lenda dos All Blacks

Haka é o nome genérico dado à dança dos maoris, o povo que ocupava as ilhas neozelandesas quando os ingleses chegaram. Para os maoris, a dança complexa do Haka é uma expressão da paixão, vigor e identidade da raça; de certa forma, a boa performance *ajuda a manter a reputação tribal.*

E os jogadores dos All Blacks não fogem à regra, pois antes de qualquer jogo, desde o início do século, fazem a dança do Haka em frente aos adversários. Os estádios silenciam. Os jogadores adversários se perfilam, em pose desafiadora, para fazer frente.

Pode-se observar nos rostos e gestos dos neozelandeses a expressão da paixão invocada, do espírito de guerreiro que o Haka incorpora em quem o pratica.

Para os All Blacks, o Haka é um prerrogativa básica. Antes de cada jogo, os All Blacks realizam o Haka como uma dança de guerra, em homenagem aos maoris e para energizar a equipe antes de cada partida.

"Em resumo, os All Blacks praticam um esporte e, enquanto praticam o esporte, eles representam nossos ancestrais", explica o guerreiro maori Karena Koria, do Auckland War Memorial Museum.

"O rugby é somente um esporte, mas fazendo o Haka antes dos jogos, a palavra Ha*, que significa "respiração da vida", e* Ka *que significa "a ira", e a adrenalina dentro de você, quando são usadas juntas, significam basicamente a "respiração da ira". Então, assim como nossos guerreiros usavam o Haka para preparar-se psicologicamente antes da batalha, os All Blacks usam o Haka para prepar-se para os jogos".*

"Os All Blacks usam o Haka para ficarem excitados, para ficarem animados para o jogo. Eles usam o Haka com um sentido de batalha também, para ficarem focados na partida. É como uma adrenalina rápida", completou Karena.

Adaptado de: SOULRUGBY. Disponível em: <www.soulrugby.com.br/blog/haka-a-lenda-dos-all-blacks/>. Acesso em: 24 jan. 2015.

Shingo Ito/AFLO/Zuma Press/Glow Images

Time maori All Blacks preparando-se para um jogo amistoso em Tóquio (Japão), 2014.

De olho na imagem

1. Observem as fotos e leiam o texto.

Animais únicos da Austrália

A Austrália fazia parte do supercontinente Gondwana, que se desagregou há cerca de 140 milhões de anos. Continuou ligada à Antártida, da qual se separou há mais ou menos 50 milhões de anos. Pertence ao menor de todos os continentes, o mais plano, o mais seco, o que contém os solos mais antigos e menos férteis do mundo. Tem 34 000 km de costa e inclui a Grande Barreira de Coral, o maior recife de corais do mundo. Na Austrália, tudo é grande, tudo é extenso e o outback *(o deserto) ocupa a maior parte do território. Existe aí uma variada gama de espécies animais, algumas únicas no mundo.*

Minden Pictures/SuperStock/Glow Images

Minden Pictures/SuperStock/Glow Images

Marsúpios, como o coala ou o canguru, exigem um controle criterioso, dado o rápido crescimento e disseminação da população. Ou ainda o dingo, o cão selvagem australiano; o crocodilo-de-água-salgada – o maior crocodilo do mundo, que pode alcançar 7 metros de comprimento –; o pássaro-lira; o gato-tigre; a taipan-costeira – a cobra mais venenosa do mundo. Ou o curioso ornitorrinco – mamífero cujo veneno nem sempre é mortal, mas causa dores imensas por longo tempo, e é uma das mais estranhas criaturas do mundo animal. Todos eles passeiam pelos desertos do interior australiano, pelas zonas costeiras, pelos rios e, alguns, até pelas cidades. Outro animal emblemático da Austrália é o demônio-da-tasmânia, herdeiro do extinto lobo-da-tasmânia (o último exemplar morreu em cativeiro, em 1936), nome derivado da forma como a espécie se comunica entre si: com guinchos, que os aborígines consideram ser a "fala dos demônios", e por apresentar as orelhas vermelhas quando irritado ou prestes a atacar. É o maior marsupial carnívoro que existe hoje neste território.

O isolamento de que a Austrália se beneficiou durante séculos foi alterado a partir dos séculos XVII e XVIII, com a chegada de colonos, sobretudo europeus, com a caça desenfreada, com a introdução de espécies não nativas, com a destruição de habitat *naturais e o uso não sustentável do solo, que provocou a extinção de algumas espécies animais. O impacto humano foi fortemente negativo e levou ao desaparecimento de 27 espécies de mamíferos e de 23 aves, e à necessidade de se recorrer à criação de áreas protegidas por leis muito rigorosas.*

Adaptado de: RESENDE, Helena. Disponível em: <http://obviousmag.org/archives/2012/04/os_animais_unicos_da_australia.html>. Acesso em: 7 nov. 2014.

Minden Pictures/SuperStock/Glow Images

De cima para baixo: canguru, coala e ornitorrinco na Austrália, 2013.

a) Na opinião de vocês, qual é o animal mais exótico da Austrália? Por quê?

b) Escrevam um comentário relacionando as fotos com o conteúdo do texto.

2. Leiam o texto e observem a pintura aborígine na foto ao lado.

Há mais de 40 mil anos, as mais variadas formas de artes são praticadas na Austrália, principalmente pelo povo aborígine, que contava suas histórias de geração para geração através de pinturas em pedras. Antropólogos acreditam que ainda existam pinturas muito mais antigas, que hoje se encontram debaixo da terra por causa da ação do tempo ao longo dos anos. As pinturas retratam uma gama de motivos, desde lendas [...] até borrifos de tinta sobre as mãos de pessoas falecidas para perpetuar seus espíritos. Encontram-se também pinturas que ensinam onde encontrar comida, contam como foi o clima no passado e muitas outras coisas interessantes. Os aborígines até hoje ensinam aos filhos pequenos essas histórias e lendas até a idade adulta, quando ficam encarregados de passar essas histórias e cultura adiante. Existem muitos locais na Austrália onde se podem ver essas pinturas ao vivo, sendo que algumas delas estão em reservas controladas pelos aborígines, e só podem ser vistas com permissão. Pinturas em pedras, como do Carnarvon National Park, em Queensland, são abertas a visitação pública e grátis.

Theo Allofs/Corbis/Glow Images

Pintura aborígine sobre pedra no Parque Nacional Kakadu, no Território do Norte (Austrália), 2014.

Adaptado de: PORTAL Oceania. *Artes e cultura na Austrália*. Disponível em: <www.portaloceania.com/au-life-arts-port.htm>. Acesso em: 7 nov. 2014.

a) Sobre o texto e a foto, responda às questões.
- O que representam as pinturas dos aborígines?
- Como os aborígines de hoje mantêm essa tradição?
- Onde essas pinturas podem ser vistas?

b) Com base nas informações do capítulo sobre a situação atual dos aborígines na Austrália, registre no caderno:
- onde vivem;
- o que foi o Aboriginal Land Rights Act;
- os direitos adquiridos no Território do Norte;
- como vivem nos demais Estados da Federação Australiana;
- o que é comum encontrar nas cidades em relação aos grupos aborígines.

ATIVIDADE INTERDISCIPLINAR

Conexões

CIÊNCIAS DA NATUREZA

As florestas da Nova Zelândia estão na lista das dez florestas mais ameaçadas do mundo. Sobre o assunto, faça o que se pede.

a) Leia o texto.

Um arquipélago montanhoso uma vez dominado pelas florestas temperadas, a Nova Zelândia é uma terra de paisagens variadas e abriga extraordinários índices de espécies endêmicas, incluindo seu representante mais famoso, o kiwi. Nenhum de seus mamíferos, anfíbios ou répteis é encontrado em outro lugar do mundo. Com o impacto da vinda dos europeus, trazendo centenas de espécies de ervas daninhas invasoras, somado ao da caça e da destruição de habitat*, há apenas 5% do* habitat *original do arquipélago.*

Adaptado de: TERRA. *Veja as 10 florestas mais ameaçadas do mundo*. Disponível em: <www.terra.com.br/noticias/ciencia/infograficos/10-florestas-mais-ameacadas/10-florestas-mais-ameacadas-02.htm>. Acesso em: 7 nov. 2014.

b) Responda às questões:
- O que mais chamou a sua atenção no texto? Por quê?
- Você costuma acompanhar as notícias sobre as questões ambientais?

c) Para conhecer as demais florestas mais ameaçadas do mundo acesse, se possível, o *site* <www.terra.com.br/noticias/ciencia/infograficos/10-florestas-mais-ameacadas/10-florestas-mais-ameacadas-01.htm>.

Ponto de chegada

O que você estudou

Nesta Unidade, você desenvolveu, entre outras, as seguintes habilidades:

- compreender a diferença entre o Norte e o Sul geoeconômicos;
- localizar e caracterizar as regiões do espaço geográfico norte-americano;
- identificar as relações entre Estados Unidos e Canadá;
- associar mudanças culturais no Japão à ocidentalização de grande parte do mundo;
- identificar, localizar e caracterizar a maior megalópole do mundo no Japão;
- problematizar o envelhecimento da população japonesa;
- identificar os dois únicos países desenvolvidos do Norte geoeconômico que se situam ao sul da linha do equador;
- comparar o povoamento da Ásia com o povoamento da Oceania;
- expressar o desenvolvimento econômico-social da Austrália e da Nova Zelândia.

Mix cultural

Biblioteca

***Austrália*: das praias ao deserto, de Alberto Schwanke, Artes e Ofícios.** Este livro narra uma viagem que atravessa o Novíssimo Mundo, mostrando cenários exóticos.

***Canadá*: imagens de um país, de Zila Bernd e Eloina Santos (Org.), UFRGS.** Apresenta textos de literatura das línguas inglesa e francesa do Canadá, projetando para os leitores as diferentes imagens desse país.

***Conflitos do mundo*: questões e visões geopolíticas, de Nelson Bacic Olic, Moderna.** Analisa alguns aspectos dos principais conflitos e áreas de tensão política do mundo atual, destacando suas origens, principais características e eventuais desdobramentos.

***Hiroshima*, de John Hersey, Companhia das Letras.** A obra apresenta um retrato de seis sobreviventes da bomba atômica escrito um ano depois da explosão. Quarenta anos mais tarde, o repórter reencontra seus entrevistados e escreve o último capítulo da história dos *hibakushas* — as pessoas atingidas pelos efeitos da bomba.

***História dos Estados Unidos*, de Leandro Karnal e outros, Contexto.** A obra aborda a formação da nação norte-americana e a sua ascensão como grande potência mundial, além das perspectivas futuras.

***Histórias do Japão*, de José Arrabal, Fundação Peirópolis.** Livro de contos que reúne, em prosa poética, alguns relatos tradicionais do xintoísmo e do budismo, lendas, fábulas e contos populares do Império do Japão.

Geografia nos sites

- **<http://portuguese.brazil.usembassy.gov/>** – O *site* apresenta a Constituição dos Estados Unidos da América, informações gerais, notícias e questões que envolvem esse país e o Brasil.
- **<www.br.emb-japan.go.jp>** – O *site* da Embaixada do Japão no Brasil traz informações sobre as relações diplomáticas entre os dois países. Dados econômicos e populacionais, atualidades, cultura e diversos outros aspectos do Japão são encontrados nesse endereço.
- **<www.brazil.embassy.gov.au/brasportuguese/home.html>** – Traz diversas informações sobre o território australiano: negócios, educação, turismo e eventos, além de *links* sobre cultura, educação, esportes e comércio no país.
- **<http://ilhas-pacifico.com>** – A página do *site* Guia Geográfico, dedicada à Oceania, traz uma síntese sobre o continente e algumas informações sobre Sydney, na Austrália, ilhas Fiji, Vanuatu e Morea, na Polinésia Francesa.

Geografia nas telas

***Encantadora de baleias*. Direção: Niki Caro. Nova Zelândia, 2002.** No leste da Nova Zelândia vive uma tribo maori, que acredita ser descendente de Paikea, o domador de baleias. Segundo a lenda, há milhares de anos a canoa de Paikea virou em cima de uma baleia e ele, cavalgando-a, liderou seu povo até a nova terra. A tradição da tribo maori diz que o primeiro filho do chefe da tribo seria considerado descendente de Paikea e líder espiritual do povo. Porém, após a morte do líder atual, quem assume o posto é sua irmã, Pai, uma garota de apenas 11 anos. Apesar de ser corajosa e amada por todos, Pai precisa enfrentar o preconceito do avô, que insiste em manter a antiga tradição, segundo a qual o chefe da tribo deve ser um homem.

***Gaijin*: ama-me como sou. Direção: Tizuka Yamazaki. Brasil/Japão, 2005.** Em 1908, Titoe viaja do Japão para o Brasil com uma promessa: enriquecer e voltar ao seu país em cinco anos. Embora a realidade aponte poucas esperanças, o espírito empreendedor de Titoe marca a vida e o destino de suas descendentes: Shinobu, Maria e Yoko. A primeira, ao contrário da mãe, agarra-se aos costumes japoneses e não aceita o casamento da filha Maria com Gabriel, um *gaijin* (estrangeiro). Mas a história acaba sofrendo uma reviravolta. Quando está prestes a fechar um grande negócio, Gabriel tem seus bens confiscados pelo governo Collor e fica na miséria. Shinobu então decide ajudar a família de sua filha, fazendo o caminho oposto ao de sua mãe, Titoe: segue para o Japão para trabalhar como decasségui.

***Os donos da rua*. Direção: John Singleton. Estados Unidos, 1991.** O filme faz parte das primeiras produções do cinema norte-americano a focar a questão dos negros nos Estados Unidos e da violência dos guetos urbanos de forma realista. Retrata o cotidiano de três adolescentes negros em um violento bairro de Los Angeles.

***Pão e Rosas*. Direção: Ken Loach. Estados Unidos, 2002.** Filme que aborda os imigrantes ilegais nos Estados Unidos. Sam é um ativista americano que luta pelos direitos dos oprimidos. Maya e Rosa são duas imigrantes mexicanas vivendo nos Estados Unidos, que trabalham como faxineiras em um prédio comercial. Suas vidas se cruzam, e Sam faz Rosa e Maya abraçarem a sua causa e lutarem contra os próprios patrões, o que acaba pondo em risco o emprego, a família e até mesmo o direito de permanência das moças em território americano.

***Priscilla, a rainha do deserto*. Direção: Stephan Elliot. Austrália, 1994.** Contratados para fazer um *show* em Alice Springs, duas *drag queens* e um transexual partem de Sydney em uma viagem pelo deserto australiano, a bordo de um ônibus batizado de Priscilla. Durante a viagem, o ônibus quebra no meio do deserto, e o mecânico que eles encontram para socorrê-los, marido de uma *stripper* local, acaba se tornando mais um companheiro de aventura. Entre várias surpresas, eles descobrem que a pessoa que os contratou é simplesmente a ex-mulher de uma das *drag queens*.

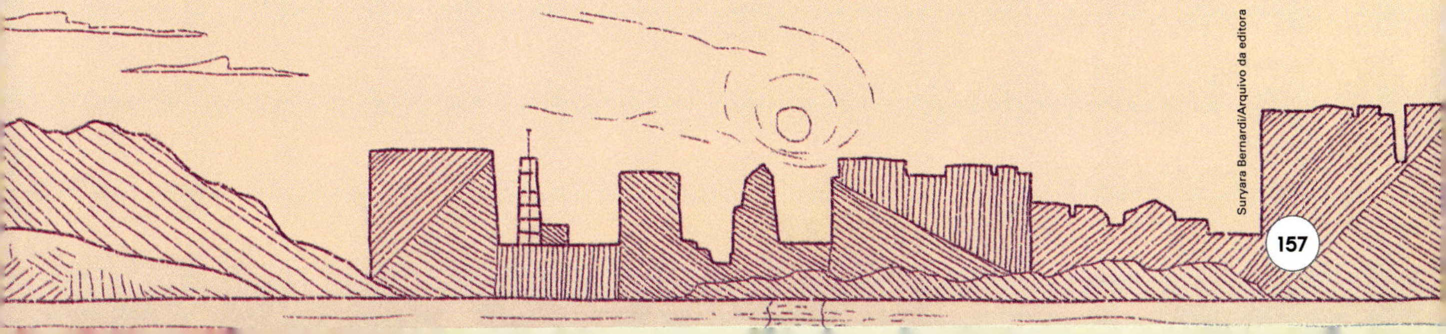

Suryara Bernardi/Arquivo da editora

Unidade 3

Paisagem de Porto Príncipe (Haiti), 2014.

Spencer Platt/Getty Images/Agência France-Presse

Desigualdades internacionais

Nesta Unidade, você estudará as desigualdades internacionais, a problemática do desenvolvimento e o Índice de Desenvolvimento Humano (IDH). Entre as várias competências que você ampliará, destacam-se: aprofundar a compreensão das desigualdades internacionais e suas origens; compreender e avaliar a atual concepção de desenvolvimento como social e sustentável; compreender criticamente o conceito e a realidade da pobreza, seus tipos, causas, efeitos e suas relações com a fome; avaliar a exclusão social; imaginar alternativas para uma distribuição equitativa dos recursos naturais e da renda.

Ponto de partida

Com a orientação do professor, converse com os colegas sobre as seguintes questões.

1. O que é o IDH e o que ele mede exatamente?
2. O que você sabe sobre desenvolvimento e subdesenvolvimento?
3. As desigualdades sociais estão presentes no lugar onde você mora? Como?

Capítulo 8

Índice de Desenvolvimento Humano

Neste capítulo você conhecerá o Índice de Desenvolvimento Humano (IDH), indicador criado pelo Programa das Nações Unidas para o Desenvolvimento (Pnud), cujo objetivo é medir o desenvolvimento dos países, de regiões, províncias ou estados, municípios, etc. Varia de 0 (menor desenvolvimento) a 1 (maior desenvolvimento).

De acordo com o Relatório de Desenvolvimento Humano de 2014, publicado pelo Pnud, os países são divididos em quatro categorias: baixo desenvolvimento humano, desenvolvimento humano médio, elevado ou muito elevado.

A ONU classifica os países que possuem um IDH muito elevado (acima de 0,80) como desenvolvidos, os que têm um IDH baixo (menos de 0,55) como subdesenvolvidos e os que apresentam um valor de IDH entre 0,55 e 0,80 como países em desenvolvimento.

Mundo: IDH (2013)

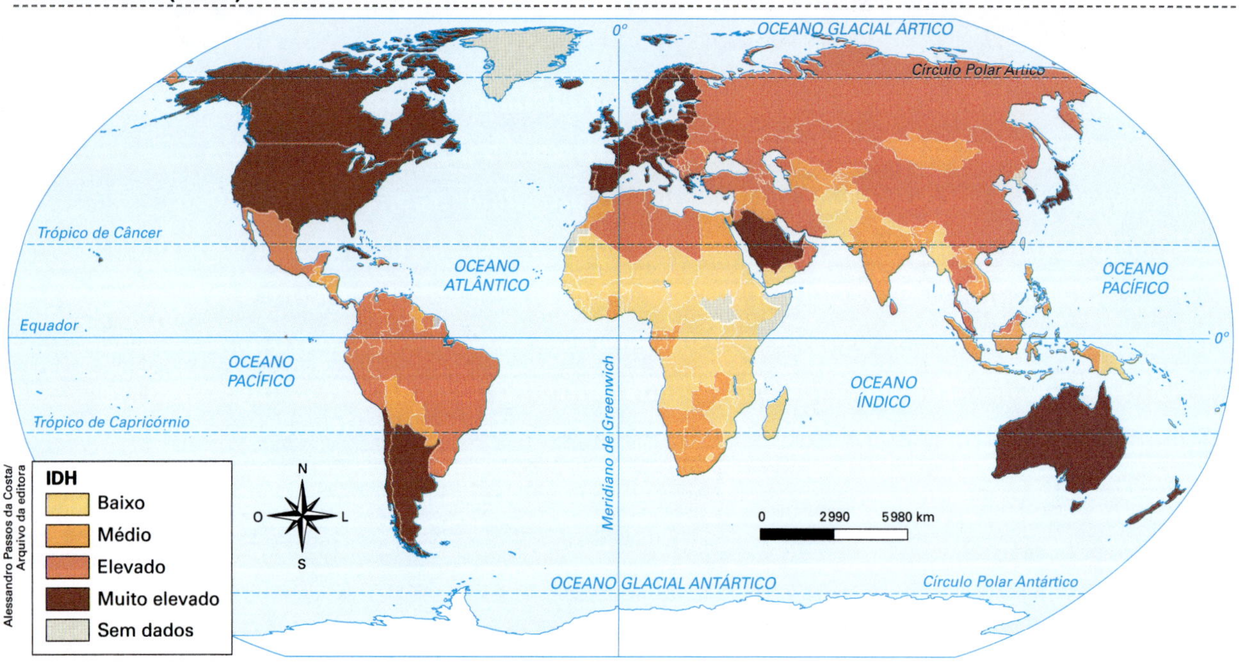

Elaborado com base nos dados de: PROGRAMA DAS NAÇÕES UNIDAS PARA O DESENVOLVIMENTO. Relatório de desenvolvimento humano 2014. *Sustaining Human Progress*: Reducing Vulnerabilities and Building Resilience. Nova York: Pnud, 2014. T. 1.

Para começar, leia o mapa do IDH. Com base nas informações acima, faça o que se pede.

1. Anote o nome de cinco países desenvolvidos, cinco em desenvolvimento e cinco subdesenvolvidos.
2. Você concorda com o critério adotado pela ONU de dividir os países em três grupos? Explique.

1 Desenvolvimento econômico ou humano

Sempre existiram desigualdades no interior das sociedades humanas e também entre elas, isto é, entre povos ou nações diferentes. Mas, como você verá no próximo capítulo, foi somente após a **Revolução Industrial** que as desigualdades entre as nações se ampliaram tanto. Antes, elas existiam, porém eram relativamente pequenas quando comparadas à situação atual. Os termos país desenvolvido e país subdesenvolvido se popularizaram somente após a **Segunda Guerra Mundial**.

Diversos critérios podem ser empregados para calcular o grau de desenvolvimento econômico e social de um país. Mas antes de tudo, é preciso diferenciar desenvolvimento ou crescimento **econômico** do desenvolvimento **humano** ou **social**. O primeiro significa aumento do PIB, da produção de bens e serviços e do rendimento das pessoas. E o desenvolvimento social, ou humano, diz respeito principalmente à melhoria da qualidade de vida da população: da expectativa de vida, escolaridade, distribuição da renda, acesso à saúde, à educação, à água tratada e à rede de esgotos, a um meio ambiente sadio, etc.

Conheça, agora, alguns indicadores utilizados pelos estudiosos e pelas organizações internacionais para avaliar o desenvolvimento econômico e social das nações.

Indicadores econômicos

A quantidade total de bens e serviços produzidos num país durante um período de tempo, como um mês, um trimestre e principalmente um ano, constitui o **Produto Interno Bruto** (**PIB**). É a produção econômica de um país, a sua produção de riquezas. O PIB refere-se apenas à produção interna, isto é, àquela realizada dentro do território nacional. Ele não leva em conta os recursos que saem para o exterior, como pagamento pelas importações ou remessas de dinheiro, de empresas ou pessoas; e os que entram, tais como o recebimento pelas exportações ou entrada de recursos vindos do exterior.

Empresa de tecnologia no Vale do Silício, Califórnia, 2014. Os Estados Unidos sustentam o maior PIB do mundo há anos.

Ken Wolter/Shutterstock/Glow Images

Quando são levados em consideração os bens e serviços produzidos no país, mais os recursos que entram e menos os que saem, há então o **Produto Nacional Bruto** (**PNB**). Na prática, a diferença em valor entre o PIB e o PNB de um país é geralmente pequena. O valor anual do PNB corresponde à **renda nacional** de um país.

Outro indicador econômico importante é a **renda *per capita*** (por pessoa), que nada mais é do que a renda média da população. Ela é calculada dividindo-se a renda nacional (ou o PNB) pelo número de habitantes. Geralmente os países desenvolvidos têm uma renda *per capita* maior do que a dos países subdesenvolvidos, embora existam algumas exceções.

Crescimento econômico

Um elemento também importante neste assunto é o crescimento ou expansão econômica de um país. O ritmo de crescimento econômico é o **aumento**, ou eventualmente a **diminuição**, nos períodos de crise, de seu PIB ou do PNB. Mas para um país crescer de fato, o ritmo de expansão da economia tem de ser superior ao crescimento demográfico, pois, se for menor, ocorre um empobrecimento da população, já que a renda *per capita* diminui. Por exemplo, a economia cresceu em média 1,5% ao ano durante uma década, mas a população cresceu em média 2% nesse mesmo período.

Em inúmeros países subdesenvolvidos, especialmente entre os mais pobres, que também são os que possuem as mais elevadas taxas de natalidade, às vezes ocorre um crescimento do PIB ou do PNB inferior ao crescimento da população. Mas em outros, como a China, além da Índia e num ritmo um pouco menor a Turquia ou a Indonésia, vem ocorrendo nas últimas décadas um grande crescimento da economia, que é bastante superior ao crescimento demográfico. Isso significa que suas rendas *per capita* estão aumentando e em geral a pobreza está diminuindo.

Os países com as maiores economias do mundo são os Estados Unidos, com um valor do PIB de cerca de 16,8 trilhões de dólares em 2013, e a China, que atingiu a cifra dos 9,2 trilhões de dólares nesse ano. Em contrapartida existem países que possuem uma produção econômica anual que nem sequer atinge a um bilhão de dólares, às vezes até menos de 50 milhões.

Mas somente a produção econômica, isto é, o valor do PIB, não revela as condições de vida da população, pois muitos países têm um PIB pequeno e uma população extremamente reduzida, resultando daí uma renda média muitas vezes maior que a de outros países, como a Índia ou até a China, que possuem populações gigantescas. Faça uma comparação para entender melhor o assunto: imagine duas famílias com rendimentos mensais diferentes. A família A tem um rendimento de 6 mil reais e a família B de 9 mil reais. Aparentemente a família B vive melhor do que a A, não é verdade? Afinal, ela tem um rendimento 50% maior. Mas a família A é composta somente de duas pessoas, ao passo que a família B é constituída por doze pessoas (inúmeras crianças, avós e tios). Neste caso, a família A terá menos despesas com alimentos, remédios, planos de saúde, escolas, transportes, etc., o que significa que é bastante provável que ela tenha um padrão de vida bem melhor do que a família B.

É por esse motivo que, além do valor do PIB, a renda média das pessoas num país é importante, isto é, a sua renda *per capita*. A China, por exemplo, tem o segundo maior PIB do mundo. Porém, por causa da sua imensa população, cerca de 1 bilhão e 402 milhões de pessoas, em 2015, a divisão do PNB pelos habitantes resulta numa renda *per capita* média, de 6 560 dólares, que, embora venha crescendo com rapidez, ainda é bem inferior à do Brasil, do México ou da Argentina e típica de um país não desenvolvido. Por outro lado, Noruega e Suíça, embora não possuam enormes produções econômicas, tinham, em 2013, duas das mais elevadas rendas *per capita* do mundo (103 e 91 mil dólares, respectivamente), em virtude de suas pequenas populações.

Paisagem de Bergen (Noruega), 2012. Esse país tem uma das maiores rendas *per capita* do mundo.

Tutti Frutti/Shutterstock/Glow Images

Indicadores sociais

Um indicador importante para se avaliar o desenvolvimento social de uma nação é a **distribuição da renda**. Isso porque a renda média é apenas uma abstração, uma situação hipotética, pois na verdade sempre existem ricos e pobres, os que têm maiores rendas e aqueles que dispõem de baixos rendimentos. A renda *per capita*, ainda que seja um indicador importante, reflete apenas a situação média e não a realidade de cada parcela da sociedade. É o mesmo que dizer que em média cada brasileiro consome 15 quilos de carne bovina por ano. Sabemos que alguns consomem muito mais do que isso e outros, infelizmente a maioria da população, consomem muito menos. Isso significa que é importante conhecer como a renda nacional está distribuída entre os habitantes do país, já que uma renda mal distribuída, muito concentrada em poucas mãos, vai resultar numa enorme riqueza para uma minoria e numa grande pobreza para a maioria da população.

Por sinal, essa é mais uma diferença entre os países desenvolvidos e os subdesenvolvidos: enquanto nos primeiros, em geral, a distribuição social da renda nacional é bem mais equilibrada, sem grandes desigualdades, nos países pobres geralmente existe uma maior concentração da renda nas mãos de uma pequena parcela da população. Isso é bastante grave já que nos países subdesenvolvidos a renda *per capita* é inferior à dos países desenvolvidos. Portanto, além de inferior, em geral ela é mal distribuída, concentrada em poucas mãos. Veja alguns exemplos.

No Japão, cuja renda média foi de cerca de 46 mil dólares em 2013, os 10% mais ricos da população ficam com 21,7% da renda nacional, ao passo que os 60% mais pobres ficam com 42,4% desse total. Em contrapartida, no México, onde a renda *per capita* foi de quase 10 mil dólares, no mesmo ano, os 10% mais ricos dispõem de 41% da renda nacional e os 60% mais pobres ficam com apenas 22,4% desse total. Basta fazer alguns cálculos para notar que a renda média dos 60% mais pobres no Japão continuava elevada – 33 mil dólares –, ao passo que a renda média dos 60% mais pobres no México foi de apenas 3,7 mil dólares.

Existem ainda inúmeros outros indicadores para se avaliar o desenvolvimento social e humano de um país: expectativa de vida, índice de alfabetização, taxa de mortalidade infantil, anos de estudo de um adulto, leitura de livros pelas pessoas, participação das mulheres no trabalho e na renda, número de médicos e de leitos hospitalares para cada grupo de cem mil habitantes, índice de corrupção, etc. O IDH é um indicador que procura levar em conta senão todos (algo impossível), pelo menos vários índices de desenvolvimento econômico e social.

GianLuigi Guercia/Agência France-Presse

Conjunto habitacional na área rural de Eshowe (África do Sul), 2014. O país tem um dos piores índices de desigualdade social do mundo.

2 IDH

Até o final da Segunda Guerra Mundial (1939-1945) a desigualdade internacional não era uma questão considerada importante. Somente com o final desse conflito, com a decadência das potências europeias e a descolonização de dezenas de países da África e da Ásia, é que esse tema passou a ocupar um importante lugar nas discussões internacionais. A ONU foi criada ao final dessa grande guerra e tinha como objetivo procurar manter a paz no mundo e promover o desenvolvimento nas nações mais pobres. Ela não atingiu nenhum desses dois objetivos totalmente, mas já interveio em diversos conflitos em variados países.

Divulgação/ONU

Símbolo da Organização das Nações Unidas (ONU).

Em 1948, a Assembleia Geral das Nações Unidas proclamou a **Declaração Universal dos Direitos Humanos**, segundo a qual "Todas as pessoas nascem livres e iguais em dignidade e direitos" (Artigo I). Os Estados que assinaram esse documento decidiram promover o progresso social em todos os países, visando à construção da paz no mundo.

Mas é sempre difícil escolher os critérios para medir as desigualdades internacionais. Até o final dos anos 1980, apenas os indicadores econômicos, como o PIB ou o PNB, além da renda *per capita*, eram considerados nessas avaliações. Os estudiosos, todavia, sempre alertaram que esses indicadores econômicos, apesar de importantes, são insuficientes. O desenvolvimento não deve ser visto apenas como econômico, mas também como social e, atualmente, cada vez mais como ambiental ou **sustentável**. Daí a ONU ter dado uma maior ênfase a dois fatores que antes eram negligenciados, a saúde e a educação das pessoas, que passaram também a ser medidos para avaliar o grau de desenvolvimento de cada país. Com isso, surgiu um novo critério para estudar o desenvolvimento econômico e social dos Estados nacionais, o IDH.

O IDH foi criado em 1990 e introduziu uma mudança significativa na maneira de medir o desenvolvimento de um país, porque leva em conta também os aspectos sociais. Ele passou a ser medido em praticamente todos os países do mundo e divulga os resultados por meio de relatórios anuais. O IDH consiste em uma média aritmética de indicadores desses três campos da sociedade: **economia**, **saúde** e **educação**.

A Z

Sustentável: desenvolvimento que procura satisfazer as necessidades da geração atual sem comprometer as gerações futuras.

Guy Bouchet/PhotoNonStop/Agência France-Presse

Parque eólico em Bouches-du-Rhône (França), 2013. A energia eólica é considerada limpa e, por isso, contribui para uma sociedade mais sustentável.

Para se definir o IDH de cada país com base nos índices de renda, saúde e educação, calculou-se a média dos números encontrados em uma escala que vai de 0 a 1. O índice *1*, jamais alcançado por nenhum país, corresponderia a uma situação perfeita, isto é, taxas excelentes em todos os indicadores, como uma alta renda *per capita*, toda população adulta com muitos anos de estudo e expectativa de vida altíssima. O índice *0*, também inexistente na prática, seria uma situação extremamente precária de baixíssima expectativa de vida e renda média, além de altas taxas de analfabetismo, que indicaria uma enorme pobreza.

Em todo caso, os países que possuem IDHs mais próximos de 1 são os considerados desenvolvidos; os que possuem esse indicador mais próximo de 0 são os subdesenvolvidos; e as nações que possuem esse indicador num nível médio são consideradas pelas organizações internacionais como em desenvolvimento. Uma classificação discutível, porém, melhor do que medir apenas os valores do PIB, PNB e da renda *per capita*.

Bairro comercial de Agadez (Níger), 2013. Segundo o *Relatório de desenvolvimento humano 2014*, o país ficou em último lugar no *ranking* do IDH.

Emile Chaix/Glow Images/Photo Non Stop

Texto e ação

1. Reproduza no caderno o artigo I da Declaração Universal dos Direitos do Homem. Comente-o.
2. Faça uma pesquisa para descobrir os objetivos da ONU. Escreva no caderno alguns deles.
3. Explique a frase a seguir.

> Em síntese, o IDH consiste em uma média aritmética de indicadores da economia, saúde e educação.

4. Observe o mapa da página 160 e responda às questões.
   a) Qual é o título do mapa? O que ele representa?
   b) Que cor representa os países com IDH baixo? E os com IDH médio?
   c) Que cor representa o IDH do Brasil? O que isso significa em relação aos demais países do mundo?

❸ Outros indicadores sociais

Você já viu alguns indicadores econômicos, como o PIB, o PNB e a renda *per capita*. Estudou também a distribuição social da renda e o IDH. Agora, conhecerá alguns outros indicadores sociais que podem auxiliar a compreensão das condições de vida da população de um território.

Expectativa de vida

A expectativa ou esperança de vida é o número médio de **anos** que um grupo de indivíduos nascidos no mesmo ano pode esperar viver, se mantidas as taxas de mortalidade existentes no ano em que nasceu.

Esse índice mostra então, uma esperança da sobrevida de um bebê recém-nascido levando-se em conta as condições existentes no lugar ou na sociedade onde nasceu. Essas condições são expressas por taxas de mortalidade, condições de atendimento médico-hospitalar, campanhas de vacinação, qualidade da água consumida, de educação, índices de criminalidade, poluição, etc. Assim, quando essas condições melhoram, por exemplo, diminuem os índices de criminalidade, da poluição da água ou do ar ou há melhoria na educação e no sistema de saúde, há um aumento na expectativa de vida das pessoas.

Em alguns países, como o Japão, a Suécia, o Canadá ou a Austrália, a esperança de vida de um recém-nascido era, em 2013, de mais de 80 anos, ao passo que em países extremamente pobres, como Serra Leoa, Zâmbia, Chade ou Afeganistão, a esperança é de menos de 55 anos.

Observe o mapa abaixo.

Mundo: expectativa de vida ao nascer (2013)

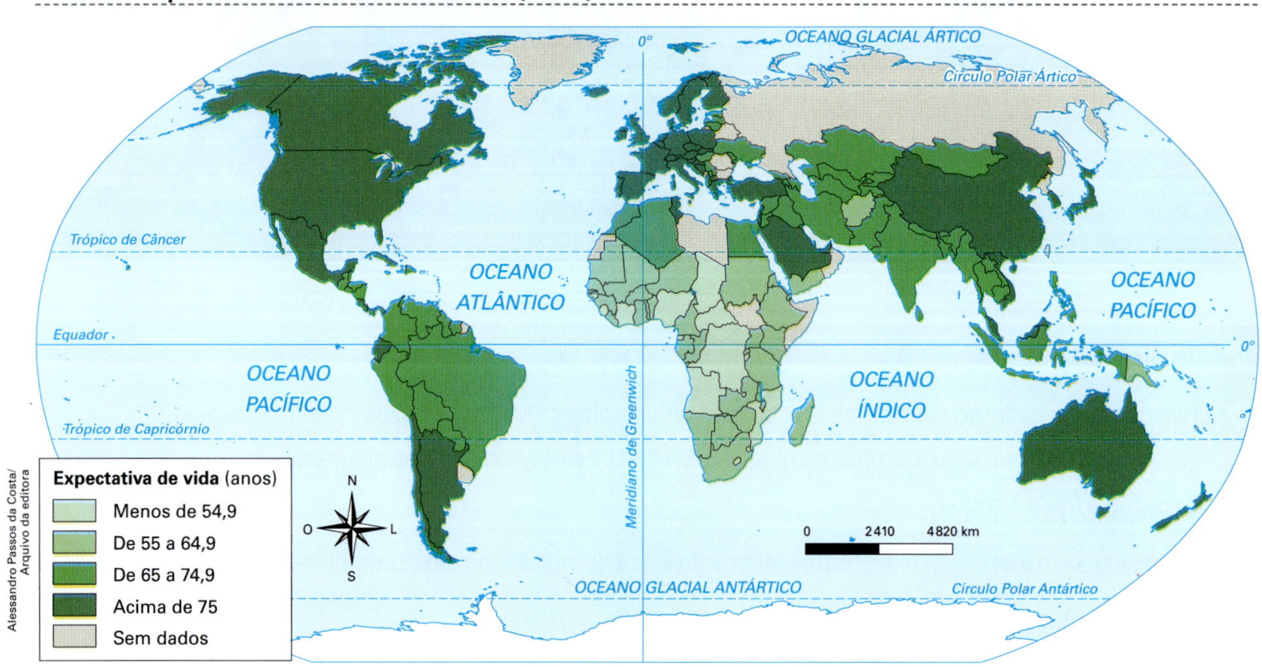

Elaborado com base nos dados de: PROGRAMA DAS NAÇÕES UNIDAS PARA O DESENVOLVIMENTO. Relatório de desenvolvimento humano 2014. *Sustaining Human Progress*: Reducing Vulnerabilities and Building Resilience. Nova York: Pnud, 2014. T. 1.

Mortalidade infantil

Outro importante indicador do desenvolvimento humano de uma sociedade é a taxa de mortalidade infantil. É diferente do índice ou taxa de mortalidade geral, embora seja calculada de forma semelhante. A taxa ou índice de mortalidade geral mede quantas pessoas morrem por ano em cada grupo de mil. E a taxa de mortalidade infantil indica quantas **crianças de até 1 ano** de idade morrem por ano em cada grupo de mil nascidas vivas.

Vejamos alguns exemplos. A taxa de mortalidade infantil em Angola era, em 2012, de 100‰, ou seja, para cada grupo de mil crianças com até 1 ano de idade, morriam 100. Já o Brasil possuía uma taxa de mortalidade infantil bem menor, de 13‰. Existem países, geralmente desenvolvidos, onde esse índice foi extremamente baixo: apenas 2‰ em Cingapura, no Japão e na Islândia, por exemplo.

As taxas de mortalidade infantil nos dão uma ideia bem melhor sobre o desenvolvimento social de um país do que as taxas gerais de mortalidade. Isso porque os países desenvolvidos possuem uma grande porcentagem de idosos em sua população total, resultado de uma elevada expectativa de vida, ao passo que a maioria dos países pobres possui uma proporção pequena de idosos e um grande percentual de jovens em sua população. Como a mortalidade entre os idosos é em geral maior do que entre os jovens, em alguns casos certos países desenvolvidos possuem maiores taxas de mortalidade geral que países subdesenvolvidos, embora a diferença seja pequena. Mas nas taxas de mortalidade infantil os países mais pobres sempre têm índices maiores do que os países ricos, pois as crianças com até 1 ano de idade são muito frágeis e condições de vida precárias, com alimentação e atendimento médico-hospitalar deficientes, inevitavelmente resultarão em altos índices de mortalidade infantil.

Mundo: mortalidade infantil (2012)

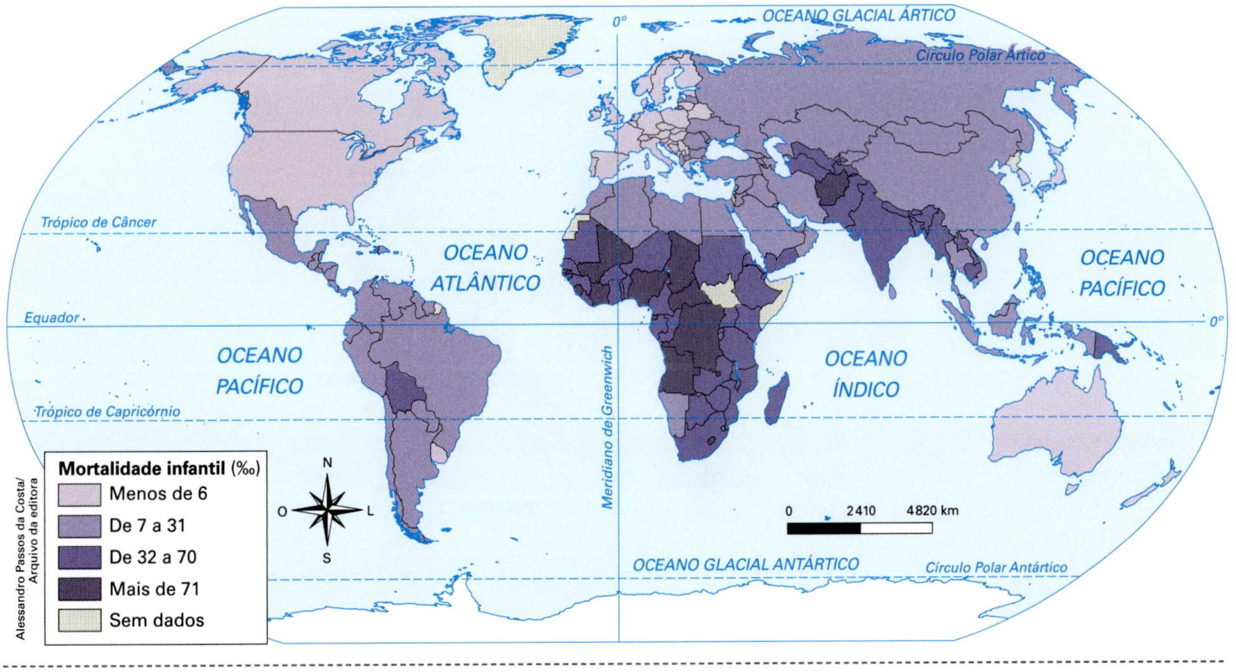

Elaborado com base nos dados de: PROGRAMA DAS NAÇÕES UNIDAS PARA O DESENVOLVIMENTO. Relatório de desenvolvimento humano 2014. *Sustaining Human Progress*: Reducing Vulnerabilities and Building Resilience. Nova York: Pnud, 2014. T. 7.

Fome e subnutrição

A fome pode ser definida como privação, temporária ou permanente, de alimentos. Existem dois tipos principais de fome: a aberta, ou **epidêmica**, e a oculta, ou **endêmica**.

A fome epidêmica se manifestou várias vezes na história e atualmente é rara. Ocorre em geral nos períodos de guerras, crises, mudanças climáticas, pragas ou doenças que de forma ampla e súbita atingem a produção agropecuária, entre outras. Ela se manifesta durante um período de grande ausência de alimentos e provoca a morte de milhares de pessoas. Mas geralmente a comunidade internacional ajuda a área afetada, enviando alimentos para socorrer as vítimas, assim como ocorreu no Afeganistão nos anos 1990 e vem ocorrendo no Sudão e no Sudão do Sul há mais de vinte anos.

A fome oculta, ou endêmica, é o mesmo que **subnutrição**, algo que, apesar de todo o avanço tecnológico na agricultura, ainda atingiu cerca de 842 milhões de pessoas no mundo, segundo o Relatório de Desenvolvimento Humano de 2014. A subnutrição costuma ser definida como o consumo insuficiente de nutrientes por pessoa. Segundo os critérios internacionais, um adulto necessita, em média, de no mínimo 2 500 calorias por dia; uma ingestão de calorias inferior a essa caracteriza um estado de subnutrição ou de fome endêmica.

A subnutrição debilita a saúde da pessoa e abre caminho para uma série de doenças. Todavia, vem ocorrendo uma diminuição dessa população subnutrida no mundo, embora o seu número total ainda seja alarmante. Mas isso ocorre não por causa de uma produção insuficiente de alimentos: a produção de alimentos é superior à necessidade média de toda a população mundial. A subnutrição ocorre por causa da distribuição extremamente desigual desses víveres. Afinal, os alimentos também são mercadorias, e sua aquisição depende do rendimento da pessoa ou da família.

Mundo: fome (2014)

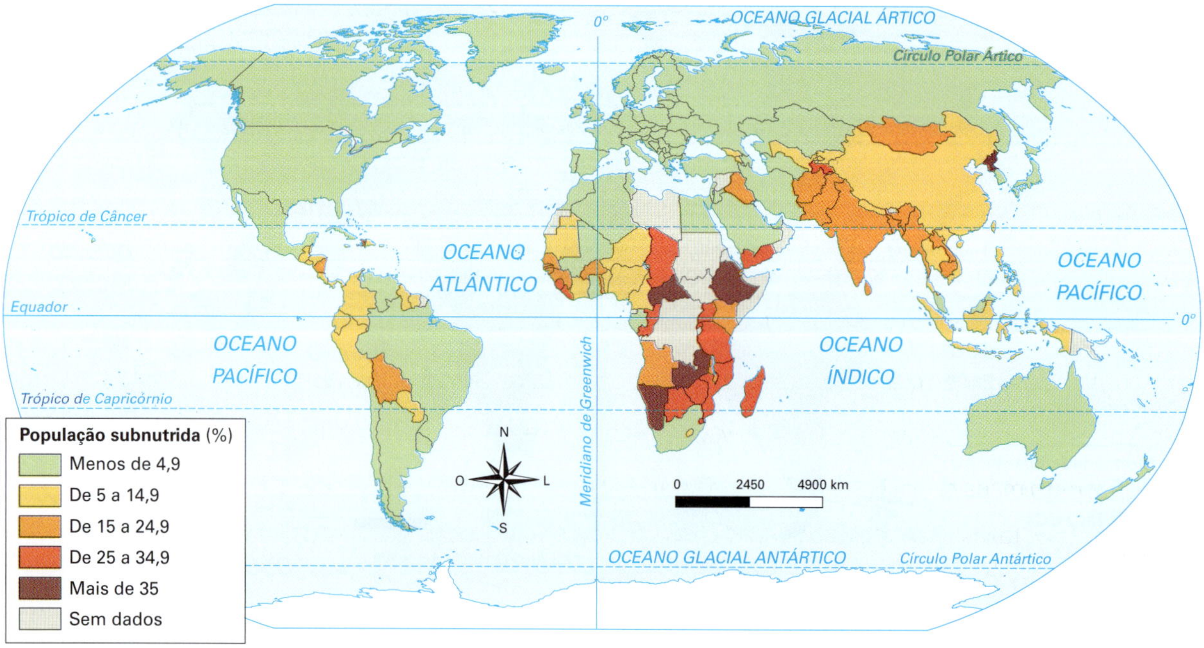

Alessandro Passos da Costa/Arquivo da editora

Adaptado de: WORLD FOOD PROGRAMME. *Hunger Map 2014*. Disponível em: <http://documents.wfp.org/stellent/groups/public/documents/communications/wfp268726.pdf>. Acesso em: 13 nov. 2014.

Em áreas onde a população é mais rica pode haver desperdício ou o consumo excessivo de comida, enquanto em outras áreas há um consumo insuficiente. As regiões com maior incidência de subnutrição são o sul e o sudeste da Ásia e África subsaariana. A subnutrição diminuiu de 33% da população mundial em 1970 para 12% em 2014.

Educação

Os níveis de escolaridade em uma mesma população podem ser bem variados, pode haver indivíduos analfabetos, outros que concluíram o Ensino Médio e outros ainda que cursaram o Ensino Superior. Quanto maior a escolarização de uma população, maior será o desenvolvimento do país. Existe uma relação direta entre **educação** e **desenvolvimento**: os países mais desenvolvidos são os que têm populações mais escolarizadas e os melhores sistemas escolares do mundo. E vice-versa, os países mais pobres do mundo possuem os mais precários sistemas escolares, e boa parte de sua população é analfabeta.

Além disso, a escolaridade influencia a saúde, pois uma população mais esclarecida vive mais e adoece menos do que uma população com baixíssimo nível educacional, pois sabe se cuidar melhor, conhece noções de higiene e de alimentação saudáveis.

Na Noruega, Suíça e Austrália, três países com IDH muito alto, a população adulta em média possuía em 2012 mais de 12 anos de estudos; em Portugal, 8,2; no Uruguai, 8,5; no Brasil, 7,2 anos de estudo. Em contrapartida, entre os países mais pobres, essa média é baixa: apenas 2,3 em Guiné Bissau; 2,0 no Mali e 1,5 no Chade.

Sala de aula em Hamburgo (Alemanha), 2013.

Christian Charisius/DPA/Zuma Press/Glow Images

Texto e ação

1. O que a expectativa de vida indica? Do que ela depende?
2. O que é taxa de mortalidade infantil? Cite um país com alta e um com baixa taxa de mortalidade infantil.
3. Observe o mapa da página 166. A que você atribui a diferença nos dados do Japão e da Suazilândia?
4. Observe o mapa da página 167. Cite uma área com alta e outra com baixa mortalidade infantil. Explique.
5. Por que as taxas de mortalidade infantil nos dão uma ideia bem melhor sobre o desenvolvimento social de um país do que as taxas gerais de mortalidade?
6. Diferencie fome epidêmica de subnutrição. Em seu texto acrescente o critério internacional que caracteriza um estado de subnutrição.
7. Existe uma relação direta entre escolaridade e desenvolvimento? Explique.

4 Relatório de Desenvolvimento Humano

Observe a tabela com dados retirados do Relatório de Desenvolvimento Humano (RDH) de **2014** de países selecionados: cinco com IDH muito elevado (países desenvolvidos), dez com IDH elevado ou médio (países em desenvolvimento) e cinco com IDH baixo (países subdesenvolvidos).

Países selecionados: indicadores sociais

	Ranking do IDH	País	IDH, 2013	Expectativa de vida (em anos), 2013	Média de anos de escolaridade (em anos), 2012	Renda nacional *per capita* (em dólares PPC)*, 2013	Taxa de mortalidade infantil (‰), 2012
IDH muito elevado	1	Noruega	0,944	81,5	12,6	63 909	2
	2	Austrália	0,933	82,5	12,8	41 524	4
	5	Estados Unidos	0,914	78,9	12,9	52 308	6
	6	Alemanha	0,911	80,7	12,9	43 049	3
	17	Japão	0,890	83,6	11,5	36 747	2
IDH elevado	50	Uruguai	0,790	77,2	8,5	18 108	6
	58	Bulgária	0,777	73,5	10,6	15 402	11
	68	Costa Rica	0,763	79,9	8,4	13 012	9
	71	México	0,756	77,5	8,5	15 854	14
	79	Brasil	0,744	73,9	7,2	14 275	13
	91	China	0,719	75,3	7,5	11 477	12
IDH médio	108	Indonésia	0,684	70,8	7,5	8 970	26
	111	Paraguai	0,676	72,3	7,7	7 580	19
	118	África do Sul	0,658	56,9	9,9	11 788	33
	135	Índia	0,586	66,4	4,4	5 150	44
IDH baixo	146	Paquistão	0,537	66,6	4,7	4 652	69
	152	Nigéria	0,504	52,5	5,2	5 353	78
	168	Haiti	0,471	63,1	4,9	1 636	62
	183	Serra Leoa	0,374	45,6	2,9	1 815	117
	187	Níger	0,337	58,4	1,4	873	63

Elaborado com base nos dados de: PROGRAMA DAS NAÇÕES UNIDAS PARA O DESENVOLVIMENTO. Relatório de desenvolvimento humano 2014. *Sustaining Human Progress*: Reducing Vulnerabilities and Building Resilience. Nova York: Pnud, 2014. T. 1; 7.

* A renda *per capita* está expressa pelo dólar PPC, que significa paridade do poder de compra, ou seja, em vez de ser apenas a renda *per capita* nominal, em dólares pelo valor do câmbio da moeda de cada país, essa medida procura levar em conta o **custo de vida** de cada sociedade. Por esse motivo, os valores de renda *per capita* nesta tabela são ligeiramente diferentes das rendas *per capita* desses mesmos países que mencionamos anteriormente neste livro.

Custo de vida: é o valor relativo de um conjunto de itens, como preço de alimentos, aluguéis, transportes, estudos, etc., necessários para uma vida digna. Muitas vezes a renda *per capita* de um lugar é alta, mas o custo de vida também é elevado, daí as organizações internacionais, como o Pnud, calcularem esse valor da renda média em PPC (paridade do poder de compra).

O Pnud pesquisa 187 países, mas existem alguns que não são incluídos, por diferentes motivos, como por não pertencerem à ONU; por uma situação momentânea de guerra ou de catástrofe; por não disporem de dados confiáveis; etc. Entre os países que não foram pesquisados e avaliados no *Relatório de desenvolvimento humano de 2014* estão a Coreia do Norte (que provavelmente é subdesenvolvido), Taiwan (que não é membro da ONU, mas que certamente é desenvolvido), Sudão do Sul (um país que se tornou independente em 2011 e ainda não tem dados confiáveis, mas que certamente é subdesenvolvido) e alguns outros.

Um elemento a destacar é que, em 2013, existiam 49 países com IDH considerado muito elevado, classificados pela ONU como "desenvolvidos". Já os países com IDH baixo e tidos como "subdesenvolvidos" foram em número de 42. Os 96 restantes do total de 187 pesquisados, classificados como "países em desenvolvimento", possuíam um IDH elevado ou médio. É uma classificação bastante discutível, pois entre os países considerados desenvolvidos existem alguns casos de economias frágeis e praticamente sem industrialização, como Chipre, ou de países que dependem de apenas um recurso natural, o petróleo, que algum dia vai se esgotar, como é o caso de Catar ou dos Emirados Árabes Unidos. Todavia, no grupo dos países com IDH muito elevado, a maioria de fato era constituída por países indiscutivelmente desenvolvidos: Estados Unidos, Noruega, Alemanha, Japão, França, Reino Unido, Austrália, Suécia e outros. E também no grupo dos 41 países com IDH baixo existiam apenas países extremamente pobres e subdesenvolvidos. Mas o imenso grupo de países com IDH considerado alto (52 nações) ou médio (41) incluia economias díspares, com algumas altamente industrializadas, como a China, o Brasil ou o México; e outras com fraca industrialização, como Guatemala, Panamá, Paraguai, Nicarágua ou Bangladesh. O Pnud, como órgão da ONU, é bastante sensível a pressões diplomáticas e, por isso, procura amenizar suas classificações e sempre avaliar da forma mais positiva possível os países-membros daquela organização internacional.

O IDH também não incorpora no seu cálculo um elemento importantíssimo para o desenvolvimento social: a democracia. Inúmeros estudos demonstraram que o desenvolvimento dos atuais países ricos não foi um processo apenas econômico, embora também tenha sido, com a Revolução Industrial, mas igualmente político no sentido de uma crescente participação da população nas decisões, de melhor distribuição social da renda nacional, de maiores liberdades democráticas (direito de ir e vir, de votar e ser votado, imprensa livre, transparência nas decisões e nos gastos governamentais, etc.).

Paisagem de Dubai (Emirados Árabes Unidos), 2014.

Alexandr Vlassyuk/Shutterstock/Glow Images

O papel das lutas sociais

É sabido que não foi apenas a industrialização que provocou uma melhora nas condições de vida nos atuais países desenvolvidos. Isso decorreu também de um longo processo de conquistas populares, que são a base da **democracia**. Essas conquistas, que se iniciaram no final do século XIX, prosseguem até hoje. Até o final do século XIX, no mundo inteiro, as mulheres, os pobres, as minorias étnicas, entre outros, não tinham o direito de escolha política, ou seja, não podiam votar. Depois de muitas lutas é que se conseguiu o voto universal, isto é, com o mesmo valor para todos os cidadãos.

Outros exemplos são o direito à escolarização gratuita para todos, que no início era de apenas três anos e atualmente já são oito ou até doze anos; a redução da jornada de trabalho de 74 horas semanais, no final do século XIX, para 36 horas; as melhorias nas condições de trabalho, como o direito a férias remuneradas, de receber pelas horas extras, etc. foram resultado de reivindicações e lutas sociais.

Nos Estados Unidos e em vários outros países desenvolvidos, nas primeiras décadas do século XX, ainda existiam favelas nas grandes cidades, que recebiam milhares de imigrantes todos os anos. Essas cidades eram governadas por autoridades corruptas, que iludiam com falsas promessas as multidões com baixa escolaridade, compravam votos ou apoios e roubavam o dinheiro público. Juízes e delegados de polícia contribuíam para essa situação, pois eram geralmente coniventes com as autoridades e as máfias de gângsteres que dividiam as cidades entre si e extorquiam os comerciantes e as pessoas que tinham algumas posses.

Depois de várias décadas de resistência, de reivindicações e lutas populares, muita coisa mudou. O orçamento público tornou-se controlado. A partir dos anos 1980 foram criadas leis que obrigam as autoridades federais, estaduais e municipais a publicar em jornais e também na internet todos os gastos realizados, para que os interessados possam ter acesso a essas informações. Instalou-se a obrigatoriedade de eleições periódicas para os cargos de juiz e delegado, e até os bens (propriedades, dinheiro) de cada autoridade são minuciosamente controlados. Por exemplo: ninguém pode se candidatar a qualquer cargo público de poder nos Estados Unidos, como presidente, governador, prefeito, etc., sem antes abrir para a comunidade toda a sua declaração de renda e propriedades, todas as suas contas bancárias, que serão de consulta acessível a todos até mesmo depois de deixarem os cargos.

A gravura de Gustave Doré, feita para o livro *London*, de Doré e Jerrold Blanchard, mostra a pobreza em uma rua de Londres (Reino Unido), na segunda metade do século XIX. Gustave Doré. *Seven dials*, Dudley Street, 1872.

Culture Club/Getty Images

A verdadeira democracia, portanto, não se resume, como pensam alguns, apenas a um regime com eleições periódicas. Mais do que isso, as autoridades têm de prestar contas de seus atos, ter transparência em seus gastos, decisões e rendimentos. A democracia também consiste numa série de liberdades, chamadas de democráticas, como uma imprensa livre, direito à moradia, à educação e à saúde, etc. Atualmente vigora nos países democráticos o direito de boas condições de vida, de um ambiente não poluído, de acesso à água potável e um sistema de esgotos, além de transporte público digno, etc.

Em síntese, todos os países desenvolvidos são democráticos, mas, em contrapartida, nenhum país subdesenvolvido possui de fato uma democracia plena e sem restrições. Em geral predominam as ditaduras ou em alguns casos uma democracia incompleta.

A **corrupção** e o desperdício de recursos que poderiam ser utilizados em benefício da população são muito presentes nos países subdesenvolvidos. A corrupção, embora possa existir em todos os lugares, geralmente é bem menor nos países desenvolvidos e maior nos subdesenvolvidos. Ela desvia recursos públicos e amplia a desigualdade social.

A Z

Corrupção: no sentido em que está no texto, significa apropriação privada de recursos públicos por meios ilegais, como subornos, desvio de recursos, superfaturamentos, cumplicidade com o contrabando ou com o narcotráfico, envio ilegal de recursos para o exterior, etc.

Paul Thompson/Getty Images

Mulheres reivindicam o direito ao voto em Nova York (Estados Unidos), 1913.

Juca Martins/Olhar Imagem

Manifestação estudantil contra a ditadura militar em São Paulo (Brasil), 1977.

Texto e ação

1. Analise os dados da tabela da página 170 e compare o IDH do Brasil com o dos demais países da América do Sul. O que você conclui?
2. Sobre autoritarismo e democracia, responda às questões.
   a) O que é democracia plena?
   b) Existem diferenças em termos democráticos entre um país do Norte e um do Sul geoeconômico?
   c) O que é transparência? Qual a relação dela com a democracia?
3. Observe as fotos acima. Comente-as usando as informações dadas no capítulo.
4. Os meios de comunicação mostram quase diariamente situações de corrupção em várias localidades brasileiras. Sobre esse assunto, faça o que se pede.
   a) Explique o que é corrupção.
   b) Você acompanha os casos de corrupção no Brasil pelos noticiários? Quais casos você viu recentemente?
5. Elabore um texto ressaltando os pontos positivos e os negativos do IDH.

Geolink

Brasil sobe uma posição no IDH, mas ainda é um país desigual

No ano anterior [2013] o IDH do Brasil era de 0,742 e agora [2014] subiu para 0,744, passando da 80ª para a 79ª posição em uma lista de 187 países analisados. Com escala de 0 a 1, o IDH avalia o progresso de um país em três dimensões básicas: renda, saúde (expectativa de vida ao nascer) e educação (anos de escolarização e escolarização esperada). Quanto mais próxima de 1, melhor a situação do país. A primeira colocada no ranking *foi a Noruega, com IDH de 0,944. Em seguida aparecem Austrália, Suíça, Países Baixos, Estados Unidos, Alemanha, Nova Zelândia, Canadá, Cingapura e Dinamarca, todas com desenvolvimento muito elevado. Já a pior colocação ficou para o Níger, com apenas 0,337.*

O IDH foi criado em 1990 pelo economista paquistanês Mahbub ul Haq e pelo economista indiano Amartya Sen, que ganhou o Prêmio Nobel de Economia de 1998. O objetivo era que o Pnud conseguisse medir o bem-estar de um país e não apenas o seu crescimento econômico medido pelo valor do PIB. O atual IDH do Brasil de 0,744 é composto de dados como expectativa de vida de 73,9 anos, renda per capita *anual de US$ 14 275 e escolaridade média de adultos de 7,2 anos. Mas em relação aos países vizinhos da América do Sul, estamos atrás do Chile (41º lugar no* ranking*, com o maior IDH da América Latina), da Argentina (49º), do Uruguai (50º) e da Venezuela (67º lugar). O IDH brasileiro apresentou melhoras consistentes da condição de vida das pessoas nos últimos 30 anos. O índice aumentou 36,4% desde 1980. Entre 1991 e 2010, por exemplo, a renda* per capita *mensal dos brasileiros teve um ganho de R$ 346,31, e a expectativa de vida cresceu 14% no país. O relatório afirma que, no caso do Brasil, o aumento substancial do índice foi puxado por algumas variáveis como a estabilidade econômica e a implementação de programas de saúde pública, educação e assistência social.*

Mas há uma ressalva: se a desigualdade social entrasse na avaliação, o Brasil cairia nesse ranking*. Em 2010, o Pnud criou o IDH-D (Índice de Desenvolvimento Humano ajustado à Desigualdade), um indicador para avaliar a desigualdade e que considera, além da média de desenvolvimento, as diferenças nos indicadores de renda, educação e saúde entre a população. Quanto maior a desigualdade, maior o desconto na pontuação. A ONU calcula que se o IDH fosse considerar a desigualdade de renda, o Brasil perderia dezesseis posições no* ranking *e a nota alcançada neste último relatório, de 0,744, cairia para 0,542. Para a ONU, a redução contínua da desigualdade requer uma mudança nos padrões de crescimento para que eles sejam mais inclusivos – baseados em políticas redistributivas e mudanças em normas sociais.*

Adaptado de: UOL Vestibular. *Atualidades*. Disponível em: <http://vestibular.uol.com.br/resumo-das-disciplinas/atualidades/demografia-brasil-sobe-uma-posicao-no-idh-mas-ainda-e-um-pais-desigual.htm>. Acesso em: 13 nov. 2014.

Moacyr Lopes Junior/Folhapress

Em primeiro plano, favela Panorama; ao fundo, edifícios de alto padrão, em São Paulo (SP), 2013.

Responda às questões.

1. Por que o Brasil vem melhorando nas avaliações do IDH nos últimos anos? Quais são os elementos que mais influenciaram nessa melhora? Faça um comentário sobre cada um deles.
2. Quais foram os países sul-americanos que se saíram melhor no *ranking* do IDH de 2014?
3. Quais foram os países em todo o mundo que se saíram melhor nesta avaliação dos IDHs? E o pior de todos?
4. O texto faz uma ressalva que se fossem levadas em conta as desigualdades sociais, o Brasil perderia dezesseis posições no *ranking*. Faça um comentário sobre esse fato.

Atividades finais

+ Ação

1. O mapa abaixo apresenta uma regionalização do espaço geográfico brasileiro, que utiliza como critério o Índice de Desenvolvimento Humano por município. Faça o que se pede.

Brasil: IDH (2010)

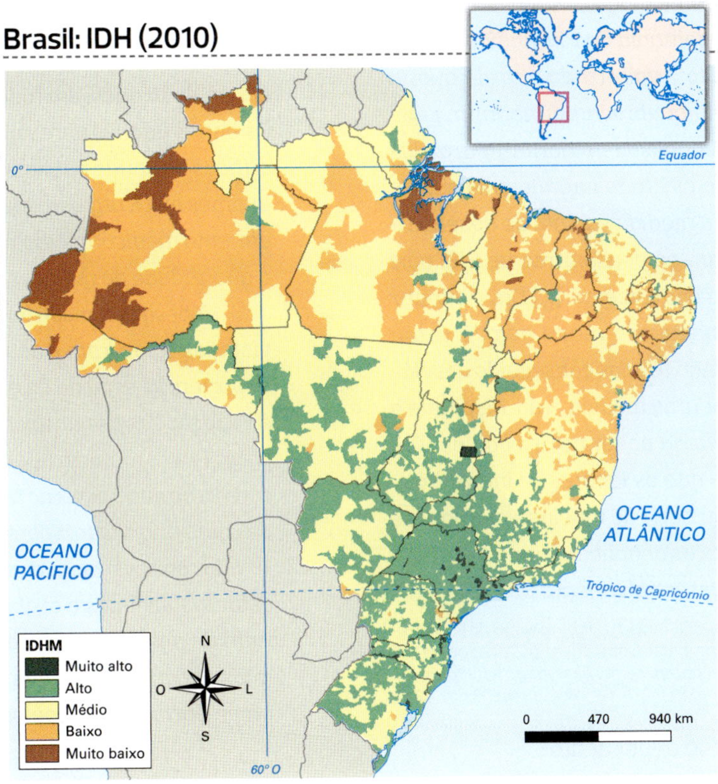

Alessandro Passos da Costa/Arquivo da editora

Adaptado de: PROGRAMA DAS NAÇÕES UNIDAS PARA O DESENVOLVIMENTO. *Atlas do Desenvolvimento Humano no Brasil 2013*. Disponível em: <www.atlasbrasil.org.br/2013/pt/consulta/>. Acesso em: 2 dez. 2014.

Região	Número de municípios				
	IDH muito elevado	IDH elevado	IDH médio	IDH baixo	IDH muito baixo
Norte	0	25	226	180	18
Nordeste	0	34	647	1099	14
Centro-Oeste	1	190	265	10	0
Sudeste	29	871	695	73	0
Sul	14	769	400	5	0

Adaptado de: PROGRAMA DAS NAÇÕES UNIDAS PARA O DESENVOLVIMENTO. *Atlas do Desenvolvimento Humano no Brasil 2013*. Disponível em: <www.atlasbrasil.org.br/2013/pt/destaques/faixas_idhm>. Acesso em: 13 nov. 2014.

a) Leia o mapa e a tabela. O que você concluiu?

b) Em que regiões se concentram os IDHs muito altos no Brasil?

c) Em que regiões se concentram os IDHs baixos ou muito baixos?

d) Em que região você mora? Quantos municípios essa região tem com IDHs muito altos, altos, médios, baixos e muito baixos?

2. Leia o texto e responda às questões.

Devo reconhecer que não via no início muito mérito no IDH em si, embora tivesse tido o privilégio de ajudar a idealizá-lo. A princípio, demonstrei bastante ceticismo ao criador do Relatório de Desenvolvimento Humano, Mahbub ul Haq, sobre a tentativa de focalizar, em um índice bruto deste tipo – apenas um número –, a realidade complexa do desenvolvimento e da privação humanos. [...] *Mas, após a primeira hesitação, Mahbub convenceu-se de que a hegemonia do PIB (índice demasiadamente utilizado e valorizado que ele queria suplantar) não seria quebrada por nenhum conjunto de tabelas. As pessoas olhariam para elas com respeito, disse ele, mas quando chegasse a hora de utilizar uma medida sucinta de desenvolvimento, recorreriam ao pouco atraente PIB, pois apesar de bruto era conveniente.* [...] *Devo admitir que Mahbub entendeu isso muito bem. E estou muito contente por não termos conseguido desviá-lo de sua busca por uma medida crua. Mediante a utilização habilidosa do poder de atração do IDH, Mahbub conseguiu que os leitores se interessassem pela grande categoria de tabelas sistemáticas e pelas análises críticas detalhadas que fazem parte do Relatório de Desenvolvimento Humano.*

Adaptado de: SEN, Amartya. Prêmio Nobel da Economia em 1998, no prefácio do RDH de 1999. Disponível em: <www.pnud.org/content/undp/en/home/librarypage/hdr/?page=2>. Acesso em: 13 nov. 2014.

a) Quem é o autor do depoimento?
b) Por que, mesmo sendo um dos idealizadores do IDH, o autor do depoimento não via muito mérito nesse índice de desenvolvimento?
c) Há relação entre o depoimento e a afirmação a seguir? Qual?

> Uma classificação discutível, porém, melhor do que quando se mediam apenas os valores do PIB ou PNB e da renda *per capita*.

3. Leia o texto a seguir sobre a saúde do brasileiro. Depois, faça o que se pede.

Mais de 90% da população brasileira considera os serviços públicos e privados de saúde péssimos, ruins ou regulares, conforme pesquisa divulgada nesta terça-feira [19 ago. 2014] *pelo Instituto Datafolha encomendada pelo Conselho Federal de Medicina (CFM) e pela Associação Paulista de Medicina (APM). O levantamento foi anunciado uma semana após a mesma pesquisa afirmar que metade da população do estado de São Paulo espera de um a seis meses para marcar uma consulta no Sistema Único de Saúde (SUS). De acordo com o Datafolha, 93% da população brasileira se diz insatisfeita com a saúde do país e atribuíram notas de zero a sete para o setor, sendo que 60% atribuíram notas de zero a quatro. O Datafolha considera notas entre cinco e sete como regulares. Especificamente ao SUS, 87% dos entrevistados deram nota de zero a sete e se disseram insatisfeitos com a saúde pública do Brasil. A pesquisa entrevistou 2 418 homens e mulheres, com idade acima de 16 anos, em todos os Estados brasileiros. Os entrevistados apresentaram como pontos mais críticos na saúde pública a marcação de consultas, exames ou cirurgias; o tempo de espera para atendimento médico; acesso a médicos especialistas; e a quantidade de médicos.*

A pesquisa mostrou ainda que 87% dos entrevistados colocaram a saúde como a área de maior importância, seguida da educação (18%), combate à corrupção (8%), segurança (7%), combate ao desemprego (4%) e moradia (3%). O estudo aponta que 57% acreditam que o governo federal deveria tratar a saúde como prioridade. Sobre a qualidade dos serviços, 70% dos que buscaram atendimento no SUS disseram estar insatisfeitos e atribuíram avaliações que variam de péssimo a regular. O setor com a imagem mais negativa é o de atendimento nas urgências e emergências e nos prontos-socorros.

Adaptado de: R7 Notícias. Disponível em: <http://noticias.r7.com/saude/93-dos-brasileiros-estao-insatisfeitos-com-a-saude-do-pais-revela-pesquisa-19082014>. Acesso em: 13 nov. 2014.

a) Segundo essa pesquisa, qual é a avaliação que a população brasileira faz do sistema de saúde no país? Você concorda com essa avaliação? Por quê?
b) Quais são, na opinião dos entrevistados, os principais problemas do Brasil? Você concorda com essa ordem? Justifique.
c) O Brasil avançou na avaliação do IDH, entre outros motivos, graças aos avanços que teriam ocorrido no sistema de saúde. Faça um comentário sobre esse fato.

4. Uma das frases a seguir não está de acordo com o que você aprendeu sobre IDH. Identifique onde está o erro e reescreva a frase com a informação correta no caderno.

a) O Índice de Desenvolvimento Humano (IDH) é um indicador criado em 1990 por organizações internacionais ligadas à ONU. Este indicador introduziu uma mudança significativa na maneira de se medir o desenvolvimento social de um país, porque leva em conta índices de saúde e de educação.

b) Em síntese, o IDH consiste numa média aritmética de indicadores desses três campos ou setores: economia, saúde e educação.

c) A distribuição social da renda nacional, um elemento econômico e social importantíssimo, começou a ser levado em conta no cálculo do IDH dos países a partir de 2010.

d) Apesar de se procurar a cada ano aprimorar a avaliação do IDH de cada país pesquisado, esse índice ainda não incorpora elementos importantes para o desenvolvimento sustentável.

5. Escolha um país com IDH superior a 0,900 em 2014 e pesquise textos informativos, fotografias, mapas, pinturas e outros materiais ligados a festas religiosas, música, modo de vida desse país. A pesquisa pode ser feita em livros, almanaques, revistas e, se possível, na internet.
   - Na data combinada com o professor, elabore um resumo com o material pesquisado, ilustre com as imagens selecionadas e apresente aos demais colegas da classe.

6. Pesquise em jornais, revistas ou na internet notícias que comprovem a existência da corrupção em diversos países desenvolvidos e subdesenvolvidos.
   - Na data combinada com o professor, traga as informações levantadas para a sala de aula e apresente-as à turma.

De olho na imagem

1. Observem a charge, leiam o texto e façam o que se pede.

Fernanda Crevin/Shutterstock/Glow Images

*A escrita correta da palavra é: educação, com "ç".

O Fórum Econômico Mundial (WEF, na sigla em inglês) é mais um órgão internacional a reafirmar aquilo que até as autoridades brasileiras reconhecem: quando se trata de educação, o Brasil está mais perto dos piores exemplos do mundo do que dos melhores. Em seu Relatório de Capital Humano, o WEF colocou o país na 88ª posição de um total de 122 países analisados quando se trata de educação. Isso nos coloca mais perto dos lan-

ternas Burkina Faso (121ª) e Iêmen (122ª) do que da Finlândia (1ª) e Canadá (2ª), que lideram neste indicador. Para chegar a esta posição, o Brasil falhou principalmente na qualidade do ensino em Matemática e Ciências, disciplinas em que ficou entre os 15 piores do mundo, em 112º lugar. Matemática já era a pior disciplina entre os brasileiros atestada no último Pisa, exame realizado com alunos de 65 países do globo. O Brasil ficou então em 57º na disciplina. No quesito acesso à internet nas escolas, o Brasil ficou na 86ª posição nessa avaliação de 122 países, na 64ª posição no quesito pessoas com mais de 25 anos com curso superior e na 105ª posição no quesito qualidade do sistema escolar.

O chamado Índice de Capital Humano, do WEF, mede o quanto os países permitem que o desenvolvimento social de seus habitantes se converta em vantagem econômica. A educação é a principal culpada por deixar o Brasil na 57ª colocação geral de qualidade de mão de obra, já que nos demais indicadores – como emprego e ambiente estrutural – o desempenho brasileiro é melhor. Não só isso: Brasil está melhor que a média da América Latina e de países de mesmo nível de renda em todos os pilares do índice. Menos, claro, em Educação.

Adaptado de: EXAME.com. Disponível em: <http://exame.abril.com.br/brasil/noticias/educacao-brasileira-fica-entre-35-piores-em-ranking-global>. Acesso em: 13 nov. 2014.

a) Ao observar a charge o que mais chamou a atenção de vocês?
b) Expliquem o que o autor quis ironizar.
c) Na opinião de vocês, há relação entre a imagem e o texto? Qual?
d) Escrevam um comentário sobre a educação no Brasil.
e) Pesquisem textos e imagens que retratem a educação hoje no Brasil e tragam suas descobertas para a sala de aula.

2. Josué de Castro teve uma profunda influência na vida nacional e grande projeção internacional entre 1930 e 1973. Grande parte de seu tempo e seu talento foi dedicado a chamar a atenção para a fome e a miséria que assolavam e que, infelizmente, ainda assolam o mundo.

a) Observem a imagem e leiam as frases.

Editora Brasiliense/Arquivo da editora

Ao escrever, em 1946, o festejado livro *Geografia da fome*, Josué de Castro afirmava que a fome não era um problema natural, isto é, não dependia nem era resultado dos fatos da natureza; ao contrário, era fruto de ações dos homens, de suas opções, da condução econômica que davam a seus países.

Frases de Josué de Castro

Mais grave ainda que a fome aguda e total, devido às suas repercussões sociais e econômicas, é o fenômeno da fome crônica ou parcial, que corrói silenciosamente inúmeras populações do mundo.

Denunciei a fome como flagelo fabricado pelos homens, contra outros homens.

Adaptado de: CASTRO, J. Disponível em: <www.josuedecastro.com.br/port/index.html>. Acesso em: 13 nov. 2014.

b) Comentem a imagem e as frases citadas de acordo com o Artigo XXV da Declaração dos Direitos Humanos.

Toda pessoa tem direito a um padrão de vida capaz de assegurar a si e a sua família saúde e bem-estar, inclusive alimentação, vestuário, habitação, cuidados médicos e os serviços sociais indispensáveis [...].

c) Para saber mais sobre a vida de Josué de Castro, acesse, se possível, o *site* <www.josuedecastro.com.br>.

Conexões

LÍNGUA PORTUGUESA

1. Em 1948, a Assembleia Geral das Nações Unidas proclamou a Declaração Universal dos Direitos Humanos, segundo a qual "Todas as pessoas nascem livres e iguais em dignidade e direitos" (Artigo I). Os Estados que assinaram este documento decidiram promover o progresso social e melhores condições de vida em todos os países, visando a construção da paz no mundo.

a) Leia como o escritor e poeta Thiago de Mello recorreu à poesia para tratar dos Direitos Humanos.

Estatuto do homem

Artigo 1 – Fica decretado que agora vale a verdade, agora vale a vida e de mãos dadas marcharemos todos pela vida verdadeira; [...]

Artigo 3 – Fica decretado que, a partir deste instante, haverá girassóis em todas as janelas, que os girassóis terão direito a abrir-se dentro da sombra e que as janelas devem permanecer o dia inteiro abertas para o verde onde cresce a esperança; [...]

Artigo 6 – Fica estabelecida durante dez séculos a prática sonhada por Isaías que o lobo e o cordeiro pastarão juntos e a comida de ambos terá o mesmo gosto de aurora; [...]

Artigo 8 – Fica decretado que a maior dor sempre foi e será sempre não poder dar-se amor a quem se ama e saber que é a água que dá à planta o milagre da flor; [...]

Artigo 11 – Fica decretado por definição que o homem é o animal que ama, e que por isso é belo, muito mais belo que a estrela da manhã; [...]

Adaptado de: MELLO, T. de. *Fez escuro, mas eu canto*. 23. ed. Rio de Janeiro: Bertrand Brasil, 2009. p. 102.

b) Escreva um pequeno texto relacionando os artigos de Thiago de Mello com o tema estudado no capítulo.

MATEMÁTICA

2. Nesta atividade você vai comparar a taxa de mortalidade infantil do Brasil com a de alguns países por meio de uma tabela e de um gráfico.

a) Procure na tabela da página 170 a taxa de mortalidade infantil dos seguintes países: Brasil, Noruega, Austrália, México, China, Paquistão, Haiti e Níger. Anote-as.

b) Com os dados anotados, elabore um gráfico de barras: no eixo vertical, faça uma escala para a taxa de mortalidade infantil; no eixo horizontal, escreva o nome dos sete países. Veja o modelo abaixo, que mostra os prédios mais altos do mundo (no eixo vertical, a altura; no horizontal, o nome do edifício).

Mundo: prédios mais altos (2010)

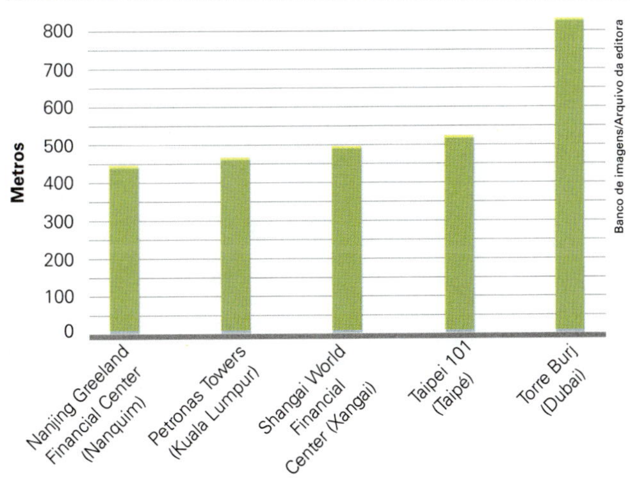

Adaptado de: REVISTA NOVA ESCOLA. Disponível em: <http://revistaescola.abril.com.br/fundamental-1/graficos-tabelas-organizar-informacoes-646489.shtml>. Acesso em: 13 nov. 2014.

c) Analise o gráfico e registre suas conclusões.

Capítulo

9 Disparidades de desenvolvimento

Neste capítulo você estudará quando e por que as desigualdades entre os países e regiões se ampliaram. Verá que essas desigualdades não eram muito pronunciadas até a Revolução Industrial. Compreenderá por que a industrialização aumentou a diferença econômica e social entre um grupo de países e o restante dos povos.

alexpro9500 / Shutterstock.com

Vista de Nova York (Estados Unidos), 2014.

Jack Kurtz/Zuma Press/Glow Images

Paisagem de Sittwe (Mianmar), 2014.

Para começar, observe as fotos. Depois, responda às seguintes questões.

1. Em sua opinião, por que existem desigualdades internacionais tão profundas?
2. Quando elas começaram e por que ainda persistem?

1 Origem das disparidades de desenvolvimento

Até meados do século XVIII as diferenças internacionais eram pequenas. Foi a partir dessa época, quando se iniciou a **Revolução Industrial** na Europa ocidental, que, no transcorrer de algumas décadas, alguns países tomaram a dianteira e passaram a ser desenvolvidos em comparação aos demais.

Veja a tabela a seguir, sobre a renda média em alguns países ou regiões do globo ao longo de vários séculos. Em 1700 e em 1870 nenhuma instituição pesquisava a renda média ou *per capita* de uma sociedade, e se o fizesse usaria provavelmente a libra inglesa como moeda de referência, no lugar do dólar norte-americano, já que somente após a Segunda Guerra Mundial tornou-se a moeda padrão no globo. Em todo caso, os valores referentes a esses dois anos (1700 e 1870) são estimativas feitas por historiadores e economistas, ao passo que os dados de 1950 e 2010 já são estatísticas calculadas por organizações internacionais, segundo os métodos mais recentes. Essa tabela nos fornece uma noção a respeito de quando as desigualdades internacionais de fato se acentuaram.

País ou região do globo	Renda *per capita* (em dólares)			
	1700	1870	1950	2010
África*	425	500	890	1 470
América Latina*	530	680	2 500	4 580
Ásia menos Japão*	580	680	900	3 300
Japão	570	740	1 920	43 160
Reino Unido	1 100	3 200	6 940	36 090
Espanha	860	1 250	2 200	30 500
França	910	1 880	5 280	39 460
Estados Unidos	530	2 300	9 560	47 085

Elaborado com base nos dados de: MADDISON, Angus; BAIROCH, Paul.; THE WORLD Bank. *World Development Report 1955*; WORLD Economic Outlook. *Database*. Abr. 2011.
* Média do continente.

Henry Godfrey/Getty Images

Usina termelétrica no início do século XX, atualmente desativada, em Londres (Reino Unido), 2013.

De acordo com a tabela, em 1700, antes da Revolução Industrial, que se iniciou por volta de 1750, as desigualdades internacionais eram pequenas, praticamente insignificantes quando comparadas às que existem hoje. A diferença entre o país mais rico do mundo na época, o Reino Unido, e a média do continente africano era de pouco mais de duas vezes, algo irrisório quando comparamos com as diferenças que existem atualmente: os Estados Unidos têm uma renda *per capita* 32 vezes maior que a média da África. Os norte-americanos em 1700 tinham uma renda média semelhante à dos latino-americanos, já que, nesta época, todos no continente eram habitantes de colônias pertencentes às metrópoles europeias. O Japão também não se diferenciava de seus vizinhos asiáticos tal como passou a ocorrer a partir do século XIX. Alguns países ou regiões do globo já começavam a despontar em virtude da expansão marítimo-comercial europeia iniciada no final do século XV e que deu origem às colônias – principalmente no continente americano – de países como Espanha, Portugal, França, Países Baixos e Reino Unido. Esses países enriqueceram graças ao ouro, prata, açúcar, algodão, madeiras nobres, etc., extraídos nas colônias ou produzidos nelas.

Francis Frith/Paul Popper/Popperfoto/Getty Images

Vista de Alexandria (Egito), 1850.

Francis Frith/Getty Images

Vista de Manchester (Reino Unido), 1880.

Todavia, no final do século XIX, em 1870, as desigualdades internacionais eram já bem mais evidentes. Nessa época o mundo vivia o apogeu da Revolução Industrial, que do Reino Unido se espalhou para os atuais países desenvolvidos: os países da Europa ocidental de uma forma geral e os Estados Unidos e Japão, que souberam imitar com competência o exemplo europeu. Com a **industrialização**, a Europa reforçou a sua posição como o centro econômico e militar do globo, que já havia sido iniciada, embora timidamente, com a expansão marítimo-comercial dos séculos XV e XVI. A explicação para essa crescente disparidade entre um grupo de países e o restante está no enorme avanço do primeiro grupo ocasionado pela industrialização, com a introdução de máquinas e a elevação da produtividade (produção por trabalhador) da mão de obra.

A África, que foi o berço da espécie humana, do *homo sapiens*, que lá viveu durante 70 ou 80 mil anos antes de ocupar os demais continentes, já por volta de 1700, ou mesmo até antes disso, estava ficando para trás. No continente, com exceção de poucas áreas, como o vale do rio Nilo, não existiam sociedades ricas, grandes cidades ou aglomerações demográficas consideráveis como na Europa, na Ásia e no continente americano.

Quando grupos de seres humanos saíram da África em direção à Europa e à Ásia, e depois à América, encontraram climas em geral mais úmidos e vales fluviais com solos férteis. Encontraram espécies vegetais que acabaram se tornando a base alimentar da humanidade, como o arroz e o trigo na Eurásia, e o milho na América, e, com isso, se multiplicaram num ritmo mais rápido do que no continente de origem. Na África, esses primeiros habitantes tinham, ainda, uma quantidade bem maior de inimigos naturais, animais que ocasionavam grande mortandade entre os humanos.

Foi somente após a Revolução Industrial, com o advento da **tecnologia** moderna, que os seres humanos passaram a depender menos da natureza e mesmo a modificá-la profundamente; até então eles eram muito suscetíveis ao meio onde viviam, à presença (ou ausência) de água potável e de espécies vegetais comestíveis, à fertilidade natural do solo, às mudanças climáticas e aos desastres naturais, etc.

Além disso, desde o século XVI a África, apesar de ainda não ser objeto de colonização por parte das potências europeias, que só exploraram esse continente a partir do final do século XIX, era fornecedora de enormes quantidades de mão de obra escravizada, isto é, pessoas capturadas e transportadas para as colônias do continente americano, onde realizavam trabalhos forçados e degradantes.

A Z

Tecnologia: técnica avançada, resultante da aplicação do conhecimento científico. Técnica é qualquer conhecimento ou objeto que a humanidade utiliza para aprimorar o seu trabalho, desde o arco e a flecha até a arte de fazer um vaso, por exemplo. E tecnologia é uma técnica produzida com o uso da ciência moderna: um computador ou um programa (*software*), um avião, uma colheitadeira agrícola, etc.

Texto e ação

1. Quando e como surgiram as acentuadas desigualdades entre as nações?
2. Os atuais países desenvolvidos sempre foram ricos, sempre estiveram à frente dos demais? Explique.
3. Os atuais países subdesenvolvidos sempre foram comparativamente pobres, em relação aos atuais países ricos? Você acredita que eles continuarão nessa situação de subdesenvolvimento para sempre? Por quê?
4. Por que a industrialização foi o processo que agravou as desigualdades internacionais? E por que ela se iniciou nos atuais países desenvolvidos?
5. Comente a frase "Em 1700, antes da Revolução Industrial, as desigualdades internacionais eram pequenas, praticamente insignificantes quando comparadas às que existem hoje". Em seu comentário, inclua dados da tabela da página 181.

2 Revolução Industrial

Para compreender a Revolução Industrial e por que ela se iniciou na Europa ocidental, é preciso saber o que é a **indústria moderna** e qual a sua diferença em relação ao **artesanato** e à **manufatura** – duas outras formas de transformar elementos da natureza em artefatos, como vasos, arcos e flechas, instrumentos de madeira ou de metal, etc.

Fábio Colombini/Acervo Araribá, Santarém, PA.

Banco indígena de fabricação artesanal em Alter do Chão, Pará (Brasil), 2013.

Artesanato

O artesanato, durante milênios, foi a única forma pela qual os seres humanos produziram objetos a partir da modificação de matérias-primas fornecidas pela natureza. O artesanato tem como principal característica a ausência da divisão social do trabalho, ou seja, cada artesão faz um objeto por inteiro, desde os primeiros passos até o fim. Os instrumentos de trabalho são muito simples (facas, tesouras, martelos, agulhas, linhas de costura, etc.) e geralmente pertencem ao artesão.

Hughes Hervé/Hemis.FR/Agência France-Presse

Oficina de costura tipicamente manufatureira em Cuzco (Peru), 2014.

Manufatura

A manufatura, por sua vez, consiste num estágio intermediário entre o artesanato e a indústria moderna. Ela predominou na Europa nos séculos XVI, XVII e XVIII e tem como principais características o uso de máquinas simples (teares manuais, por exemplo) e a divisão social do trabalho: cada trabalhador ou grupo de trabalhadores fica responsável por uma tarefa. É o conjunto de tarefas de todos os trabalhadores, ou grupos, que permite obter o produto final. Apesar disso, ainda é a habilidade das pessoas que comanda o processo de trabalho, e não as máquinas tal como ocorre na indústria moderna.

Indústria moderna

A indústria moderna nasceu com a Revolução Industrial, que ocorreu inicialmente no Reino Unido em meados do século XVII e até o final do século XIX se espalhou para os atuais países desenvolvidos, e depois para praticamente o mundo todo. Diferente do artesanato e da manufatura, a indústria tornou a fabricação de bens a principal atividade econômica da sociedade. O uso maciço de máquinas cada vez mais complexas, que exigem grande quantidade de fontes de energia, é a sua principal característica.

O emprego de máquinas modernas amplia consideravelmente a produtividade do trabalho, permitindo que a indústria produza bens numa quantidade muito maior, além de mais baratos do que a manufatura e o artesanato. A difusão entre a população de bens industrializados – inicialmente calçados, roupas, bebidas e outros produtos simples; mais tarde eletrodomésticos, automóveis, etc.– aumenta o seu padrão de vida e deixa as demais sociedades para trás. A industrialização da sociedade resulta também na urbanização. Essa industrialização da sociedade, iniciada em meados do século XVIII, esteve ligada à expansão do capitalismo ou economia de mercado.

Thomas Niedermueller/Getty Images/Agência France-Presse

Indústria automobilística em Sindelfingen (Alemanha), 2014.

Economia de mercado

Entende-se por economia de mercado ou capitalista aquela na qual predominam as empresas particulares e em que as decisões econômicas são definidas pelo **mercado**. Tais decisões são tomadas pelos presidentes ou diretores das empresas estatais ou privadas, que podem ser sociedades anônimas (com milhares de acionistas), ou pelos donos das empresas privadas menores. O objetivo principal das empresas numa economia de mercado é a busca de **lucros**. Essa economia é voltada para o comércio, sendo produtora de mercadorias, isto é, de bens ou serviços voltados para o mercado, e não para uso próprio. O capitalismo nasceu na Europa ocidental a partir da transformação do feudalismo, sistema socioeconômico que existia anteriormente.

A Z

Mercado: relação entre a oferta (produção) e a procura (consumo) de produtos, serviços ou capitais. Quando a oferta de uma mercadoria é maior do que a procura, o seu preço tende a baixar; inversamente, quando a procura é maior do que a oferta, o seu preço sobe. É a chamada "lei da oferta e da procura", fundamental numa economia de mercado.

Costuma-se dividir a sociedade capitalista em duas principais classes sociais: a **burguesia**, composta de capitalistas, isto é, dos donos das empresas ou dos meios de produção (fábricas, bancos, fazendas, etc.), e o **proletariado**, constituído por aqueles que não possuem meios de produção e trabalham em troca de um salário. Todavia, além dessas duas classes fundamentais, existem outras classes ou camadas intermediárias, que vêm se multiplicando ultimamente:

- profissionais autônomos, tais como médicos, advogados, psicólogos, veterinários, costureiros, etc., que trabalham por conta própria;
- camponeses ou pequenos proprietários rurais, que trabalham sozinhos ou com a família;
- administradores e diretores de empresas, particulares ou estatais, que possuem o poder de fato, isto é, o controle sobre a empresa, sobre os funcionários, sobre os salários e os investimentos, etc., mas não são proprietários e muitas vezes nem acionistas.

Há também atualmente a expansão do chamado **setor informal** da economia, no qual as pessoas trabalham por conta própria, no pequeno comércio, como ambulantes, vendedores diversos, etc., não sendo capitalistas nem proletários.

Urbanização

O capitalismo, embora tenha começado timidamente nos séculos XV e XVI, só se tornou o sistema dominante, em seu estágio pleno, com a Revolução Industrial e a urbanização que a acompanhou. Ele originou a Revolução Industrial e, ao mesmo tempo, com ela ganhou um novo impulso, uma maior expansão. Antes do capitalismo, existia na Europa o feudalismo. A transição do feudalismo para o capitalismo foi um longo processo, que durou cerca de três séculos e preparou as bases para a Revolução Industrial.

O feudalismo, que predominou na Europa vários séculos após o final do Império Romano, consistia numa economia natural com base na agricultura. Cada feudo – uma parcela de terra pertencente a um senhor feudal, um nobre que geralmente tinha um castelo e um exército particular – produzia tudo o que necessitava, havendo pouco comércio. Mas com o desenvolvimento do comércio, principalmente nas cidades, com as suas feiras, e o crescimento urbano que ocorreu em virtude das frequentes fugas dos camponeses dos feudos para as cidades a partir do século XI, houve um progressivo enfraquecimento do feudalismo. Com a expansão do comércio, a economia de mercado, isto é, de trocas, aos poucos foi ocupando o lugar da economia natural. Esse processo foi acompanhado pelo surgimento de uma nova classe, a burguesia, que se tornou cada vez mais poderosa e, depois de séculos, ocupou o lugar dos senhores feudais e da nobreza.

Com a expansão do comércio e da economia de mercado, desenvolveu-se uma nova relação de trabalho, a **assalariada**. Nessa relação, os camponeses que fugiam para as cidades passavam a trabalhar para os burgueses em troca de um salário, tornando-se proletários, e não mais servos.

A obra abaixo representa como seria uma feira medieval. Essa litografia colorida foi produzida no século XX por Dan Escott (1928-1987), um ilustrador especializado em retratar o período medieval.

Coleção particular/© Look and Learn/The Bridgeman Art Library/Keystone Brasil

O desenvolvimento das cidades e do comércio e o crescimento da população na Europa estimularam a busca de novas áreas a serem incorporadas pela economia, além da busca por novos produtos, capazes de incrementar a atividade comercial, como ouro, prata, açúcar, tabaco, algodão, certos tipos de madeira, frutos diversos, etc. É essa a origem da expansão marítimo-comercial da Europa e da **colonização** do continente americano. Tudo isso acabou contribuindo para a eclosão, em meados do século XVIII, da Revolução Industrial, que no fundo foi um resultado do desenvolvimento da economia de mercado, das riquezas produzidas pela colonização do continente americano e da expansão demográfica na Europa.

A Revolução Industrial não apenas produziu um crescimento da economia e da renda *per capita* em algumas nações, mas também marcou o nascimento da **sociedade moderna**, que é urbanizada e industrializada. Ao mesmo tempo, ela consolidou o domínio das potências ocidentais – inicialmente de algumas nações europeias e mais tarde, no século XX, dos Estados Unidos – sobre toda a superfície terrestre. A Revolução Industrial gerou ainda a diferença entre os dois mundos, o Norte e o Sul geoeconômicos, o mundo desenvolvido e o subdesenvolvido.

Inglaterra: Revolução Industrial

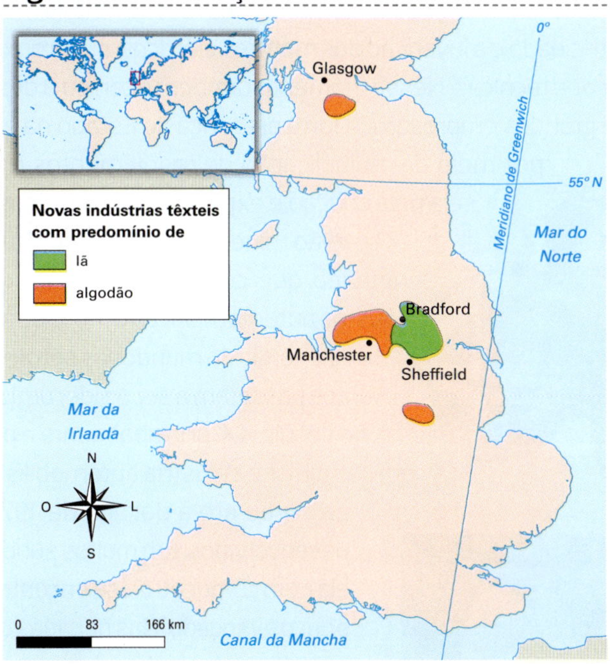

Banco de imagens/Arquivo da editora

Adaptado de: DUBY, Georges. *La historia del mundo en 317 mapas*. Atlas Histórico Mundial. Madri: Editorial Debate, 1987. p. 144.

Texto e ação

1. Destaque as principais diferenças entre a indústria moderna, o artesanato e a manufatura. Em seu texto, inclua as informações das fotos das páginas 184 e 185.
2. Crie outra legenda para a foto da página 185.
3. Costuma-se dividir a sociedade capitalista em duas principais classes sociais. Quais são elas? Caracterize-as.
4. Caracterize o feudalismo, que predominou na Europa durante muitos séculos após o final do Império Romano.
5. Explique a origem da expansão marítimo-comercial da Europa e da colonização do continente americano.
6. Observe a imagem da página 186 e escreva um pequeno texto comentando o que mais chamou sua atenção.

❸ Etapas da Revolução Industrial

A Revolução Industrial, ou a industrialização da humanidade, costuma ser dividida em três fases ou etapas: a Primeira, a Segunda e a Terceira Revolução Industrial. Os países que acompanharam de forma plena todas essas fases nos seus diversos momentos são os chamados desenvolvidos. São os países do Norte geoeconômico, posto que os países do Sul se industrializaram, alguns mais, outros menos, de forma tardia.

A **Primeira Revolução Industrial** aconteceu de meados do século XVIII até o final do século XIX, mais ou menos 1870. A Inglaterra era indiscutivelmente a grande potência industrial do mundo nesse período, e as bases técnicas da indústria ainda eram relativamente simples. Predominavam a máquina a vapor e as indústrias têxteis; a grande fonte de energia era o carvão mineral. As empresas geralmente eram pequenas e médias, típicas do capitalismo concorrencial ou liberal, ou seja, daquela fase do capitalismo na qual a presença do Estado na economia era mínima.

A **Segunda Revolução Industrial** foi a etapa que se deu a partir das últimas décadas do século XIX e se prolongou até o final do século XX, quando a liderança britânica foi pouco a pouco substituída por outras economias mais dinâmicas, como a Alemanha e, principalmente, os Estados Unidos. Dois elementos fundamentais nesta fase foram a expansão da eletricidade e a invenção dos motores elétricos, que trouxeram grandes inovações técnicas. Nesse momento também ocorreu o desenvolvimento de grandes empresas e a forte presença do Estado na economia, seja por meio da multiplicação de regulamentos e fiscalizações, seja pela criação e expansão de empresas estatais.

Sasha/Getty Images

Um carro Ford, modelo A, 1931.

O carvão mineral foi aos poucos substituído pelo petróleo, que, com o advento e a expansão da indústria automobilística, tornou-se a principal fonte de energia do mundo. Os setores mais importantes passaram a ser a siderurgia, a metalurgia e, no século XX, principalmente a petroquímica e em particular a indústria automobilística. Esta etapa durou até a década de 1970 nos países desenvolvidos. Em muitos subdesenvolvidos, ela nem começou ou se encontra num estágio pouco avançado. Nas décadas de 1960 e 1970 o poderio das indústrias automobilísticas e petroquímicas atingiu o seu auge.

Coleção Particular/© Look and Learn/The Bridgeman Art Library/Keystone Brasil

Linha de produção automatizada de uma indústria alimentícia de São Petersburgo (Rússia), 2014.

A **Terceira Revolução Industrial** ou revolução técnico-científica iniciou-se na segunda metade da década de 1970. Esta etapa da industrialização é marcada pelo importante papel do conhecimento e da tecnologia avançada. Novos setores de ponta se tornam essenciais e modificam os demais: a informática, a robótica, as telecomunicações, a química fina, a indústria de novos materiais, a biotecnologia e, em particular, o ramo da engenharia genética, entre outros.

Texto e ação

1. Cite algumas características da Primeira Revolução Industrial.

2. Sobre a Segunda Revolução Industrial, faça o que se pede.

a) Cite dois elementos fundamentais desta etapa da Revolução Industrial que acarretaram grandes inovações técnicas.

b) Qual foi o período de apogeu desta etapa?

3. Caracterize a Terceira Revolução Industrial.

Geolink

Fordismo

O termo fordismo faz referência a Henry Ford (1863-1947), introdutor da linha de montagem na indústria automobilística. [O fordismo foi parte integrante da Segunda Revolução Industrial, tendo provocado uma expansão desta.] *Nas fábricas da Ford, o automóvel a ser montado se deslocava por uma esteira rolante, enquanto os operários, dispostos junto à esteira, realizavam operações padronizadas. Característicos do fordismo, os gestos repetitivos na produção industrial correspondiam à sincronização de movimentos estudada pelo engenheiro James Taylor (1856-1915), que acelerava ao máximo a produção e obrigava o trabalhador a operar no ritmo febril das máquinas. Por essa razão, esse método de trabalho também costuma ser designado como fordista-taylorista. O filme* Tempos modernos *(EUA, 1936), dirigido e estrelado por Charles Chaplin, pode fornecer uma boa imagem desse processo produtivo.*

Em termos de mercado, o fordismo assegurou uma enorme redução no preço dos automóveis. O famoso Modelo T, lançado em 1908, custava 850 dólares, bem menos que os carros das concorrentes, de fabricação artesanal. A produção crescente reduziu o preço para menos de 300 dólares em 1927. Com isso, o automóvel assumiu o status de bem de consumo de massa, que mantém até hoje.

Paralelamente, Ford percebeu a vantagem de pagar salários razoáveis aos operários, para que pudessem adquirir os veículos que fabricavam. Dos Estados Unidos, o binômio produção em massa-consumo de massa se difundiu pelo mundo, compensando a retração decorrente da crise mundial de 1929 com uma vertiginosa expansão no pós-guerra, que se estendeu até o final da década de 1960.

No tocante à organização sindical, as fábricas fordistas, que reuniam milhares de operários, foram o celeiro ideal para o preenchimento das fileiras dos grandes sindicatos. Os gestos mecânicos, repetidos à exaustão, não favoreciam uma reflexão dos trabalhadores sobre o trabalho e a organização social; o trabalhador fordista, alheio às tradições de luta operária, apoiou direções sindicais basicamente interessadas em obter vantagens materiais pela negociação com os patrões.

Adaptado de: REVISTA Nova Escola. Disponível em: <http://revistaescola.abril.com.br/ensino-medio/fordismo-toyotismo-546155.shtml>. Acesso em: 14 nov. 2014.

John Springer Collection/Corbis/Latinstock

Cena do filme *Tempos modernos*, de Charles Chaplin, 1936.

Responda às questões.

1. Como o automóvel era montado nas indústrias Ford?

2. Essa maneira de produzir se diferencia da artesanal? Em quê?

3. Quais eram as reivindicações e insatisfações dos trabalhadores dessas fábricas?

4 Colonialismo e subdesenvolvimento

Uma das marcas do subdesenvolvimento é a industrialização fraca ou incompleta. Existem atualmente várias exceções, isto é, alguns países do Sul geoeconômico são bastante industrializados. Mas são casos bem recentes, a partir dos anos 1970, como veremos em outro capítulo. De forma geral, salvo essas exceções, os Estados do Sul têm uma economia baseada na agropecuária e na mineração. A atividade industrial geralmente é frágil, com o predomínio das indústrias leves ou de bens de consumo não duráveis, como as têxteis, de móveis, bebidas, construção civil, alimentos enlatados, etc. Uma boa parte das economias subdesenvolvidas ou periféricas estão ainda vivendo a Primeira Revolução Industrial, com a predominância de indústrias de baixo nível tecnológico. Outras já atingiram o estágio da Segunda Revolução Industrial, com a consolidação da indústria automobilística, como o Brasil, a Argentina, a Malásia ou o México, e iniciam a terceira etapa da Revolução Industrial. Um pequeno grupo, todavia, já alcançou plenamente o estágio da Terceira Revolução Industrial: China e Hong Kong, Coreia do Sul, Cingapura e Taiwan, países que já produzem e exportam grande quantidade de bens com tecnologia avançada, desde computadores ou produtos eletrônicos sofisticados até navios, aviões, máquinas e remédios, cujas bases estão na biotecnologia.

O atraso de uma grande parte do mundo diante dos líderes da Revolução Industrial teve outro motivo: a colonização. De fato, praticamente todas as nações do Sul foram colônias antes de se tornarem países independentes. Poucas nações, como o Irã e a Turquia, não foram oficialmente colônias, pois nunca tiveram autoridades coloniais, isto é, um **governo estrangeiro**. Mas foram indiretamente colonizadas pela perda de imensos territórios, tomados pelas potências europeias, pela submissão econômica, pela introdução de empresas estrangeiras poderosas e de hábitos culturais oriundos do centro do capitalismo mundial, como a moeda, costumes, formas de pensar, de organizar a economia, etc., que acabaram causando a desagregação de sua cultura e suas tradições.

Mundo: espaços industriais

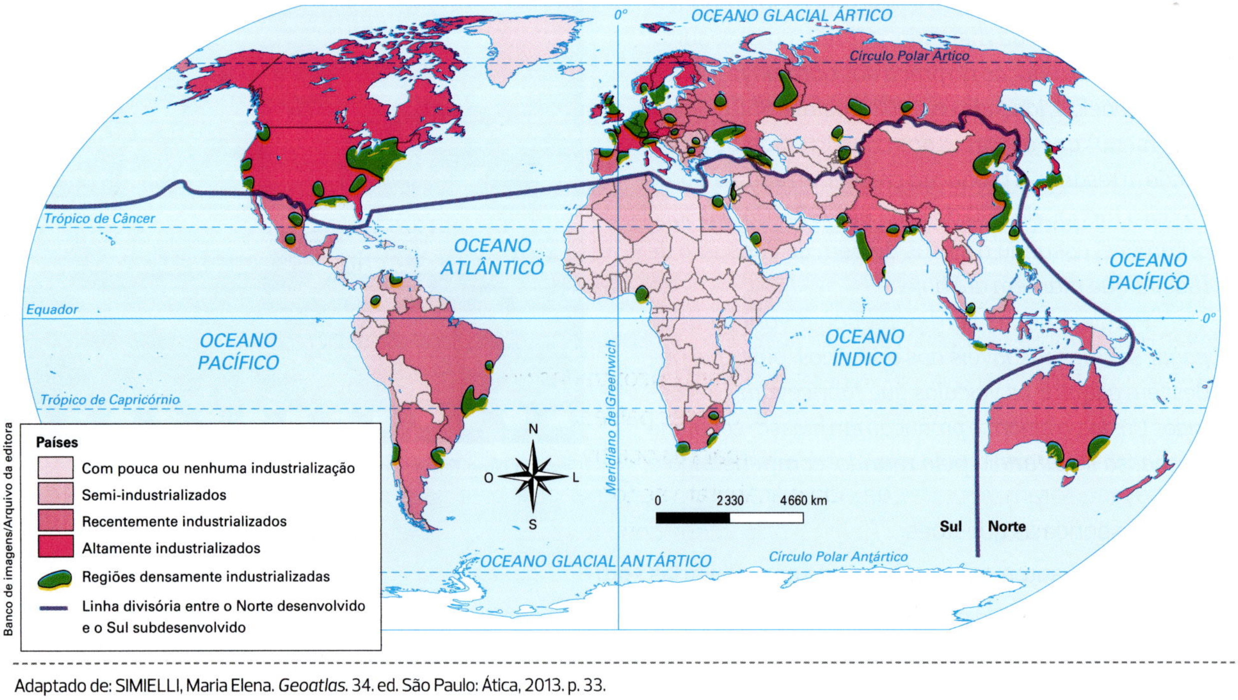

Adaptado de: SIMIELLI, Maria Elena. *Geoatlas*. 34. ed. São Paulo: Ática, 2013. p. 33.

Inversamente, nenhum dos atuais países desenvolvidos foi colônia de **exploração**. Os Estados Unidos, o Canadá, a Austrália e a Nova Zelândia, colônias do Reino Unido, na realidade foram colônias de **povoamento**.

Durante a época moderna, do século XVI ao XVIII, os europeus unificaram a superfície terrestre estabelecendo relações de troca entre quase todos os povos e regiões. Nesse período existiram dois tipos principais de colonização: de exploração e de povoamento.

Colônias da América

Uma vez conquistada, a América foi colonizada principalmente por quatro povos – espanhol, português, inglês e francês. De acordo com o tipo de interesse do colonizador em determinada região do continente, ocorreram duas formas de colonizar diferenciadas: colonização de povoamento e de exploração.

Nas colônias de povoamento, as características básicas foram: pequena propriedade, policultura e mão de obra familiar, visando ao mercado interno. Já na de exploração, predominou a grande propriedade, a monocultura e o trabalho escravizado, de olho no mercado europeu.

Colonização

Espanhola	Começou com a conquista das ilhas do Caribe, em fim do século XV e início do XVI. As populações nativas foram dizimadas. No México, os astecas foram massacrados em 1519. No Peru, a conquista e destruição do Império Inca iniciaram-se em 1532.
Portuguesa	Decaindo o comércio na Ásia, Portugal passou a ocupar em definitivo as terras brasileiras. Implantou as capitanias hereditárias e instalou as sesmarias.
Inglesa	Começou em 1607, com a colonização da América do Norte. Ao norte dos Estados Unidos, instalaram-se os pequenos proprietários de terra. Ao sul, predominaram as grandes propriedades.
Francesa	Formaram, na América do Norte, as colônias de Terra Nova, Nova Escócia e Nova França (Canadá), a partir de 1603. De 1682 em diante, rumaram para o vale do Mississípi (Louisiana) e fundaram Nova Orleans.

Adaptado de: PORTAL São Francisco. Disponível em: <www.portalsaofrancisco.com.br/alfa/colonizacao-da-america/descobrimento-da-america.php>. Acesso em: 14 nov. 2014.

As colônias de exploração, como México, Brasil, Peru e Bolívia, localizadas geralmente em áreas tropicais, serviram de fonte de enriquecimento de suas metrópoles, países da Europa ocidental. Produziam, a partir do trabalho intensivo e mal-remunerado gêneros necessários ao mercado europeu da época (ouro, prata, açúcar, fumo, algodão, etc.), a preços baixos. Não eram áreas a ser povoadas, e sim fontes momentâneas de riquezas, cujo futuro pouco importava aos colonizadores.

Nesse sentido, as colônias de povoamento, como os Estados Unidos, o Canadá, a Austrália e a Nova Zelândia, não foram colônias mercantilistas. Por serem territórios situados na zona temperada, com condições naturais semelhantes às da Europa, não serviam para produzir os gêneros agrícolas tropicais que eram reclamados pelo mercado europeu de então. O ouro e a prata só foram encontrados nos Estados Unidos e no Canadá após a independência, para sorte desses países.

Como as áreas temperadas não serviam para os objetivos da colonização europeia nesse período, foram deixadas de lado e acabaram se tornando a nova pátria dos europeus que saíram do seu continente em razão dos conflitos e das guerras religiosas, muito frequentes nesses séculos. Os europeus que foram para essas áreas temperadas tinham, em geral, objetivos bastante diferentes daqueles que vieram para as regiões tropicais: queriam reconstruir o modo de vida que tinham na Europa, povoar esse "novo mundo", adotar uma nova pátria.

A Argentina também está localizada na Zona Temperada. No entanto, os espanhóis encontraram prata nesse território – inclusive o nome do país vem do latim *argentum*, que significa "prata". Isso acabou atraindo não pessoas interessadas em construir uma pátria, e sim aventureiros e exploradores, desejosos de obter riqueza e voltar para a Europa.

Na parte sul dos Estados Unidos também se estabeleceram colônias de exploração, baseadas na agricultura do algodão, com mão de obra escravizada. Com a independência e a guerra civil norte-americana (1861-1865), porém, o Norte industrializado do país acabou predominando sobre o Sul, agrícola e escravista. Se os estados do Sul tivessem vencido essa guerra – a Guerra da Secessão, quando os estados escravocratas sulinos declararam suas independências por causa da abolição da escravidão – certamente os Estados Unidos não teriam se tornado a maior potência econômica e militar no século XX.

Victor Alexander Hope, administrador britânico e governador geral da Índia, conduzido em um carro de duas rodas, 1939.

Hulton-Deutsch Collection/Corbis/Latinstock

O **colonialismo mercantilista** contribuiu para o atraso e a pobreza dos atuais países subdesenvolvidos, pois as riquezas naturais foram exploradas, houve a utilização de força de trabalho escravizada ou muito mal remunerada, que criou uma enorme diferença entre a massa da população e uma elite rica e dominante. O colonialismo introduziu nessas áreas uma economia voltada para suprir as metrópoles de matérias-primas a baixo custo. Isso continuou a ocorrer em praticamente todos esses países do Sul após suas independências. Somente depois de muito tempo é que eles passaram a se industrializar e, em pouquíssimos casos, alcançaram o atual padrão de modernidade ou de industrialização dos países do Norte, o estágio da Terceira Revolução Industrial.

Texto e ação

1. Observe o mapa da página 190 e diferencie as atividades industriais dos países localizados ao norte geoeconômico das atividades industriais dos países localizados ao sul.

2. Entre o séculos XVI e XVIII, os europeus unificaram a superfície terrestre, estabelecendo relações de troca entre quase todos os povos e regiões. Nesse período havia dois tipos principais de colonização: a de exploração e a de povoamento. Copie no caderno o quadro a seguir e complete-o com as principais características de cada tipo de colonização estudado.

Tipo de colonização	Principais características
De povoamento	
De exploração	

3. Explique a frase: "Nenhum dos atuais países desenvolvidos foi de fato colônia de exploração".

Atividades finais

+ Ação

1. Observe a figura e o texto a seguir. Depois, resolva as atividades.

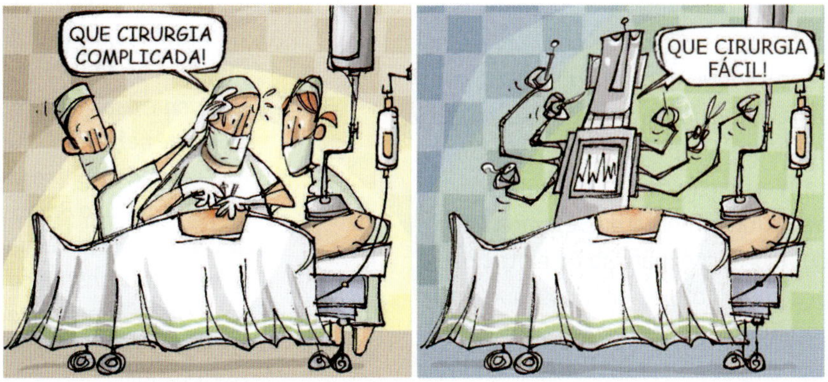

Adaptado de: BATISTA, Julia; SÁ, Lucila. Disponível em: <Bseriebg1.blogspot.com.br>. Acesso em: 6 abr. 2015.

Atualmente, a diferença de renda per capita *entre o país mais rico do mundo e o mais pobre é de 140 para 1. Podemos identificar entre o final do século passado e o início deste o nascimento da Terceira Revolução Industrial. Uma revolução baseada na interação de seis tecnologias: microeletrônica, informática, telecomunicação, novos materiais, robótica e biotecnologia. Não se trata simplesmente de uma revolução da internet ou da tecnologia da informação. É algo bem mais profundo. Todas as vezes que há uma mudança no entendimento das coisas, surge um mundo totalmente novo. Tome-se, por exemplo, a sala de operações de um hospital. Ali, tudo é diferente de 15 anos atrás. Os raios X foram substituídos pelas imagens de ressonância magnética, o bisturi pelo* laser, *cirurgias operacionais por cirurgias não invasivas.*

Ao longo da história da humanidade, as pessoas mais ricas sempre detinham os recursos naturais: a terra, o ouro, o petróleo.[...] Pela primeira vez, em toda a história da humanidade, é possível ser fabulosamente rico graças ao controle do conhecimento. Sem sombra de dúvida, daqui a 50 anos, essa diferença entre o país mais rico do mundo e o mais pobre será ainda maior. Alguns países vão conseguir dar um salto em sua economia fundamentada no conhecimento. Outros não. [...] O Canadá, por exemplo. Em uma década, multiplicou-se por três a diferença de renda entre americanos e canadenses. Um americano com o ensino fundamental completo, mas sem maior capacitação, ganhava um pouco menos no ano passado do que há uma década. Numa economia do conhecimento, a linha divisória é muito simples: pessoas, empresas e países com um bom grau de escolaridade são as com maiores chances de progredir. Mostrem-me pessoas ou países sem escolaridade e terei diante de mim candidatos a fracassados. O que um analfabeto pode fazer daqui a 30 anos que tenha valor produtivo? A resposta é: nada. [...] Está claro quem é o grande concorrente do Brasil. É a China. Ela é a concorrente de todos os países em desenvolvimento, tem uma economia maior do que toda a América Latina. A pergunta que o Brasil precisa fazer é: por que o investidor deve trazer seu negócio para o Brasil e não para a China? Se não tiver uma boa resposta para isso, o país tem então um problema. A Índia tem uma indústria de software *de muito sucesso. Por que essa indústria não está no Brasil? São necessários só 30 mil engenheiros de* software *e não milhões de pessoas. Daria para formar 30 mil bons engenheiros de* software *no Brasil, mas isso não é feito. Um dos pontos fracos do Brasil reside na produtividade de sua mão de obra. Ela não cresce rapidamente. Outra desvantagem está na alta taxa de juros, que resulta do endividamento do governo. O judiciário extremamente lento também é um entrave. Por fim, o sistema educacional. No mundo desenvolvido, se gasta pelo menos 5% do PIB em educação. O Brasil gasta 1%. Como vocês esperam competir gastando tão pouco? Os países que estão tendo sucesso, como Taiwan e Coreia, investem muito mais do que 5% do PIB em educação. É preciso enfrentar os pontos negativos e reforçar os positivos. Países que fizerem isso terão mais sucesso no século XXI.*

Adaptado de: EXAME.com. *A Terceira Revolução Industrial* – Palestra do economista Lesler Thurow. Disponível em: <http://exame.abril.com.br/revista-exame/edicoes/0754/noticias/a-terceira-revolucao-industrial-m0043523>. Acesso em: 14 nov. 2014.

a) Qual é a relação entre a tira e o texto? Faça um comentário sobre a tira.
b) De acordo com o texto, qual é o elemento mais importante para uma economia hoje: o ouro, o petróleo, as terras ou o conhecimento?
c) Por que a educação é fundamental para o desenvolvimento nesta etapa da revolução industrial?
d) Quais são os problemas da economia brasileira que o autor do texto menciona? Comente cada um deles.

2. Uma das frases a seguir não está de acordo com o que você aprendeu sobre a Segunda Revolução Industrial. Identifique onde está o erro e reescreva a frase com a informação correta no caderno.
a) Um elemento fundamental da Segunda Revolução Industrial foi a expansão da eletricidade e a invenção dos motores elétricos, que trouxeram grandes inovações técnicas.
b) No período da Segunda Revolução Industrial ocorreu o desenvolvimento de grandes empresas e a forte presença do Estado na economia, seja pela multiplicação de regulamentos e fiscalizações, seja pela criação e expansão de empresas estatais.
c) O petróleo, ainda importante na Segunda Revolução Industrial, foi aos poucos substituído pelo carvão, que, com o advento e a expansão da indústria automobilística, tornou-se a principal fonte de energia do mundo.
d) A Segunda Revolução Industrial durou até a década de 1970 nos países desenvolvidos.

3. Computadores, celulares, televisores, micro-ondas, impressoras, câmera digital, geladeiras, etc. fazem parte do consumo da moderna sociedade industrial. Quando esses produtos são descartados, geram o chamado lixo eletrônico. Leia o texto e faça o que se pede.

Tudo o que consumimos gera resíduos, e com a tecnologia não é diferente. A cada ano surgem aparelhos de celular mais modernos, computadores mais eficientes, TVs maiores. E para onde vão nossos antigos equipamentos elétricos e eletrônicos? Para o lixo, na maior parte das vezes, sem receber tratamento específico.

[...] o lixo eletrônico possui componentes tóxicos que podem contaminar o solo e a água, causando danos à saúde das pessoas.

Adaptado de: BLOG MUNDO Verde. *Você sabe o que é lixo eletrônico?* Disponível em: <http://blog.mundoverde.com.br/2010/08/voce-sabe-o-que-e-lixo-eletronico/>. Acesso em: 14 nov. 2014.

a) Segundo o texto, quais os perigos que podem ocorrer quando o lixo eletrônico é simplesmente jogado no lixo?
b) Que destino você e seus familiares dão ao lixo eletrônico?
c) Veja algumas dicas do que fazer quando um lixo eletrônico precisa ser descartado.
   - *Aquele aparelho não é mais útil para você? Verifique se ele não possui utilidade para amigos, familiares ou instituições filantrópicas antes de jogá-lo fora. Doá-lo pode ser a melhor alternativa, mas só doe para quem você sabe que irá realmente usar.*
   - *O Comitê para Democratização da Informática (CDI) é uma ONG que trabalha com a inclusão digital em todo o Brasil. Eles recebem doações de computadores e equipamentos usados. Consulte o site da instituição (www.cdi.org.br/notes/CDI_no_Brasil) para saber se existe um CDI em sua cidade. Mesmo que não exista, procure ONGs semelhantes para saber se seu computador pode ser doado antes de jogá-lo fora.*
   - *Verifique se sua cidade possui pontos de coleta seletiva, onde é possível descartar pilhas e baterias.*
   - *Alguns fabricantes de celular recolhem aparelhos e baterias antigas, que são encaminhados para a reciclagem. Ligue para o fabricante do seu aparelho para saber do ponto de coleta mais próximo. Consulte também a sua operadora de celular, que também pode ter pontos de coleta.*
   - *O blog Lixo Eletrônico lista alguns postos de coleta em grandes cidades. Os moradores de São Paulo podem consultar também o site da Secretaria de Meio Ambiente da cidade.*

   Mesmo que você não more em uma grande cidade, podem existir iniciativas de reciclagem e coleta de lixo eletrônico na sua região. Pesquise e divulgue essas iniciativas para seus amigos. Vamos colaborar para um mundo mais saudável e sem poluição!

Adaptado de: BLOG MUNDO Verde. *Você sabe o que é lixo eletrônico?* Disponível em: <http://mundoverde.com.br/blog/2010/08/20/voce-sabe-o-que-e-lixo-eletronico/>. Acesso em: 3 fev. 2012.

4. Pesquise e recorte imagens de revistas e jornais que mostrem trabalhadores das mais variadas profissões. Pesquise também algumas profissões que estão em extinção, como alfaiate e relojoeiro. Na data combinada com o professor, leve o material pesquisado para a sala de aula e cole em um painel com as pesquisas dos demais colegas da classe.

De olho na imagem

1. Observem a imagem e criem uma legenda explicativa para ela.

The Granger Collection/Other Images

Mulheres trabalham em linha de montagem de rádios na Filadélfia (Estados Unidos), 1925.

2. Sobre as condições de trabalho na Revolução Industrial no século XVIII, façam o que se pede.

a) Observem a foto.

Corbis/Latinstock

Crianças operam máquinas de tecer em Cheryville (Estados Unidos), 1908.

b) Leiam os textos.

Texto 1

[...] As condições de vida e de trabalho eram caracterizadas pela miséria, o operário trabalhava cerca de 14 horas por dia em condições insalubres, não havia uma legislação trabalhista e a exploração era ainda maior em relação às mulheres e às crianças, que viviam em locais semelhantes a cortiços.

Adaptado de: RECCO, Claudio B. *História*: A Revolução Industrial na Inglaterra. Disponível em: <www1.folha.uol.com.br/folha/educacao/ult305u10188.shtml>. Acesso em: 14 nov. 2014.

Texto 2

São constantes as informações sobre crianças que trabalham em fábricas e que são cruelmente agredidas pelos supervisores a ponto de seus membros se tornarem distorcidos pelo constante ficar de pé e curvar-se (para apanhar). Por isso eles crescem e se tornam aleijados. Eles são obrigados a trabalhar treze, quatorze ou até quinze horas por dia.

Adaptado de: BAINES, Edward. *A história da produção de algodão.* Disponível em: <http://portaldoprofessor.mec.gov.br/fichaTecnicaAula.html?aula=57612>. Acesso em: 14 nov. 2014.

c) Escrevam um pequeno texto no caderno relacionando a foto com os textos 1 e 2.

3. Observem a imagem e leiam o texto.

Vik Muniz Studio/Licenciado por AUTVIS, Brasil, 2013.

***Marat (Sebastião)*, da série *Pictures of Garbage*, 2008. Obra de Vik Muniz produzida no lixão de Jardim Gramacho em Duque de Caxias (RJ).**

O documentário Lixo extraordinário *mostra um projeto do artista plástico Vik Muniz no maior aterro sanitário do mundo: Gramacho (RJ). O filme conta como foi a experiência do artista Vik Muniz ao fazer arte com lixo e transformar a vida de um grupo de catadores.*

O filme mostra a vida difícil de pessoas que vivem literalmente no lixo e que dependem dele para a sobrevivência. Na proposta, Vik resolveu chamar a atenção simultaneamente para os problemas ambiental do lixo e social das condições de trabalho dos catadores de Gramacho. Como forma de dar voz e visibilidade aos trabalhadores do lixo, retratou-os como personagens com montagens gigantes feitas de resíduos do próprio aterro. Os resultados são incríveis!

Adaptado de: COLETIVO VERDE. Disponível em: <www.coletivoverde.com.br/lixo-extraordinario/>. Acesso em: 7 abr. 2015.

a) Na opinião de vocês, a obra do artista propõe uma reflexão sobre o lixo? Expliquem.

b) Escrevam um comentário relacionando o texto e a imagem com a atividade 3 da seção *+Ação* (página 194).

ATIVIDADES INTERDISCIPLINARES

Conexões

HISTÓRIA

1. Durante a Segunda Revolução Industrial, o carvão mineral foi aos poucos substituído pelo petróleo, que, com o advento e a expansão da indústria automobilística, tornou-se a principal fonte de energia do mundo. Leia o texto e faça o que se pede.

A busca pelo "ouro negro" no Brasil vem de longa data, desde os tempos coloniais, mas a primeira jazida de petróleo do país só foi descoberta em 1939, no bairro de Lobato, na periferia de Salvador (BA). Coincidentemente, o local tem o mesmo nome de um dos ícones da defesa da exploração petrolífera no Brasil, o escritor paulista Monteiro Lobato, que batalhou incansavelmente para mostrar que o país tinha potencial no setor e que o petróleo poderia dar ao povo brasileiro um melhor padrão de vida. É de Lobato, o escritor, a frase "O petróleo é nosso!", que virou símbolo da campanha nacionalista lançada em 1946 em defesa da soberania brasileira sobre o recurso natural. Sete anos depois, surgiu a Petrobras.

Adaptado de: BLOG DO PLANALTO. *O petróleo no Brasil.* Disponível em: <http://blog.planalto.gov.br/o-petroleo-no-brasil/>. Acesso em: 14 nov. 2014.

a) Segundo o texto, a busca pelo petróleo no Brasil é recente? Explique.

b) Em sua opinião, por que o petróleo é chamado de "ouro negro"?

c) Há relação entre a frase "O petróleo é nosso" e a criação da Petrobras? Qual?

d) Para conhecer um pouco mais da história do petróleo no Brasil por meio de uma linha do tempo, acesse, se possível, o *blog* da Presidência da República: <http://blog.planalto.gov.br/o-petroleo-no-brasil/>.

e) Para obter informações sobre a Petrobras, acesse, se possível, o *site* <www.petrobras.com.br/pt/>.

MATEMÁTICA

2. Observe a tabela a seguir e depois responda às questões.

País	Renda *per capita* (em dólares)	
	1960	2013
Suíça	1 820	86 600
Noruega	1 395	102 610
Países Baixos	1 168	47 440
Cingapura	395	54 040
Serra Leoa	142	680
Níger	132	410
Nepal	69	730

Elaborado com base nos dados de: THE WORLD Bank. *World Development Indicators*. Disponível em: <http://data.worldbank.org/indicator/NY.GNP.PCAP.CD>. Acesso em: 2 dez. 2014.

a) Nesse mais de meio século, o que ocorreu com a diferença entre os países desenvolvidos da tabela e os subdesenvolvidos? A diferença entre esses dois grupos de países diminuiu ou aumentou? Explique.

b) Existe uma exceção nessa tabela, um país que era tido como subdesenvolvido em 1960 e que conseguiu superar essa situação. Qual foi esse país? Você sabe por que ele conseguiu progredir tanto nesse período de tempo?

c) Na sua opinião, por que os outros três países subdesenvolvidos em 1960 não conseguiram superar essa situação após 53 anos?

d) Dos números da tabela que representam os dados dos países subdesenvolvidos, qual deles você gostaria de comentar? Explique.

3. Leia o texto a seguir e responda às questões.

O Brasil às portas da Terceira Revolução Industrial

Para muitos, estamos vivendo o início da Terceira Revolução Industrial, marcada, principalmente, pelo uso intensivo de tecnologia nos processos produtivos. A Primeira Revolução Industrial ocorreu no século XVIII, com a mecanização do segmento têxtil. A segunda, no início do século XX, com a invenção da montagem em série por Henry Ford na fabricação de veículos.

A terceira está começando agora, com os processos digitais. Nesta, entre outros avanços, um produto pode ser desenhado e impresso, em várias camadas, em 3D. E, presto, está pronto para ser utilizado!

Em um artigo sobre o tema na revista "The Economist", *foi dado um exemplo marcante. Um engenheiro que estivesse no meio do deserto e precisasse de uma ferramenta simplesmente faria o* download *da mesma e a imprimiria em 3D. Algo que, hoje, parece improvável não o será daqui a alguns anos.*

A nova Revolução Industrial, assim como as anteriores, provocará fortes impactos sociais, econômicos e, sobretudo, trabalhistas. É o caso, entre outros, da busca por países com oferta de mão de obra barata, que deverá ser reduzida drasticamente, já que os produtos poderão ser feitos sem a interferência de operários em linhas de montagem. Será o começo do fim do emprego? Creio que não. Mas as mudanças podem ser profundas.

Às portas de uma nova revolução industrial, o Brasil, por conta de sua economia periférica, ainda vive situações paradoxais, uma vez que as duas primeiras revoluções ainda não foram completamente assimiladas. Nem seus benefícios, adequadamente distribuídos.

[...]

O que fazer? Considerando que a Terceira Revolução Industrial será fundamentada na tecnologia e na inovação, o caminho é aprofundar iniciativas nesses campos. Além de mandar estudantes brasileiros para o exterior, devemos trazer universidades de outros países para o Brasil. Devemos capturar – na Europa em crise – profissionais de alta qualificação para disseminar seus conhecimentos aqui. Podemos, ainda, comprar empresas de alta tecnologia mundo afora para nos apropriarmos de um know-how *que pode diminuir nosso imenso* gap *tecnológico.*

A inovação deve ser estimulada de forma mais aguda, e não apenas nos processos produtivos, conforme sempre ouvimos. Ou seja, na produção do conhecimento e sobre como a sociedade deve se preparar para os novos tempos. Como valorizar a sociedade do conhecimento e, acima de tudo, como transformar positivamente a nossa sociedade a partir das novas realidades tecnológicas. Devemos, ainda, ampliar estímulos e usar as oportunidades para as transformações determinadas pelas questões ambientais. A meta é não perder o foguete da terceira revolução, que ora se inicia, para poder almejar ser um dos protagonistas da quarta revolução que virá por aí mais cedo do que se espera.

Ethan Miller/Getty Images

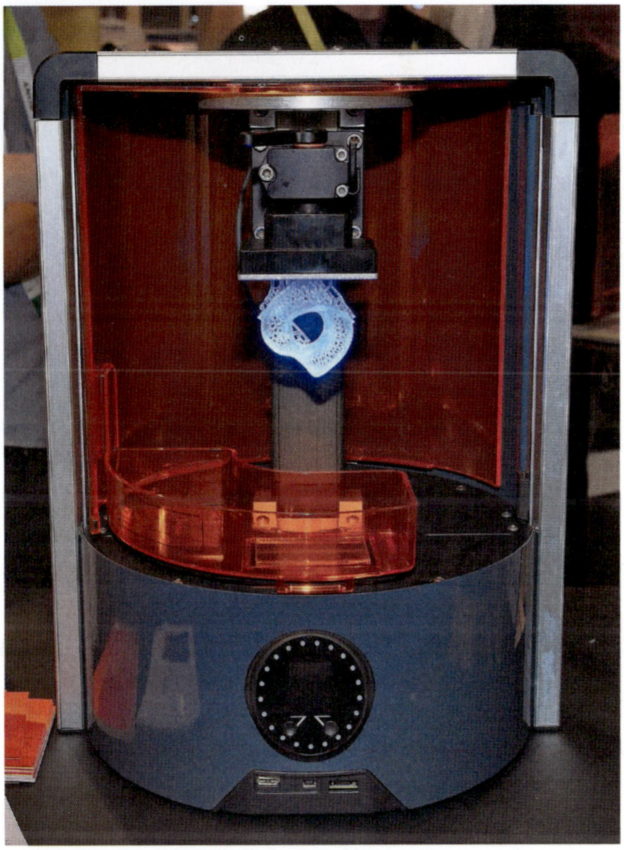

Impressora 3D em exposição na Consumer Electronics Show (CES) em Las Vegas (Estados Unidos), 2015.

Adaptado de: ARAGÃO, Murillo de. *O Tempo*. Disponível em: <www.otempo.com.br/opini%C3%A3o/murillo-de-arag%C3%A3o/o-brasil-%C3%A0s-portas-da-terceira-revolu%C3%A7%C3%A3o-industrial-1.201655>. Acesso em: 3 mar. 2015.

a) O que caracteriza a Terceira Revolução Industrial?

b) Escreva um pequeno texto no caderno para explicar a diferença entre as etapas da Revolução Industrial.

c) Por que o autor aponta que o uso de tecnologia pode ser o começo do fim do emprego (na indústria)?

d) Que iniciativas você acredita que poderiam ser realizadas pela gestão pública para tentar abrandar o problema do desemprego?

Capítulo

10 Pobreza, fome e exclusão social

Kjell Nilsson-Maki/CartoonStock

NILSSON-MAKI, Kjell. Disponível em: <www.cartoonstock.com/cartoonview.asp?catref=knin439>. Acesso em: 18 nov. 2014.

Neste capítulo você aprofundará seus conhecimentos sobre a pobreza, a fome e a exclusão social, fenômenos interligados e que interferem muito nas condições de vida dos seres humanos.

O dia 17 de outubro foi instituído pela ONU como o Dia Internacional de Combate à Pobreza. Nesse dia, em 2011, as Nações Unidas defenderam a criação urgente de um imposto sobre o comércio internacional que possa financiar o combate à pobreza e aos efeitos das alterações climáticas, duas coisas hoje interligadas: as alterações climáticas provocam secas em regiões do globo, como em partes da África, prejudicando a agricultura e, consequentemente, aumentando a fome e a pobreza.

Para começar, observe a charge. Depois, responda às questões.

1. O que a charge retrata?
2. O que você sabe a respeito das condições mínimas necessárias para um ser humano viver?
3. Você saberia explicar o que são pobreza, fome e exclusão social?
4. Você acha que a criação do imposto defendida pela ONU poderia resolver o problema da pobreza ou da fome no mundo? Por quê?

1 O que é pobreza

É complicado definir o que é pobreza, e a sua conceituação varia muito de acordo com cada sociedade. Vamos começar diferenciando **pobreza absoluta** de **pobreza relativa**.

Pobreza absoluta é uma situação de miséria ou penúria, de carência absoluta. Ela é praticamente igual para todas as épocas e lugares. Ocorre quando uma pessoa, uma família, ou toda uma coletividade humana vive sem as mínimas condições de sobrevivência: renda baixíssima ou inexistente, com a qual não é possível adquirir alimentos na quantidade mínima para se sustentar adequadamente, sem garantia de acesso a água potável, a rede de esgotos, a escolas, a atendimento médico-hospitalar, a moradia digna, etc.

Pobreza relativa é uma situação de carência em comparação com as outras pessoas, com os demais membros da sociedade. Ocorre quando a pessoa ou a família não tem moradia adequada, os filhos estudam em escolas precárias, o atendimento médico é feito em hospitais igualmente precários, o rendimento é baixo em relação ao poder de compra vigente naquele lugar, etc. Mas a pobreza relativa não significa miséria ou penúria. Algumas vezes as pessoas nessa situação são obesas por não se alimentarem corretamente, costumam dispor de residências precárias, de eletrodomésticos, como geladeira, televisão, micro-ondas, etc., e de automóveis, embora de baixo valor. A pobreza relativa, portanto, depende da sociedade, é um conceito comparativo da situação precária de alguns em relação ao restante da população.

Nos Estados Unidos, país com a maior economia do mundo e com uma renda média altíssima, existem atualmente cerca de 46 milhões de pessoas (mais de 15% da população total) vivendo em situação oficial de pobreza. Trata-se de uma pobreza relativa, e não absoluta. A definição de pobreza para o governo dos Estados Unidos é a seguinte: todo indivíduo com rendimentos anuais inferiores a 11 139 dólares (por volta de 24 mil reais por ano, ou 2 mil reais por mês, levando-se em conta o valor do real frente ao dólar no final de 2014), ou toda família com quatro membros com rendimentos inferiores a 22 310 mil dólares (cerca de 49 mil reais por ano, ou 4 mil reais por mês).

Vista de um bairro considerado pobre em Ohio (Estados Unidos), 2013.

Scott Houston/Corbis/Latinstock

Quem ganha isso, ou menos do que isso, nos Estados Unidos é pobre, embora quem ganhe um pouco menos do que esse montante (por exemplo, 920 dólares, ou 2 mil reais, por mês) em países como Haiti, Bolívia, Níger, Guiana, Nicarágua ou em Cuba seja considerado rico. Até na industrializada China essa hipotética pessoa, que ganha 920 dólares ao mês, seria considerada de classe média e invejada pela maioria. Mesmo no Brasil, um rendimento desse montante coloca essa pessoa, ou uma família de quatro pessoas com renda total de 3 mil reais por mês, na faixa da classe média, segundo a classificação adotada recentemente pelo governo federal. Isso quer dizer que um pobre, em termos relativos, nos Estados Unidos, na Suíça ou no Japão evidentemente vive em melhores condições do que um pobre na Índia, em Bangladesh ou no Paquistão.

Linha internacional da pobreza

Altaf Qadri/Associated Press/Glow Images

Vista de um bairro pobre em Nova Délhi (Índia), 2012.

Por causa da dificuldade de comparação da pobreza nos países, já que o custo de vida em cada sociedade é distinto, os estudiosos estabeleceram uma diferenciação entre a linha **internacional** da pobreza e as linhas **nacionais** da pobreza.

A linha internacional da pobreza, índice adotado pelas organizações internacionais, representa a situação de pessoas, em qualquer lugar do mundo, vivendo com no máximo 1,25 dólar ao dia. Algumas organizações usam o montante de apenas 1 dólar ao dia, mas esse valor de 1,25 dólar é usado pela ONU, pelo Banco Mundial ou pelo Fundo Monetário Internacional. Outras instituições acham 1,25 dólar pouco e preferem 2 dólares; há ainda os que argumentam que o melhor seria 2,5 dólares ao dia.

Se, em uma análise, for adotado o critério usado pela ONU, de 1,25 dólar por dia, serão encontradas cerca de 1,1 bilhão da população mundial, ou 15,7% dela, vivendo na extrema pobreza. Em alguns países essa proporção chega a mais de 60% da população nacional. Mas se for adotado um critério mais rígido, de 2,5 dólares ao dia, serão encontradas nessa situação cerca de 3,2 bilhões de pessoas, ou seja, mais ou menos 46% da população mundial.

Veja a seguir o mapa com a classificação dos países pela linha internacional da pobreza definida pelo valor de até 1,25 dólar ao dia.

Mundo: população abaixo da linha internacional da pobreza (2012)

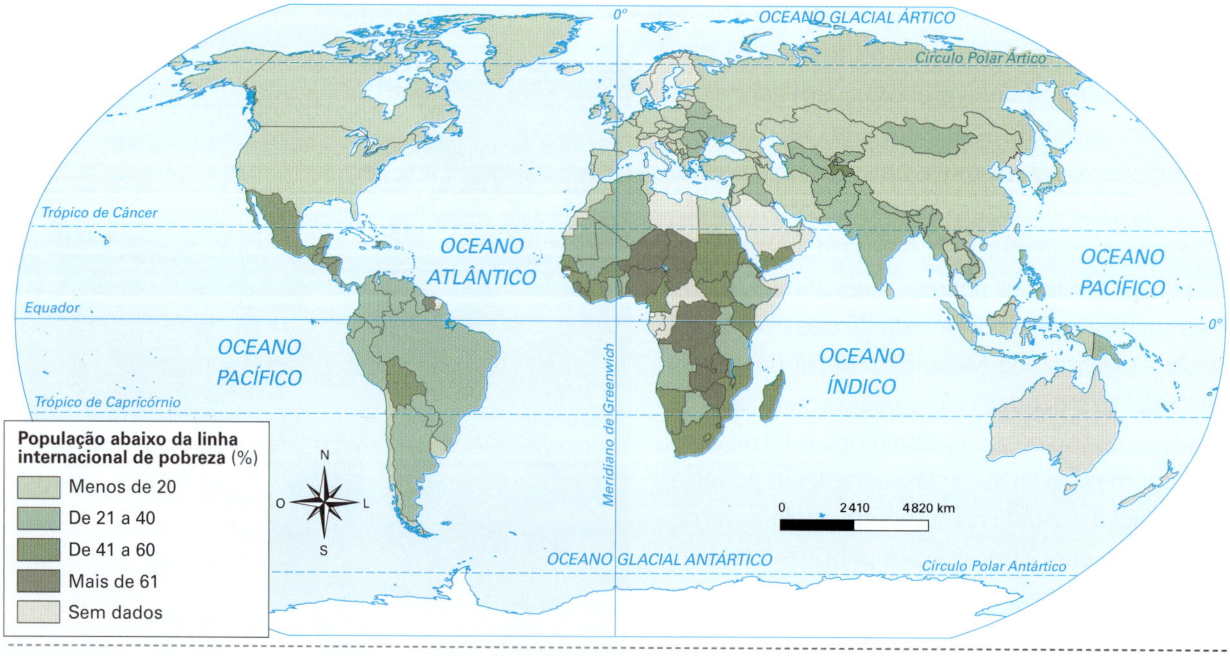

Adaptado de: INDEXMUNDI. Disponível em: <www.indexmundi.com/map/?v=69>. Acesso em: 18 nov. 2014.

Linha nacional da pobreza

A linha nacional da pobreza **varia** muito de país para país. Você já viu que o critério utilizado nos Estados Unidos para definir quem é pobre, por exemplo, não serve para quem vive em outros países. No Reino Unido, o critério utilizado para definir a linha nacional da pobreza é um rendimento de até 12 mil libras esterlinas ao ano, algo como 45 mil reais ou 19 800 dólares anuais, ou 1 650 dólares ao mês. Na China, o governo, em 2010, fixou em 3,49 yuan (cerca de 0,59 dólar na época) como a linha nacional da pobreza, e na Argentina, em 2012, foi estabelecido que essa linha é de 6 pesos (0,74 dólar na época). No Brasil, o governo federal definiu, em 2011, como a linha nacional da pobreza as pessoas que ganham no máximo 70 reais por mês, mais ou menos 1,25 dólar ao dia pelo câmbio da época, embora no final de 2014, por causa da desvalorização do real, esse montante equivalesse a menos de 1 dólar ao dia.

São grandes variações que refletem, por um lado, diferenças nos custos de vida em cada país, e, por outro, as políticas governamentais que muitas vezes querem diminuir, ou, eventualmente, até aumentar a visibilidade internacional para esse índice. É o caso de alguns países extremamente pobres que dependem da ajuda externa, ou, em casos raros, de países ricos onde senadores ou deputados pressionam o governo federal com o objetivo de ampliar a ajuda a camadas sociais que são seus eleitores.

Christoph Mohr/Picture Alliance/France-Presse

Bairro pobre em Pequim (China), 2014.

Texto e ação

1. O que é pobreza?
2. Diferencie pobreza absoluta de pobreza relativa.
3. Comente a situação de pobreza relativa nos Estados Unidos.
4. Qual é a linha internacional da pobreza mais aceita pelas organizações internacionais?
5. Podemos afirmar que a linha nacional de pobreza varia de país para país? Explique.
6. Observe o mapa da página 200 e responda.
   - Em que partes do mundo há a maior concentração de pobreza? E a menor?
7. A charge ao lado revela a relação entre globalização, simbolizada pela amplo acesso aos telefones celulares de todas as camadas da população praticamente em todo o mundo, e a pobreza. Escreva em seu caderno um pequeno texto tendo essa charge como tema.

Humorizzadas.blogspot.com/Arquivo da editora

Número de americanos pobres atinge recorde

No ano de 2010 foram contabilizados 46,2 milhões de americanos que vivem na pobreza. Este é o número mais elevado desde que em 1959 o gabinete de recenseamento dos Estados Unidos começou a recolher esses dados. O número de americanos vivendo abaixo do limiar da pobreza aumentou durante quatro anos seguidos, enquanto a taxa de pobreza no país é a mais elevada desde 1993. Já o número de pobres em termos absolutos, 46,2 milhões em 2010, é o mais elevado desde que o recenseamento começou a efetuar este tipo de registros.

Nos Estados Unidos, é considerada pobre uma família de quatro elementos que tiver um rendimento anual inferior a 22 314 dólares (cerca de 16 mil euros) [ou 53 mil reais pelo câmbio do final de 2014] *ou uma pessoa sozinha que receba menos de 11 139 dólares (cerca de oito mil euros) por ano.*

O relatório indica ainda que o valor dos rendimentos das famílias americanas baixou 2,3% em 2010. Enquanto isso, a taxa de desemprego mantém-se atualmente acima dos 9%. Para fazer face a esta situação, o presidente dos Estados Unidos, Barack Obama, anunciou em 2011 o lançamento de um plano de 450 bilhões de dólares (328 bilhões de euros) para promover a criação de empregos.

Adaptado de: DIÁRIO de notícias Globo. Disponível em: <www.dn.pt/inicio/globo/interior.aspx?content_id=1993310&seccao=EUA%20e%20Am%E9ricas>. Acesso em: 18 nov. 2014.

2 Causas da pobreza

Sempre houve pobreza, tanto absoluta como relativa, na história da humanidade, e as suas causas são muito variadas. Elas variam tanto no **tempo** (época) como no **espaço** (lugar). No passado, muitas vezes, ela existia em decorrência da falta de conhecimento e da precariedade tecnológica, que resultavam numa baixa produtividade na agricultura, a principal atividade da humanidade durante milênios.

A pobreza também podia eventualmente ser o resultado de características do **ambiente** ou de catástrofes naturais: clima muito frio – com os solos congelados – ou muito árido – com carência de água – que impossibilitam ou dificultam a agricultura; desastres naturais, como terremotos, inundações, pragas que arruínam os cultivos, etc.; ou ainda epidemias de doenças como a malária ou a peste.

As frequentes **guerras** e conflitos armados que sempre ocorreram na história da humanidade, como regra geral, aumentam a fome e a pobreza de amplas camadas da população, pois eliminam pessoas em idade de trabalhar e destroem edificações (armazéns, pontes, manufaturas, residências) e campos de cultivo. Há ainda a **colonização**, que provoca a submissão de um povo, que sofre o domínio por parte de um Estado mais poderoso. Essa situação quase sempre vem acompanhada pela pobreza de enormes camadas da população, pois as riquezas produzidas na colônia, como minérios, ouro ou prata, diamantes, carvão ou petróleo, produtos agrícolas, etc., são destinadas ao abastecimento da metrópole, e não da população local.

Campo de refugiados de Bentiu (Sudão do Sul), 2014.

Alessandro Rota/Sipa USA/Associated Press/Glow Images

A pobreza no século XXI

Atualmente, em pleno século XXI, não haveria muitos motivos, ao menos em teoria, para que pessoas passem fome ou vivam em pobreza extrema. Afinal, mais do que no passado, hoje existe um diálogo entre os governos para se evitarem guerras; o conhecimento sobre como aumentar a produtividade do trabalho e da terra pode estar ao alcance de todos; existe uma ampla rede internacional de ajuda às nações atingidas por catástrofes naturais ou por conflitos armados, como ocorreu recentemente no Haiti, no Sudão e no Sudão do Sul; a maioria dos Estados nacionais, além das organizações internacionais, já não aceitam a dominação colonial sobre uma nação; há um programa da ONU de combate à pobreza e à fome no mundo; entre outros. Mas tanto a fome como a pobreza relativa e a absoluta ainda existem por vários motivos.

Um desses motivos é a geração de empregos, que acontece num ritmo inferior ao do crescimento demográfico, ou uma crise econômica, que fecha inúmeras empresas, aumentando a taxa de **desemprego** entre a população. As pessoas desempregadas, mais cedo ou mais tarde, vão engrossar as estatísticas da pobreza.

Outro fator é a **má distribuição da renda**. Vários estudos mostram que existe uma correlação entre maior concentração da renda e a existência da pobreza. Os países onde há maior pobreza geralmente são também países com grandes desigualdades sociais, onde, ao lado de milhões de pobres, existem minorias extremamente ricas.

O recente aumento da pobreza relativa nos Estados Unidos revela um exemplo dessa relação entre desigualdade e pobreza. Estatísticas oficiais daquele país apontavam a existência de 32,5 milhões de pobres em 2000 e mais de 46 milhões em 2010, data do último recenseamento no país. Além da estagnação econômica e do aumento no desemprego, isso se deveu também ao resultado de políticas do governo George W. Bush (2001-2009), que ampliou a concentração da renda nacional: houve diminuição dos impostos pagos pelas pessoas mais ricas e por grandes empresas, ao lado da permanência dos impostos pagos pelo restante da população. Além disso, houve um corte dos investimentos na área social. Assim, nessa primeira década do século o 1% mais rico da população norte-americana triplicou o seu patrimônio, enquanto o nível de renda dos 60% mais pobres praticamente permaneceu estagnado.

Países como o Brasil ou o México, ambos com rendas *per capita* já superiores a 10 mil dólares, possuem amplas camadas da população vivendo em situação de pobreza relativa e absoluta também por causa da péssima distribuição social da renda nacional.

Outros fatores que ocasionam a pobreza são a **corrupção** e a **exclusão** de amplas camadas da população, que não têm acesso à escolaridade, à saúde, a um trabalho bem-remunerado ou a um meio ambiente sadio, etc.

Texto e ação

1. Absoluta ou relativa, sempre houve pobreza na história da humanidade, e as causas são muito variadas. Cite algumas delas.
2. Comente as causas da pobreza no século XXI.

Geolink 1

Corrupção prejudica o combate à pobreza

A corrupção pode ser um entrave maior do que uma crise econômica quando o assunto é combater a pobreza no mundo. A avaliação é de Selim Jahan, diretor do Grupo de Redução da Pobreza do Programa das Nações Unidas para o Desenvolvimento (Pnud), sediado em Nova York, nos Estados Unidos.

O diretor reconhece que a crise econômica vivida pelos Estados Unidos e pela Europa afeta o trabalho de diminuição do número de pobres no mundo porque diversas nações dependem da ajuda externa vinda de países mais ricos para combater a pobreza, principalmente os da África. Ele alerta que a corrupção também tem impacto negativo, porque o dinheiro a ser usado é perdido.

"Pode-se dizer que sim [que a corrupção pode ser pior que a falta de dinheiro]. *Quando você tem falta de dinheiro, você não tem dinheiro. Quando você tem corrupção, você tem dinheiro, mas o perde", disse Jahan, em entrevista exclusiva à Agência Brasil, durante sua passagem pelo país para participar de reuniões no Centro Internacional de Políticas para o Crescimento Inclusivo (IPC-IG), uma parceria do Pnud com o governo brasileiro.*

"O uso ineficiente dos recursos e pouco dinheiro têm o mesmo efeito", acrescentou o economista. Segundo ele, nações como Mali e Serra Leoa já estão em busca de outros países desenvolvidos que possam ajudá-los.

Jahan destaca que há conhecimento de que a corrupção está instalada dentro do Poder Público de países pobres e emergentes. As Nações Unidas têm estimulado essas nações a usar mecanismos para dar transparência aos gastos governamentais. Ele cita uma experiência na Índia em que gestores locais colocam em um mural público quanto dinheiro há disponível e o montante gasto.

Segundo Jahan, diminuir a burocracia também contribui para evitar a corrupção. "Em algumas sociedades, a corrupção é institucionalizada. Isso ocorre por muitas razões. Uma delas é que, às vezes, existem muitas regras. Se você é o responsável por essas regras, você sempre pode usá-las para conseguir dinheiro dos outros. Se você simplifica essas regras e dá transparência aos gastos, você pode reduzir a corrupção", explicou.

A primeira das oito Metas do Milênio, propostas pelas Nações Unidas, é reduzir pela metade o número de pessoas na extrema pobreza até 2015. O Brasil já atingiu essa meta.

Adaptado de: PIMENTEL, Carolina. *Corrupção pode ser mais prejudicial ao combate à pobreza do que crise econômica, diz diretor do Pnud.* Disponível em: <http://agenciabrasil.ebc.com.br/noticia/2011-09-23/corrupcao-pode-ser-mais-prejudicial-ao-combate-pobreza-do-que-crise-economica-diz-diretor-do-pnud>. Acesso em: 18 nov. 2014.

Manifestação contra uma resolução da ONU pelos direitos humanos em Pyongyang (Coreia do Norte), 2014. O país é um dos campeões de corrupção mundial.

Lu Rui Xinhua/eyevine/Glow Images

Responda às questões.

1. Por que a corrupção atrapalha o combate à pobreza?
2. Por que o excesso de burocracia tende a favorecer a corrupção?

3 Pobreza e fome

Combater a pobreza significa, antes de qualquer coisa, erradicar a fome do mundo. Pobreza e fome geralmente caminham lado a lado. A fome é um problema tão antigo quanto a história da humanidade, responsável pelo desaparecimento de inúmeros grupos sociais. É muito comum a adoção de **medidas paliativas**, isto é, que não resolvem de fato o problema, mas apenas o amenizam temporariamente, quando a população mais pobre consegue se manifestar e reivindicar publicamente o mínimo para sobreviver. Na Europa, o medo das frequentes "revoltas da fome" levou as autoridades a estabelecer a distribuição gratuita de pão, uma medida que se estendeu da Idade Média ao final do século XIX. É uma medida paliativa porque torna os famintos dependentes da ajuda e não resolve definitivamente o problema, que só seria equacionado com uma mudança econômica e social no sentido de criar empregos dignos, aumentar a remuneração dos trabalhadores, enfim, equilibrar melhor a distribuição de terras e da renda nacional.

A obra mostra a distribuição de pão durante a Idade Média. Escola Flamenga, *The works of Mercy*, século XVI, óleo sobre tela.

The Bridgeman Art Library/Keystone Brasil/Museu Boucher de Perthes, Abbeville, França.

Texto e ação

1. Comente a frase: "Pobreza e fome geralmente caminham lado a lado".
2. Na Europa da Idade Média, o que levou as autoridades a distribuir gratuitamente pão para a população?
3. O que você entende por medida paliativa de combate à fome ou à pobreza?

Geolink 2

FAO diz que meta de diminuir a fome não será atingida

A ONU anunciou hoje [20 ago. 2002] *que o mundo não conseguirá cumprir a meta de diminuir a fome pela metade até mesmo em 2030.*

A Organização das Nações Unidas para a Agricultura e a Alimentação (FAO) chegou a esta estimativa apesar da previsão de que a produção de alimentos continuará a aumentar mais rapidamente do que a população e que as pessoas mais pobres consumirão alimentos de qualidade melhor nos próximos anos.

"O número de pessoas famintas nos países em desenvolvimento deve diminuir dos atuais 777 milhões para cerca de 440 milhões em 2030", afirmou a FAO em um estudo chamado Agricultura mundial: rumo a 2015/2030. *"Isso significa que a meta da Cúpula Mundial de Alimentação, acertada em 1996, de diminuir pela metade o número de pessoas famintas em relação aos níveis verificados em 1990-1992 (815 milhões), não será atingida nem mesmo em 2030", declarou o documento.*

Mundo: população subnutrida (2015)

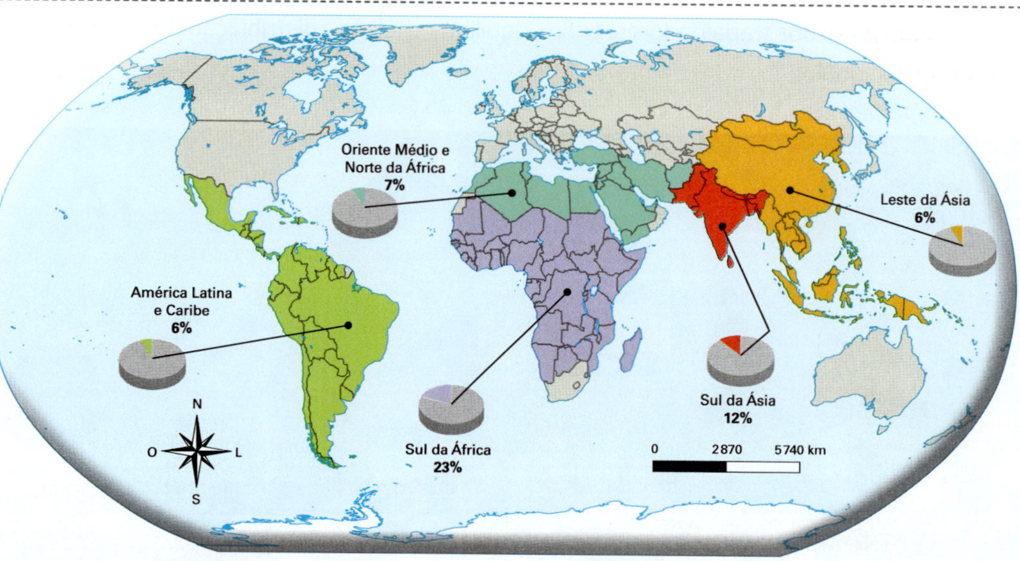

Adaptado de: FAO. Disponível em: ‹http://noticias.terra.com.br/noticias/popinfografico/0,5189,OI18117-EI294,00.html›. Acesso em: 18 nov. 2014.

Pessoas subnutridas por região

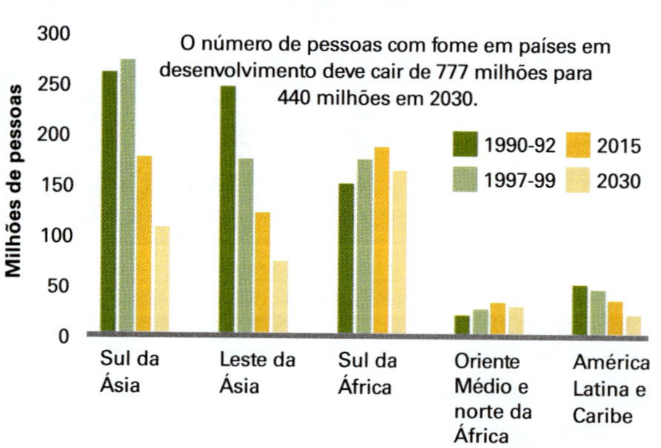

Banco de imagens/Arquivo da editora

Adaptado de: FAO. Disponível em: ‹http://noticias.terra.com.br/noticias/popinfografico/0,5189,OI18117-EI294,00.html›. Acesso em: 18 nov. 2014.

Líderes mundiais reuniram-se em Roma em junho para renovar seu comprometimento com a promessa de 1996, mas poucos dirigentes de potências mundiais compareceram e alguns acusaram os países industrializados de mostrar indiferença em relação aos famintos.

"A África subsaariana era motivo de grande preocupação porque o número de pessoas cronicamente subnutridas só cairá provavelmente dos atuais 194 milhões para 183 milhões em 2030", afirmou o órgão. Na pior crise de falta de alimentos do mundo, cerca de 13 milhões de pessoas de vários países do sul do continente sofrem com a fome devido aos efeitos de uma seca, de conflitos, de epidemias e de erros de política econômica.

Adaptado de: TERRA. Disponível em: ‹http://noticias.terra.com.br/mundo/noticias/0,,OI43110-EI294,00-FAO+diz+que+meta+de+diminuir+a+fome+nao+sera+atingida.html›. Acesso em: 18 nov. 2014.

Com base no texto e nas imagens, resolva as atividades.

1. Onde há o maior número e a maior proporção de pessoas que enfrentam o problema da fome no mundo?
2. O número de pessoas passando fome no mundo vai aumentar ou diminuir até 2030? As metas acordadas em 1996 serão alcançadas? Por quê?
3. Qual região do globo é motivo das maiores preocupações? Por quê?

4 Pobreza e exclusão social

Sabemos que as condições de vida de uma população dependem também de uma distribuição da renda equilibrada. Quando falta justiça social, isto é, quando há a concentração da renda nas mãos de poucas pessoas de um país, a maioria de seus habitantes é privada do direito à cidadania. A falta de acesso a uma educação adequada, por exemplo, a um trabalho digno ou a um atendimento médico de qualidade leva à exclusão social.

Pobreza e exclusão social são fenômenos interdependentes, já que uma situação de exclusão quase sempre gera uma situação de pobreza. Exclusão social significa estar à margem, do lado de fora, não estar incluído em algum benefício ou serviço.

Hoje em dia fala-se muito em **exclusão digital**, isto é, não estar incluído no acesso aos computadores e suas redes, como a internet, que atualmente são fundamentais para se comunicar, para obter informações, etc.

Fala-se também em inclusão de pessoas com algum tipo de **deficiência**, como os cadeirantes ou pessoas com dificuldades de locomoção, as pessoas com deficiência visual ou auditiva, etc., no mercado de trabalho. O objetivo é incluí-las economicamente para possibilitar que desfrutem da cultura e do lazer, inclusive adaptando instalações de teatros, cinemas, parques ou bibliotecas, por exemplo.

João Prudente/Pulsar Imagens

Centro que visa a inclusão digital em Tracuateua, Pará (Brasil), 2013.

Sergey Pyatakov/RIA Novosti/Agência France-Presse

Cadeirante assiste a um concerto de piano em Moscou (Rússia), 2012.

Texto e ação

1. Responda às questões em seu caderno.
   a) O que significa exclusão social?
   b) Que fatores levam à exclusão social?
   c) Você conhece alguma política de inclusão social no seu município, no Brasil ou no mundo? Qual ou quais?

2. Observe as fotos desta página, leia as legendas e faça o que se pede.
   a) Escreva um pequeno texto no caderno que informe o que mais chamou a sua atenção nas imagens.
   b) No estado onde você mora, há algum lugar semelhante aos das fotos observadas?

Geolink 3

A situação mundial

Hoje em dia, a maioria das pessoas tem vida mais longa, mais educação e maior acesso a bens e serviços do que nunca. Mesmo em países com situação econômica difícil, a saúde e a educação das pessoas melhoraram significativamente. Também ocorreram progressos em relação ao poder das pessoas para a escolha de líderes, para a influência sobre as decisões públicas e a partilha de conhecimento.

Os ganhos podem ser testemunhados por meio da nossa medida sumária do desenvolvimento, o Índice de Desenvolvimento Humano (IDH), uma medida composta simples que inclui a saúde, a escolaridade e o rendimento. O IDH médio mundial aumentou 18% entre 1990 e 2010 (41% desde 1970), refletindo grandes melhorias na esperança de vida, na frequência escolar, na alfabetização e nos rendimentos. Quase todos os países se beneficiaram. Dos 135 países da nossa amostra para 1970-2010 (com 92% da população mundial), apenas três tiveram um IDH mais baixo em 2010 do que em 1970. [...]

No entanto, nem todos os países assistiram a um progresso rápido, e as diferenças internacionais são marcantes. As pessoas da África austral e da antiga União Soviética suportaram tempos de retrocesso, especialmente na área da saúde. E países que partiram de uma posição semelhante tiveram experiências manifestamente distintas. O rendimento per capita *da China cresceu uns assombrosos 1 200% ao longo dos quarenta anos, mas o da República Democrática do Congo caiu 80%. Os avanços no conhecimento técnico e na globalização tornaram o progresso mais viável para todos os países, mas cada um deles tirou partido das oportunidades de forma diferente.*

[...]

Nem todos os lados da história são positivos. A desigualdade do rendimento piorou, e os padrões de produção e consumo, especialmente nos países ricos, parecem ser insustentáveis.

Adaptado de: PROGRAMA DAS NAÇÕES UNIDAS PARA O DESENVOLVIMENTO. Relatório de desenvolvimento humano 2011. *Sustentabilidade e equidade*: um futuro melhor para todos. Nova York: Pnud, 2011. p. 25.

Leroy Francis/Hemis.FR/Agência France-Presse

Crianças a caminho da escola em Axum (Etiópia), 2013.

Agora, resolva as atividades.

1. Quais foram os progressos sociais relatados no texto?
2. Cite os aspectos negativos assinalados no texto acima.
3. Explique o que significa a frase final: "[...] os padrões de produção e consumo, especialmente nos países ricos, parecem ser insustentáveis".

Atividades finais

+ Ação

1. Compare o mapa da página 200 com o da página 160 (Capítulo 8). O que você conclui?

2. Uma das frases abaixo não está de acordo com o que você aprendeu sobre a fome e a miséria. Identifique onde está o erro e reescreva a frase com a informação correta no caderno.
   a) O conceito de pobreza varia muito de acordo com cada sociedade.
   b) A pobreza relativa não significa miséria.
   c) A linha internacional da pobreza mais adotada pelas organizações internacionais é a situação de pessoas, nos vários países do mundo, vivendo com no máximo 1,75 dólar ao dia.
   d) A fome é um problema tão antigo quanto a história da humanidade, responsável pelo desaparecimento de inúmeros grupos sociais.

3. A fotografia é uma maneira indireta de observar as paisagens. Observe novamente as fotos que ilustram este capítulo e responda.
   - Qual das paisagens você escolheria para simbolizar a pobreza e a miséria no mundo? Justifique.

4. Leia trechos da notícia sobre o combate à fome no Brasil e responda às questões.

Pobreza recua no Brasil, mas fim da miséria é questionável

Apesar de expressivos avanços no combate à extrema pobreza, erradicar a miséria do Brasil e transformá-lo num país de classe média será mais complexo e demorado do que o discurso do governo sugere, segundo especialistas ouvidos pela BBC Brasil. Os mais pobres receberão repasse complementar para que a renda per capita *de suas famílias alcance ao menos R$ 70 ao mês – patamar abaixo do qual são consideradas extremamente pobres pelo governo. A alteração, diz o governo, permitirá que 2,5 milhões de brasileiros se somem a 22 milhões de beneficiários do Bolsa Família que ultrapassaram a linha da pobreza extrema nos últimos dois anos. Para que o programa seja de fato universalizado, porém, o governo estima que falte registrar 2,2 milhões de brasileiros miseráveis ainda à margem das políticas de transferência de renda, o que pretende realizar nos próximos anos. Especialistas em políticas antipobreza ouvidos pela BBC Brasil aprovaram a expansão do programa, mas fazem ressalvas quanto à promessa do governo de erradicar a miséria.*

Para Otaviano Canuto, vice-presidente da Rede de Redução da Pobreza do Banco Mundial, o Bolsa Família – carro-chefe dos programas de transferência de renda do governo – é bastante eficiente, mas mesmo somado a outros programas semelhantes tem um peso bem menor do que a universalização da educação [e a melhoria de sua qualidade] *no combate à pobreza. Apesar do progresso, estudiosos dizem que, mesmo que o Cadastro Único passe a cobrir todos os brasileiros que hoje vivem na pobreza, sempre haverá novas famílias que se tornarão miseráveis. Há, ainda, questionamentos sobre o critério do governo para definir a pobreza extrema – renda familiar* per capita *mensal inferior a R$ 70, baseado em conceito do Banco Mundial que define como miserável quem vive com menos de US$ 1,25 por dia. Esse valor, adotado pelo governo em 2011, jamais foi reajustado, mesmo com a inflação (subida geral dos preços) e a desvalorização do real frente ao dólar. Em onze das 18 capitais monitoradas pelo Departamento Intersindical de Estatística e Estudos Socioeconômicos (Dieese), 70 reais não garantem sequer a compra da parte de uma cesta básica destinada a uma pessoa. O economista Francisco Ferreira, também do Banco Mundial, considera positivo que o Brasil tenha definido uma linha de pobreza, mas afirma que o valor deveria ser ajustado ao menos de acordo com a inflação. Segundo Ferreira, o Banco Mundial estabeleceu a linha de miséria em US$ 1,25 ao dia para uniformizar seus estudos, mas cada país deveria definir critérios próprios. "Não me parece adequado que o Brasil adote a mesma linha aplicável a um país como o Haiti, por exemplo."*

Para Alexandre Barbosa, professor de História econômica do Instituto de Estudos Brasileiros da USP, o governo deveria levar em conta outros critérios além da renda em sua definição de miséria. Ele afirma que as políticas de transferência de renda melhoraram a vida dos mais pobres, mas não alteraram a estrutura social brasileira. Barbosa é especialmente crítico à ideia de que, com a redução na pobreza, o Brasil está se tornando um país de classe média, tese defendida pelo governo federal. Ele questiona se é correto "Considerar classe média alguém que recebe entre um e dois salários mínimos, que mora em zona urbana sem acesso a bens culturais nem moradia decente, que leva três horas para se deslocar ao trabalho". Para o professor, a transferência de renda deveria integrar um conjunto mais amplo de ações do governo com foco na redução da desigualdade. Entre as políticas que defende estão reduzir os impostos indiretos sobre os mais pobres [isto é, os elevados impostos que todos pagam ao comprar alimentos, bebidas, eletrodomésticos, roupas, livros, etc.], *fortalecer cooperativas e agregar valor à produção industrial, para que os salários acompanhem os ganhos em eficiência. Canuto concorda com isso, acrescentando que esse modelo que permitiu a redução da pobreza na última década* [baseado na ajuda financeira às famílias mais pobres e no crédito fácil, mas que gera endividamento das pessoas, para comprar carros ou eletrodomésticos], *já está próximo do seu limite. De agora em diante, afirma Canuto, os avanços terão que se amparar em maiores níveis de investimentos, que reduzam o custo de produzir no Brasil* [isto é, reduzir impostos, investir na infraestrutura, etc.]. *É preciso pensar no que é necessário para que, daqui a uma geração, esse auxílio aos mais pobres não seja mais necessário. Para isso, o foco tem que ser na boa educação, acesso à saúde, emprego de qualidade, melhoria da infraestrutura e espaço para o desenvolvimento do talento empresarial.*

Adaptado de: BBC Brasil. Disponível em: <www.bbc.co.uk/portuguese/noticias/2013/03/130307_abre_pobreza_brasil_jp_jf.shtml>. Acesso em: 18 nov. 2014.

a) O que você pensa da política de combate à pobreza por meio da transferência de renda aos mais pobres? Quais são os pontos positivos e negativos dessa política?

b) Será que o Brasil realmente está virando um país onde a maioria da população é de classe média? Justifique.

c) Explique por que fixar em R$ 70,00 *per capita* mensais a linha nacional de pobreza do Brasil é algo problemático.

d) Para de fato erradicar a pobreza no longo prazo, quais as propostas apresentadas pelos especialistas? Comente cada uma delas.

5. Leia a sinopse do livro *O banqueiro dos pobres*: a revolução do microcrédito que ajudou os pobres, de Muhammad Yunus, e responda às questões.

Criar um banco para emprestar dinheiro aos pobres. Foi colocando esta ideia em prática que Muhammad Yunus fundou o Banco Grameen, em Bangladesh, destinado a oferecer um amplo serviço de microcrédito para a população carente do seu país. O sucesso foi tão grande que logo se expandiu para o mundo inteiro, mostrando-se não só uma operação viável do ponto de vista financeiro como um forte aliado no combate à pobreza. Este livro conta a história desse sonho levado à prática, expondo às claras as ideias de Yunus. Longe da frieza burocrática dos financistas, seu ponto de vista valoriza o ser humano e mostra-se atento à vida e aos hábitos das pessoas, na ânsia sincera por emancipá-las.

Adaptado de: LIVRARIA Cultura. Disponível em: <www.livrariacultura.com.br/scripts/resenha/resenha.asp?nitem=382374>. Acesso em: 18 nov. 2014.

a) Qual é o assunto tratado no livro?

b) Quem fundou o Banco Grameen? Onde? Com qual objetivo?

c) Em sua opinião, o que significa a criação de um banco para os pobres?

6. Leia o texto e faça o que se pede.

Herbert José de Sousa, o Betinho, nasceu no dia 3 de novembro de 1935, na pequena cidade mineira de Bocaiúva. De uma infância e adolescência marcada pelos limites impostos pela hemofilia e tuberculose, soube apropriar-se daquele fio de vida que lhe restava.

Transformou sua fragilidade física em grandeza de humildade. Buscou a vida de forma intensa para si e para os outros, particularmente para os excluídos da sociedade. Seu humor e sua ironia juntavam-se a uma forte indignação diante da mínima injustiça.

Adaptado de: COMITÊ Betinho. *Betinho*: uma trajetória de luta. Disponível em: <http://comitebetinho.vilabol.uol.com.br/index_arquivos/Page995.htm>. Acesso em: 8 fev. 2012.

- Com o apoio das informações do texto e das ideias trabalhadas no capítulo, comente a seguinte frase do Betinho.

Miséria é imoral. Pobreza é imoral. Talvez seja o maior crime moral que uma sociedade possa cometer.

Adaptado de: FRASES Famosas. Disponível em: <www.frasesfamosas.com.br/de/betinho/pag/2.html>. Acesso em: 18 nov. 2014.

7. Pesquise alguns projetos internacionais de combate à fome e à miséria no mundo.

a) Levante o nome das organizações participantes e os objetivos dos projetos de ajuda.

b) Descubra como a questão da fome e da miséria são tratadas nas propostas.

c) Na data marcada pelo professor, apresente o resultado da sua pesquisa.

8. A pobreza também é definida pelo acesso da população aos espaços e serviços da cidade. Leia o texto para resolver as atividades.

Pelo direito ao "rolezinho" pela cidade

Quem pegou ônibus nas últimas semanas na cidade do Rio de janeiro pela zona sul observou uma presença ostensiva de policiais nos espaços públicos. Chegou a ter um carro do Choque em cada esquina e o tempo todo estes agentes abordavam e revistavam jovens negros com roupas simples que passeavam pela praia e ruas próximas.

Os ônibus que vêm da zona norte estão sendo escoltados por batedores (policiais em moto) e os responsáveis pela ação chegaram a alegar que seguiam "jovens sem camisa pra evitar arruaça". Num Rio de janeiro que nos últimos dias chegou a ter sensação térmica de 50 graus, por que seria problemático alguém estar sem camisa a caminho da praia? Para um recorte de classes, é claro.

Em São Paulo, o rolezinho dos jovens da periferia nos shoppings teve grande adesão pelo fato de estes locais serem um dos poucos em que não é necessário pagar ingresso pra acessar. Aqui no Rio já foi marcado um ato em solidariedade, também em um shopping, mas o rolezinho carioca se dá nas praias e, como em São Paulo, vem sofrendo preconceito desde a intensificação da presença desses jovens pobres e negros no local com o início do verão e das férias.

Estas pessoas não têm como pagar os altos preços das passagens (segundo o Ipea, cerca de 40 milhões de brasileiros não têm acesso ao transporte coletivo por não poder pagar passagem) então o que se vê é uma verdadeira força-tarefa dessa rapazeada pra se fazer catracaços. Eles não pulam catracas, mas entram pelas portas de trás. O problema é que o poder público simplesmente resolveu impedir o acesso desses meninos e meninas à praia no mês turístico.

Desta forma, a galera do rolezinho se acumulou nos outros pontos em que estes ônibus teriam que passar. Uma vez que os motoristas estavam aconselhados a passar direto pelos pontos, algumas meninas entraram na frente dos ônibus obrigando-os a parar e uma multidão de garotos e garotas entrou de todas as formas pra dentro do ônibus, até pela janela. A polícia correu distribuindo porradas de cassetetes em quem estava nos pontos e tentou sem sucesso fazer os garotos e as garotas descer. Houve muita correria e várias pessoas disseram que foi mais assustador do que em manifestações. Vale lembrar que o projeto de lei Tarifa Zero prevê um aumento considerável na frota para que lotações não ocorram.

[...]

Ocupações de prédios abandonados por ex-sem-teto membros de movimentos de ocupação urbana foram desalojados em massa, mesmo sendo estas ações ilegais, uma vez que muitos eram prédios públicos abandonados há mais de vinte anos. A Constituição prevê que estes tenham função social, no caso, moradia. A permanência destas pessoas nestes locais também se justifica por usucapião, por se tratarem de ocupações com muitos anos de existência. Nada disso foi respeitado. Os prédios foram demolidos pra se tornarem empreendimentos luxuosos a la Dubai e alguns simplesmente continuarão abandonados, mas agora contam com sua entrada cimentada. Prédios de até dez andares abandonados numa cidade com uma população de 100 mil pessoas morando nas ruas.

Adaptado de: MOVIMENTO Passe Livre. Disponível em: <https://mplrio.wordpress.com/2014/01/15/pelo-direito-ao-rolezinho-pela-cidade-a-cultura-de-se-chamar-lazer-de-pobre-de-arrastao/>. Acesso em: 6 abr. 2015.

Luciana Whitaker/Pulsar Imagens

Policiamento na praia de Ipanema no Rio de Janeiro (RJ), 2013.

a) Sobre o que trata o texto? Crie uma legenda alternativa para a foto ao lado.

b) Qual é a relação entre o acesso ao transporte coletivo e o acesso às praias do Rio de Janeiro e aos *shoppings* de São Paulo?

c) De acordo com o texto, existe alguma relação entre a etnia e a pobreza no Brasil?

De olho na imagem

1. A Organização das Nações Unidas para a Agricultura e Alimentação (FAO) lançou, em 2011, o dia 16 de outubro como o Dia Mundial da Alimentação.

a) Observem as imagens.

FAO/Arquivo da editora

Semana Mundial da Alimentação/Arquivo da editora

b) Leiam alguns temas definidos para comemorar o Dia Mundial da Alimentação.

> 1981: "O ALIMENTO ANTES DE TUDO"
> 2001: "LUTAR CONTRA A FOME PARA REDUZIR A POBREZA"
> 2011: "O PREÇO DOS ALIMENTOS – DA CRISE À ESTABILIDADE"

c) Usem a criatividade e criem um tema e um logotipo para comemorar o Dia Mundial da Alimentação em 2020.

2. Observem as imagens e façam o que se pede.

Dum/Acervo do cartunista

Cícero/Acervo do cartunista

a) Comentem cada uma das charges acima.

b) Se vocês fossem chargistas, que tipo de desenho utilizariam para criticar a pobreza no Brasil? Façam suas representações em uma folha sem linhas e apresentem aos colegas da classe.

ATIVIDADES INTERDISCIPLINARES

Conexões

ARTE E HISTÓRIA

1. Observe a imagem e depois faça o que se pede.

Museu de Arte de São Paulo Assis Chateaubriand (Masp), São Paulo (SP)/Arquivo da editora

***Criança morta*, óleo sobre tela, de Candido Portinari, 1944.**

A tela *Criança morta*, de Candido Portinari (1903-1962), faz parte da série que o pintor fez em 1944-1945 sobre os retirantes nordestinos. Na época, por causa das secas e da pobreza no Sertão ou da pobreza e expulsão da mão de obra na Zona da Mata, centenas de milhares de nordestinos migraram para o Centro-Sul do país. Esse quadro de Portinari é tido como o mais dramático que ele elaborou: observa-se a criança morta no centro da tela, projetada na família que a segura nos braços, o tom terroso na parte inferior, as lágrimas das pessoas que choram, desenhadas maiores do que são de forma proposital, além do aspecto quase cadavérico das figuras humanas. O autor dizia que a pintura expressa ideias e a sua denúncia da miséria dos retirantes nordestinos ocasionou forte repercussão na época. Devemos lembrar que o Brasil vivia um regime ditatorial (o Estado Novo), que apregoava um patriotismo baseado na ideia de que não existiam grandes problemas sociais no país, que pela harmonia do seu povo e imensas riquezas naturais teria um futuro grandioso pela frente, etc., e que qualquer pessoa que mostrasse conflitos, miséria ou dramas sociais era malvisto. Perguntaram ao artista por que retratava gente tão feia e miserável e ele respondeu que o fazia porque, olhando a realidade, o que via era só miséria e desolação.

a) Qual é a impressão que a tela provoca em você?

b) Você concorda com a ideia de que a pintura expressa ideias? Justifique.

c) Existe atualmente tanta miséria e desolação no país, especialmente no Nordeste, como nos anos 1940?

d) Faça uma pesquisa em História e verifique o que foi o Estado Novo e qual era a imagem do Brasil que esse regime propagandeava.

e) Explique o que essa pintura tem a ver com o que você estudou neste capítulo.

LÍNGUA PORTUGUESA

2. Leia o poema de Manuel Bandeira. A cena retratada no poema faz parte da paisagem de muitas cidades do Brasil e do mundo.

O bicho

Vi ontem um bicho
Na imundície do pátio
Catando comida entre os detritos.

Quando achava alguma coisa,
Não examinava nem cheirava:
Engolia com voracidade.

O bicho não era um cão,
Não era um gato,
Não era um rato.

O bicho, meu Deus, era um homem.

BANDEIRA, Manuel. *Meus poemas preferidos*. Rio de Janeiro: Ediouro, 2002.

a) Explique o que o autor quis mostrar ou denunciar com o poema.

b) Comente o poema, de acordo com o artigo XXV da Declaração Universal dos Direitos Humanos.

Artigo XXV

1. Toda pessoa tem direito a um padrão de vida capaz de assegurar a si e a sua família saúde e bem-estar, inclusive alimentação, vestuário, habitação, cuidados médicos e os serviços sociais indispensáveis, e direito à segurança em caso de desemprego, doença, invalidez, viuvez, velhice ou outros casos de perda dos meios de subsistência fora de seu controle.

Adaptado de: DECLARAÇÃO Universal Dos Direitos Humanos. Disponível em: <http://edemocracia.camara.gov.br/web/espaco-livre/forum/-/message_boards/message/1597434>. Acesso em: 18 nov. 2014.

c) Conheça um pouco da vida e obra de Manuel Bandeira.

Manuel Carneiro de Sousa Bandeira Filho nasceu no Recife (PE), em 19 de abril de 1886. Transferiu-se aos 10 anos para o Rio de Janeiro, onde cursou o secundário no Externato do Ginásio Nacional, hoje Colégio Pedro II, bacharelando-se em letras. Em 1903 matriculou-se na Escola Politécnica de São Paulo para fazer o curso de engenheiro-arquiteto, mas teve de abandonar os estudos no ano seguinte, ao contrair tuberculose. Tratou-se em estações climáticas no Brasil e em Clavadel, na Suíça, onde morou de junho de 1913 a outubro de 1914, tendo como companheiro de sanatório o poeta Paul Éluard. De volta ao Brasil, fixou-se no Rio. Lançou seu primeiro livro de poesias, A cinza das horas, *em 1917, e firmou-se como pioneiro do modernismo com a obra* Carnaval *(1919). Seu poema* Os sapos *foi lido no Teatro Municipal de São Paulo durante a Semana de Arte Moderna de 1922. Além de poeta, foi professor, cronista, crítico e tradutor. Morreu no Rio de Janeiro, em 13 de outubro de 1968, consagrado como um dos maiores poetas brasileiros.*

Adaptado de: GUIA do estudante. *Manuel Bandeira, um dos pioneiros do modernismo*. Disponível em: <http://guiadoestudante.abril.com.br/estude/literatura/materia_416919.shtml>. Acesso em: 18 nov. 2014.

O Brasil e a globalização na atualidade

1 Vendas do Brasil para o exterior neste século mais que triplicaram.

Exportações brasileiras no primeiro trimestre, em US$ bilhõesz

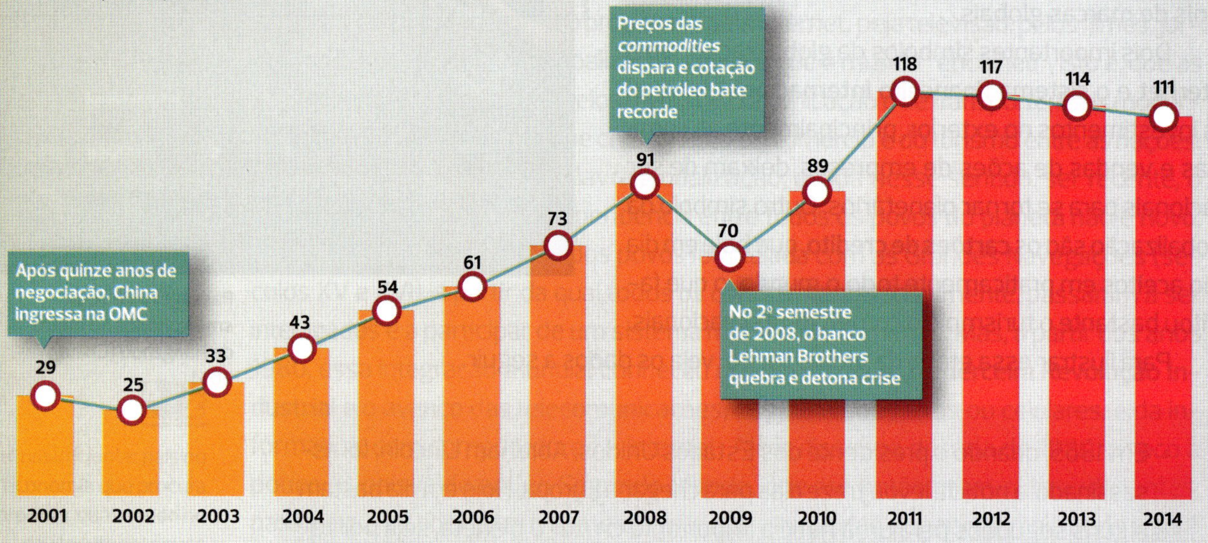

3 Com o avanço do gigante asiático, o perfil das vendas mudou, com as exportações de matérias-primas ganhando força.

Principais produtos exportados, em % de vendas

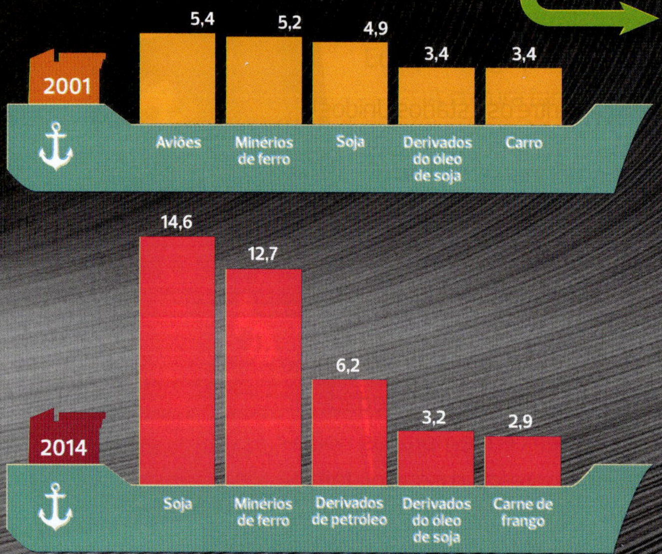

4 Essa mudança também se refletiu nos principais estados exportadores, com a região Sul perdendo força e o Centro-Oeste avançando.

Divisão das exportações por região, em %**

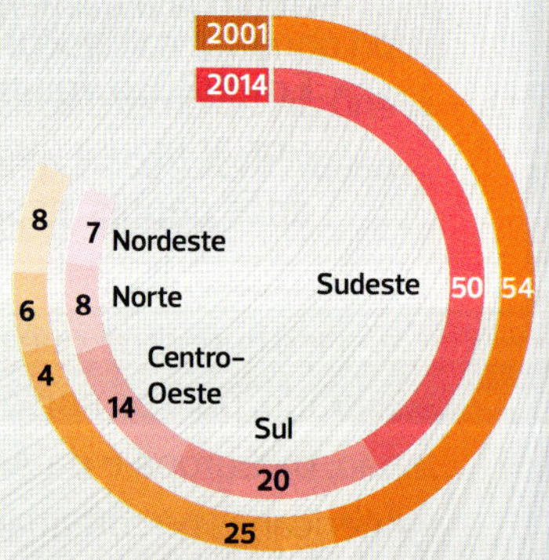

* Todos os dados se referem ao 1º semestre dos anos
** A conta não fecha 100% porque nem todas as regiões foram declaradas

Fontes: OMC (Organização Mundial de Comércio) e Ministério da Indústria, Desenvolvimento e Comércio Exterior.

Divisão das vendas por categoria de uso, em %

Adaptado de: *FOLHA de S.Paulo*. Disponível em: <http://f.i.uol.com.br/folha/infograficos/images/142411215.jpeg>. Acesso em: 21 nov. 2014.

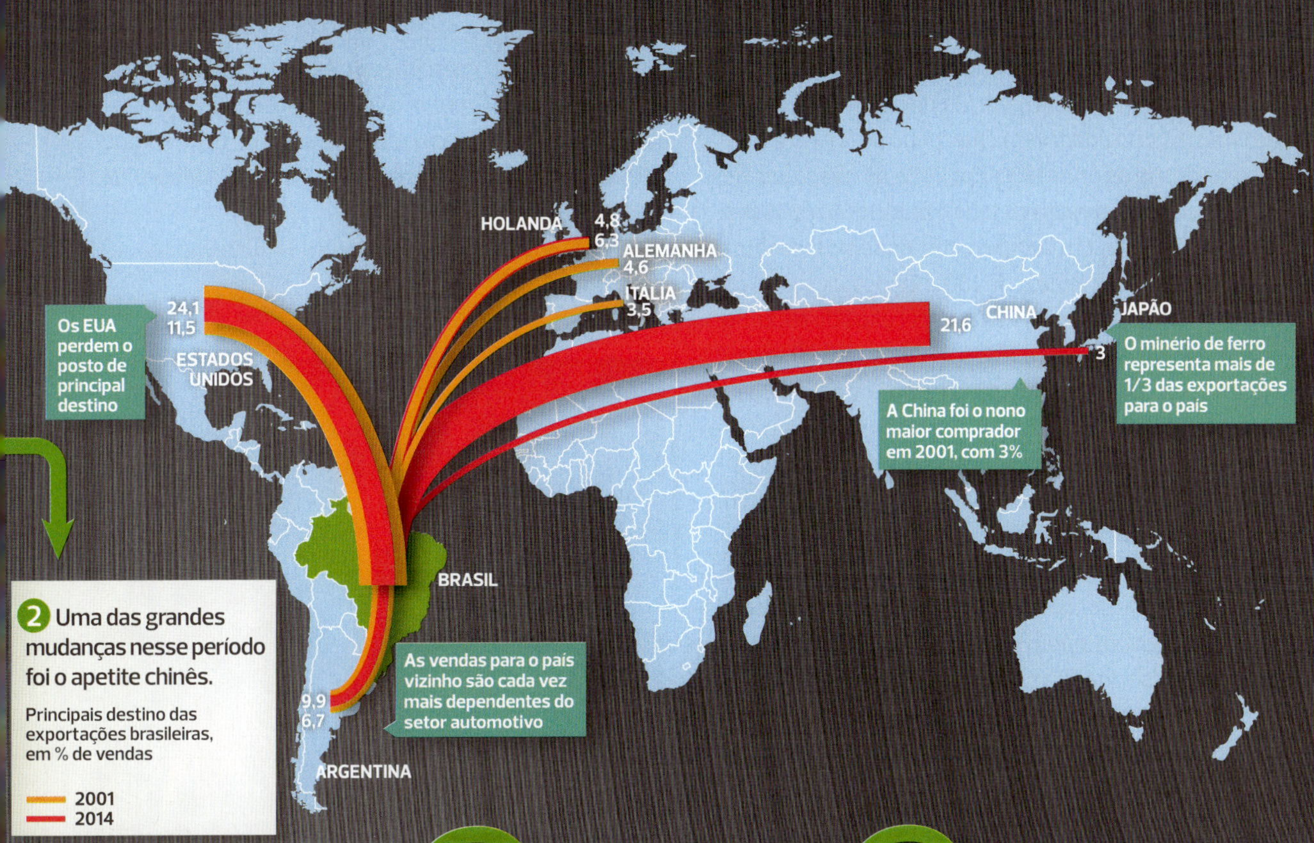

2 Uma das grandes mudanças nesse período foi o apetite chinês.

Principais destino das exportações brasileiras, em % de vendas

2001
2014

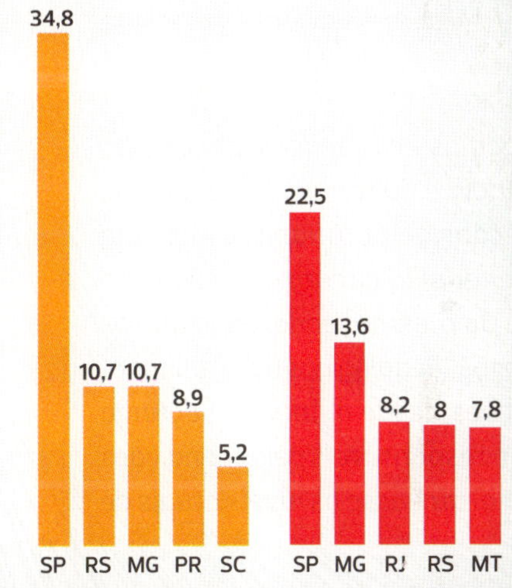

5 Esse cenário também teve impacto nas empresas, com indústrias como Embraer e Volkswagen cedendo espaço.

Principais empresas exportadoras

	2001	2014
1º	Embraer	Vale
2º	Petrobras	Petrobras
3º	Vale	Bunge
4º	Volkswagen	Cargill
5º	Bunge	JBS

6 Apesar do crescimento e da mudança de perfil, o Brasil tem fatia pequena nas exportações globais.

Participação, em %

Julio Dian/Arquivo da editora

A crescente importância do turismo para a economia global

Apesar das guerras, tumultos políticos, desastres naturais, surtos de doenças, ataques terroristas e crises econômicas em várias partes do mundo, o turismo internacional vem crescendo de forma espetacular desde os anos 1970. Em 2012, as chegadas de turistas internacionais em todo o mundo ultrapassou a cifra de 1 bilhão. Em comparação, podemos lembrar que em 1970 pouco mais de 160 milhões de pessoas fizeram turismo internacional. As receitas do turismo internacional hoje, em mais de 90 países, já ultrapassam a cifra de 1 bilhão de dólares por ano. Isso sem contar com o turismo interno ou doméstico [dentro dos países], *que é várias vezes maior do que o internacional. O turismo, realmente, se tornou uma força econômica e social global.*

Viajar é caro. Historicamente, apenas as pessoas ricas podiam se dar ao luxo de viajar para o exterior, e elas costumavam ir para países ricos, com infraestrutura e serviços de turismo de qualidade, especialmente na Europa. Mas isso também está mudando. Nas últimas décadas, as chegadas de turistas em países emergentes [especialmente a China, mas também vários outros países da Ásia, da Europa Oriental, da América Latina e da África] *têm crescido muito mais rápido do que nos desenvolvidos. A região Ásia-Pacífico tem tido o mais rápido crescimento. A Organização Mundial do Turismo (OMT) prevê que as chegadas internacionais de turismo vão crescer na média de 3,3% ao ano até 2030, quando chegarão a um total de 2 bilhões de turistas.*

Adaptado de: GEORGETOWN Journal of International Affairs. Disponível em: <http://journal.georgetown.edu/the-growing-importance-of-tourism-in-the-global-economy-and-international-affairs/>. Acesso em: 21 nov. 2014.

Imaginechina/Associated Press/Glow Images

Turistas fotografam paisagem de Xangai (China), 2014.

Geolink 1

A globalização

A globalização não é um processo universal que atua da mesma forma em todos os campos da atividade humana. Ainda que se possa dizer que há uma tendência histórica natural para a globalização nas áreas de tecnologia, comunicações e economia, isso certamente não vale para a política [...].

Não acho que seja possível identificar a globalização apenas com a criação de uma economia global, embora este seja o seu ponto focal e sua característica mais óbvia. Precisamos olhar para além da economia. Antes de tudo, a globalização depende da eliminação de obstáculos técnicos, não da eliminação de obstáculos econômicos. Ela resulta da abolição da distância e do tempo. Por exemplo, teria sido impossível considerar o mundo como uma unidade antes de ele ter sido circum-navegado no início do século XVI. Do mesmo modo, creio que os revolucionários avanços tecnológicos nos transportes e nas comunicações desde o final da Segunda Guerra Mundial foram responsáveis pelas condições para que a economia alcançasse os níveis atuais de globalização.

Adaptado de: HOBSBAWM, Eric. *O novo século*: entrevista a Antonio Polito. São Paulo: Cia. das Letras, 2000. p. 70;73.

Responda às questões.

1. Segundo o texto, a globalização é um fenômeno homogêneo?
2. Por que o autor afirma que a globalização não é apenas um fenômeno econômico?
3. Qual é o papel da tecnologia e dos transportes para a globalização?

Texto e ação

1. Cite algumas características de um espaço geográfico globalizado.
2. Podemos afirmar que com a globalização as economias nacionais passam a depender cada vez mais do mercado mundial? Justifique.
3. Em sua opinião, nós vivemos numa "aldeia global"? Explique.
4. Num mundo globalizado podemos falar em uniformização de hábitos? Cite exemplos.
5. No processo de globalização encontramos três importantes símbolos. Quais são eles? Como funcionam?
6. O que os números do texto revelam sobre o turismo e o comércio internacionais nas últimas décadas?
7. Cite exemplos que confirmem a frase: "As economias nacionais estão se desnacionalizando".
8. Por que se diz que com a globalização o mundo "encolheu"?

Expansão das multinacionais

Outro aspecto importante da globalização é a expansão das empresas multinacionais ou transnacionais, que são indústrias, bancos, empresas de transportes ou de comunicações, entre outras, que possuem estabelecimentos em inúmeros países, muitas vezes em todos os continentes.

Nas décadas de 1950 e 1960 havia apenas algumas centenas de empresas multinacionais, principalmente norte-americanas, como a GM, Ford, ITT, Exxon, etc. Nos anos 1970 começou-se a falar cada vez mais nas multinacionais europeias e japonesas, como a Fiat, Renault, Nestlé, Volkswagen, Siemens, British Petroleum, Toyota, Mitsubishi, Sony, etc., e o número dessas empresas aumentou para alguns milhares.

Atualmente, calcula-se que mais de 55 mil empresas podem ser consideradas multinacionais, e elas controlam uma crescente fatia da economia mundial. Além disso, hoje em dia, muitas dessas empresas possuem sedes e capitais originários de países do Sul geoeconômico, como:

- Samsung, Daewoo, Hyundai e LG, da Coreia do Sul;
- Sinopec Group, China National Petroleum, Lenovo e Bank of China, da China;
- Banco do Brasil, Rede Globo, Petrobras e Odebrecht, do Brasil;
- Hon Hai e Cathay Life, de Taiwan;
- Petronas, da Malásia;
- Flextronics, de Cingapura;
- Pemex, América Móvil e Televisa, do México;
- Indian Oil e Tata Motors, da Índia.

A globalização, com a aceleração do ritmo de produção e com as novas tecnologias, ocasionou uma rápida expansão de algumas economias que antes eram tidas como pobres ou subdesenvolvidas. Atualmente elas já disputam em condições de igualdade com os países do Norte geoeconômico, como a China, principalmente, além de Coreia do Sul, Taiwan, Cingapura e até mesmo a Índia (apesar da persistência de enormes bolsões de pobreza), o Brasil e outros países do Sul.

Petrobras em Qingdao (China), 2013.

Wan Houde/Xinhua/Zuma Press/Glow Images

Then Chih Wey/Xinhua/eyevine/Glow Images

Indústria aeronáutica em Xinhua (Cingapura), 2015.

Bikas Das/AP Photo/Glow Images

Indústria de bens de produção em Kharagpur (Índia), 2012.

Desigualdades internacionais

Com a globalização, as desigualdades internacionais **aumentaram** para um grupo de países e **diminuíram** para outro.

Alguns países se modernizaram rapidamente, ampliando suas rendas médias e aumentando sensivelmente seus IDHs, como China (principalmente), Índia, Indonésia, Turquia, Brasil, Malásia, México, Chile e outros.

Muito dessa modernização rápida pode ser explicado graças à política interna desses países: investimentos em educação de qualidade e acessível a todos, combate à corrupção, investimentos em infraestrutura, como portos, ferrovias, rodovias, aeroportos, distribuição de eletricidade, para aumentar a produção e a exportação, entre outros.

No entanto foi determinante também a vinda de empresas estrangeiras em busca de mão de obra barata ou de facilidades concedidas pelos governos, por exemplo, impostos baixos ou até isenção deles; terrenos, edifícios ou aluguéis com custos bem menores do que nos países desenvolvidos; facilidades para exportar; ou ainda visando ao grande **mercado consumidor potencial** de algumas nações bastante populosas, como China, Índia, Brasil, Indonésia, etc.

Mas alguns países continuam atrasados, sem se modernizar no ritmo dos demais, apresentando renda *per capita* e IDH extremamente baixos, embora, em geral, tenha ocorrido algum progresso. São eles Paquistão, Nigéria, Gana, Camarões, Tanzânia, Angola, Costa do Marfim, Níger e outros.

Em geral, esses países são aqueles onde houve ou há guerras civis ou com países vizinhos, cujos grupos de guerrilheiros combatem o governo e provocam destruições. É comum também que os governos desses países sejam corruptos e autoritários e que não invistam em educação, saúde, infraestrutura, etc.

A Z

Mercado consumidor potencial: mercado consumidor são as pessoas ou empresas que consomem determinados produtos ou serviços. Ele é real quando já está formado, e é potencial quando existe um número imenso de pessoas ou empresas que, dependendo do seu poder aquisitivo, poderão tornar-se consumidores.

Nova Divisão Internacional do Trabalho

Outra mudança suscitada pela globalização foi a nova Divisão Internacional do Trabalho, bem mais **complexa** do que a anterior. Isso porque inúmeros países que antes eram apenas exportadores de matérias-primas agora estão exportando produtos industrializados em grande quantidade. O maior exemplo disso é a China, país que exportava principalmente produtos primários e hoje é o maior exportador de produtos industrializados do mundo, tendo ultrapassado a Alemanha, o Japão e até os Estados Unidos. Em 1970, o comércio externo da China era extremamente pequeno, de apenas cerca de 5 bilhões de dólares somando as exportações e as importações, e o país exportava arroz, petróleo, açúcar, carnes, etc. Em 2014, depois de pouco mais de quarenta anos, a China atingiu um total de comércio exterior de mais de 4 trilhões de dólares, e o país hoje exporta quase exclusivamente bens industrializados, como automóveis, brinquedos, roupas, calçados, equipamentos médicos e ópticos, plásticos e máquinas e importa principalmente matérias-primas, como arroz, carnes, minérios, soja e petróleo.

Entretanto não foi somente a China que mudou radicalmente sua posição na Divisão Internacional do Trabalho. Vários outros países outrora exportadores de matérias-primas estão vendendo produtos industrializados em grande quantidade: Coreia do Sul, Taiwan, Cingapura, Malásia, Indonésia, Turquia, Brasil, México, etc. O número de países exportadores de bens industrializados cresceu muito com a expansão da atividade industrial pelo mundo, mas um número imenso de países, especialmente na África, no sul e sudeste da Ásia, na Oceania e na América Latina, ainda exporta predominantemente matérias-primas, com fraca industrialização.

Paisagem rural de Dibinindji (Chade), 2012.

Ben Curtis/Associated Press/Glow Images

Prós e contras da globalização

A globalização é um processo que suscita controvérsias. Alguns dizem que ela amplia as desigualdades sociais e internacionais. Outros argumentam que ela, pelo contrário, está tirando milhões de pessoas da pobreza absoluta e promovendo o desenvolvimento de inúmeros países extremamente populosos, como a China, a Índia e outros.

Adrian Niederhaeuser/ Shutterstock/Glow Images

As duas vertentes têm razão, na verdade. A globalização de fato acentuou as desigualdades internacionais e, dentro de alguns países, as desigualdades sociais. Ao mesmo tempo, ela produziu uma sensível modernização em inúmeros países, como China, Índia, Indonésia, Filipinas, Turquia, etc., nos quais a renda média vem crescendo a cada ano e, com isso, tirando da miséria centenas de milhões de pessoas.

As desigualdades internacionais, de uma forma geral, continuam a se ampliar. A renda *per capita* dos Estados Unidos, por exemplo, em 1980, era de 13 450 dólares e, em 2013, já era superior a 53 mil dólares, enquanto essa renda na Tanzânia era de 290 dólares em 1980 e de apenas 630 dólares em 2013. Isso quer dizer que a renda média dos norte-americanos era 46 vezes superior à da Tanzânia em 1980 e 84 vezes em 2013. E chegaremos à mesma conclusão se compararmos essa evolução da renda *per capita* dos Estados Unidos com a de países pobres como Etiópia, Serra Leoa, Níger, Nigéria ou Afeganistão. Por outro lado, se fizermos essa mesma comparação com países como China, Índia, Indonésia, México, Brasil e outros, veremos que o oposto ocorreu, ou seja, que as diferenças nesses casos diminuíram. A renda *per capita* da China em 1980 era de 280 dólares, isto é, 48 vezes menor que a dos Estados Unidos, mas em 2013 já era de 6 560 dólares, ou seja, apenas 8 vezes menor do que a norte-americana. A renda média dos indianos era de 260 dólares em 1980, 51 vezes menor que a dos norte-americanos, ao passo que em 2013 essa renda já era de cerca de 1 570 dólares, apenas 33 vezes menor. Na China e na Índia – países mais populosos do mundo –, as desigualdades internacionais, embora ainda sejam enormes, diminuíram significativamente.

O mesmo ocorre com a pobreza ou com a fome. Se olharmos apenas para o grupo de países mais pobres, especialmente alguns da África subsaariana e do sul da Ásia, vamos concluir que a desigualdade internacional com relação à pobreza e à fome aumentou. Mas se atentarmos para a situação de outros países nos quais esses fatores existiam em grande quantidade até os anos 1980, como a China, a Índia e até mesmo o Brasil, vamos constatar que, embora ainda exista grande quantidade de pessoas vivendo em situação de pobreza absoluta, ocorreu uma diminuição significativa da desigualdade internacional.

Em resumo, analisar os aspectos positivos e negativos da globalização é algo complexo e depende sempre do ponto de vista adotado. É uma situação semelhante àquela de um conto no qual dois cavaleiros brigam por causa da natureza de uma estátua. Ela era feita em parte de cobre e em parte de prata, e cada um deles, olhando para ela de pontos diferentes, insistia que ela era toda de cobre ou toda de prata. Eles olharam a estátua de posições diferentes, emitiram opiniões controversas sobre ela e acabaram brigando sem perceber que ambos tinham razão.

Texto e ação

1. O que é uma empresa multinacional ou transnacional?
2. Vários nomes de empresas multinacionais foram relacionados no texto. Algumas possuem filial no município ou estado onde você mora? Faça uma pesquisa para descobrir, se for necessário.
3. Com base nas informações do texto, comente as fotos das páginas 227 e 228.
4. A globalização, junto com a Terceira Revolução Industrial, permitiu a modernização em determinados países subdesenvolvidos. Explique o papel da política interna do país nesse processo.
5. Os principais responsáveis pela nova Divisão Internacional do Trabalho são os países em desenvolvimento, que se industrializaram. Comente o caso da China.

Geolink 2

Mais controvérsias sobre a globalização

Globalização tornou-se uma palavra na moda nas últimas décadas. O súbito aumento nas trocas de conhecimento, comércio e capital em todo o mundo, alavancado pela inovação tecnológica, a partir da internet até o comércio internacional, deram um impulso para essa palavra. Alguns veem a globalização como uma coisa boa. Segundo Amartya Sen, economista ganhador do prêmio Nobel, a globalização "enriqueceu o mundo científica e culturalmente, e beneficiou muitos povos do ponto de vista econômico". A ONU chegou a prever que as forças da globalização podem erradicar a pobreza no século XXI. Outros discordam. A globalização tem sido atacada por alguns que argumentam que ela aumentou as desigualdades no mundo. O Fundo Monetário Internacional admitiu em 2007 que as desigualdades internacionais podem ter aumentado pela introdução de novas tecnologias e os volumosos investimentos internacionais em alguns países e não em outros. Até nos países desenvolvidos a globalização é vista com desconfiança. Alguns temem que aumentem os índices de desemprego se as empresas forem transferidas para países onde o custo de produção seja mais barato. Na França, a globalização é uma palavra vista de forma depreciativa. Uma pesquisa de 2012 feita pelo Ifop, um instituto de pesquisas, constatou que apenas 22% dos franceses pensavam que a globalização é alguma coisa boa para o seu país.

Os historiadores econômicos, no entanto, pensam que avaliar as vantagens e as desvantagens da globalização é algo complicado. Para alguns, a resposta depende de quando o processo de globalização começou. Para eles, a resposta para a questão se algo tem sido bom ou ruim depende de há quanto tempo isso vem ocorrendo. Alguns argumentam que a globalização começou com a descoberta das Américas em 1492. Outros, que ela só passou a existir no século XIX, com a Revolução Industrial. Outros ainda que é um processo recente e ligado à nova revolução industrial [revolução técnico-científica].

Adaptado de: THE ECONOMIST. Disponível em: <www.economist.com/blogs/freeexchange/2013/09/economic-history-1>. Acesso em: 24 nov. 2014.

Responda às questões.

1. Quais são as principais controvérsias sobre a globalização?
2. A globalização aumentou as desigualdades internacionais? Como?
3. A globalização beneficiou muitos países que eram tidos como subdesenvolvidos? Cite exemplos.
4. Quando analisamos o desenvolvimento humano de quase todos os países do mundo desde 1990 até hoje, podemos constatar que, salvo algumas exceções, o IDH de cada país vem melhorando com o tempo, embora mais rapidamente para alguns e lentamente para outros. Explique como é possível que quase todos estejam melhorando seus indicadores (de expectativa de vida, mortalidade infantil, alfabetização, renda *per capita*, etc.) e ao mesmo tempo as desigualdades internacionais estejam se ampliando.

Atividades finais

+ Ação

1. Leia o texto e faça o que se pede.

Globalização e seus impactos ambientais

A globalização tem promovido um imenso crescimento do comércio e dos investimentos internacionais. Ela fez os países trabalharem mais estreitamente uns com os outros e permitiu várias inovações em ciência e tecnologia. No entanto, tem contribuído para a degradação ambiental. Ela produziu a ampliação no consumo de produtos, que significa um crescimento na produção que, por sua vez, coloca maior pressão sobre os recursos naturais. A globalização também levou a um aumento no transporte de produtos diversos e de pessoas de um lugar para outro, o que significa maior emprego de combustíveis. Antes, as pessoas costumavam consumir alimentos basicamente produzidos no país, mas hoje cada vez mais consomem alimentos importados, muitas vezes trazidos de países distantes. A quantidade de combustível consumido nesses trajetos deu origem a uma elevação dos níveis de poluição.

A globalização também ampliou vários outros problemas ambientais, como a poluição sonora e as alterações nas paisagens. As viagens de avião aumentaram enormemente, e os gases que são emitidos pelas aeronaves contribuem para a intensificação do efeito estufa. O lixo industrial que é gerado na produção tem sido carregado em navios e despejado nos oceanos. Isso já matou muitos organismos subaquáticos e depositou muitas substâncias químicas nocivas nos mares e oceanos.

Em várias partes do mundo, as montanhas estão sendo cortadas para dar lugar a túneis, pontes ou estradas. Vastas terras foram invadidas para abrir caminho para novos edifícios. Ocorreu um grande aumento no consumo do plástico como embalagem, e sabemos que o plástico é um dos principais poluentes do meio ambiente, sendo um produto não biodegradável.

Adaptado de: PANDITA, Rahul. Disponível em: <www.buzzle.com/articles/globalization-and-its-impact-on-the-environment.html>. Acesso em: 24 nov. 2014.

a) Faça um comentário sobre a seguinte afirmação.

> O aumento no consumo é algo desejável pela maioria da população, mas ele provoca pressões sobre os recursos naturais e amplia os problemas ambientais.

b) Qual é o problema ocasionado pelo aumento nas viagens de avião?

c) Com o aumento no consumo, há um aumento na produção de lixo. Por que o lixo é um poluente? Que medidas poderiam ser tomadas para resolver esse problema?

d) Cite um exemplo de alteração nas paisagens mencionado no texto.

2. Leia o texto a seguir e faça o que se pede.

No Brasil, a Organização Internacional do Trabalho (OIT) tem mantido representação desde a década de 1950, com programas e atividades que refletem os objetivos da Organização ao longo de sua história. Além da promoção permanente das Normas Internacionais do Trabalho, do emprego, da melhoria das condições de trabalho e da ampliação da proteção social, a atuação da OIT no Brasil tem se caracterizado, no período recente, pelo apoio ao esforço nacional de combate ao trabalho forçado, do trabalho infantil e do tráfico de pessoas para fins de exploração sexual e comercial, à promoção da igualdade de oportunidades e tratamento de gênero e raça no trabalho e do trabalho decente para os jovens, entre outras.

Adaptado de: ORGANIZAÇÃO INTERNACIONAL DO TRABALHO. *OIT no Brasil*. Disponível em: <www.oit.org.br/content/oit-no-brasil>. Acesso em: 24 nov. 2014.

a) Comente a atuação da OIT no Brasil.

b) Saiba mais sobre a atuação da OIT no Brasil acessando, se possível, o *site* <www.oit.org.br/>.

3. A globalização pode ter prós e contras. Leia o texto a seguir e resolva as atividades.

Riqueza de 1% deve ultrapassar a dos outros 99% até 2016, alerta ONG

A partir do ano que vem, os recursos acumulados pelo 1% mais rico do planeta ultrapassarão a riqueza do resto da população, segundo um estudo da organização não governamental britânica Oxfam.

A riqueza desse 1% da população subiu de 44% do total de recursos mundiais em 2009 para 48% no ano passado, segundo o grupo. Em 2016, esse patamar pode superar 50% se o ritmo atual de crescimento for mantido.

O relatório, divulgado às vésperas da edição de 2015 do Fórum Econômico Mundial de Davos, sustenta que a "explosão da desigualdade" está dificultando a luta contra a pobreza global.

"A escala da desigualdade global é chocante", disse a diretora executiva da Oxfam Internacional, Winnie Byanyima.

"Apesar de o assunto ser tratado de forma cada vez mais frequente na agenda mundial, a lacuna entre os mais ricos e o resto da população continua crescendo a ritmo acelerado."

Desigualdade

A concentração de riqueza também se observa entre os 99% restantes da população mundial, disse a Oxfam. Essa parcela detém hoje 52% dos recursos mundiais.

Porém, destes, 46% estão nas mãos de cerca de um quinto da população.

Isso significa que a maior parte da população é dona de apenas 5,5% das riquezas mundiais. Em média, os membros desse segmento tinham um patrimônio individual de US$ 3 851 (cerca de R$ 10 000) em 2014.

Já entre aqueles que integram o segmento 1% mais rico, o patrimônio era de US$ 2,7 milhões (R$ 7 milhões).

A Oxfam afirmou que é necessário tomar medidas urgentes para frear o "crescimento da desigualdade". A primeira delas deve ter como alvo a evasão fiscal praticada por grandes companhias.

O estudo foi divulgado um dia antes do aguardado discurso sobre o estado da União a ser proferido pelo presidente americano Barack Obama.

Espera-se que o mandatário da nação mais rica – e uma das mais desiguais – do planeta defenda aumento de impostos para os ricos com o objetivo de ajudar a classe média.

Adaptado de: BBC BRASIL. Disponível em: <www.bbc.co.uk/portuguese/noticias/2015/01/150119_riquezas_mundo_lk>. Acesso em: 8 abr. 2015.

Gerard Flynn/Sipa USA/Glow Images

Manifestação nas ruas de Wall Street, distrito financeiro de Nova York (Estados Unidos), 2012. Na faixa lê-se: "Nós somos 99%".

a) Sobre o que trata o texto?
b) Explique o que é desigualdade social.
c) Como o processo de globalização está relacionado com a "explosão da desigualdade"?
d) Crie um título alternativo para o texto que você acabou de ler.

4. O crescimento do turismo e do comércio internacionais atesta a expansão da globalização. Observe o mapa e responda às questões.

Mundo: turismo internacional

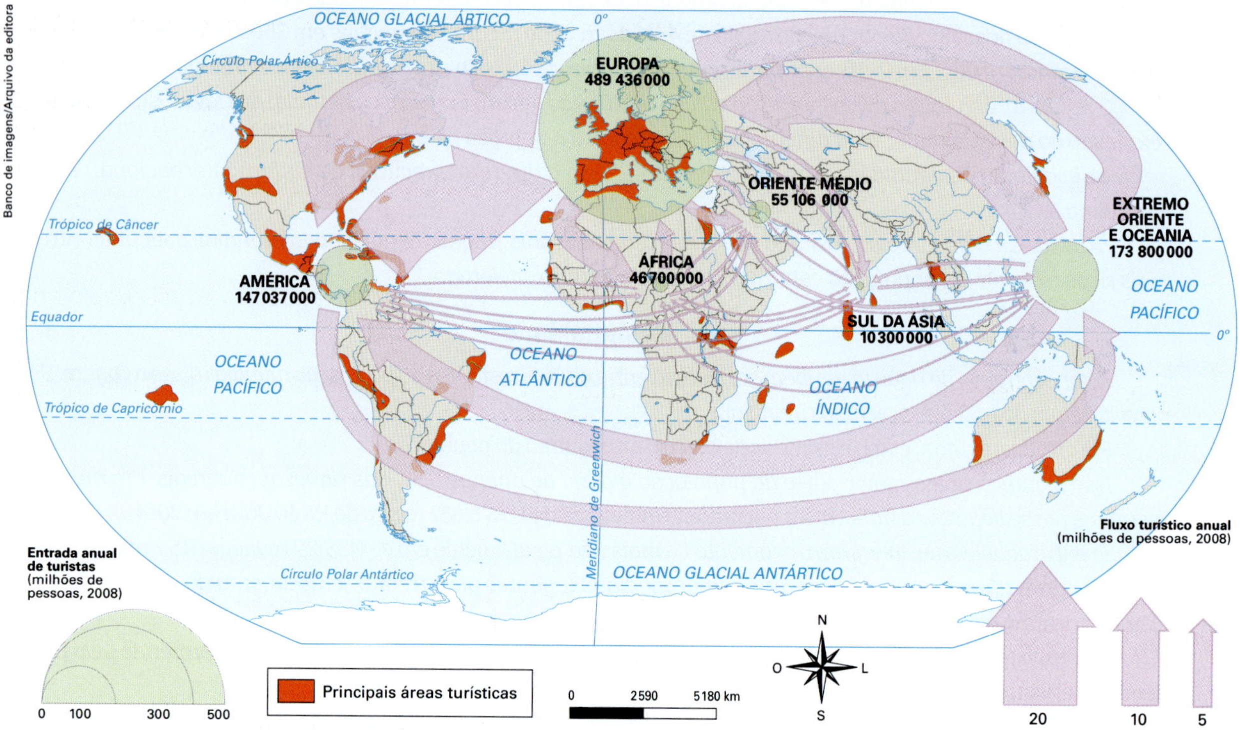

Adaptado de: ISTITUTO GEOGRAFICO DE AGOSTINI. *Atlante geografico metodico De Agostini*. Novara, 2011. p. E52-E53.

a) Qual o título do mapa? O que ele representa?
b) O que as setas indicam sobre o turismo internacional? E sobre o turismo na América do Sul?
c) Cite cinco países que promovem o ecoturismo. Para isso consulte um mapa-múndi político.
d) Sobre as regiões de chegada e partida dos turistas no mundo, o que mais chamou a sua atenção? Explique.

De olho na imagem

1. Observem a charge e leiam o texto.

NANI Humor. Disponível em: <www.nanihumor.com/2011/10/oit-fazendeiros-acusados-de-trabalho.html>. Acesso em: 24 nov. 2014.

A Organização Internacional do Trabalho (OIT) é a agência das Nações Unidas que tem por missão promover oportunidades para que homens e mulheres possam ter acesso a um trabalho decente e produtivo, em condições de liberdade, equidade, segurança e dignidade. O Trabalho Decente, *conceito formalizado pela OIT em 1999, sintetiza a sua missão histórica de promover oportunidades para que homens e mulheres possam ter um trabalho produtivo e de qualidade, em condições de liberdade, equidade, segurança e dignidade humanas, sendo considerado condição fundamental para a superação da pobreza, a redução das desigualdades sociais, a garantia da governabilidade democrática e o desenvolvimento sustentável.*

Adaptado de: ORGANIZAÇÃO Internacional do Trabalho. *Apresentação*. Disponível em: <www.oit.org.br/content/apresentacao>. Acesso em: 24 nov. 2014.

a) Qual o significado da sigla estampada na camiseta de um dos personagens da charge?
b) O que vocês acharam da resposta dada pelo fazendeiro ao fiscal da OIT?
c) Qual a relação entre a charge e o texto?
d) Pesquisem se há relatos recentes de trabalho escravo no espaço rural e urbano do município onde vocês moram.

2. Crueldade, violência, falta de sonhos, incerteza do futuro. Tudo isso faz parte da vida de milhares de crianças vergonhosamente exploradas neste mundo globalizado.
a) Observem a imagem e leiam o texto.

Waldez/Acervo do cartunista

BLOG da Escola Florentina Damasceno. Disponível em: <http://florentinadamasceno.blogspot.com/2009/07/charge.html>. Acesso em: 24 nov. 2014.

Em todo o mundo, a cada minuto uma criança em regime de trabalho infantil sofre um acidente de trabalho, doença ou trauma psicológico, de acordo com o relatório Crianças em trabalhos perigosos: *o que sabemos, o que precisamos fazer, da Organização Internacional do Trabalho (OIT). São mais de 1 400 acidentes por dia e um total de quase 523 mil por ano. O relatório foi divulgado nesta sexta* [10 jun. 2011], *Dia Mundial Contra o Trabalho Infantil.*

Adaptado de: PYL, Bianca. *A cada minuto uma criança sofre acidente de trabalho, diz OIT*. Disponível em: <http://reporterbrasil.org.br/2011/06/a-cada-minuto-uma-crianca-sofre-acidente-de-trabalho-diz-oit/>. Acesso em: 24 nov. 2014.

b) Escrevam um comentário sobre a charge acima.
c) Das informações contidas no texto, qual delas chamou mais a atenção de vocês?
d) Na opinião de vocês, como a questão do trabalho infantil deveria ser tratada num mundo globalizado?
e) No lugar onde vocês moram há crianças que trabalham? Elas frequentam a escola? Façam uma pesquisa, se necessário.

Conexões

MATEMÁTICA

1. Analise a tabela e responda às questões.

Países selecionados: exportações (em milhões de dólares)

		Brasil	Estados Unidos	China	Alemanha	Coreia do Sul	Japão
1993	Total	31600	428 100	71900	530 200	72 000	314 300
	Alta tecnologia*	900	105 184	5 247	42 605	15 453	85 020
2013	Total	244 800	1575 000	2 210 000	1493 000	557 300	697 000
	Alta tecnologia*	8 820	148 772	505 645	183 355	121 312	123 415

* Exportação de bens como aviões, computadores, produtos farmacêuticos, instrumentos científicos ou máquinas.

Elaborado com base nos dados de: THE WORLD Bank. Disponível em: <http://data.worldbank.org/indicator>. CIA. The World Factbook. Disponível em: <www.cia.gov/library/publications/the-world-factbook/geos/br.html>. Acessos em: 24 nov. 2014.

a) Na tabela estão representados três países desenvolvidos, que há mais de um século ocupam uma posição privilegiada na Divisão Internacional do Trabalho. Há também outros três países que durante quase todo o século XX foram considerados subdesenvolvidos e que atualmente são chamados de emergentes. Esses últimos vêm alterando sua posição na DIT. Quais são esses dois grupos de países?

b) Qual é o país com mudança mais notável nesses 20 anos? Explique.

c) Calcule o aumento percentual de exportação de cada país da tabela. Qual foi o país que teve maior crescimento nas suas exportações totais? Qual é o percentual de crescimento das exportações nesse período? E qual teve o menor crescimento?

d) Qual foi o país que expandiu mais as exportações de alta tecnologia?

e) Qual era a porcentagem de produtos com alta tecnologia nas exportações do Brasil em 1993? E em 2013?

CIÊNCIAS DA NATUREZA

2. Na era da globalização e dos avanços da revolução técnico-científica, tornou-se evidente que as questões ambientais têm dimensão mundial.

a) Veja a seguir alguns pontos críticos que podem levar a problemas ambientais mundiais.

Usina nuclear
Água potável
Mudanças climáticas globais

b) Escolha um deles e realize uma pesquisa sobre o tema. Na data marcada pelo professor, traga o material pesquisado para a sala de aula. Nessa data, o professor vai dividir a classe em grupos para orientar as seguintes atividades.

- Ler as informações pesquisadas.
- Discutir os problemas ambientais, depois escolher o que mais chamou a atenção do grupo e criar um símbolo para ele.
- Elaborar um *slogan* para denunciar as consequências desse problema.
- Conversar sobre os problemas ambientais que afetam o município ou o estado onde vocês moram.

Capítulo 12 Nova ordem mundial

Neste capítulo você estudará a chamada nova ordem mundial, que é dinâmica e ainda se encontra em construção. Entenderá o conceito de ordem internacional, o que foi a chamada ordem bipolar, que dominou o mundo desde 1945 até 1991, e quais são os traços mais importantes da ordem que prevalece atualmente, desde o início da década de 1990.

Queda do Muro de Berlim (Alemanha), 1989. O Muro simbolizava a divisão do mundo em países socialistas e capitalistas.

Ullstein Bild/Glow Images

Para começar, observe a foto. Depois, resolva as atividades.

1. Você sabe o que significa uma potência mundial? Explique.
2. Você acredita que os Estados Unidos estão deixando de ser uma potência mundial ou começando a dividir o seu poder com outras potências?
3. Por que você acha que a queda do Muro de Berlim foi um marco da nova ordem mundial?

Alguma coisa está fora da ordem
Fora da nova ordem mundial

VELOSO, Caetano.
Fora da ordem. *Circuladô*. Elektra, 1991. Faixa 1.

A ordem mundial na próxima década

Entrevista concedida à repórter Tatiana Gianini por um especialista no assunto, o professor Steven Weber, da Universidade da Califórnia.

Os Estados Unidos estão perdendo a hegemonia econômica e cultural?

Nos últimos quinze anos, os Estados Unidos viveram um período de crescimento relativamente baixo, se comparado ao resto do mundo, e sua influência política e cultural caiu na mesma proporção. Há trinta anos, o estilo de vida e os valores americanos tinham um grande impacto em todos os pontos do planeta. De maneira positiva ou negativa, os Estados Unidos sempre eram o centro da discussão. Hoje, já não é assim, e a tendência é que a influência americana continue em declínio. As fontes de difusão cultural e de ideias serão mais descentralizadas. Mas não resta dúvida de que o país continuará a ser uma potência formidável.

A Z
Hegemonia: preponderância ou supremacia de um povo sobre outros povos.

Tal perda ocorrerá na política internacional?

Sim. A atual crise da dívida pública americana e as guerras no Afeganistão e no Iraque são exemplos de como o país está perdendo o seu poder. [...]

Como será a ordem mundial daqui a dez anos?

Na próxima década, seremos surpreendidos pelo modo rápido como os chineses começarão a exercer poder, influência e atração. Isso não significa que a China se tornará inimiga dos Estados Unidos. A expressão mais apropriada é "rival". Não entraremos numa competição com a China ao estilo da Guerra Fria, tampouco vamos guerrear com os chineses pelo território de Taiwan. Os dois países vão disputar influência de maneira pacífica, mas constantemente tensa.

Depois dos ataques de 11 de setembro, o combate ao terrorismo tornou-se prioridade da política externa americana. Esse tema seguirá dando o tom na próxima década?

O terrorismo já está se tornando um tema menos relevante, mas [...] *se houver mais um atentado de grandes proporções, o terrorismo voltará a liderar a lista, é claro.* [...] *A China já tem um papel crucial na agenda americana, mas a prioridade número 1 será o Oriente Médio. Essa é a região onde os temas mais sensíveis para os Estados Unidos convergem: petróleo, democracia e demografia.* [...]

A China poderá sobrepujar o poderio militar americano?

Não creio que os chineses aspirem superar os americanos nesse campo. Eles querem ter um tipo diferente de liderança, menos focado na capacidade militar e mais voltado para o investimento estrangeiro direto. Isso também é poder. No futuro, as grandes potências mundiais, como a China, procurarão outras formas de dar as cartas na ordem global, o que inclui cuidar das atividades básicas de populações estrangeiras, como investir em plantas de dessalinização no Oriente Médio. Hoje, a China importa mais petróleo da Arábia Saudita do que os Estados Unidos. Os chineses estão ampliando sua presença na região, a fim de expandir sua influência e aumentar o acesso ao petróleo.

Adaptado de: MARCHESE, Chico. Disponível em: <https://chicomarchese.wordpress.com/2011/11/14/especial-nova-ordem-mundial-2ª-parte-5-materias-sobre-a-nova-ordem-mundial-seus-problemas-e-perspectivas/>. Acesso em: 9 abr. 2015.

1 O que é uma ordem mundial

Uma ordem geopolítica mundial significa uma correlação de forças no plano internacional, ou seja, como se equilibra o poder entre os Estados nacionais. Desde os anos 1990, os estudiosos, os governantes e a imprensa em geral falam em uma nova ordem mundial.

Atualmente existem pouco mais de duzentos Estados na superfície terrestre e cada um deles tem a sua soberania, isto é, o poder supremo sobre um território, o **território nacional**. Isso quer dizer que teoricamente cada um pode fazer o que bem entender no seu território. Mas praticamente nenhum país é autossuficiente, isto é, todos dependem dos demais, e muitos atos praticados por um Estado podem chocar ou agredir direta ou indiretamente outras nações. Alguns exemplos são: explosões de bombas nucleares, grandes queimadas florestais ou fábricas muito poluidoras, que poluem não apenas o próprio território, mas também o dos países vizinhos, existência de trabalho escravo ou perseguição oficial a uma minoria étnica ou religiosa.

Além disso, os Estados são completamente diferentes uns dos outros. Alguns têm uma grande população, enquanto outros têm uma população minúscula. Alguns possuem grandes territórios, nos quais há muitos recursos naturais, enquanto outros apresentam territórios extremamente pequenos e quase sem recursos. Alguns Estados têm uma economia e um poderio militar fortes, enquanto dezenas de outros têm economias e poderios militares extremamente frágeis. Isso significa que existe uma **hierarquia** de Estados, com alguns muito poderosos, as chamadas **grandes potências**. É essa hierarquia, juntamente com o alinhamento dos Estados mais frágeis com os mais fortes, que constitui a **ordem mundial**.

Paisagem de Pequim (China), 2014. O país é uma superpotência econômica dentro da ordem mundial atual.

zhu difeng/Shutterstock/Glow Images

Uma ordem mundial é sempre dinâmica, pois, mesmo que dure um século ou mais, com o passar do tempo, vão ocorrer mudanças que podem transformar toda a configuração de poder internacional. Exemplos são: economias que crescem mais do que as outras, maior modernização militar num país ou numa região, mudanças tecnológicas que afetam o equilíbrio de poder, um novo alinhamento de países, etc.

Uma ordem geopolítica mundial, portanto, é essa situação, sempre provisória, de configuração do poder em termos internacionais, no nível das relações econômicas, diplomáticas e militares entre os países.

Normalmente se define uma ordem mundial pela presença de uma ou mais grandes potências mundiais. Daí se falar em ordem **uni** ou **monopolar** quando há uma única grande potência, **bipolar** quando há duas, **multipolar** quando são várias.

Texto e ação

1. Algum país é autossuficiente? Explique.
2. Os Estados são diferentes entre si. Cite algumas dessas diferenças.
3. Comente a afirmação:

> Uma ordem mundial é sempre provisória.

❷ O mundo multipolar

No início do século XX, antes das duas guerras mundiais, havia uma ordem mundial **multipolar**. Isso quer dizer que existiam várias grandes potências no mundo: Reino Unido, Alemanha, Japão, Estados Unidos e Rússia. Esses Estados disputavam a hegemonia internacional, mas pode-se dizer que existia um equilíbrio entre eles, pois nenhum era forte o bastante para impor-se aos demais.

Alguns países europeus possuíam muitas colônias na África e na Ásia e continuavam disputando terras nesses continentes. O Reino Unido, que tinha sido a principal potência militar e econômica dos séculos XVIII e XIX, começou a se enfraquecer desde o fim desse último século. Com isso, os Estados Unidos, a Rússia e a Alemanha cresceram economicamente e ocuparam papéis importantes nessa ordem mundial. Além disso, o Japão continuava sua investida, iniciada no fim do século XIX, pela supremacia na Ásia.

❸ O mundo bipolar

A partir de 1945, após o fim da Segunda Guerra Mundial, essa ordem mundial multipolar desmoronou completamente. Os impérios coloniais das potências europeias pouco a pouco ruíram. Ocorreu a descolonização das nações africanas e asiáticas e nasceu uma nova ordem mundial, a ordem **bipolar**.

Os países europeus, principalmente a Alemanha, a França e o Reino Unido, sofreram perdas enormes com a guerra. O Japão também ficou arrasado em 1945, pois foi o único país do mundo a sentir os efeitos da recém-inventada bomba atômica, lançada pelos Estados Unidos.

Paisagem devastada pela guerra em Kharkiv (Ucrânia), 1943.

Berliner Verlag/Archiv/dpa/Corbis/Latinstock

Com o fim da guerra, os **Estados Unidos** e a **ex-União Soviética** surgiram como os grandes vencedores. A atividade industrial dos Estados Unidos se desenvolveu muito, e o dólar norte-americano passou a ser a moeda mais usada no comércio internacional, em substituição à libra esterlina, moeda inglesa.

Por sua vez, a ex-União Soviética, apesar de ter sofrido violentas perdas com a guerra, saiu fortalecida: o exército soviético, o mais poderoso do mundo naquela época, ocupava quase a metade do continente europeu. A ex-União Soviética foi o país que mais perdeu vidas na guerra, mas, em contrapartida, foi o que mais ganhou território.

A bipolaridade ou ordem bipolar, portanto, significou um mundo dominado por duas superpotências que tinham enorme poderio **militar**, representado principalmente pelo desenvolvimento de armamentos nucleares.

Surgiu então o chamado **bloco socialista**. A Rússia (ex-União Soviética) foi o primeiro país do mundo a adotar o socialismo, em 1917; a Mongólia fez o mesmo em 1924. Até 1945, apenas esses dois países adotavam o socialismo (economia planificada). Com a guerra e depois dela, vários outros países seguiram o exemplo soviético, muitas vezes pela força da ocupação militar: antiga Iugoslávia, Albânia, antiga Alemanha Oriental e Bulgária, em 1945; Polônia e Romênia, em 1947; antiga Tchecoslováquia e Coreia do Norte, em 1948; China e Hungria, em 1949; mais tarde, Cuba, Vietnã, Laos, Camboja e outros.

Com isso, o mundo passou a ser dividido em dois blocos político-militares: o bloco ocidental ou **capitalista**, liderado pelos Estados Unidos, e o bloco comunista ou socialista, liderado pela ex-União Soviética.

Os Estados Unidos e a ex-União Soviética, cada qual com seus aliados e suas periferias, passaram a exercer uma grande influência em todo o mundo. Isso originou uma constante tensão entre as duas nações, conhecida como **Guerra Fria**.

Phil Claydon/Eye Ubiquitous/Corbis/Latinstock

Paisagem de Dubrovnik (Croácia), 1990.

A Guerra Fria pode ser definida como uma grande rivalidade entre as duas superpotências, numa disputa pela hegemonia mundial. Não foi um conflito militar direto, uma guerra quente ou mortífera, e sim uma disputa econômica, política e até psicológica, na qual cada potência procurava mostrar a sua superioridade, na tentativa de conseguir mais aliados.

Veja no mapa a seguir como ficou a divisão do mundo nesse período.

Mundo: ordem bipolar (1945-1991)

Banco de imagens/Arquivo da editora

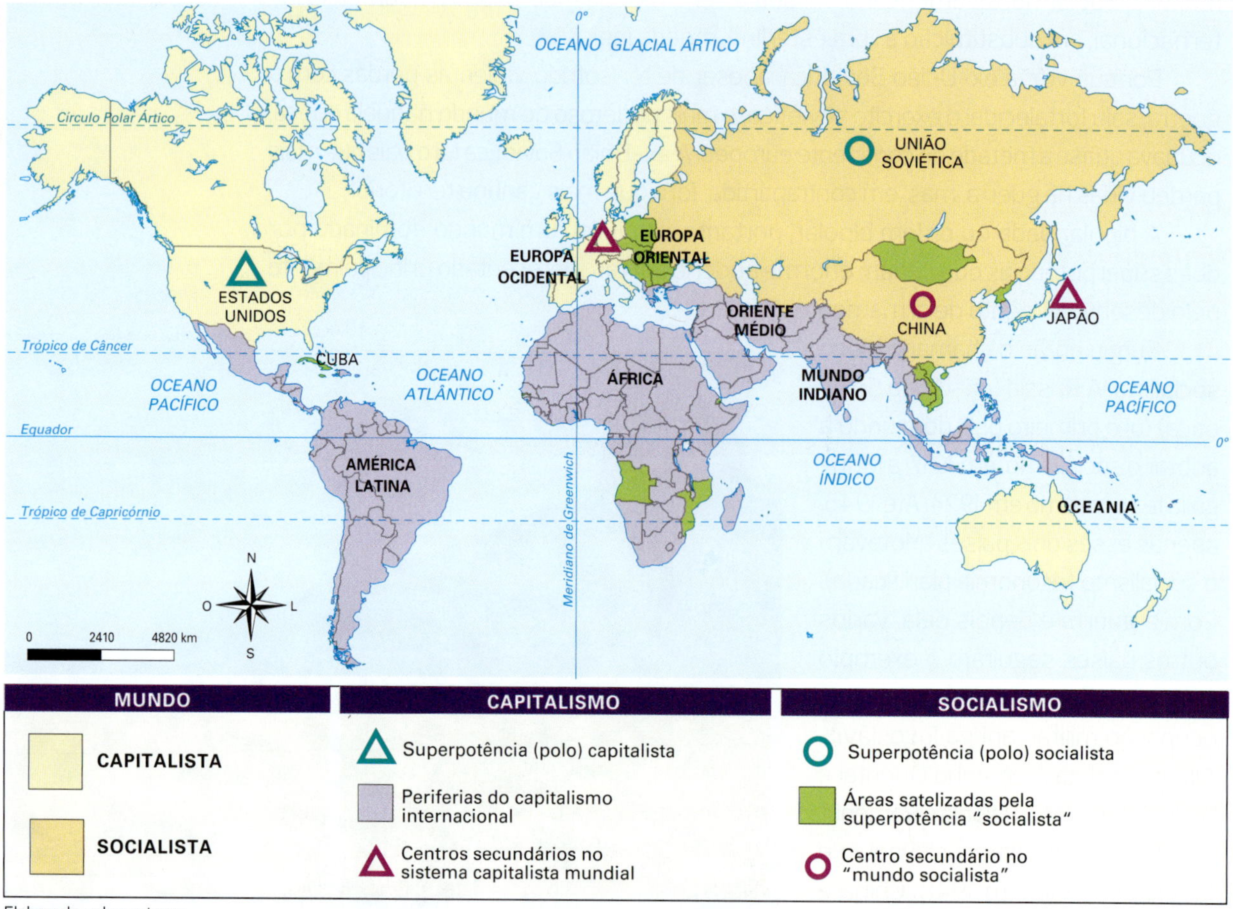

Elaborado pelos autores.

Assim, desde 1945 até o fim dos anos 1980 a ex-União Soviética procurou enfraquecer os governos aliados aos Estados Unidos. Para isso, sustentava os movimentos guerrilheiros ou os grupos que eram contrários a esses governos e que apoiavam a política soviética. Da mesma forma, os Estados Unidos mantinham uma política semelhante em relação aos governos aliados à ex-União Soviética. Cada uma das superpotências usava argumentos mais ou menos parecidos para justificar suas atitudes: a ex-União Soviética dizia representar o socialismo e defender o mundo contra a exploração capitalista e a agressividade norte-americana. Os Estados Unidos, por sua vez, afirmavam que batalhavam pela democracia e pela liberdade e que defendiam o mundo contra o comunismo soviético.

Rede de *fast-food* em Paris (França), 1982.

John Van Hasselt/Corbis/Latinstock

Na realidade, porém, nenhuma das duas superpotências estava preocupada com a população, suas aspirações, necessidades ou valores. O que elas buscavam de fato era a hegemonia, a supremacia internacional. Assim, podemos afirmar que a Guerra Fria também foi uma conivência ou uma cooperação tácita entre as duas superpotências, uma forma de ambas controlarem o restante do mundo.

Tanto os Estados Unidos como a ex-União Soviética usavam o "perigo" representado pelo opositor como desculpa para interferir na política dos países que se encontravam sob a sua influência.

Crise do mundo bipolar

O mundo bipolar entrou em colapso entre os anos de 1989 e 1991. Esse colapso da bipolaridade foi o resultado, principalmente, de dois fatores conjugados: o esgotamento das economias planificadas – ou a crise do mundo socialista – e o surgimento de novos polos mundiais de poder: a União Europeia, o Japão e, mais recentemente, a China.

As economias planificadas, que constituíam o principal alicerce do socialismo, se esgotaram e entraram em uma profunda crise nos anos 1980 por vários motivos. Em primeiro lugar, elas não conseguiram acompanhar a Terceira Revolução Industrial, que se iniciou em meados dos anos 1970. Eram economias muito centralizadas e burocratizadas, e essa revolução técnico-científica exigia empresas flexíveis, com rápidas tomadas de decisões, além da descentralização. É por isso que, no lugar da forma piramidal de empresas, com a matriz ditando as regras para as filiais, o que predomina atualmente são as redes de empresas coligadas, cada uma com relativa autonomia.

Shepard Sherbell/Corbis Saba/Latinstock

Consumidores aguardam em fila para conseguir comprar carne num açougue em Moscou (Rússia), 1991.

Em segundo lugar, a planificação centralizada nunca foi muito eficiente, pois ela determinava de cima para baixo tudo o que cada empresa deveria fazer durante a vigência dos famosos planos quinquenais, e, muitas vezes, fatos inesperados ocorriam e atrapalhavam a realização desses planos.

Em terceiro lugar, havia uma falta de motivação para a inovação tecnológica das empresas: todas eram estatais e, portanto, não existia concorrência entre elas.

Por fim, a relativa homogeneização salarial, em que quase todos os trabalhadores ganhavam salários idênticos, moravam em residências semelhantes, etc. Esse fato não motivava as pessoas no sentido de aprimorar suas qualidades profissionais. Mesmo que se esforçassem ou melhorassem a sua produtividade, não existia a possibilidade de subir na carreira por mérito.

A única forma de se diferenciar nessas sociedades socialistas, de dispor de uma casa de campo ou de praia, de poder comprar nas lojas especiais, nas quais não existiam filas nem falta de produtos, o que era muito comum nas lojas normais, de obter um passaporte, entre outros, era ter um alto cargo de direção no partido único e oficial, o Partido Comunista. Essa situação pouco a pouco foi se tornando intolerável e acabou resultando na crise do mundo socialista nos anos 1980, ocasião em que inúmeras economias planificadas ou socialistas voltaram a adotar o capitalismo ou a economia de mercado.

A dissolução da ex-União Soviética, em dezembro de 1991, quando as antigas quinze repúblicas dessa superpotência se tornaram países independentes, foi o golpe final nesse mundo socialista. A partir daí praticamente todo o mundo passou a viver sob o sistema capitalista, embora existam nele enormes diferenças e desigualdades internacionais.

No auge da ordem bipolar, nos anos 1950 e 1960, o PIB dos Estados Unidos era maior do que a soma de todas as economias da Europa ocidental mais a do Japão. E o PIB da ex-União Soviética era maior do que a soma de todas as demais economias planificadas. Esse cenário mudou nos anos 1970 e 1980 com o crescimento do Japão, da Alemanha e da França; e nos anos 1990 e início do século XXI, com a ascenção da China. Como o poderio militar geralmente está associado ao econômico, mais cedo ou mais tarde essa bipolaridade teria de ceder lugar a uma multipolaridade, isto é, à existência de múltiplos polos mundiais de poder.

A tabela a seguir ilustra essa mudança econômica que ajudou na reestruturação da ordem geopolítica mundial, ou seja, na passagem da ordem bipolar para outra ordenação econômica e geopolítica.

Maiores economias do mundo: *ranking* do PIB (bilhões de dólares), 1950-2013

País	1950	1980	1990	2013
Estados Unidos	381 (1º)	2 863 (1º)	5 980 (1º)	16 800 (1º)
Rússia*	126 (2º)	1 205 (2º)	517 (9º)	2 097 (7º)
Japão	32 (6º)	1 087 (3º)	3 104 (2º)	4 902 (3º)
Alemanha**	48 (5º)	920 (4º)	1 714 (3º)	3 635 (4º)
Reino Unido	71 (3º)	542 (6º)	1 019 (6º)	2 521 (6º)
França	50 (4º)	690 (5º)	1 244 (4º)	2 735 (5º)
China	25 (8º)	189 (13º)	357 (11º)	9 240 (2º)

* União Soviética até 1991, e apenas Rússia em 2013.
** Alemanha Ocidental até 1989 e Alemanha reunificada a partir de 1990.
Elaborado com base nos dados de: THE WORLD Bank. Disponível em: <http://data.worldbank.org/indicator>. Acesso em: 24 nov. 2014.

Texto e ação

1. Explique o que foi a Guerra Fria.
2. O que o mapa da página 242 revela sobre as áreas de influência estadunidense e soviética na Europa e no resto do mundo, até 1991?
3. É possível afirmar que, durante a Guerra Fria, os Estados Unidos e a ex-União Soviética não estavam preocupados com a população em geral? Explique.
4. Cite dois fatores que levaram ao colapso do mundo bipolar.
5. Comente a tabela acima, mencionando o papel das novas potências para a crise da bipolaridade e o nascimento da nova ordem mundial.

4 A nova ordem mundial

Com a crise do mundo socialista e o surgimento de novos centros econômicos mundiais, ingressamos novamente numa ordem multipolar. Mas é uma ordem multipolar diferente daquela do início do século XX, mais complexa e com uma maior interdependência entre todos os países do mundo.

No aspecto econômico, os Estados Unidos não têm mais o poder que tinham nos anos 1950 e 1960; os países da União Europeia somados possuem hoje uma economia maior que a norte-americana. A China, que pulou do 11º lugar, em 1990, para o 2º, em 2010, provavelmente terá a maior economia do mundo em, no máximo, vinte anos.

Isso tudo justificaria denominar a nova ordem de multipolar. Mas alguns autores falam numa ordem mono ou unipolar, em razão da grande força militar sem concorrentes dos Estados Unidos. Outros ainda preferem denominar a nova ordem de **unimultipolar**, pois no aspecto militar existe apenas uma superpotência mundial, e nos aspectos econômico e tecnológico, que são os mais importantes atualmente, existem vários centros mundiais de poder: a União Europeia, os Estados Unidos, o Japão e a China.

Do ponto de vista militar, a Rússia poderia ser considerada uma superpotência, com capacidade para exterminar praticamente toda a humanidade. Mas a crise econômica e social russa foi tão intensa nos anos 1990 e início do século XXI que milhares de cientistas, que garantiam a tecnologia nuclear, emigraram para outros países em busca de melhores salários. Além disso, inúmeros militares tornaram-se traficantes de drogas ou de armas, e manter intacto todo o arsenal nuclear exige manutenção constante e demanda muito dinheiro, algo que a Rússia até há alguns anos não tinha.

Nos últimos anos, a Rússia iniciou uma recuperação econômica graças ao aumento no preço do petróleo e do gás natural, produtos que passou a exportar em grande quantidade. Mas a economia russa ainda é pouco desenvolvida, com pouca tecnologia de ponta e tendo por base a exportação de recursos naturais não renováveis.

Ints Kalnins/Reuters/Latinstock

Treinamento militar norte-americano em Adazi (Letônia), 2014.

À primeira vista, a China não deveria constar entre esses centros mundiais de poder, pois ainda tem uma enorme massa populacional que vive na pobreza, além de não dominar tão bem a tecnologia moderna como os Estados Unidos, o Japão e alguns países da Europa ocidental. No entanto, a economia chinesa é a que mais cresce no mundo desde os anos 1980, e o país vem se modernizando rapidamente. Além disso, a China é uma potência militar, provavelmente a segunda do mundo após a modernização de suas forças armadas e a crise russa, e é o país mais populoso do globo, fator que também a coloca entre as grandes potências mundiais.

Mundo: ordem unimultipolar (início do século XXI)

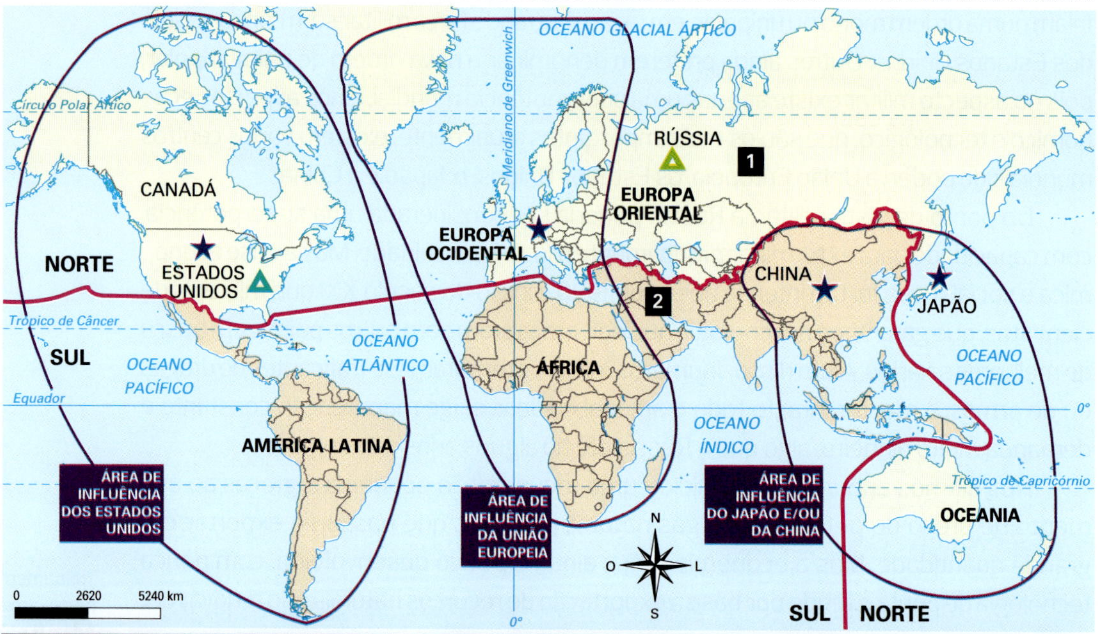

Banco de imagens/Arquivo da editora

★ Os quatro principais polos ou centros da economia mundial nos dias atuais

Linha divisória entre o Norte desenvolvido e o Sul subdesenvolvido

Área de influência de cada centro de poder

▲ Superpotência militar atuante

▲ Superpotência militar decadente e sem atuação

ÁREAS AINDA INDEFINIDAS

1. CEI – Comunidade de Estados Independentes (ex-URSS). Por um lado, pode vir a tornar-se uma periferia da Europa; por outro, pode ocorrer a incorporação das repúblicas meridionais e islâmicas ao Oriente Médio. Pode também vir a ser um mercado comum efetivo, menos importante do que os quatro principais.

2. Oriente Médio. Área de disputa entre os quatro polos ou centros importantes, com vantagem momentânea para os Estados Unidos; pode também vir a ser uma região original pela união dos povos e Estados islâmicos, com tendência a não se alinhar preferencialmente a nenhum dos quatro centros.

Elaborado pelos autores.

Texto e ação

1. Cite alguns motivos que justificam chamar a nova ordem mundial de multipolar.
2. Por que alguns autores falam numa ordem mono ou unipolar?
3. Que argumentos são utilizados para chamar a nova ordem de unimultipolar?
4. Comente a atual situação econômica da Rússia.
5. Observe o mapa desta página e responda: Como se configura a hierarquia mundial do poder na ordem mundial unimultipolar?

Poderio militar

A nova ordem mundial também possui outros traços importantes: a **globalização** e a **Terceira Revolução Industrial**, com o advento e a popularização da informática, da robótica, das telecomunicações, da biotecnologia e de outras novas tecnologias. O mundo ficou mais integrado, ou seja, a interdependência dos países se intensificou.

A importância do poderio militar, ao que parece, diminuiu nas últimas décadas, especialmente depois da desagregação da ex-União Soviética e do fim da Guerra Fria. A supremacia econômica e tecnológica passou a ser mais importante do que a militar. Mas uma grande potência mundial deve também ter boa capacidade de defesa e até de intervenção no exterior, pois sempre há o risco de invasões por parte de outros Estados. Muitas vezes, esses Estados tentam resolver as crises por meio da guerra, que sempre une o povo, inclusive as oposições, contra o inimigo comum; também existem os interesses econômicos, como investimentos, fontes de combustíveis ou matérias-primas essenciais, mercados compradores, etc., a preservar no resto do mundo. Mas essa necessidade de certo poderio militar não significa que a grande potência mundial deva priorizar os gastos militares, muito menos desperdiçar recursos em armamentos nucleares.

A História ensina que a regra geral tem sido a ascensão e o declínio de grandes potências econômicas e militares, mesmo que suas hegemonias perdurem por séculos. Tal foi o caso do Império Romano, na Antiguidade, ou de Portugal e dos Países Baixos, nos séculos XV e parte do XVI; da Espanha, no século XVII; do Reino Unido, nos séculos XVIII e XIX; e dos Estados Unidos, desde meados do século XX até os dias de hoje.

Geralmente uma potência começa sua hegemonia pelo poderio econômico, seguido do militar. Este último sempre foi dependente da economia. Em geral, quem tem mais fábricas ou manufaturas, mais recursos econômicos e tecnologia, acaba formando forças armadas mais modernas e bem equipadas.

O Japão já começou, há alguns anos, a investir mais recursos no militarismo, embora de forma cautelosa e sem se lançar na aventura de armas nucleares. E a Europa já tem um bom poderio militar, até mesmo com bombas atômicas, desde que organize um sistema único de defesa, coordenando as tropas da Alemanha, do Reino Unido, da França e da Itália, as mais importantes. Os primeiros passos para essa unificação das tropas europeias já começaram a ser dados.

A China, segunda economia mundial, atrás apenas dos Estados Unidos, também investe na modernização militar, tem bombas atômicas e até sistemas de lançamento de satélites espaciais próprios. Muitos autores acreditam que estamos assistindo atualmente à emergência da China como uma nova superpotência militar, que poderá inclusive ser a principal competidora dos Estados Unidos neste novo século.

Soldados chineses fazem a segurança na Praça da Paz Celestial, em Beijing (ex-Pequim, China), 2012.

Hung Chung Chih/Shutterstock/Glow Images

Guerra inteligente

Com a revolução técnico-científica, o poderio militar também foi modernizado. No lugar dos armamentos de destruição em massa, como as bombas atômicas, as armas químicas e biológicas, começam a predominar atualmente as chamadas "armas inteligentes". Elas consistem no uso de **informática**, com *chips* e *softwares*, e das **telecomunicações**, com satélites e sistemas de posicionamento global (GPS) nas armas, o que as tornam mais sofisticadas, atingindo o alvo com uma precisão nunca vista antes. Em vez de exterminar milhões de pessoas de forma indiscriminada, esses armamentos "inteligentes" provocam a destruição de alvos estratégicos, como prédios governamentais e militares, aeroportos, meios de comunicação, pontes e estradas, depósitos de armas, etc.

Assim, no lugar da força bruta, o que mais conta é a precisão, a tecnologia. Passa a ser necessário um número bem menor de militares, porém mais qualificados. Além disso, são necessários armamentos mais sofisticados, com maior incorporação de tecnologia, e mais precisos, o que resulta em um menor desperdício de munição e em menos baixas.

Assim como no mercado de trabalho, em que a necessidade de elevado nível de escolaridade é uma exigência cada vez maior, também na guerra isso ocorre. Um pequeno número de pessoas com conhecimentos em tecnologia avançada pode realizar muito mais do que um grande número de pessoas com as ferramentas da força bruta do passado. Por isso, o serviço militar obrigatório vem sendo substituído pelo recrutamento de pessoas, principalmente daquelas com o ensino médio ou até com o superior completo, que buscam uma profissão bem remunerada.

Até mesmo a populosa China, depois de estudar a "nova guerra" tecnológica, realizou um plano de médio prazo, de 25 anos, para modernizar seus armamentos e, ao mesmo tempo, reduzir drasticamente o seu número de soldados de 20 milhões para menos de 5 milhões. No entanto, eles deverão ter maior nível de escolaridade e, gradativamente, as mulheres serão incorporadas às forças armadas.

Scott Olson/Getty Images

Fuzileiras navais em treinamento na Carolina do Sul (Estados Unidos), 2013.

Barco lançador de mísseis da Marinha israelense, 2011.

Nir Ben-Yosef/Alamy/Latinstock

Ciberespaço

Existe ainda a guerra virtual. Também chamada de guerra no **ciberespaço**, que se tornou fundamental por causa da enorme importância militar dos computadores e de suas redes para a circulação de informações ou ordens, para ligar aviões aos navios ou bases locais de apoio, e estes aos centros estratégicos localizados no país de origem, etc.

A informação é fundamental para o sucesso da guerra: um exemplo é a tecnologia dos satélites que detectam o deslocamento de tropas inimigas ou a localização de depósitos de armamentos. Geralmente essas informações circulam por redes de computadores, por meio de ondas ou espectros de satélites ou de rádios. Tentar invadir essas redes, seja para descobrir segredos, seja para inutilizá-las, é o objetivo do que se chama hoje de **guerra cibernética**.

Os Estados Unidos criaram nos anos 1990 um centro de guerra cibernética, composto de milhares de técnicos e cientistas e cujo quartel-general fica no estado do Colorado. Esse centro tem como objetivo monitorar as redes de computadores para evitar espionagem e descobrir terroristas ou qualquer forma de perigo, inclusive os vírus de computador. Outra função do centro é se infiltrar nas redes de computadores dos adversários com a finalidade de espionar e colocar informações equivocadas ou vírus que atrapalhem o seu funcionamento.

A Z

Ciberespaço: espaço da internet ou de intranets, ou seja, das redes de computadores que usam recursos de multimídia, com imagens, sons e escrita.

DOD Photo/Alamy/Glow Images

Departamento de Defesa dos Estados Unidos

Vista aérea da sede da Agência Nacional de Segurança (NSA, sigla em inglês) em Maryland (Estados Unidos), 2013. O Cyber Command é uma agência da NSA.

Texto e ação

1. Considerando que geralmente uma potência começa sua hegemonia pelo poderio econômico, seguido pelo militar, responda.
   - Como têm sido os investimentos militares do Japão e da China?
2. Explique o que são "armas inteligentes".
3. Qual a posição da China depois de estudar a guerra tecnológica?
4. O que é guerra cibernética?

Geolink

Programa de espionagem vazado por Snowden está ligado a muitos países

Um programa usado por espiões britânicos e norte-americanos para gravar teclas digitadas era parte de sofisticadas operações de acesso ilegal a computadores em mais de uma dúzia de países, disseram especialistas em segurança, após o ex-prestador de serviço da Agência de Segurança Nacional dos Estados Unidos (NSA) Edward Snowden supostamente ter vazado o código-base do programa.

Na terça-feira [27 jan. 2015], *pesquisadores da empresa de* software *de segurança Kaspersky Lab disseram que boa parte do código, publicado este mês pela revista alemã* Spiegel *combina com o que anteriormente foi encontrado em máquinas infectadas pela plataforma maliciosa Regin, um grande conjunto de ferramentas de espionagem vazado em novembro* [de 2014].

O pesquisador Costin Raiu, da Kaspersky, afirmou que o programa de gravação de teclas digitadas, chamado Qwerty, só funcionaria com a plataforma Regin, e que aparentemente espiões de vários países ocidentais estiveram usando Regin ao longo de uma década.

"Vários grupos invasores estão usando a plataforma Regin, o que é uma conclusão nova para nós", disse Raiu à Reuters.

A Spiegel *e outras publicações informaram anteriormente que o Regin tinha sido utilizado na pirataria do provedor de telecomunicações belga Belgacom, que, de acordo com dados fornecidos por Snowden, foi atacado para permitir a espionagem em telefones móveis na Europa.*

No geral, o software *malicioso foi descoberto em mais de duas dúzias de* sites *em 14 países, incluindo Rússia, Índia, Alemanha e Brasil. Os alvos incluíam agências governamentais, instituições financeiras e organismos multilaterais.*

A NSA não respondeu a um pedido de comentários. Depois de revelações anteriores de Snowden, a agência tem evitado abordar operações específicas, mas disse que atua em conformidade com a lei dos EUA, que permite a vigilância ampla no exterior.

As novas descobertas sugerem que o Regin era uma plataforma para as operações compartilhadas entre o chamado Cinco Olhos: Estados Unidos, Reino Unido, Canadá, Austrália e Nova Zelândia.

No seu relatório de novembro [de 2014] *sobre o Regin, a empresa de antivírus Symantec Corp US disse que ele estava extraordinariamente bem disfarçado, e que, mesmo quando encontrados vestígios, era difícil saber o propósito. Como alguns outros programas de espionagem de primeira linha, o Regin tem diferentes módulos, que podem ser instalados para alcançar diferentes objetivos.*

A Symantec disse ter encontrado vítimas no setor de telecomunicações, bem como empresas de energia, companhias aéreas e de pesquisa.

Adaptado de: G1. Disponível em: <http://g1.globo.com/mundo/noticia/2015/01/programa-de-espionagem-vazado-por-snowden-esta-ligado-muitos-paises.html>. Acesso em: 9 abr. 2015.

isak55/Shutterstock/Glow Images

Na imagem um código de programação de computadores e um teclado.

Agora, resolva às questões.

1. Qual a intenção geopolítica da Agência de Segurança Nacional dos Estados Unidos em criar vírus capazes de coletar dados de computadores de outros países?

2. Existe relação entre a presença de Rússia, Índia e Brasil na lista de países espionados e a chamada nova ordem mundial?

Atividades finais

+ Ação

1. Leia o texto e responda às questões.

> *Uma era terminou com o colapso da União Soviética em dezembro de 1991. O confronto entre os Estados Unidos e a União Soviética definira o período da Guerra Fria e muitas mudanças no sistema internacional vieram depois desse ano: o milagre econômico japonês terminou e a China herdou o lugar do Japão como o país de mais rápido crescimento no mundo durante várias décadas; o Tratado de Maastricht foi formulado, criando a União Europeia. Três coisas definem o mundo pós-Guerra Fria:*
>
> - *o poder militar sem concorrentes dos Estados Unidos;*
> - *a ascensão da China como o centro do crescimento industrial global com base em baixos custos de produção;*
> - *o ressurgimento da Europa como um enorme poder econômico e integrado.*
>
> *Enquanto isso, a Rússia, o principal remanescente da União Soviética, cambaleou, e o Japão entrou numa fase de estagnação econômica.*
>
> *O mundo pós-Guerra Fria teve duas fases. A primeira durou de dezembro de 1991 até setembro de 2001, quando ocorreram os atos terroristas nos Estados Unidos. A segunda se iniciou em 2001 e continua até o presente. A fase inicial dela foi marcada pela preponderância dos Estados Unidos nos poderes políticos e militares. Na segunda fase, os Estados Unidos, a China e a União Europeia se destacam como lideranças mundiais. Enquanto os Estados Unidos se voltaram para o combate ao terrorismo, em especial no mundo islâmico, a China e a Europa se preocuparam com os assuntos econômicos.*
>
> *Atualmente a Europa procura se recuperar da crise iniciada em 2009 e se consolidar como um continente integrado, pois há sérias ameaças de fragmentação. E o milagre chinês parece estar chegando ao fim, e Pequim começa a examinar suas opções militares. Outro elemento importante na fase atual é o ressurgimento da Rússia, que começa novamente a avançar sobre suas antigas repúblicas, atuais países independentes, e sobre nações da Europa oriental.*
>
> Adaptado de: FRIEDMAN, George. *Beyond the Post-Cold War World.* Disponível em: <www.stratfor.com/weekly/beyond-post-cold-war-world>. Acesso em: 25 nov. 2014.

a) Segundo o autor, a nova ordem mundial, ou o mundo pós-Guerra Fria, começou com a queda do muro de Berlim em 1989 ou com o fim da ex-União Soviética em dezembro de 1991? Justifique.

b) Essa nova ordem mundial, segundo o texto, teve duas fases. Explique no que consistiu cada uma delas.

c) Faça uma pesquisa sobre os atos terroristas de 2001 nos Estados Unidos: o que ocorreu? Quem os praticou e quais foram as consequências desse acontecimento?

2. O Tratado de Não Proliferação de Armas Nucleares (TNP) foi assinado em 1968. Sobre o TNP, faça o que se pede.

a) Leia algumas perguntas e respostas sobre o Tratado.

> ***1. Qual é o objetivo do Tratado de Não Proliferação Nuclear (TNP)?***
>
> *O tratado – assinado em 1968 e em vigor desde março de 1970 – tem como objetivos impedir a proliferação da tecnologia usada na produção de armas nucleares, promover o desarmamento nuclear e garantir o uso pacífico da energia nuclear produzida.*
>
> ***2. Quantos países aderiram ao tratado?***
>
> *Ao todo, 189 países já aderiram ao TNP. Apenas Israel, Paquistão, Índia e Coreia do Norte não fazem parte do acordo. Inicialmente os norte-coreanos haviam aderido, mas se retiraram do acordo em janeiro de 2003. O Brasil é signatário desde setembro de 1998.*
>
> ***3. Ao assinar o TNP, a que os países se comprometeram?***
>
> *O tratado divide os signatários em dois grupos: os "nuclearmente armados" e os "não nuclearmente armados". De um lado, estão as cinco potências, também membros permanentes do Conselho de Segurança da ONU: Estados Unidos, Rússia, China, Reino Unido e França – considerados "nuclearmente armados" por terem fabricado ou explodido qualquer artefato nuclear antes de 1º de janeiro de 1967. Por meio do tratado, esses países garantiram o direito de manter suas armas atômicas, comprometendo-se a não fornecer esses dispositivos ou repassar a tecnologia*

de sua fabricação a nenhuma outra nação, além de caminhar na direção do desarmamento nuclear. De outro lado, estão os demais países, que se comprometeram a desenvolver a tecnologia nuclear somente para fins pacíficos.

Adaptado de: VEJA.COM. *Tratado de Não Proliferação Nuclear* (TNP). Disponível em: <http://veja.abril.com.br/perguntas-respostas/tratado-nao-proliferacao-nuclear.shtml>. Acesso em: 25 nov. 2014.

b) Em que consiste o Tratado de Não Proliferação de Armas Nucleares? Em sua opinião, qual é a importância do tratado para a segurança mundial?

c) Comente a notícia a seguir.

Começou no dia 3 de maio [2010], na sede da ONU de Nova York, a 8ª Conferência Mundial sobre a Revisão do Tratado de Não Proliferação Nuclear (TNP), que é realizada a cada cinco anos para reavaliar e verificar a implementação de suas regras. O encontro, que continua até o dia 28 de maio, reúne as 189 nações signatárias do tratado. Um dos objetivos dos membros permanentes do Conselho de Segurança da ONU para 2010 é incentivar a adesão de mais países ao Protocolo Adicional ao TNP, lançado em 1997.

Adaptado de: VEJA.COM. *Tratado de Não Proliferação Nuclear* (TNP). Disponível em: <http://veja.abril.com.br/perguntas-respostas/tratado-nao-proliferacao-nuclear.shtml>. Acesso em: 25 nov. 2014.

3. Leia o texto e faça o que se pede.

50 anos após ser erguido, Muro de Berlim volta à capital alemã

O Muro de Berlim está de volta. Meio século depois de ser construído e duas décadas após sua destruição, algumas partes do muro que dividia a cidade de Berlim estão sendo reconstruídas para a posteridade, para a alegria dos turistas que buscam ter uma visão de como era a cidade durante a Guerra Fria.

Erguido com o objetivo de separar Berlim Ocidental da comunista Berlim Oriental, o muro teve sua construção iniciada em 13 de agosto de 1961. Quase todos os seus 160 quilômetros foram destruídos durante a euforia que se seguiu à queda de seus primeiros pedaços, em 1989.

Apenas alguns pedaços do muro continuavam intactos quando a Alemanha foi reunificada, em 3 de outubro de 1990. Somente três das 302 torres de controle da Alemanha Oriental ainda permanecem em pé.

"Há uma reclamação generalizada de que a demolição do muro foi extensa demais", declarou o prefeito de Berlim, Klaus Wowereit. "Isso é compreensível nos dias de hoje e teria sido melhor para os turistas se mais partes tivessem sido preservadas. Mas naquela época todos estavam tão felizes em ver que o muro havia acabado."

Na época, houve uma verdadeira corrida para eliminar todos os traços da barreira de 3,6 metros de altura, feita de concreto e arame farpado. Centenas de pessoas armadas com martelos e marretas levaram pedaços do muro como souvenir, e escavadeiras completaram o serviço, transformando o muro em 300 mil toneladas de concreto.

Agora, por causa do número cada vez maior de turistas que visitam Berlim todos os anos procurando vestígios do muro, a cidade tem se esforçado para reerguer e restaurar partes da construção, enquanto especialistas em monumentos históricos trabalham para preservar os vestígios remanescentes.

"Onde está o muro?"

"No começo, ninguém pensou em preservar pedaços do muro para as futuras gerações", disse Jochen Staadt, cientista político da Universidade Livre de Berlim. "Mas sempre houve interesse por parte dos estrangeiros que vinham e perguntavam 'Onde está o muro?'. Levou cerca de uma década, no fim dos anos 1990, até que as pessoas em Berlim, especialmente aquelas com até 30 anos de idade, começassem a ter interesse em saber como era realmente o muro."

Novos prédios foram construídos no lugar da antiga barreira, e às vezes é difícil apontar os locais onde o muro se erguia. Nos últimos anos, um pedaço do muro de cerca de 800 metros, que percorre seis bairros da cidade, foi reconstruído na Bernauer Strasse, cenário de algumas das mais dramáticas fugas ocorridas após sua construção.

Outros 500 metros deverão ser reconstruídos no próximo ano. Com a ajuda do governo federal e da União Europeia, Berlim está gastando cerca de 28 milhões de euros na reconstrução do muro.

"No início de 1989, Erich Honecker (líder comunista) disse que o muro ainda estaria em pé em 100 anos, e em certo ponto estamos fazendo o que podemos para isso acontecer", disse Alexander Klausmeier, diretor da fundação Muro de Berlim, que está supervisionando o projeto. "É um pouco louco isso."

Sem Disneylândia

Há alguns pedaços remanescentes do muro original pela cidade: uma parte de 80 metros atrás do Ministério das Finanças alemão e um trecho de 1,3 quilômetro coberto por pinturas de artistas de todo o mundo, conhecido como East Side Gallery.

Hannibal Hanschke/Reuters/Latinstock

Galeria ao ar livre, situada em trecho preservado do Muro de Berlim (Alemanha), 2014.

Na última década, alguns blocos de concreto tirados do muro e cobertos por grafites foram colocados em locais como a Potsdamer Platz. Em algumas ruas, uma trilha de paralelepípedos marca os lugares por onde o muro passava.

A reconstrução da barreira não é bem vista por todos. Líderes conservadores alemães temem que o muro se transforme em uma atração "do tipo Disneylândia".

"As pessoas em Berlim já sabem onde o muro estava, e essa memória é dolorosa o suficiente", disse Staadt. "É uma situação complicada, e muitas pessoas se preocupam com razão com a possibilidade de uma reconstrução do muro se transformar em algo parecido com a Disneylândia."

O prefeito de Berlim afirmou que não há risco de isso acontecer. "Foi a coisa mais certa a se fazer na época, destruir a construção toda", disse ele. "Mas aos poucos vamos expandir esse memorial do muro. Vemos que muitas pessoas vêm a Berlim por causa de sua história e continuaremos a incentivar isso, não apenas para os turistas, mas como uma lembrança para as futuras gerações."

Adaptado de: KIRSCHBAUM, Erik. Disponível em: <www1.folha.uol.com.br/turismo/956907-50-anos-apos-ser-erguido-muro-de-berlim-volta-a-capital-alema.shtml>. Acesso em: 25 nov. 2014.

a) O que mais chamou a sua atenção no texto?

b) Em sua opinião, por que os turistas que vão a Berlim se interessam em visitar o muro?

c) Comente os seguintes trechos:

Há uma reclamação generalizada de que a demolição do muro foi extensa demais.

A reconstrução da barreira não é bem vista por todos. Líderes conservadores alemães temem que o muro se transforme em uma atração 'do tipo Disneylândia'.

4. Faça uma pesquisa sobre alguns conflitos que estão ocorrendo atualmente no mundo. Consulte jornais, revistas e a internet.

a) Descubra os povos ou países envolvidos nos conflitos.

b) Verifique desde quando esses conflitos estão ocorrendo e por quê.

c) Se possível, obtenha informações sobre os tipos de armamentos que estão sendo utilizados nos conflitos.

d) Na data marcada pelo professor, apresente seu trabalho.

De olho na imagem

1. Observem as imagens.

Reprodução/<Historiaporimagem.blogspot.com>

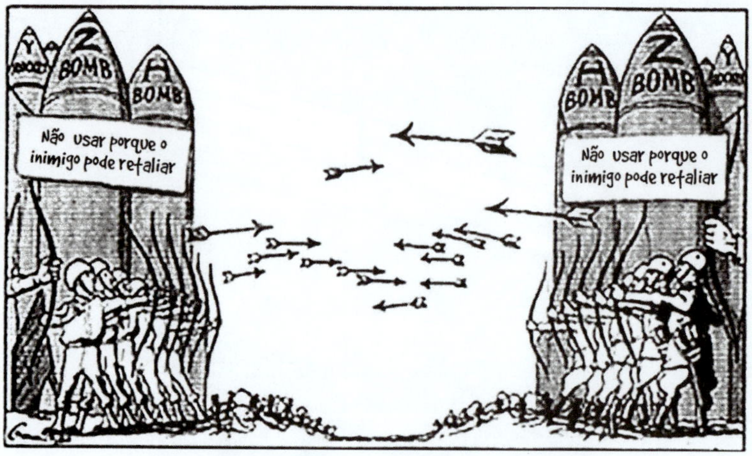

© Belmonte/Arquivo da editora

Na charge foram representados os presidentes Henry Truman (Estados Unidos) e Josef Stalin (ex-União Soviética), jogando futebol com o globo terrestre.

- Escrevam um comentário sobre as charges, identificando o que os conteúdos nelas representados têm a ver com a ideologia da Guerra Fria.

2. A charge a seguir ironiza o poderio militar na nova ordem mundial.
   a) Observem a imagem.

Reprodução/<polyp.org.uk>

Charge representando a antiga ordem mundial, à esquerda, e, à direita, a nova ordem mundial, na qual se lê nos mísseis: "tenha um bom dia".

QUICK Take. Disponível em: <http://quicktake.wordpress.com/?s=polyp+cartoon>. Acesso em: 25 nov. 2014.

   b) O que vocês acham que o autor da charge quis retratar?

Conexões

HISTÓRIA

1. Durante a Guerra Fria, na ordem mundial bipolar de 1945 a 1991, havia a chamada corrida armamentista. Temendo um real conflito armado, as duas superpotências disputavam, por meio de enormes gastos militares, o maior poder militar. Essa corrida foi um marco na grande expansão do comércio mundial de armamentos. Observe o gráfico e a tabela.

Mundo: gastos militares (1988-2013)

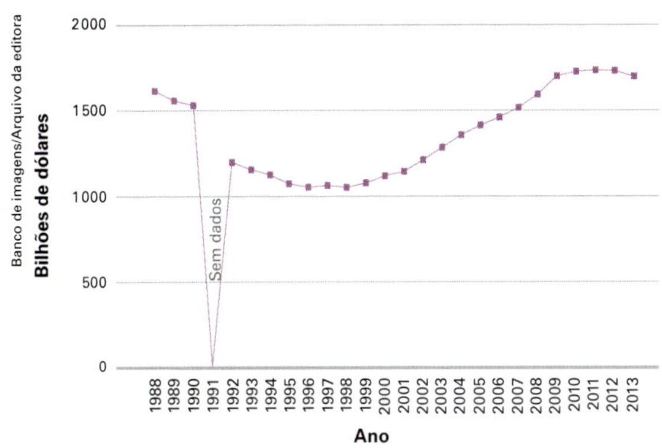

Maiores gastos militares
(em bilhões de dólares), **2013**

Estados Unidos	640	Reino Unido	58
China	188	Alemanha	49
Rússia	88	Japão	49
Arábia Saudita	67	Índia	47
França	61	Coreia do Sul	34

Adaptados de: STOCKHOLM INTERNATIONAL PEACE RESEARCH INSTITUTE (SIPRI). *Recent Trends in Arms Transfers*. Disponível em: <www.sipri.org/research/armaments/milex/milex_database>. Acesso em: 25 nov. 2014.

a) O que aconteceu com os gastos militares mundiais após o fim da Guerra Fria em 1991?

b) Em 1988 os gastos militares mundiais ultrapassaram a cifra de 1,6 trilhão de dólares. Quais são atualmente esses gastos?

c) Quais são os maiores exportadores e importadores mundiais de armamentos? Faça uma pesquisa para descobrir.

d) Com base no gráfico e na tabela, e também numa pesquisa em livros ou *sites* de História, responda:

- A corrida armamentista acabou ou permanece na nova ordem mundial?

LÍNGUA PORTUGUESA

2. Leia a letra da canção e faça o que se pede.

A canção do senhor da guerra

[...]

Já são tantas as crianças
Com armas na mão
Mas explicam novamente
Que a guerra gera empregos
Aumenta a produção...

Uma guerra sempre avança
A tecnologia
Mesmo sendo guerra santa
Quente, morna ou fria
Pra que exportar comida?
Se as armas dão mais lucros
Na exportação...

Existe alguém
Que está contando com você
Pra lutar em seu lugar
Já que nessa guerra
Não é ele quem vai morrer...

E quando longe de casa
Ferido e com frio
O inimigo você espera
Ele estará com outros velhos
Inventando
Novos jogos de guerra...

Que belíssimas cenas
De destruição
Não teremos mais problemas
Com a superpopulação...

Veja que uniforme lindo
Fizemos pra você
Lembre-se sempre
Que Deus está
Do lado de quem vai vencer...

[...]

O senhor da guerra
Não gosta de crianças... [...]

RUSSO, R. A canção do senhor da guerra. Intérprete: Legião Urbana. In: *Música para acampamentos*. EMI, 1992. 1 CD. Faixa 3.

a) Comente a letra da canção de acordo com os dados do gráfico e da tabela da questão anterior.

b) Elabore uma redação a partir da seguinte frase:

> Não é possível se prevenir e ao mesmo tempo se preparar para a guerra.

Capítulo 13

A nova questão demográfica

Neste capítulo você estudará a população mundial, com destaque para as questões demográficas do século XXI: envelhecimento da população, aumento da obesidade e persistência, ou até aumento, dos diversos tipos de preconceito e intolerância. Compreenderá os conceitos de população absoluta e relativa e os motivos que levam a população a crescer ou a diminuir. Além disso, verá a situação atual das migrações internacionais, suas causas e consequências.

Éramos seis, seremos três

A fecundidade da brasileira despencou (em total de filhos por mulher)

Em **1960**, a brasileira tinha em média **6 filhos**

Em **1980**, passou para **4 crianças**

Em **2000** eram apenas **2 filhos**

Em **2020**, a média será de **1,5**

Banco de imagens/Arquivo da editora

Adaptado de: ÉPOCA. Rio de Janeiro: Globo, 25 maio 2009.

Para começar, observe as duas imagens e responda.

1. O que o autor da charge ao lado representou? Dê a sua opinião sobre ela.
2. O gráfico mostra que o número médio de filhos por mulher brasileira vem caindo: de 6 crianças em 1960, passou para 4 em 1980 e apenas 2 em 2000. Por que você acredita que isso acontece?
3. Em 2020 a média de filhos por mulher será de apenas 1,5. Com essa taxa, você pensa que a população brasileira vai continuar crescendo? Por quê?
4. As duas imagens representam ideias contrárias ou complementares? Explique.

Al Jabbaro/CartoonStock

JABBARO, Al. Disponível em: <www.cartoonstock.com/directory/w/world_population.asp>. Acesso em: 25 nov. 2014.

1 Aspectos gerais da população mundial

A população mundial, em 2015, atingiu a cifra dos 7,3 bilhões de pessoas. Chegará aos 8,4 bilhões em 2030 e provavelmente mais de 9,5 bilhões em 2050.

A população, seja a total mundial, a de um país ou de uma região, sempre se concentra mais em certas áreas que em outras. As áreas com grandes concentrações demográficas são chamadas de **densamente povoadas**. São lugares que possuem um número elevado de habitantes por quilômetro quadrado: mais de cem ou, às vezes, até mais de quinhentos. Em contraposição, existem na superfície terrestre grandes regiões com baixíssimas densidades demográficas: menos de três ou, às vezes, menos de um habitante por quilômetro quadrado. São as regiões chamadas de **vazios demográficos**.

A **população relativa** se refere ao número de habitantes por quilômetro quadrado e a **população absoluta**, ao número total de habitantes, independentemente do tamanho do território. Veja o mapa a seguir.

Mundo: população relativa

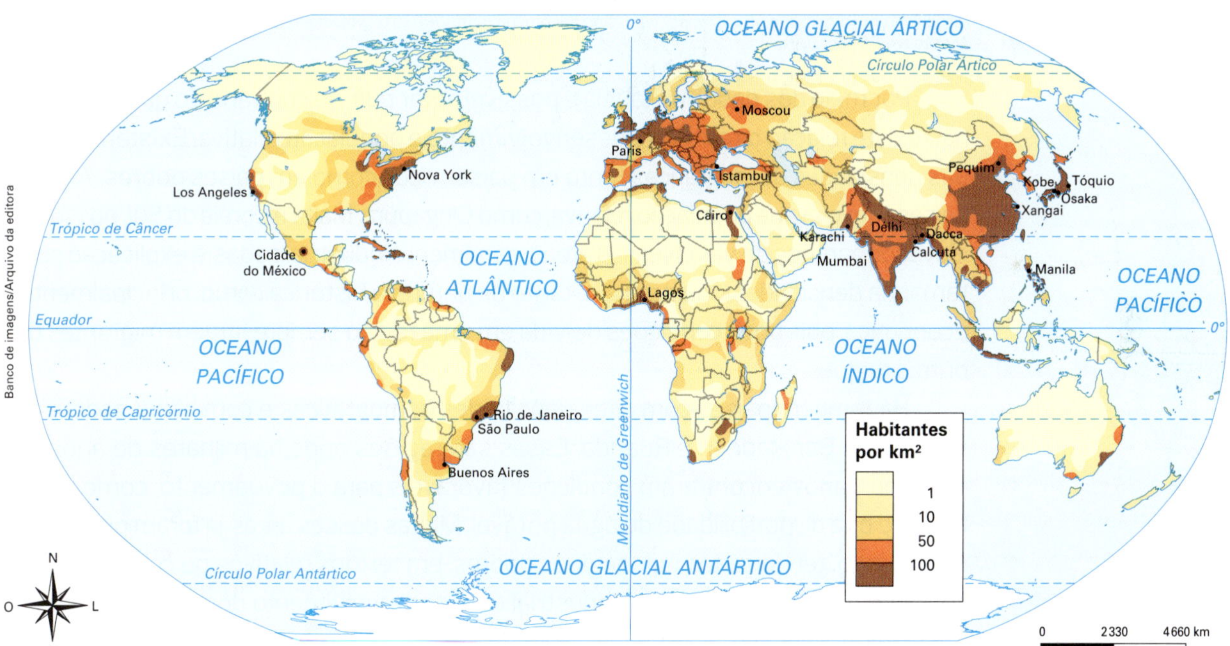

Adaptado de: CHARLIER, Jacques (Dir.). *Atlas du 21e siècle edition 2012*. Groningen: Wolters-Noordhoff/Paris: Éditions Nathan, 2011. p. 190.

Multidão no centro histórico de Macau (China).

Veja na tabela a seguir os países mais populosos do mundo e aqueles com as maiores populações relativas.

Países mais populosos: população absoluta (milhões de hab.), 2015		Países com as maiores densidades demográficas: população relativa (hab./km^2), 2015	
1. China	1401,6	1. Cingapura	8 227
2. Índia	1282,4	2. Barein	1959
3. Estados Unidos	325,1	3. Malta	1365
4. Indonésia	255,7	4. Maldivas	1201
5. Brasil	**203,7**	5. Bangladesh	1114
6. Paquistão	188,1	6. Barbados	669
7. Nigéria	183,5	7. Ilhas Maurício	615
8. Bangladesh	160,4	8. Coreia do Sul	500
9. Rússia	142,1	9. Líbano	486
10. Japão	126,8	10. Ruanda	472

Elaborado com base nos dados de: UNITED Nations Department of Economic and Social Affairs (Desa). *World Population Prospects:* The 2012 Revision. Volume II: Demographic Profiles. Nova York: ONU, 2013. Disponível em: <http://esa.un.org/unpd/wpp/Documentation/pdf/WPP2012_Volume-II-Demographic-Profiles.pdf>. Acesso em: 25 nov. 2014.

Por meio dos dados da tabela é possível notar que, ao contrário do que se pensa, não existe relação direta entre desenvolvimento e população relativa. Existem elevadas densidades demográficas tanto em países ricos como em países pobres. Alguns países com elevada população relativa, como Cingapura, Malta e Coreia do Sul, possuem elevados padrões de vida. Nessas áreas, geralmente industrializadas, a explicação para tamanha densidade populacional é tanto de natureza histórica como, principalmente, econômica, pois boas condições de vida em uma região sempre atraem migrantes de outras regiões.

Há também países com altas densidades demográficas e com baixo padrão de vida, como Bangladesh e Ruanda. Essas são regiões onde há milhares de anos os seres humanos encontraram condições favoráveis para o povoamento, como solos férteis e boa disponibilidade de água potável. Muitas dessas áreas já foram prósperas no passado, tendo se tornado regiões pobres, em termos relativos ou comparativos, somente a partir da Revolução Industrial e do desenvolvimento dos atuais países do Norte geoeconômico.

O contrário também é verdadeiro: existem países desenvolvidos com baixas densidades demográficas, como Austrália e Canadá, e há países pobres com baixa população relativa, como Mongólia, Saara Ocidental e Mauritânia. As razões dessa distribuição desigual da população pelo espaço são inúmeras, em geral de natureza histórica e, em alguns casos, de natureza ambiental ou climática, como os desertos ou as regiões polares.

Texto e ação

1. O que são áreas densamente povoadas?
2. Observe com atenção o mapa da página 257 e responda às questões.
   a) Que países são considerados muito povoados?
   b) Que países são considerados pouco povoados?
   c) Ao analisar as informações do mapa sobre o Brasil, o que mais chamou a sua atenção? Por quê?
3. Observe a tabela da página 258 e compare a população do Brasil com a dos outros países. O que mais chama a sua atenção?
4. Diferencie população relativa de população absoluta.
5. A distribuição desigual da população pelo mundo é explicada por diversos fatores. Cite alguns deles.

2 Crescimento populacional

Muitos acreditam que o **crescimento demográfico** ou **populacional** sempre foi e continua a ser intenso. Isso não é verdade. Segundo cálculos, no ano 1 da Era Cristã o número de habitantes no mundo era de aproximadamente 250 milhões. O número de 500 milhões de pessoas só foi atingido em 1650; de 1 bilhão, em 1850; de 2,5 bilhões, em 1950; e de 5 bilhões, em 1987. A cifra dos 6 bilhões foi atingida em 2000, e, em 2015, existiam cerca de 7,3 bilhões de seres humanos em todo o planeta.

Como se vê, o ritmo de crescimento demográfico, relativamente lento durante milênios, intensificou-se a partir do século XIX, por causa da Revolução Industrial e da urbanização. Esse crescimento foi grande durante todo o século XIX e boa parte do XX, inicialmente nos atuais países ricos e depois nos países pobres ou subdesenvolvidos.

Nas últimas décadas do século XX o crescimento populacional já era insignificante nos países ricos e intenso em inúmeros países subdesenvolvidos. Em todo caso, a população mundial, que chegou a levar 1 650 anos para duplicar, dobrou novamente em apenas 37 anos, de 1950 a 1987.

É por isso que se fala numa **transição demográfica**, ou seja, um período de forte crescimento que depois cede lugar a um novo crescimento lento. A regra geral durante milhares de anos era um crescimento inferior a 0,5% ao ano, mas no transcorrer dos séculos XIX e XX em alguns lugares esse crescimento atingiu 3,5% ao ano. Foi uma situação transitória, que deu lugar a uma nova situação de normalidade, com um crescimento médio de 0,5% ao ano ou até menos. Essa transição demográfica foi o resultado da queda nas taxas de mortalidade que não foram seguidas, a não ser muito tempo depois, pela diminuição nos índices de natalidade. Por isso se fala que atualmente vivemos num período transitório de elevado crescimento populacional que já está em vias de terminar.

Nowik Sylwia/Shutterstock/Glow Images

O crescimento demográfico não é o mesmo para todos os países e regiões. Em geral é bem maior nas áreas de fraca industrialização e grande população rural, principalmente nas regiões do globo onde predomina a religião islâmica, radicalmente contrária a qualquer forma de controle da natalidade. Por outro lado, o crescimento populacional é bem menor, às vezes até negativo, nas áreas bastante industrializadas e de grande população urbana, isto é, a cada ano morrem mais pessoas do que nascem nesses lugares.

Mundo: crescimento da população

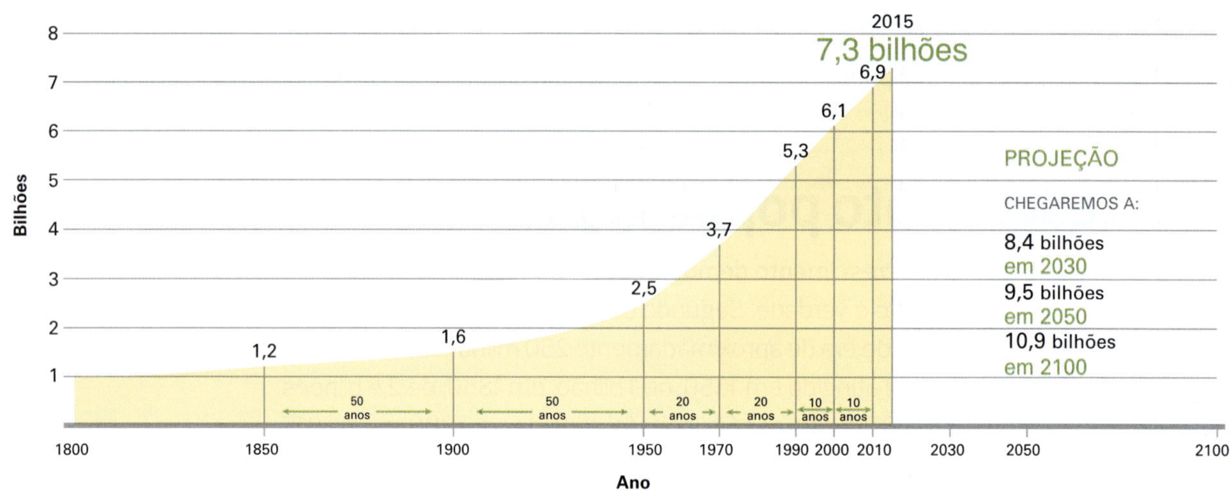

Banco de imagens/Arquivo da editora

Adaptado de: ISTITUTO GEOGRAFICO DE AGOSTINI. *Atlante geografico metodico De Agostini.* Novara, 2011. p. E35; UNITED Nations Department of Economic and Social Affairs (Desa). *World Population Prospects:* The 2012 Revision. Volume II: Demographic Profiles. Nova York: ONU, 2013. Disponível em: <http://esa.un.org/unpd/wpp/Documentation/pdf/WPP2012_Volume-II-Demographic-Profiles.pdf>. Acesso em: 25 nov. 2014.

O **crescimento da população** é calculado por meio da diferença entre o número de pessoas que saíram do país (emigrantes) e o de pessoas que entraram (imigrantes) e da diferença entre nascimentos (natalidade) e óbitos (mortalidade).

As migrações internacionais têm importância somente para calcular o crescimento ou o declínio da população de cada país, região ou cidade, mas não para o cálculo da população mundial. Como nenhum ser humano sai (emigra) do planeta Terra, e muito menos entra (imigra) nele, quando pensamos na dinâmica da população mundial o único processo considerado é o da relação entre nascimentos e óbitos.

A diferença entre a taxa de natalidade e a de mortalidade recebe o nome de **crescimento natural** ou **crescimento vegetativo**.

Sean Gallup/Getty Images/Agência France-Presse

Mulheres turcas vendem comidas típicas em Berlim (Alemanha), 2013.

Mortalidade

A **Revolução Industrial**, que se iniciou no final do século XVIII, ocasionou um declínio nos índices de mortalidade. Isso ocorreu por diversos motivos, como a urbanização e a introdução de novas técnicas sanitárias e higiênicas.

Com a progressiva concentração populacional no reduzido espaço das cidades, foi necessário realizar obras de saneamento básico, como redes de água encanada e de esgotos, coleta de lixo, pavimentação de ruas e avenidas, etc.; campanhas de vacinação em massa e de limpeza pública, como a eliminação de ratos e insetos de edifícios, locais de trabalho e residências.

Pouco a pouco, primeiramente nos países do atual Norte geoeconômico, a população passou a consumir mais carne, leite, verduras, ovos, etc. Essa mudança nos hábitos alimentares ocorreu por causa do aumento do poder de compra das famílias em geral e também pela maior produtividade na agricultura. Desde o século XIX, pouco a pouco se expande a chamada **agricultura moderna**, com o uso de adubação do solo, de inúmeras máquinas agrícolas, além da modificação genética de plantas e animais de criação, que ampliou a produção por hectare de terra. Como consequência, houve sensível melhora na alimentação da população em geral.

Leonid Shcheglov/PhotoXpress/Zuma Imprensa/Glow Images

Emprego de tecnologia em plantação de pepinos em Lida (Belarus), 2012.

O declínio das taxas de mortalidade iniciou-se na Europa ocidental e depois, com diferenças de ritmo e de período, propagou-se praticamente por todo o mundo. No século XIX, essa queda na mortalidade resumia-se aos países líderes da Revolução Industrial, os atuais países desenvolvidos, mas no século XX, especialmente após a Segunda Guerra Mundial, também passou a ocorrer nas nações subdesenvolvidas.

Durante a maior parte da história da humanidade existiu um equilíbrio entre as taxas de natalidade e mortalidade. Para cada grupo de mil habitantes, em média nasciam cerca de 40 a 45 crianças e morriam cerca de 35 a 40 pessoas. Isso produzia um crescimento natural pequeno e estável, de mais ou menos 5%. O declínio dos índices de mortalidade ocasionou um desequilíbrio, já que a mortalidade diminuiu rapidamente e a natalidade se manteve estável durante algum tempo. Isso explica a aceleração demográfica da população mundial a partir do final do século XVIII.

Natalidade

As taxas de nascimento também declinaram, embora com algumas décadas de atraso em relação à queda da mortalidade.

Nos atuais países desenvolvidos, esse declínio vem ocorrendo desde o século XIX e início do século XX. Nos subdesenvolvidos, ele ocorreu apenas a partir dos anos 1960 ou mesmo nas últimas décadas do século XX. Na maioria desses países a queda da natalidade ainda prossegue. Em outros, o governo incentiva esse processo usando medidas de controle da natalidade.

Nas nações do Norte geoeconômico, a taxa de natalidade atingiu índices muito baixos. Em alguns casos, como na Alemanha, na Itália ou no Japão, a taxa de natalidade chega a ser menor do que a de mortalidade, ou seja, há mais mortes do que nascimentos, produzindo um crescimento vegetativo **negativo**. Assim ocorre a diminuição da população nacional. Por isso, alguns governos incentivam a natalidade, como uma tentativa de impedir a diminuição da população e evitar preencher as vagas de empregos com mão de obra estrangeira.

São dois os principais fatores que explicam a progressiva queda nos índices de natalidade: a diminuição da mortalidade infantil e a urbanização.

Berçário em Taiyuan (China), 2012.

Stringer/Reuters/Latinstock

Diminuição da mortalidade infantil

A mortalidade infantil sempre foi muito elevada se tomarmos o período anterior à Revolução Industrial para analisar. Esse fato levava as famílias a ter um grande número de filhos como forma de garantir que alguns deles chegassem à idade adulta. O período mais sensível às condições de vida da família é de até 1 ano de idade: sem vacinas, sem condições adequadas de higiene e alimentação muitos bebês não sobreviviam.

Quando ocorre um declínio da mortalidade infantil, muitas crianças sobrevivem e chegam à fase adulta. Consequentemente, as famílias acabam tendo menos filhos.

Urbanização

Outro fator que contribui para diminuir os índices de natalidade é a **urbanização**. No meio rural, especialmente em sociedades tradicionais, é comum que os filhos, mesmo os menores de idade, ajudem os pais nas tarefas da lavoura e da casa. A família considera que, para esses tipos de trabalho, não há a necessidade de colocar os filhos na escola, de comprar material escolar, etc., o que diminui os gastos com as crianças. Na cidade, especialmente com a modernização da sociedade, com a expansão do acesso às escolas e depois da tecnologia moderna, em geral, ocorre o inverso: o custo para manter crianças e adolescentes torna-se bem maior do que no campo, o que significa maiores gastos com educação, roupas, brinquedos, aparelhos eletrônicos, etc. Assim, com a modernização e a urbanização da sociedade, o número ideal de filhos por casal deixa de ser de mais de 5 e passa a ser de somente um ou dois.

Além disso, as **mulheres** passaram também a trabalhar fora de casa, resultado da urbanização, do aumento do custo de vida, das mudanças na configuração familiar e da maior igualdade entre os gêneros. Tudo isso dificulta, ou até impossibilita, que as mulheres tenham muitos filhos, já que diante desse cenário há a necessidade de contratar cuidadores ou de matricular os filhos em creches e escolas, ambas atividades de alto custo.

Mariana Bazo/Reuters/Latinstock

Escola infantil em Lima (Peru), 2014.

Existem ainda outros fatores que contribuem para explicar a menor taxa de natalidade nas cidades, especialmente nas metrópoles, em relação ao meio rural. Um deles é que, em média, as pessoas se casam mais jovens no meio rural do que nas cidades; desse modo, há maior probabilidade de um casal jovem ter um número maior de filhos do que um casal que se une com uma idade mais avançada.

Outro fator que pode ser considerado é a **religião** cristã e principalmente a islâmica, já que elas são contrárias a qualquer controle de natalidade, como o aborto e o uso de pílulas anticoncepcionais ou de preservativos. Geralmente a religião exerce maior influência sobre as pessoas em regiões tradicionais, principalmente no meio rural e em pequenas cidades. Em alguns países onde predomina o islamismo as altas taxas de natalidade se mantêm mesmo no meio urbano. É por isso que atualmente os países que ainda possuem altas taxas de natalidade são quase todos muçulmanos.

Texto e ação

1. Comente a afirmação.

> A população mundial chegou a levar 1 650 anos para duplicar, mas dobrou novamente de 1950 a 1987.

2. Analise o gráfico da página 260 e responda.
   - O que podemos dizer sobre a tendência de crescimento da população mundial?
3. Por que as migrações internacionais não têm importância no cálculo da população mundial?
4. Explique o que é crescimento natural ou vegetativo.
5. Comente os principais fatores que explicam a progressiva queda nos índices de natalidade no mundo.

3 Problemas demográficos

Você já viu que a população mundial, em 2015, atingiu a cifra dos 7,3 bilhões de pessoas; e em 2030 chegará aos 8,4 bilhões. Todavia, ao contrário do que se pensa, o grande problema demográfico do século XXI não é o crescimento populacional ou a necessidade de controle de natalidade. Esse foi um dos problemas do século XX, que na maior parte do mundo já está superado. Os principais **desafios** demográficos deste século são:

Yuya Shino/Reuters/Latinstock

Idosos se exercitam em Tóquio (Japão), 2014.

- a fome ou a subnutrição, que assola uma significativa parcela da população mundial, algo já secular;
- a alimentação desbalanceada, que causa a obesidade e afeta a população tanto de países considerados ricos como a dos pobres;
- o envelhecimento da população, principalmente nos países ricos;
- as migrações em massa de regiões ou países pobres para os desenvolvidos;
- os diversos tipos de preconceito étnico, cultural e outros.

Pessoa com sobrepeso caminha na Flórida (Estados Unidos), 2014.

JeffG/Alamy/Latinstock

Obesidade

A fome pouco a pouco vai se tornando um problema do passado, e a obesidade, do futuro. Pela primeira vez na história da humanidade, o número de pessoas obesas já ultrapassou o de subnutridos. E, enquanto a fome e a subnutrição tendem a diminuir, a obesidade tende a aumentar cada vez mais.

Obesidade significa excesso de gordura corpórea, situação na qual a pessoa está bastante acima do seu peso ideal. Ela aumenta os riscos de se contrair inúmeras doenças, como hipertensão arterial, diabetes, problemas cardiovasculares, alguns tipos de câncer, etc.; além disso, em média uma pessoa obesa tem uma expectativa de vida menor do que um indivíduo no seu peso ideal. Segundo a Organização Mundial da Saúde (OMS), o percentual de adultos com mais de 20 anos, cujo índice de massa corpórea (IMC) é maior do que 25, é considerado com sobrepeso, e com IMC maior do que 30, obeso.

A obesidade vem se expandindo rapidamente no mundo nas últimas décadas, e não apenas nos países desenvolvidos.

Geralmente, as mulheres sofrem mais de obesidade do que os homens. Nos Estados Unidos 73,5% das mulheres e 68,2% dos homens foram considerados obesos ou com sobrepeso, em 2014. No Reino Unido, 67,7% das mulheres foram consideradas obesas ou com sobrepeso, contra 60,8% dos homens. No Japão, foram 30,1% de mulheres e 19,2% de homens. Nesses países, o percentual de desnutridos foi menor do que 5%.

Mesmo aqui, no Brasil, o relatório da Organização das Nações Unidas para a Alimentação e Agricultura (FAO, sigla em inglês) mostrou que 52,4% das brasileiras e 51% dos brasileiros estão acima do peso ideal. Isso quer dizer que a obesidade no Brasil já atingiu uma proporção bem maior do que a subnutrição, calculada em menos de 5% da população pelo IBGE.

As principais causas da obesidade são:

- **alimentação desbalanceada**, com excesso de carboidratos, gorduras e açúcares, geralmente encontrados em alimentos industrializados;
- **estilo de vida sedentário**, com insuficiência de atividade física.

Ao contrário do que se pensa, esse problema não afeta apenas a população considerada rica ou de classe média. Nos Estados Unidos, por exemplo, quanto menor for o rendimento das famílias, maior é a porcentagem de obesos. No Brasil e nos demais países do Sul geoeconômico, pelo menos por enquanto, a obesidade atinge principalmente a população mais rica ou de classe média.

Nos países desenvolvidos as populações com mais recursos, depois da descoberta das causas da obesidade, passaram a se dedicar a atividades físicas, além de se conscientizarem sobre a alimentação, enquanto as pessoas mais pobres, que em geral são menos informadas, ainda não questionam seu estilo de vida.

Fast-food: uma das causas da obesidade.

João Virissimo/Shutterstock/Glow Images

Ciclovia em Amsterdã (Países Baixos), 2014.

S-F/Shutterstock/Glow Images

Envelhecimento da população

A cada ano aumenta a proporção de idosos na população total de muitos países do mundo. Esse fenômeno pode ser descrito como um aumento na **expectativa de vida** da população. Tal fato vem ocorrendo até mesmo nos países mais pobres. Já o envelhecimento da população é um fenômeno que ocorre quando, aliada ao aumento da expectativa de vida, há queda nas taxas de natalidade. Isso é perceptível, ainda, apenas nos países mais desenvolvidos.

Em alguns países a proporção de **idosos** encontra-se em torno dos 25% ou mais do total da população. Calcula-se que essa proporção ultrapasse os 30% ou até os 40% dentro de uma ou duas décadas. Na Itália, por exemplo, a população com mais de 65 anos já é superior àquela com menos de 15 anos. Veja a tabela ao lado para entender melhor essa questão.

Países selecionados: população com mais de 60 anos (%)

País	2014	2030
Alemanha	26,7	35,9
Áustria	25,1	34,0
Brasil	11,3	18,1
China	15,0	25,1
Finlândia	27,0	32,3
Uruguai	18,6	22,1

Elaborado com base nos dados de: US CENSUS Bureau. Disponível em: <www.census.gov/population/international/data/idb/region.php?N=%20Results%20&T=2&A=both&RT=0&Y=2014,2030&R=1&C=AU,BR,CH,FI,GM,UY>. Acesso em: 26 nov. 2014.

O aumento do percentual da população idosa tem levado os estudiosos a propor novas classificações. Em vez de 60 anos, é cada vez mais comum encontrarmos nas estatísticas internacionais a idade de 65 anos ou, às vezes, até 75 anos para definir a população idosa.

Com o envelhecimento da população, o percentual de aposentados aumenta a cada ano na população total de um país. Há algumas décadas existiam cerca de 5 trabalhadores para cada aposentado, mas atualmente, em vários países, essa proporção já é de 2 por 1. Isso coloca em risco a qualidade dessa aposentadoria, pois será necessária uma soma de recursos cada vez maior para manter o crescente número de aposentados, já que a porcentagem de jovens e de adultos tem diminuído à medida que aumenta a de idosos.

Alguns especialistas propõem um aumento na idade de aposentadoria para os países onde há muitos idosos. Outros são contrários a isso e argumentam que se trata de um direito conquistado. Além disso, pode-se especular se, com a crescente mecanização e robotização das tarefas, em grande parte o trabalho humano seja substituído por máquinas "inteligentes" e com isso não haja necessidade de mais trabalhadores ou de mais anos de trabalho por pessoa, pelo menos nas economias desenvolvidas. Mas, por enquanto, isso é só especulação, pois ainda vivemos o dilema da falta de recursos para pagar o crescente número de aposentados.

Nicolas Maeterlinck/Belga/Zuma Imprensa/Glow Images

Protesto contra a reforma na política da aposentadoria em Bruxelas (Bélgica), 2014.

Migrações internacionais e preconceito

CONTEÚDO DIGITAL

As migrações internacionais hoje em dia ocorrem, principalmente, dos países do Sul geoeconômico para os do Norte. Detalhando mais, é possível dizer que os grandes fluxos migratórios internacionais vão:

- da América Latina para os Estados Unidos e Europa;
- da África para a Europa;
- de inúmeras partes da Ásia para os Estados Unidos, Europa, Japão e, eventualmente, para a Austrália e a Nova Zelândia;
- do Egito, Turquia, Iraque, Irã, Síria, Jordânia para o Kuwait, Emirados Árabes Unidos e Arábia Saudita;
- de trabalhadores dos países vizinhos para a África do Sul.

Esse sentido principal das migrações internacionais, isto é, de áreas **pobres** para as mais **ricas**, já vem ocorrendo desde o fim da Segunda Guerra Mundial. Antes disso, esses fluxos migratórios se direcionavam, preferencialmente, das áreas então consideradas superpovoadas, como Europa e Ásia, para Estados Unidos, Canadá, Argentina, Brasil, Austrália e outros países vistos como "vazios a serem ocupados". Mas até por volta dos anos 1980 a migração proveniente de países ou regiões pobres não era considerada um problema nem originava grandes conflitos, pelo contrário, as regiões ricas tinham necessidade dessa força de trabalho, em geral barata.

Todavia, desde a década de 1980 essas migrações passaram a ser encaradas como um dos grandes problemas demográficos do final do século XX e do começo do século XXI. Isso ocorreu por causa do aumento nos índices de desemprego nos países desenvolvidos e por causa da presença, nesses países, de expressivos grupos de estrangeiros e de seus descendentes, que via de regra conservam o idioma e os hábitos tradicionais, algo que, segundo alguns, ameaça a unidade nacional.

Calcula-se que existiam em 2013 cerca de 232 milhões de migrantes em todo o mundo, ou seja, pessoas que nasceram em um país e vivem em outro. Esse número se refere somente aos emigrantes de fato, sem considerar os seus filhos e netos. Uma boa parte desse montante é constituída de trabalhadores ilegais, isto é, pessoas que entraram ilegalmente no estrangeiro ou que entraram legalmente, mas com um visto de turista que já venceu, e que, dessa forma, não possuem os documentos em dia. Outra parte desses migrantes é constituída de refugiados, pessoas que fugiram, por exemplo, de uma guerra, uma crise política ou de perseguições a certos grupos ou etnias no seu Estado natal.

Natacha Pisarenko/Associated Press/Glow Images

Descendentes de italianos em Buenos Aires (Argentina), 2013.

Os Estados Unidos sozinhos possuíam, em 2013, cerca de 46 milhões de emigrantes, e a Europa ocidental, cerca de 24 milhões. Em termos relativos, a presença dos emigrantes na população norte-americana foi de 14,3%, e nos países europeus ela chegou a 43,3% em Luxemburgo, 28,9% na Suíça, 11,9% na Alemanha, 10,4% na Bélgica, 15,9% na Suécia e 11,6% na França. Mas também alguns países do Sul geoeconômico, com uma economia mais próspera que a de seus vizinhos, possuíam uma elevada proporção de emigrantes em sua população total: Emirados Árabes Unidos com 83,7%, Kuwait com 60,2%, Catar com 30,6%, Oman com 73,8% e Arábia Saudita com 31,4%. Veja o mapa a seguir.

Mundo: migrações

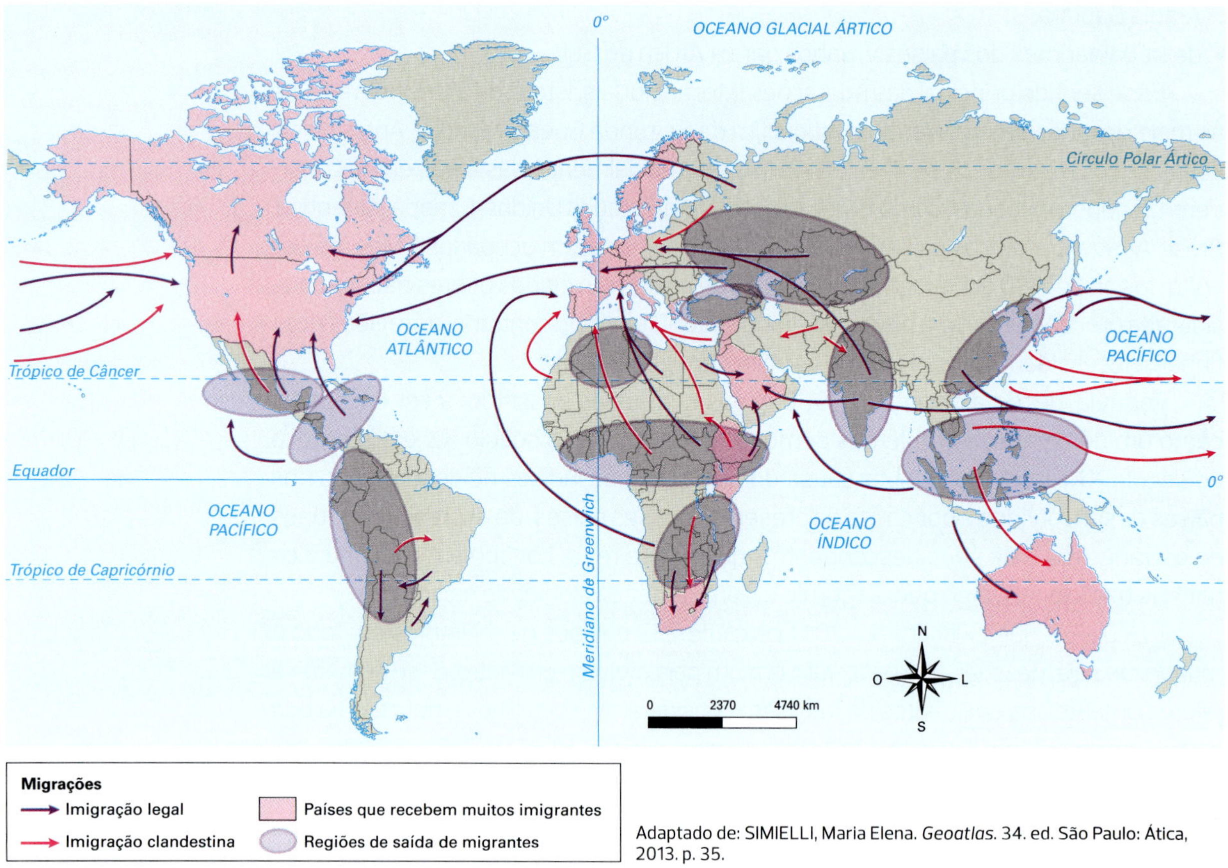

Banco de imagens/Arquivo da editora

Adaptado de: SIMIELLI, Maria Elena. *Geoatlas*. 34. ed. São Paulo: Ática, 2013. p. 35.

Um dos grandes desafios do século XXI, para que ele seja melhor do que o século XX, considerado o mais sangrento da História pelo número e extensão das guerras, dos mortos em massacres, genocídios, campos de concentração e outros, é aprender a conviver com "o outro", ou seja, com os que são diferentes na cultura, na religião, no idioma, nos costumes, na idade, na sexualidade, etc.

Neste momento, em que parece que o nosso planeta "encolheu", mais do que nunca é necessário conhecer outros povos e culturas, para aprender a aceitar, respeitar e valorizar toda a diversidade existente na humanidade.

No entanto ainda persistem, e às vezes até se multiplicam, o preconceito, a intolerância e a discriminação contra pessoas ou comunidades.

Todas as formas de discriminação são negativas e, em geral, consideradas crimes passíveis de punição. Uma das formas bastante recorrentes dessas discriminações, o racismo, não tem nada a ver com a ideia de raça no sentido biológico, uma vez que a Ciência já demonstrou não existirem raças na espécie humana.

Os principais tipos de preconceito e de discriminação são:

- o **racismo**, que significa preconceito e discriminação em relação à etnia;
- o **preconceito social**, que consiste numa aversão e discriminação em relação aos mais pobres;
- a **homofobia**, que significa um preconceito ou discriminação em relação aos homossexuais;
- o **machismo**, que significa preconceito em relação às mulheres;
- a **xenofobia**, ou preconceito em relação aos estrangeiros ou a outras culturas.

Ina Fassbender/Reuters/Latinstock

Manifestação contra a xenofobia e o racismo em Düsseldorf (Alemanha), 2015.

Texto e ação

1. Cite os principais problemas demográficos deste século.
2. Sobre a questão da obesidade, responda às questões.
   a) O que é obesidade?
   b) Qual é a proporção de obesos na população adulta do Brasil?
   c) Quais são as principais causas da obesidade?
3. Comente as consequências do envelhecimento da população mundial.
4. Analise a tabela da página 266. Compare os dados e comente a situação do Brasil.
5. Atualmente quais são os grandes fluxos migratórios internacionais? Desde quando eles vêm ocorrendo?
6. Comente o mapa da página 268 de acordo com o texto a seguir:

> *No mundo plano dos mapas, linhas definidas mostram onde um país acaba e outro começa. O mundo real é mais fluido. As pessoas não têm limites como os das áreas geográficas. Elas vazam de um lugar para outro, elas vagam, elas migram.*
>
> Adaptado de: CARTA CAPITAL. 7 dez. 2011. Ano XVII, n. 675. p. 108.

7. Comente a frase.

> Todas as formas de discriminação são negativas e, em geral, consideradas crimes passíveis de punição.

Atividades finais

+ Ação

1. Sobre o mapa da página 257 reproduza no caderno somente as frases verdadeiras. Depois, comente-as.
   a) A densidade demográfica é desigual nos diversos países do mundo.
   b) A distribuição da população brasileira pelo território é bastante desigual.
   c) A população brasileira se concentra numa estreita faixa de terra próxima ao litoral.
   d) As menores densidades demográficas estão na Europa e na Ásia.
   e) A Oceania é o continente menos povoado.

2. O uso de imagens como meio de ilustração de um tema é importante para a compreensão de muitas ideias transmitidas nos textos escritos.
   a) Observe novamente as imagens deste capítulo.
   b) Selecione aquela que mais chamou sua atenção.
   c) Com base nos conhecimentos adquiridos, crie uma nova legenda para a imagem escolhida.

3. Discriminação é o ato de discriminar ou distinguir de forma depreciativa as pessoas. Sobre o assunto, elabore um pequeno texto que contenha as palavras do quadro.

xenofobia	homofobia	machismo	racismo

4. Comente o mapa da página 268 de acordo com o texto a seguir.

As migrações podem contribuir positivamente para o futuro da humanidade e para o desenvolvimento econômico e social dos países. O fenômeno das migrações internacionais aponta para a necessidade de repensar-se o mundo não com base na competitividade econômica e o fechamento das fronteiras, mas, sim, na cidadania universal, na solidariedade e nas ações humanitárias. Os países devem adotar políticas que contemplem e integrem o contributo positivo do migrante, vendo, assim, as migrações como um ganho, e não como um problema.

As migrações são berços de inovações e transformações. Elas podem gerar solidariedade ou discriminação; encontros ou choques; acolhimento ou exclusão; diálogo ou fundamentalismo. É dever da comunidade internacional e de cada ser humano fazer com que o "novo" trazido pelos migrantes seja fonte de enriquecimento recíproco na construção de uma cultura de paz e justiça. É esse o caminho para promover e alcançar a cidadania universal.

Adaptado de: MARINUCCI, Roberto; MILESI, Rosita. *Migrações internacionais contemporâneas*. Disponível em: <www.migrante.org.br/as_migracoes_internacionais_contemporaneas_160505b.htm>. Acesso em: 26 nov. 2014.

5. Leia o texto a seguir.

A população mundial atingiu hoje [31 out. 2011] *os 7 mil milhões de habitantes. De acordo com as Nações Unidas, o bebê 7 mil milhões tem o nome de Danica May Camacho e nasceu nas Filipinas no domingo, dois minutos antes da meia-noite.*

Há cerca de 2 000 anos, a população mundial era de apenas 300 milhões; em 1800 aumentou para os mil milhões e em 1999, o planeta atingiu os 6 mil milhões. A cada hora que passa a população mundial soma mais 10 mil pessoas. Segundo estatísticas da ONU o habitante número 8 bi nascerá em 2025 e, em 2050, a população mundial atingirá os 9,3 bilhões.

Adaptado de: PLANETA Vida. *Terra com 7 mil milhões de habitantes*. Disponível em: <http://vida1.planetavida.org/2011/10/31/terra-com-7-mil-milhoes-de-habitantes/>. Acesso em: 26 nov. 2014.

- Comente o texto de acordo com a citação abaixo.

Nós, 7 bilhões, aceitamos o capricho numerológico, que não é mais que uma faixa a ser dada para o heptabilionésimo habitante desta bola achatada nos polos, que também está fichada e registrada como Mundo em estudos tidos como de séria metodologia. Nós, 7 bilhões, teríamos prazer em cumprimentar este cidadão, mas não acatamos como verdade a conta imaginada.

Adaptado de: LESSA, Ivan. *Nós, 7 bilhões do planeta Terra, terceiro à direita de quem vem do Sol, gostaríamos de lavrar nosso protesto*. Disponível em: <www.bbc.co.uk/portuguese/noticias/2011/10/111031_ivanlessa_tp.shtml>. Acesso em: 26 nov. 2014.

6. Pesquise em jornais, revistas e na internet imagens que mostrem situações de preconceito ou discriminação no Brasil ou no mundo. Em uma folha à parte, cole as imagens e, utilizando seus conhecimentos anteriores e o que você aprendeu no capítulo, faça uma legenda para cada imagem pesquisada. Na data marcada pelo professor, traga seu trabalho para a sala de aula.

De olho na imagem

1. Observem as imagens.

Stringer/Reuters/Latinstock

Multidão retorna para casa depois de um evento religioso em Dacca (Bangladesh), 2015.

Alexander Image/Shutterstock/Glow Images

Multidão vai às compras de Natal em Nova York (Estados Unidos), 2014.

- Escrevam um pequeno texto para cada uma das fotos. Esses textos devem estabelecer relações entre as imagens e o conteúdo do capítulo.

2. Leiam o texto e observem a imagem. Depois façam o que se pede.

Dadaab, no Quênia, abriga o maior campo de refugiados do mundo. Criados em 1991, os acampamentos de Dagahaley, Ifo e Hagadera foram planejados para abrigar 90 mil pessoas, mas atualmente comportam cerca de 400 mil refugiados. Dadaab tem recebido um fluxo constante de mais de mil refugiados novos ao dia, em sua maioria provenientes da Somália.

Adaptado de: VEJA. *Dadaab*: o maior campo de refugiados do mundo. Disponível em: <http://veja.abril.com.br/multimidia/galeria-fotos/dadaab-o-maior-campo-de-refugiados-do-mundo>. Acesso em: 26 nov. 2014.

a) Qual é o tema tratado no texto?
b) Ao observar a foto, o que mais chamou a atenção de vocês?
c) O que o texto e a foto têm a ver com o conteúdo do capítulo? Expliquem.
d) Pesquisem sobre a situação dos refugiados haitianos que vieram para o Brasil depois do terremoto de 2010. Tragam suas descobertas para serem comentadas na sala de aula.

Siegfried Modola/Reuters/Latinstock

Vista aérea do acampamento de Ifo em Dadaab (Quênia), 2013.

Conexões

MATEMÁTICA

1. Observe o gráfico e responda às questões.

Mundo: população com 60 anos ou mais (1950-2050)

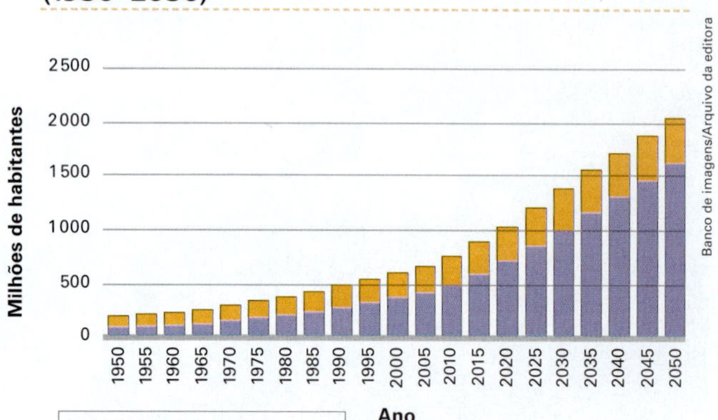

Nota: O grupo de "países desenvolvidos" corresponde às "regiões mais desenvolvidas" descritas em *Perspectivas da População Mundial: revisão 2010*, e o grupo "países em desenvolvimento" corresponde às "regiões menos desenvolvidas" da mesma publicação.

Adaptado de: FUNDO DE POPULAÇÃO DAS NAÇÕES UNIDAS. *Envelhecimento no século XXI*: celebração e desafio. Nova York: Unfpa, 2012. p. 4. Disponível em: <www.unfpa.org.br/sumario%20envelhecimento%20sec%20xx.pdf>. Acesso em: 26 nov. 2014.

a) Segundo o gráfico, atualmente existem em todo o mundo cerca de 900 milhões de pessoas com 60 anos ou mais de idade. Quantas deverão existir em 2020? E em 2025?

b) Sabendo-se que a população mundial foi de 7,3 bilhões em 2015, qual é a proporção de idosos com 60 anos ou mais nessa população total? E qual será essa proporção em 2050, quando a população total atingirá os 9,5 bilhões?

c) Até os anos de 1950 a metade da população idosa do mundo encontrava-se nos países desenvolvidos. Depois a situação foi se invertendo e hoje a maior parte está nos países em desenvolvimento. Por que isso ocorre?

LÍNGUA PORTUGUESA

2. Leia o texto e responda às questões.

A cada segundo duas pessoas celebram seu sexagésimo aniversário no mundo – um total anual de quase 58 milhões de pessoas que atingem os 60 anos. [...]

[Leia alguns fatos sobre esse assunto.]

- *Em 2012, 810 milhões de pessoas tinham 60 anos ou mais, e constituíam 11,5% da população global. Projeta-se que esse número alcance 1 bilhão em menos de 10 anos e que duplique em 2050, alcançando 2 bilhões de pessoas ou 22% da população mundial.*
- *Na última década, o número de pessoas com 60 anos ou mais aumentou em 178 milhões – o equivalente a quase a população total do Paquistão, o 6º país mais populoso do mundo.*
- *A expectativa de vida entre 2010 e 2015 alcançou* [em média] *78 anos nos países desenvolvidos e 68 anos nas regiões em desenvolvimento. Em 2045, os recém-nascidos terão a expectativa de viver até os 83 anos nas regiões desenvolvidas e 74 anos naquelas em desenvolvimento* [também em média, com alguns países com maior e outros com menor expectativa de vida].
- *De cada 3 pessoas com 60 anos ou mais, 2 vivem em países em desenvolvimento. Em 2050, quase 4 em cada 5 pessoas com 60 anos ou mais viverão nos países do Sul geoeconômico.*
- *O Japão é atualmente o único país no mundo com mais de 30% de sua população com 60 anos ou mais. Em 2050, haverá 64 países nos quais a população idosa constituirá mais de 30% da população.*
- *O número de pessoas com 100 ou mais anos aumentará globalmente de 316 600, em 2011, para 3,2 milhões em 2050.*
- *Para cada 100 mulheres com 60 anos ou mais em todo o mundo, há 84 homens. Para cada 100 mulheres com 80 anos ou mais, há 61 homens.*
- *A velocidade do envelhecimento populacional no Brasil* [e em outros países em desenvolvimento] *será significativamente maior do que ocorreu nos países desenvolvidos. Por exemplo, foi necessário mais de um século para que a França visse sua população com idade igual ou superior a 65 anos aumentar de 7% para 14% do total. Em contraste, essa mesma variação demográfica ocorrerá em apenas duas décadas (de 2010 a 2030) no Brasil. A população idosa irá mais do que triplicar nas próximas quatro décadas, de menos de 20 milhões em 2010 para aproximadamente 65 milhões em 2050.*

Adaptado de: FUNDO DE POPULAÇÃO DAS NAÇÕES UNIDAS. *Envelhecimento no século XXI*: celebração e desafio. Nova York: Unfpa, 2012. p. 3;7. Disponível em: <www.unfpa.org.br/sumario%20envelhecimento%20sec%20xx.pdf>. Acesso em: 26 nov. 2014.

a) Faça um comentário sobre esses dados a respeito do envelhecimento da população mundial e em especial da população brasileira.

b) Elabore uma redação com o seguinte tema:

> Envelhecimento da população: um acontecimento a ser celebrado ou que deveria ser preocupante?

Capítulo

14 A questão ambiental

Neste capítulo você estudará a questão ambiental na nova ordem mundial e compreenderá que ela é importante não apenas no presente, mas também no futuro da humanidade. Além disso, conhecerá a evolução do pensamento ecológico até a atualidade, com ênfase no conceito de desenvolvimento sustentável.

CONTEÚDO DIGITAL

Bertrand Rieger/Hemis/Corbis/Latinstock

Vista aérea da cidade mais sustentável do mundo, Freiburg (Alemanha), 2015.

Para começar, observe a foto. Depois, resolva o que se pede.

1. O que mostra a foto? Descreva a paisagem da cidade.
2. Algum elemento dessa paisagem é comum no lugar onde você vive? Qual?
3. O que você sabe sobre sustentabilidade? Explique.

1 Recursos naturais

Recurso natural é tudo aquilo que faz parte da **natureza**, como o ar, a água, o solo, a vegetação e os minérios, e que pode ser aproveitado pelos seres humanos. Alguns desses recursos, como o ar ou a água, são abundantes e indispensáveis para a vida humana. Outros, como o ouro ou as pedras preciosas, são mais raros e dispensáveis, embora considerados de grande valor em algumas sociedades.

Os recursos renováveis

Os recursos naturais podem ser renováveis: aqueles que, como o próprio nome explica, se renovam na natureza, ou seja, são explorados pelos seres humanos em um ritmo que permite que a natureza se recomponha. São exemplos desse tipo de recurso o ar, a água e a vegetação.

Teoricamente, é possível que a humanidade acabe com toda a vegetação do planeta, por exemplo, mas também é possível replantar a vegetação destruída.

Já a água e o ar, que se renovam naturalmente, podem ser degradados ou poluídos pelos seres humanos, inviabilizando seu uso. Assim, é possível acabar com a água potável, embora não seja possível acabar com a água do planeta. O mesmo pode ser dito do ar, um recurso natural abundante e renovável.

Nenhuma sociedade humana, em qualquer época, deixa de utilizar recursos naturais. Dependemos do ar, da água, do solo, da vegetação e dos animais para sobreviver. Alguns povos, no entanto, utilizam os recursos naturais numa proporção bem maior do que outros. Houve, na história da humanidade, casos de povos que desapareceram em consequência de catástrofes naturais provocadas pelo uso indevido dos recursos da natureza.

Os recursos não renováveis

Existem também os recursos naturais que não são renováveis. São aqueles que a natureza demora centenas de milhares de anos para repor. Exemplos desse tipo de recurso são os minérios, como o de ferro, a bauxita e o ouro, ou os chamados combustíveis fósseis, como o carvão mineral, o gás natural e o petróleo. Assim, pode-se dizer que os recursos não renováveis existem em quantidade limitada na superfície terrestre, e, se continuarem a ser explorados sem controle, mais cedo ou mais tarde vão se esgotar.

Mata ciliar preservada às margens do rio Shishak (Bangladesh), 2012.

Minden Pictures/AP Images

Esses recursos foram amplamente explorados desde a primeira etapa da Revolução Industrial: primeiramente o carvão mineral, depois o petróleo, que, além de não renováveis, são extremamente poluentes.

Foi na época da industrialização que os impactos ambientais cresceram muito e rapidamente. A industrialização da sociedade, a urbanização e a aceleração do crescimento populacional provocaram um notável aumento na poluição do ar, das águas e dos solos, além de intensos desmatamentos.

2 Consciência ecológica

No final do século XX a questão ambiental deixou de ser um problema de uma ou outra sociedade específica e passou a ser um **problema planetário**. Até por volta dos anos 1970 ou 1980, a imensa maioria das pessoas acreditava que os recursos naturais eram algo infinito, que podiam ser explorados à vontade. Imaginavam que se podia poluir o ar à vontade que ele sempre se renovaria, que poderíamos lançar todo o lixo nos rios e nos oceanos que eles se purificariam, que poderíamos continuar a usar à vontade minérios, carvão, petróleo, lenha, etc., que eles nunca faltariam nem ocasionariam grandes problemas, a não ser alguma sujeira ou fumaça de vez em quando, mas nada muito grave. O crescimento econômico era muito mais importante do que a preservação do ambiente, do que a sustentabilidade.

Desde a década de 1970 a humanidade vem tomando consciência de que existe uma crise ambiental planetária. Não se trata apenas da poluição de áreas isoladas, algo conhecido há muito tempo, mas de uma real ameaça à sobrevivência dos seres humanos, talvez até de toda a biosfera. O notável acúmulo de armamentos nucleares durante a Guerra Fria ocasionou um sério risco de extermínio da humanidade, algo que nunca tinha sido possível anteriormente.

O acúmulo de certos gases na atmosfera, como dióxido de carbono (CO_2), metano e outros, intensifica o **efeito estufa**, que eleva as médias térmicas do ar do planeta todo. Chamado de aquecimento global, esse fenômeno tem levado governos a propor medidas para conter o lançamento de gases tóxicos na atmosfera. O dióxido de carbono, o mais importante dos gases estufa emitidos pelas atividades humanas, é produzido principalmente pela queima de carvão mineral e de petróleo. Isso significa que esse gás é emitido pelas indústrias, por usinas termelétricas e por veículos automotivos; além da queima de florestas. O metano, por sua vez, é gerado pela decomposição de material orgânico sem a presença de oxigênio, sendo emitido por arrozais, pântanos, aterros, ruminantes (gado), etc.

Efeito estufa: é um processo no qual a água presente na atmosfera e alguns gases, como o carbônico e o metano, aprisionam parte do calor proveniente da radiação solar na superfície terrestre, mantendo a temperatura do ar relativamente amena, possibilitando a existência de vida na Terra.

Anton Golubev/Reuters/Latinstock

Paisagem de Moscou (Rússia), 2012.

Mundo: emissão de CO_2 (2010)

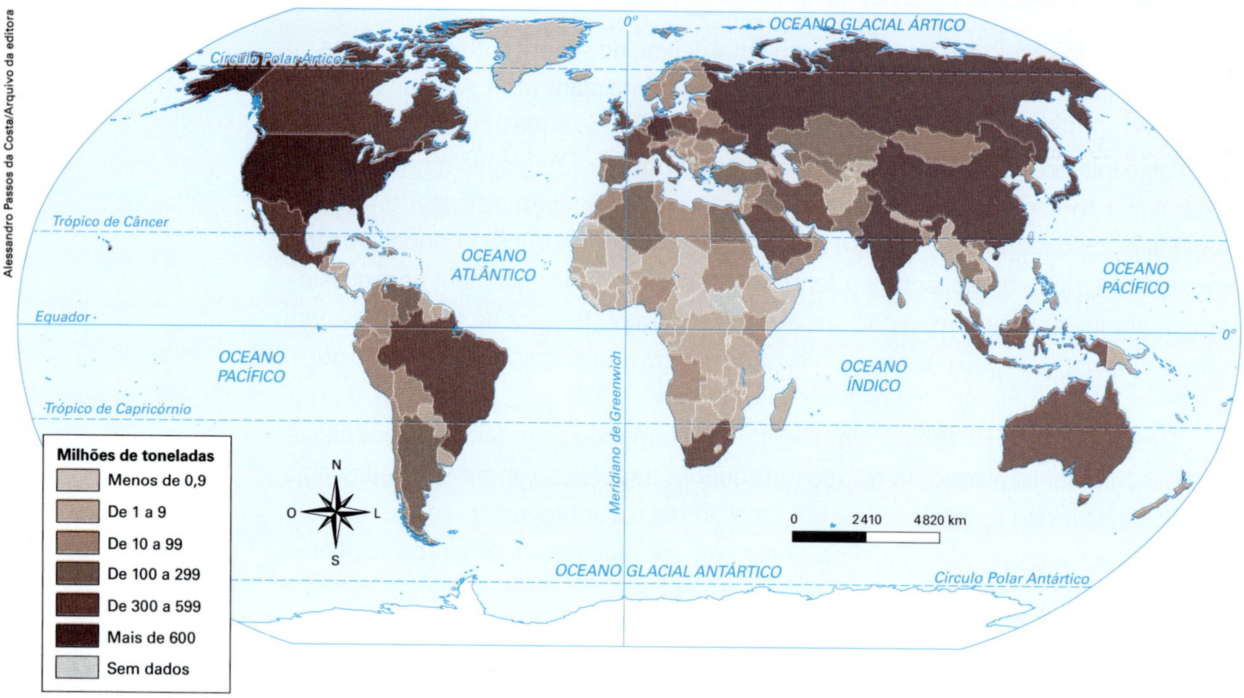

Elaborado com base nos dados de: THE WORLD Bank. Disponível em: <http://data.worldbank.org/indicator/EN.ATM.CO2E.KT>. Acesso em: 27 nov. 2014.

Numa perspectiva histórica, os países do Norte geoeconômico – os primeiros a se industrializarem – foram os que mais poluíram o planeta. No entanto, essa tendência tem se modificado, como é possível perceber observando o mapa e a tabela.

Maiores emissores de CO_2 (2010)

País	Emissão de CO_2 (mil toneladas/ano)
China	8 286 892
Estados Unidos	5 433 057
Índia	2 008 823
Rússia	1 740 776
Japão	1 170 715

Elaborado com base nos dados de: THE WORLD Bank. Disponível em: <http://data.worldbank.org/indicator/EN.ATM.CO2E.KT>. Acesso em: 27 nov. 2014.

Além da poluição atmosférica, muitos outros problemas ambientais podem ser citados. A contaminação de alimentos por produtos nocivos à saúde humana, como agrotóxicos, adubos químicos, hormônios e medicamentos ministrados ao gado para que ele cresça mais rapidamente ou não contraia doenças; a crescente poluição dos oceanos e mares; o avanço da desertificação em certas áreas; o desmatamento acelerado das últimas florestas originais do planeta, como a Amazônia, a do Congo, as tropicais do sudeste asiático e a taiga; a extinção de espécies vegetais e animais são algumas delas.

A tomada da chamada consciência ecológica ocorreu por volta da década de 1970 e cresce a cada ano. A população mundial se deu conta de que vivemos todos em um único planeta e que é preciso modificar a maneira como nossa sociedade se relaciona com a natureza, pois essa relação pode pôr em risco a existência da vida como a conhecemos. Os recursos naturais deixam aos poucos de ser vistos como elementos inertes e infinitos, que a humanidade deve dominar para poder progredir economicamente. A natureza passa a ser considerada um conjunto vivo, do qual fazemos parte e com o qual temos de procurar viver em harmonia.

Esse avanço da consciência ambiental pode ser notado pelo fato de os governos e os partidos políticos de muitos países incluírem a gestão dos recursos naturais em suas propostas de ação, algo que praticamente não existia até os anos 1980. Além disso, é possível perceber que a visibilidade do tema aumentou em todas as mídias, como televisão, jornais, revistas e internet.

Uma questão transnacional

Um fato que tem ficado cada vez mais claro, desde a década de 1970, é que o problema ambiental, embora possa apresentar diferenças nacionais e regionais, é, antes de tudo, planetário. Uma prática comum nos anos 1970 e 1980 era descentralizar as indústrias poluidoras, isto é, transferi-las de uma região já poluída para outra. Atualmente já se sabe que do ponto de vista da **biosfera** nada se altera já que a atmosfera é uma só, que as águas são interligadas pelo ciclo hidrológico e que os ventos possuem uma dinâmica de circulação planetária.

Para entender melhor como a dinâmica planetária funciona, imagine a seguinte situação: há uma casa com todas as janelas e portas fechadas. Há uma fogueira envenenando o ar no quarto mais amplo e confortável. Alguém propõe então transferir a fogueira para outro quarto, menor e mais simples. Essa mudança pode causar a impressão de que a situação dos que ocupam o quarto mais amplo melhorou. Todavia, depois de certo tempo fica evidente que o ar da casa é um só e que a poluição de um compartimento propaga-se para todo o conjunto.

A biosfera, que pode ser comparada a essa casa imaginária, apesar de imensamente maior, também é uma só. Contudo, existe uma diferença essencial nessa comparação: naquela hipotética casa, poderíamos abrir as portas e janelas, deixando sair a fumaça e entrar o ar puro, mas isso não é possível para a biosfera do nosso planeta.

Outro aspecto da crise ambiental mundial é que as medidas poluidoras tomadas em um determinado país afetam não apenas os países vizinhos, mas também aqueles bem afastados. Até algumas décadas atrás era comum a opinião de que cada país podia fazer o que bem entendesse com o seu território e com as suas paisagens naturais. Atualmente isso mudou, pois está claro que explosões atômicas, mesmo realizadas no subsolo, em alguma ilha isolada no oceano Pacífico ou em áreas desérticas, acabam, mais cedo ou mais tarde, contaminando toda a biosfera pela propagação da radiação.

MarcelClemens/Shutterstock/Latinstock

Imagem de satélite do planeta Terra.

Os desmatamentos florestais na África ou na América do Sul, por exemplo, não dizem respeito unicamente aos países que os praticam. As queimadas diminuem a vegetação do planeta, alterando a dinâmica climática e a circulação das massas de ar. Além disso, liberam enormes quantidades de dióxido de carbono na atmosfera, prejudicando toda a biosfera.

Texto e ação

1. O que são recursos naturais? Cite alguns exemplos.
2. Diferencie recursos naturais renováveis de recursos naturais não renováveis.
3. Explique a afirmação a seguir e dê alguns exemplos.

> Algumas sociedades utilizam os recursos naturais muitas vezes de forma predatória ou abusiva.

4. Escreva um pequeno texto relacionando Revolução Industrial e degradação do ambiente.
5. Com o apoio do mapa e da tabela da página 276, elabore um texto sobre a emissão de CO_2 na atmosfera.
6. O que é consciência ecológica?

3 Conferências e tratados ambientais

Você já viu que durante o período da ordem bipolar a questão ambiental era considerada secundária. Havia poucos movimentos ambientalistas e raros cientistas que alertavam a humanidade sobre os riscos de **catástrofes ambientais**. A grande preocupação dos governos, especialmente das grandes potências mundiais, era a Guerra Fria e a oposição entre o capitalismo e o socialismo. O único grande risco que parecia existir era o da Terceira Guerra Mundial, uma guerra atômica entre as superpotências daquela época.

O fim da bipolaridade e da Guerra Fria, porém, alterou esse quadro. A questão do meio ambiente tornou-se essencial nas discussões internacionais, nas preocupações dos Estados e principalmente dos grandes centros mundiais de poder quanto ao futuro.

Prof. Hiroshi Takatsuki/Japan for Sustainability

MOON, High. Disponível em: <www.japanfs.org/en/information/press/press_id033737.html>. Acesso em: 27 nov. 2014.

*A frase diz: "Quanto tempo essa situação pode ser sustentada?".

A conferência de Estocolmo

Os meios científicos, já no início dos anos 1970, admitiam que as inúmeras possibilidades de catástrofes ambientais, desde os armamentos nucleares até a intensificação do efeito estufa, a ampliação no buraco da camada de ozônio e os desmatamentos, não eram apenas alarmes falsos, eram questões que de fato deveriam preocupar os governantes e entrar em pauta nas discussões internacionais. Em função disso ocorreu, em 1972, em **Estocolmo** (Suécia), a **Primeira Conferência Mundial sobre o Meio Ambiente**, promovida pela ONU. A conferência contou com a participação de dezenas de Estados. Naquele momento, a questão ambiental começava, mesmo que timidamente, a se tornar um problema oficial e internacional.

Conferência de Estocolmo (Suécia), 1972.

Yutaka Nagata/© 1972 ONU

A Eco-92

A **Segunda Conferência Mundial sobre o Meio Ambiente**, a Eco-92 ou Rio-92, foi realizada no **Rio de Janeiro** (Brasil), em 1992. Ela contou com a participação de quase cem Estados-Nações.

Antonio R/<www.brandsoftheworld.com>.

Os governos enviaram à Eco-92 não mais técnicos sem poder de decisão, como anteriormente, e sim políticos e cientistas de alta expressão em seus países.

Como essa segunda conferência foi realizada após o término da Guerra Fria, ela recebeu maior importância do que a primeira. É que, nessa época os riscos de uma nova guerra mundial eram menores, assim as atenções foram desviadas para a questão ambiental, considerada naquele momento um dos maiores riscos à estabilidade mundial na nova ordem. Além disso, os governos perceberam que as ameaças de catástrofes ecológicas precisavam ser enfrentadas, e que preservar o ambiente sadio era condição indispensável para garantir um futuro aceitável para as novas gerações. Foi aí que o conceito de sustentabilidade começou a se popularizar, o que, como você já viu, implica em conservar um ambiente sadio para as futuras gerações.

Luciana Whitaker/Folhapress

Eco-92 no Rio de Janeiro (Brasil), 1992.

O 11 de Setembro

Entretanto, os ataques terroristas de setembro de 2001 parecem ter prejudicado, pelo menos momentaneamente, a causa ambientalista em escala mundial, pois desviaram atenções e recursos financeiros para o combate ao terrorismo, que se tornou a principal prioridade dos Estados Unidos e, por extensão, de quase todo o resto do mundo desenvolvido. É possível até especular que, caso não tivessem ocorrido esses ataques em 2001, com as guerras subsequentes contra o Afeganistão e o Iraque, talvez hoje já tivéssemos acessíveis automóveis movidos a hidrogênio, talvez o uso e a importância do petróleo, esse grande agente de poluição, tivessem diminuído de maneira considerável. Como a imprensa divulgou fartamente, as empresas petrolíferas e as armamentistas foram as que mais lucraram com esse desvio de atenções após 2001. Ficou um pouco de lado a questão ambiental planetária, tendo prioridade a guerra contra as redes terroristas.

Texto e ação

1. É possível afirmar que na ordem mundial bipolar a questão ambiental era considerada secundária? Explique.
2. Por que a Segunda Conferência Mundial sobre o Meio Ambiente recebeu maior importância do que a primeira?
3. Comente a relação entre os ataques terroristas de setembro de 2001 e o prejuízo momentâneo da causa ambientalista em escala mundial.

A Conferência de Kyoto

O Protocolo de Kyoto foi estabelecido em dezembro de 1997 durante a **Conferência das Nações Unidas sobre as Mudanças Climáticas**, realizada na cidade de **Kyoto** (Japão). Nessa conferência foi produzido o protocolo, que estabelece a diminuição das emissões de gases estufa, a começar pelo dióxido de carbono. Os países industrializados deveriam reduzir, entre 2000 e 2012, 5,8% do total emitido em 1990.

Toshiyukiaizawa/Latinsotck/Reuters

Sessão plenária da Conferência das Nações Unidas sobre as Mudanças Climáticas, em Kyoto (Japão), 1997.

Alguns países altamente poluidores se recusaram a ratificar esse protocolo. A começar pelos Estados Unidos, que na época eram responsáveis por cerca de 23% do total mundial das emissões do dióxido de carbono na atmosfera, sendo os maiores emissores até recentemente, por volta de 2000, quando foram ultrapassados pela China. O problema é que o Protocolo de Kyoto não estabelece nenhuma medida punitiva para os países que não cumprem as suas metas de redução da emissão desses gases poluentes. E seria complicado penalizar uma superpotência como os Estados Unidos ou mesmo uma potência mundial em ascensão como a China.

Outro problema desse Protocolo é que ele dividiu o mundo em duas categorias: os países ricos ou desenvolvidos, que têm de reduzir suas emissões de CO_2, mesmo que seja transferindo fábricas para outros países, algo que na prática anula os efeitos benéficos para a atmosfera global de qualquer diminuição nesses países, e os países considerados pobres ou em desenvolvimento, que não têm essa obrigação. A China e a Índia, dois dos grandes emissores de CO_2, foram classificadas como países pobres, isto é, sem nenhuma obrigação de diminuir as suas emissões. Isso provocou diversos protestos dos Estados Unidos e do Japão, principalmente.

Em 2012 não se chegou a resultado algum e o tratado, embora não tenha obtido os resultados esperados, foi momentaneamente prorrogado até se estabelecer um novo em seu lugar. Nesse novo tratado, que deverá ficar pronto antes de 2020, também os países em desenvolvimento deverão reduzir as suas emissões de CO_2.

A charge mostra uma espécie de divisão do trabalho entre os países desenvolvidos (o Ocidente) e a China, que aos poucos vai virando a grande fábrica mundial, o país mais industrializado do mundo que exporta produtos para praticamente todos os países. Mas o preço disso tem sido a transferência da poluição para a China.

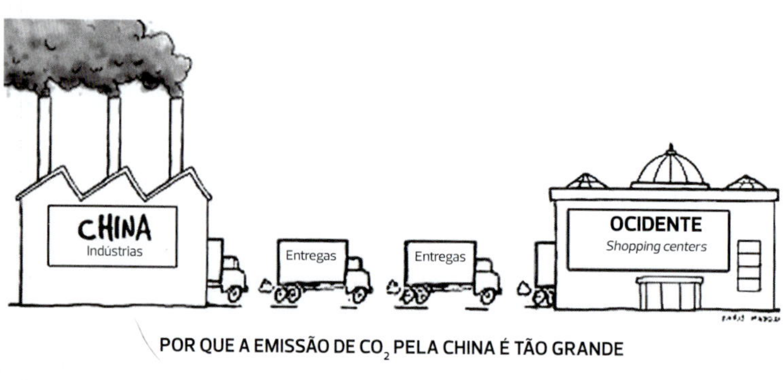

Chris Madden/<www.cartoonstock.com>

MADDEN, Chris. Disponível em: <www.chrismadden.co.uk/cartoon-gallery/environment-cartoon-why-china-has-a-large-carbon-footprint-it-manufactures-goods-for-the-west/>. Acesso em: 27 nov. 2014.

A Rio+10

Em 2002, ocorreu em **Johannesburgo** (África do Sul) a **Cúpula Mundial sobre Desenvolvimento Sustentável**, também conhecida como Rio+10. O objetivo dessa conferência era discutir o que foi feito nos dez anos após a Eco-92. O documento final dessa cúpula foi decepcionante, pois se almejava um maior compromisso dos países industrializados no combate às diversas formas de poluição. Entretanto, 191 países concordaram em reduzir à metade, até 2015, a população sem acesso a água potável. E ficou determinado que os países ricos devem destinar 0,7% do seu PIB aos países subdesenvolvidos que pretendam preservar recursos naturais, especialmente a biodiversidade. Todavia, 2015 já passou e essas metas foram cumpridas apenas parcialmente. Fez-se também um apelo para que os Estados que ainda não ratificaram o Protocolo de Kyoto o façam o mais rápido possível.

Yoav Lemmer/Agência France-Presse

Rio+10 em Johannesburgo (África do Sul), 2002.

Rio+20

Em 2012, ocorreu a Rio+20, novamente no **Rio de Janeiro**. Seu principal objetivo foi fazer um balanço do que foi feito nos últimos vinte anos em relação ao meio ambiente e reafirmar a participação dos líderes dos países com relação ao desenvolvimento sustentável. Outros temas que foram debatidos nessa conferência foram as maneiras de diminuir ou eliminar a pobreza e o significado da **economia verde** (economia sustentável). Todavia, os resultados foram considerados insuficientes. Houve grandes polêmicas e conflitos de interesses e poucas propostas a serem colocadas em prática. Como inúmeros países na época viviam uma situação de crise econômica, ninguém quis se comprometer a reduzir o crescimento ou o uso de recursos naturais, ou a diminuir drasticamente suas emissões de CO_2.

Paulo Liebert/Agência Estado

Rio+20 no Rio de Janeiro (Brasil), 2012.

O papel das ONGs

Um dos resultados da consciência ecológica ou ambiental da humanidade, junto à crescente desconfiança popular diante dos governos, foi a multiplicação das organizações não governamentais (ONGs). Essas organizações não se ocupam apenas do meio ambiente, mas também de assuntos variados e principalmente locais. Foi na área ambiental que elas tiveram maior crescimento e atuação internacional, especialmente a partir dos anos 1970.

Contando com o apoio da opinião pública dos países democráticos e de uma boa parte da mídia, as ONGs vêm pressionando os governos e, algumas vezes, conseguindo colocar em leis ou em tratados internacionais algumas reivindicações, ou pelo menos parte delas.

Tratados internacionais

Os mais recentes dos tratados internacionais sobre o ambiente trazem tópicos que provavelmente não existiriam sem a pressão das ONGs e principalmente sem a cobertura da mídia.

Um deles é a **Convenção sobre as Mudanças Climáticas**, assinada no Rio de Janeiro em 1992, durante a Eco-92, e depois aprimorada pelo Tratado ou **Protocolo de Kyoto**, de 1997, que você já viu. Ela assinala que os países, especialmente os mais industrializados, deverão reduzir os seus níveis de emissão de dióxido de carbono.

Outros documentos assinados na Eco-92 foram a **Declaração sobre as Florestas**, que enfatiza a necessidade de preservar as florestas do planeta, e a **Convenção sobre a Diversidade Biológica**, que reconhece a importância das matrizes genéticas (isto é, dos seres vivos), e não apenas da tecnologia para explorar esses recursos.

ONU

E, finalmente, a **Agenda 21**, que assinala a importância do desenvolvimento sustentável para o século XXI, sugerindo inúmeras ações a serem operacionalizadas. A Agenda 21 dá mais importância às minorias populacionais – como os povos indígenas, as populações ribeirinhas ou comunidades locais em áreas a serem preservadas – preocupa-se com os direitos das mulheres e dos jovens, com a preservação dos oceanos e da atmosfera, com a maior participação dos moradores nas decisões locais, etc.

A Agenda 21 foi reforçada em 2002, em Johannesburgo, pelo **Plano de Implementação**. Esse plano foi o principal documento da **Rio+10**, a Cúpula Mundial sobre o Desenvolvimento Sustentável ocorrida naquela cidade da África do Sul. Além do Plano de Implementação, foram assinados na Rio+10 outros documentos, entre eles a **Declaração Política da Cúpula Mundial de Desenvolvimento Sustentável**. Essa declaração pede o alívio da dívida externa dos países pobres, pois a pobreza e a má distribuição de renda nesses países, agravadas pela necessidade de pagar parcelas da dívida, tornam impossível o desenvolvimento sustentável.

O grande problema de todos esses tratados ou programas internacionais é que não existem sanções ou penalidades para quem deixa de fazer a sua parte. Ou seja, eles têm caráter de declaração de intenções e não de leis, no sentido rigoroso do termo. Mas não deixam de ser um avanço, pois colocam em evidência a opinião pública, que muitas vezes pressiona o governo para que mantenha os compromissos estabelecidos. Além da opinião pública, muitas autoridades estatais passam a ter mais consciência em relação à dimensão do problema ambiental global.

Texto e ação

1. Comente o papel das organizações não governamentais nas questões ambientais mundiais.
2. Explique o que é Agenda 21.
3. Cite o objetivo e os resultados do Protocolo de Kyoto. O que você pensa que vem no lugar dele?
4. É possível afirmar que os acordos internacionais sobre o meio ambiente têm caráter de declaração de intenções e não de lei, no sentido rigoroso do termo? Explique.

4 Consumo e degradação ambiental

Os processos de industrialização e de urbanização têm um **custo ambiental** extraordinário: desmatamentos, aterramentos, impermeabilização do solo provocada pela pavimentação, canalização de córregos e rios, entre outras tantas mudanças. Assim, a sociedade alterou profundamente a natureza, ignorando que ela tem uma dinâmica própria. Consequências disso são:

- a elevação da temperatura do ar e a mudança na dinâmica dos ventos;
- a maior incidência de tempestades em áreas urbanas, além dos raios que ocorrem durante as chuvas;
- a diminuição da infiltração de água no solo, o aumento da erosão e dos deslizamentos e as enchentes, que são cada vez mais numerosas.

Esses e outros acontecimentos marcam o cotidiano da população das grandes cidades. Eles indicam que a busca pelo conforto levou os seres humanos a esquecer o respeito à dinâmica própria da natureza, sob a pena de um agravamento da degradação ambiental.

A preservação do ambiente é uma questão importante, já que não se pode ignorar que os humanos precisam, entre outras coisas, de um ambiente saudável para viver. Ou seja, uma cidade precisa ter tratamento de esgoto adequado para manter rios e córregos preservados, com mata ciliar, já que a água potável é essencial à vida; cuidar dos biomas, como os mangues e demais vegetações, para manter a riqueza da biodiversidade, evitar deslizamentos de barreiras e dar manutenção à qualidade do ar; explorar os recursos naturais, especialmente os do subsolo, com planejamento segundo normas técnico-científicas, etc.

Por outro lado, as grandes desigualdades sociais internas, ou seja, dentro de cada país, e as desigualdades internacionais nas dimensões sociais, políticas e econômicas, agravam a degradação ambiental. Nem todos têm acesso ao mínimo para sobreviver, como alimentação, moradia, educação e saúde, enquanto a propaganda incita a população ao consumismo.

J. Gerard Seguia/NurPhoto/Corbis

Paisagem litorânea poluída em Manila (Filipinas), 2014.

Consumismo

A economia capitalista, como você já viu, predomina no mundo contemporâneo e, para sobreviver, precisa de uma produção cada vez maior.

Em um primeiro momento, o consumo se concentrou nos países do atual Norte geoeconômico. O consumismo passou a ser valorizado, ou seja, o consumo de bens duráveis e não duráveis tornou-se sinônimo de ascensão social. Atualmente o consumismo já está disseminado pelo mundo todo, isto é, já chegou aos países do Sul subdesenvolvido.

Nos países do Norte desenvolvido, especialmente nas maiores metrópoles, o consumo se sofisticou tanto que o setor de luxo, geralmente de produção artesanal, que garante a exclusividade dos produtos, é conduzido por um número pequeno de especialistas da moda, da gastronomia e da hotelaria. Ao lado do artesanato está a produção industrial de carros e iates para um público seleto e numericamente ínfimo. Esse setor também tem custo ambiental elevado, que começa a ser questionado por uma crescente parcela da população.

Barco de luxo em Miami (Estados Unidos), 2014.

Kamira/Shutterstock.com

A mentalidade consumista dos Estados Unidos é bastante diferente do padrão de consumo da Europa como um todo. É verdade que atualmente as classes médias e as altas em ascensão na China tendem a reproduzir a mentalidade consumista americana. O que representaria uma reprodução do padrão consumista estadunidense na China, o país mais populoso do planeta? E na Índia, o segundo país mais populoso?

Do ponto de vista ambiental essa tendência não é desejável e tampouco possível, já que muitos recursos naturais são finitos e, por isso, a preservação ambiental é uma necessidade fundamental. Conciliar a necessidade de preservação da natureza com a mentalidade do consumo desenfreado, além das desigualdades sociais internas e internacionais, é um desafio impossível de se resolver.

Texto e ação

1. Considerando que os processos de industrialização e de urbanização têm um custo ambiental extraordinário, responda à questão a seguir.
   - Quais são as principais causas da degradação ambiental no mundo atual?
2. Elabore uma lista com fatores que fazem da degradação ambiental uma questão muito importante. Depois, faça um círculo no desafio que você considera mais difícil de ser resolvido.
3. Explique as afirmações.
   a) A produção e o consumo caminham juntos na sociedade capitalista.
   b) O consumo varia bastante entre os países do Norte geoeconômico.

5 Problemas ambientais do mundo atual

A degradação ambiental parece ser parte constitutiva do mundo contemporâneo. Em geral, a intensidade dos problemas ambientais ainda varia do Norte desenvolvido para o Sul subdesenvolvido, principalmente por causa da desigualdade social mais evidente no segundo grupo de países.

De qualquer forma, a degradação ambiental nas cidades é muito grande, no Norte e no Sul geoeconômicos. As previsões indicam que os grupos sociais de todo o mundo tendem a viver na área urbana. Em 2025, cerca de 70% da população mundial viverá nas grandes cidades. Agora, você conhecerá algumas das questões ambientais mais importantes deste século.

O buraco na camada de ozônio

CFC e a camada de ozônio

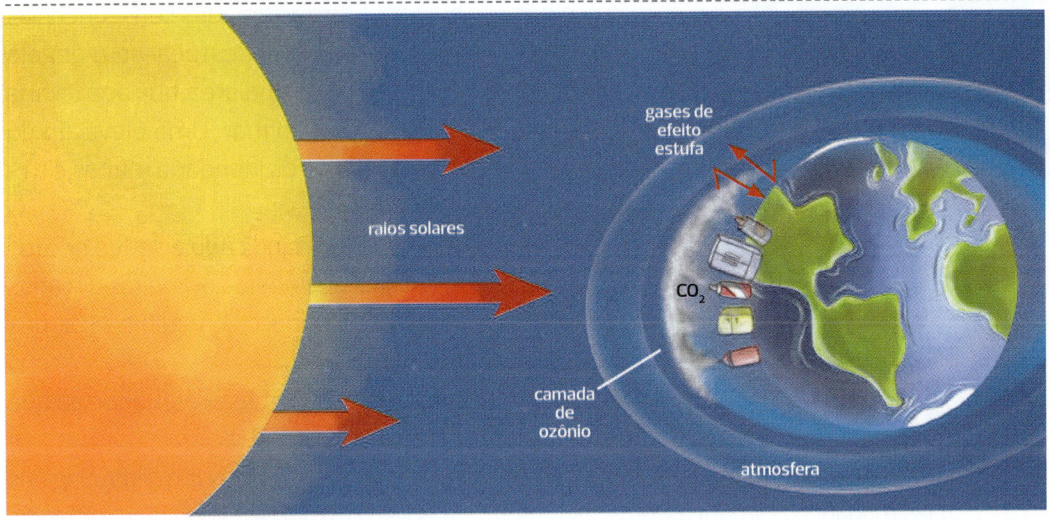

Adaptado de: GEOAMBIENTE. Disponível em: <http://geoamb.wordpress.com/2010/09/16/dia-internacional-de-protecao-da-camada-de-ozonio/>. Acesso em: 28 nov. 2014.

A escala e a cor dos fenômenos representados são fictícias.

A chamada camada de ozônio se localiza na estratosfera, uma das camadas que formam a atmosfera terrestre. O ozônio (O_3) é uma molécula composta de três átomos de oxigênio e que precisa de energia para se formar e se manter. É por isso que esse gás absorve os raios ultravioleta do Sol.

O lançamento na atmosfera dos gases clorofluorcarbonos (CFCs), utilizados principalmente em aerossóis e nos sistemas de refrigeração, contribuiu com o aumento do buraco na camada de ozônio.

Essa questão é muito importante para os seres humanos, pois o gás ozônio impede a entrada dos raios ultravioleta na superfície terrestre e, com isso, protege a pele dos seres vivos, já que esses raios provocam lesões e câncer de pele.

Depois da assinatura do **Protocolo de Montreal**, que passou a vigorar em 1989, o uso desse gás foi praticamente abolido no mundo todo. E a previsão é que a camada de ozônio seja recomposta até meados deste século.

A imagem de satélite mostra o buraco na camada de ozônio sobre o polo sul, 2013.

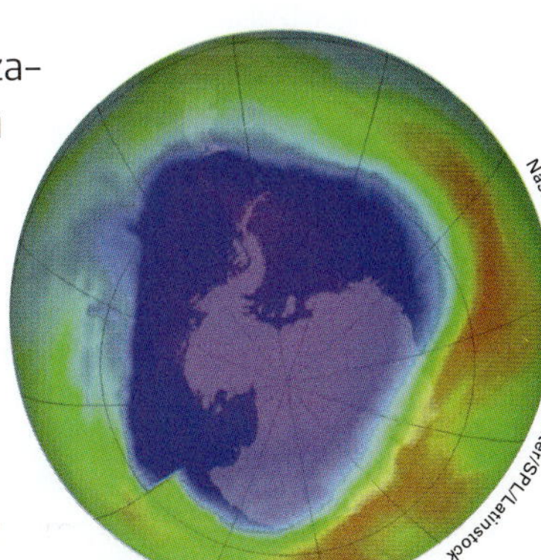

A intensificação do efeito estufa

O crescimento da proporção de gás carbônico na atmosfera vem ocorrendo desde a primeira etapa da Revolução Industrial, já que a grande responsável pela emissão de CO_2 é a queima de combustíveis fósseis – primeiramente o carvão mineral e posteriormente o petróleo – oriundos das chaminés das fábricas e dos escapamentos dos automóveis. As queimadas florestais, que ocorrem mais frequentemente nas áreas tropicais, e os sistemas de aquecimento de residências, que funcionam durante os invernos do hemisfério norte, também poluem o ar.

Gerson Gerloff/Pulsar Imagens

Cultivo de morangos em estufa no Rio Grande do Sul (Brasil), 2014. O vidro das estufas agrícolas tem a função de manter a temperatura do ar constante, por isso o fenômeno do efeito estufa leva esse nome.

Há outros gases tóxicos na atmosfera, mas o gás carbônico é um dos principais causadores da intensificação do **efeito estufa**. Os cientistas avaliam que, de 1960 ao começo do século XXI, a temperatura média da atmosfera aumentou quase 2 °C.

A intensificação do efeito estufa é caraterizada pelo aumento da temperatura do ar e pode causar diversas mudanças na dinâmica climática e hídrica do planeta. Entre as grandes consequências desse problema ambiental destaca-se o degelo parcial ou total das calotas polares, que acarretaria uma elevação do nível do mar. Uma elevação do nível do mar em 60 metros inundaria muitas cidades localizadas nos litorais.

A elevação da temperatura durante os verões tem prejudicado a saúde de idosos e crianças. Além isso, os incêndios têm se multiplicado nestas primeiras décadas do século XXI, especialmente em algumas partes da Europa, cujo verão é seco, nos Estados Unidos e na Austrália.

Alguns cientistas defendem a tese de que o planeta está se resfriando, já que estaria passando por um período geológico cíclico.

De qualquer maneira, as sociedades humanas de todos os países têm sido atingidas pelas **mudanças climáticas**, quer as temperaturas estejam aumentando ou diminuindo, quer tais alterações sejam cíclicas ou estejam ligadas ao processo de globalização. Por exemplo, da seca decorre a fome ou seu agravamento e, por conseguinte, a morte de milhares de pessoas nos países mais pobres do mundo.

Praia em Vlissingen (Países Baixos), 2014.

skyfish/Shutterstock.com

A poluição urbana e rural

As populações das grandes **cidades**, seja no Norte ou no Sul geoeconômicos, sofrem os efeitos da poluição do ar, das águas ou do solo. Veja alguns exemplos de poluição:

- a do ar pode provocar problemas respiratórios, principalmente quando ocorre a **inversão térmica**; a carência de áreas verdes, como os parques, praças e as reservas de vegetação natural, agrava a poluição atmosférica;
- a do solo é decorrente do acúmulo de lixo doméstico e industrial. A pavimentação, pelo asfalto e cimento, provoca a impermeabilização dele, ou seja, prejudica a infiltração natural da água das chuvas no solo, que agrava as enchentes;
- a das águas é resultante da inexistência de infraestrutura sanitária adequada às necessidades domésticas e à prática das atividades econômicas. Ou seja, o esgoto, proveniente dos processos domésticos e industriais, acaba por ser despejado nos rios e mares sem tratamento;
- a visual é fruto da propaganda, ou seja, do interesse em incentivar o consumo ou em promover políticos, etc.;
- a sonora é resultante do barulho dos veículos, das fábricas, das construções e reformas de edificações, das obras para instalação, manutenção e modernização das redes de gás, telefone, esgoto ou água, da propaganda que usa recursos sonoros exagerados, que acaba por estressar a população e provoca problemas de saúde, como a diminuição da audição.

Inversão térmica: fenômeno que ocorre quando o ar próximo da superfície terrestre fica mais frio do que o ar das camadas atmosféricas elevadas. Quando isso acontece os poluentes ficam concentrados e não se dispersam. Esse fenômeno é mais frequente nos dias frios, principalmente durante o inverno.

Embora mais intensa nas cidades, a degradação ambiental ocorre também no meio rural. Os principais poluidores do **campo** são:

- o desmatamento da vegetação original, geralmente seguido por queimadas que poluem a atmosfera, aumentam a temperatura e diminuem a umidade do ar. Esses efeitos podem ser percebidos muitos quilômetros além do lugar onde ocorrem;
- a prática das monoculturas, que tende a diminuir a fertilidade natural dos solos;
- a utilização de insumos agrícolas, como agrotóxicos e adubos químicos, que contaminam os alimentos, os solos e podem atingir a água subterrânea;
- o assoreamento e a poluição dos rios e de outros corpos d'água, provocados pelo desmatamento da mata ciliar e pelos insumos agrícolas.

O desenvolvimento científico-tecnológico permite resolver vários problemas de degradação ambiental apontados, ou ao menos minimizar seus danos. Isso acontece com maior frequência nos países desenvolvidos, que praticamente detêm o monopólio no campo da pesquisa e possuem os recursos financeiros necessários à sua implantação, bem como uma população com alto nível de educação e uma tradição de luta em prol da conquista de direitos. No mundo contemporâneo, o direito a um ambiente saudável é a bandeira de muitos movimentos ecológicos, que o estendem às populações dos Estados do Sul.

Texto e ação

1. Veja novamente o esquema da página 285 e elabore um pequeno texto explicando o funcionamento da camada de ozônio.
2. O que é a intensificação do efeito estufa? Cite algumas consequências desse fenômeno.
3. Cite três exemplos de impactos ambientais em áreas urbanas e três em áreas rurais.
4. Em sua opinião, que atitudes importantes cada cidadão pode tomar em defesa do meio ambiente?

6 Desenvolvimento sustentável

O desenvolvimento sustentável é, como você já viu, a noção de que, para haver o desenvolvimento econômico e social, os países devem utilizar racionalmente os recursos naturais e evitar a degradação ambiental. Assim, as futuras gerações encontrariam disponíveis os recursos naturais indispensáveis à vida humana. Essa conceituação foi aceita – e até mesmo expandida, para a preservação também dos bens culturais – pelas instituições internacionais a partir da década de 1990.

Contudo, essa proposta tem adversários. Alguns a criticam porque ela não se opõe aos interesses da produção e do consumo da sociedade contemporânea motivada pela obtenção do lucro. Outros a criticam porque ela não considera as enormes desigualdades sociais internacionais. Em outras palavras, questiona-se: como conciliar o crescimento econômico com a preservação ambiental e a justiça social?

O fato é que as ONGs e os demais movimentos ecológicos provocaram uma reflexão por parte dos governos e da população em geral sobre a necessidade de preservar o ambiente e de procurar alternativas para solucionar uma questão que já afeta a todos. O drama do acidente na usina nuclear de Chernobyl, em 1986, fortaleceu a proposta de que era preciso discutir os problemas ambientais em conjunto, e que as autoridades políticas de cada Estado-Nação, assim como as instituições internacionais de que são membros, deveriam participar desse esforço coletivo.

A legislação ambiental

Desde a tomada de consciência ecológica na nossa sociedade, a legislação ambiental vem evoluindo. Atualmente, em diversas partes do mundo desenvolvido, ela exige o emprego de processos industriais menos poluidores; o uso de filtros, em indústrias e automóveis, que diminuam a emissão de gases tóxicos na atmosfera; a recuperação das águas empregadas em processos industriais; o transporte adequado, por terra e mar, de substâncias tóxicas, como o petróleo, para evitar vazamentos nos oceanos e nos rios; a diminuição do uso doméstico e industrial de plásticos, que podem provocar câncer e não são biodegradáveis (não são decompostos pela natureza), acumulando-se no solo e nas águas, inclusive as oceânicas, etc.

Filip robert/Shutterstock/Glow Images

Aos poucos, algumas dessas medidas também vêm sendo adotadas em países do Sul geoeconômico. A expansão do transporte público, como os trens e metrôs, que diminui o transporte individual, mais poluidor pela maior quantidade e pelo uso de combustíveis fósseis; a criação ou ampliação das áreas verdes; a coleta seletiva do lixo doméstico; a criação ou ampliação da infraestrutura de esgotos domésticos e industriais, para acabar com a poluição de rios e córregos nas cidades, entre outras medidas, têm sido empregadas. No meio rural, surgem algumas tentativas ainda tímidas de uma produção com menor quantidade de agrotóxicos.

O Mecanismo de Desenvolvimento Limpo

O Mecanismo de Desenvolvimento Limpo (MDL), que surgiu com o Protocolo de Kyoto, estimula acordos entre países do Norte geoeconômico com os do Sul. As empresas dos países do Norte implantam em algum país do Sul subdesenvolvido uma atividade econômica que reduz a emissão de gases nocivos ou os elimina da atmosfera. A redução assim obtida permite aos países do Sul subdesenvolvido vender tal redução, avaliada em toneladas de carbono, a outros países que precisam "fechar a sua conta" na emissão de gases nocivos. A moeda deste negócio é chamada de **crédito de carbono**.

Porém, essa alternativa não parece ter agradado o governo dos Estados Unidos, embora alguns empresários do país já tenham admitido que se trata de um mecanismo interessante para a expansão de seus negócios. Mas, no fundo, esse mecanismo pouco contribuiu para a diminuição das emissões dos gases do efeito estufa.

A questão ambiental se agrava em todo o mundo, embora em maior ou menor proporção segundo o contexto de cada sociedade. O desafio de preservar as condições da biosfera para as futuras gerações depende de outra maneira de enxergar a natureza e de uma mudança na maneira de se relacionar com ela. Até agora, a natureza foi considerada apenas um objeto a ser explorado pelo ser humano, sem nenhum respeito à sua dinâmica nem à finitude de seus recursos. Mudar essa mentalidade não passa apenas pelos governantes de cada país, pela assinatura de tratados internacionais, mas, antes de qualquer coisa, passa por uma tomada de consciência de todos os habitantes do planeta. Depende, pois, da formação de cidadãos que articulem a escala local/regional/nacional com a escala global, a chamada **cidadania planetária**.

Reprodução/Arquivo da editora

Texto e ação

1. O que é desenvolvimento sustentável? O que pensam os adversários dessa proposta?
2. O que significa a sigla MDL? Qual é a proposta desse mecanismo? Qual é a moeda utilizada nesse negócio?
3. Em sua opinião, é possível exercer uma cidadania planetária? Como?

Gerson Gerloff/Pulsar Imagens

Biodigestor, que obtém energia por meio do processamento dos gases provenientes do lixo orgânico, no Rio Grande do Sul (Brasil), 2014.

+ Ação

1. Leia o texto e responda às questões.

Brasil aparece em 77º em *ranking* de desempenho ambiental

Pesquisadores das Universidades de Yale e Columbia, nos Estados Unidos, em parceria com o Fórum Econômico Mundial, divulgaram nesta semana o Environmental Performance Index 2014 *(EPI), classificando 178 países de acordo com dois grandes temas: "Proteção da saúde humana das ameaças da natureza", que inclui questões como saneamento básico e impactos da poluição do ar e da água; e "Vitalidade dos ecossistemas", que engloba, entre outros fatores, leis de proteção da biodiversidade e impactos da matriz energética no meio ambiente. O índice avaliou 178 países em diversas categorias, sendo que o Brasil se destaca negativamente principalmente na questão do saneamento básico, no desmatamento e na tendência de aumento da intensidade de carbono na economia. Considerando todos os critérios, a Suíça aparece como o líder do* ranking*, seguida por Luxemburgo, Austrália, Cingapura e República Tcheca. Entre as grandes potências, a Alemanha é a melhor classificada, em sexto lugar. O Reino Unido está em 12º, o Japão, em 26º, a França, em 27º, e os Estados Unidos, em 33º. Já os países emergentes apresentaram modestas melhoras, mas ainda ocupam baixas posições, devido principalmente à sua urbanização desordenada, crescimento acelerado – movido muitas vezes pela destruição de ecossistemas – e pela ausência de leis de proteção ambiental. A África do Sul está em 72º, a Rússia, em 73º, o Brasil, em 77º, a China, em 118º e a Índia aparece bem ao fim da lista, em 155º.*

A posição ruim do Brasil se justifica pelo seu péssimo desempenho em alguns critérios. Em mortalidade infantil, por exemplo, apesar dos avanços dos últimos anos, o país ainda é o 95º no ranking*. Em acesso a saneamento básico, que também resulta na alta mortalidade infantil, é o 98º.*

Em "tendência para o aumento de intensidade [de emissão] *de carbono", o Brasil está em 93º, um sinal de que a economia e o setor de energia estão seguindo um caminho de mais emissões de gases do efeito estufa, algo que é facilmente constatado pelo maior uso de termoelétricas e pelas promessas do governo de mais investimentos em carvão. Mas a pior classificação do país é em "mudança de cobertura florestal", destacando o aumento do desmatamento no ano passado* [2013].

Todas as cinco piores nações do ranking *– Somália, Mali, Haiti, Lesoto e Afeganistão – estão envolvidas em conflitos civis ou em caos social devido a catástrofes naturais. É o caso do Haiti, que ainda está buscando se recuperar do terremoto de 2010, um reflexo de que, sem estabilidade política e institucional, não há proteção do meio ambiente.*

Adaptado de: INSTITUTO Carbono Brasil. *Notícias*. Disponível em: <http://sustentando-profanselmo.blogspot.com.br/2014/02/brasil-aparece-em-77-em-ranking-de.html>. Acesso em: 28 nov. 2014.

a) As melhores colocações nesse *ranking* de desempenho ambiental são de países desenvolvidos ou em desenvolvimento? E as piores?

b) Quais são os critérios nos quais o Brasil apresentou pior desempenho? Por quê?

c) Quais foram as posições ocupadas pela China e pela Índia, os dois países mais populosos do mundo e que ultimamente têm conhecido elevadas taxas de crescimento da economia?

d) Explique o que é saneamento básico e faça um comentário sobre a questão do acesso ao saneamento básico no seu município.

2. Comente o texto abaixo de acordo com o que você aprendeu no capítulo.

É preocupante a forma como os recursos naturais e culturais brasileiros vêm sendo tratados. Poucos produtores conhecem ou dão valor a esse conhecimento do ambiente em que atuam. Muitas vezes, para utilizar um recurso natural, perde-se outro de maior valor, como tem sido o caso da formação de pastos em certas áreas da Amazônia. Com frequência, também, a extração de um bem (minérios, por exemplo) traz lucros somente para um pequeno grupo de pessoas, que muitas vezes não são habitantes da região e levam a riqueza para longe e até para fora do país. A falta de articulação entre ações sistemáticas de fiscalização, legislação e implantação de programas específicos que caracterizariam uma política ambiental adequada, além da falta de valorização por parte de todos, induz esses grupos a deixar essas áreas devastadas, o que custará caro à saúde da população e aos cofres públicos.

Adaptado de: MEC. *Parâmetros curriculares nacionais* – Meio Ambiente. Disponível em: <http://portal.mec.gov.br/seb/arquivos/pdf/meioambiente.pdf>. Acesso em: 28 nov. 2014.

3. Leia a sinopse do filme *Wall-E*. Depois, responda às questões.

Wall-E é um dos robôs deixados na Terra com a função de limpá-la. Os terráqueos se retiraram do planeta e partiram para um retiro após poluírem a superfície com lixo e a atmosfera com gases tóxicos.

A função do pequeno robô é compactar o lixo, formando torres que mais parecem altos edifícios. Além disso, ele coleciona objetos curiosos que encontra ao realizar seu trabalho.

Em um dia encontra Eva, uma robô moderna, pela qual se apaixona. Juntos, os robôs vivem muitas aventuras.

a) Você já assistiu a algum filme ou documentário sobre o tema tratado no filme *Wall-E*? Qual?

b) Há relação entre o filme e o que você estudou no capítulo? Justifique sua resposta.

4. Faça uma pesquisa sobre as organizações ambientais ou ecológicas que existem no bairro ou município onde você mora. Descubra o ano de criação de cada uma, o número de associados e principalmente o que fazem, do que se ocupam. Faça uma entrevista com alguns dos membros mais atuantes e depois elabore um relatório sobre o assunto.

5. A Agenda 21, assinada por centenas de países, entre os quais o Brasil, estabelece várias metas a serem cumpridas pelos países e, logicamente, pelos seus municípios. Pesquise no município onde você mora que metas – como diminuir a mortalidade infantil, aumentar a escolaridade da população local, combater a pobreza, etc. – foram estabelecidas e se de fato elas foram ou estão sendo cumpridas. Traga suas descobertas para serem discutidas na sala de aula.

De olho na imagem

1. Com o apoio da legenda abaixo e do texto do capítulo, comentem a sequência de imagens a seguir.

WWF/Arquivo da editora

Essa campanha foi feita para a World Wide Fund for Nature (WWF). À medida que o papel acaba, o verde da América do Sul também vai embora, simbolizando o impacto ambiental que o uso de simples toalhas de papel é capaz de provocar, além de alertar para outros desperdícios que podem levar às mesmas consequências.

Adaptado de: DAEMON, Carol. Disponível em: <http://caroldaemon.blogspot.com/2010/01/campanham-ambientais-premiadas.html>. Acesso em: 28 nov. 2014.

2. Observem o infográfico e leiam o texto. Depois, façam o que se pede.

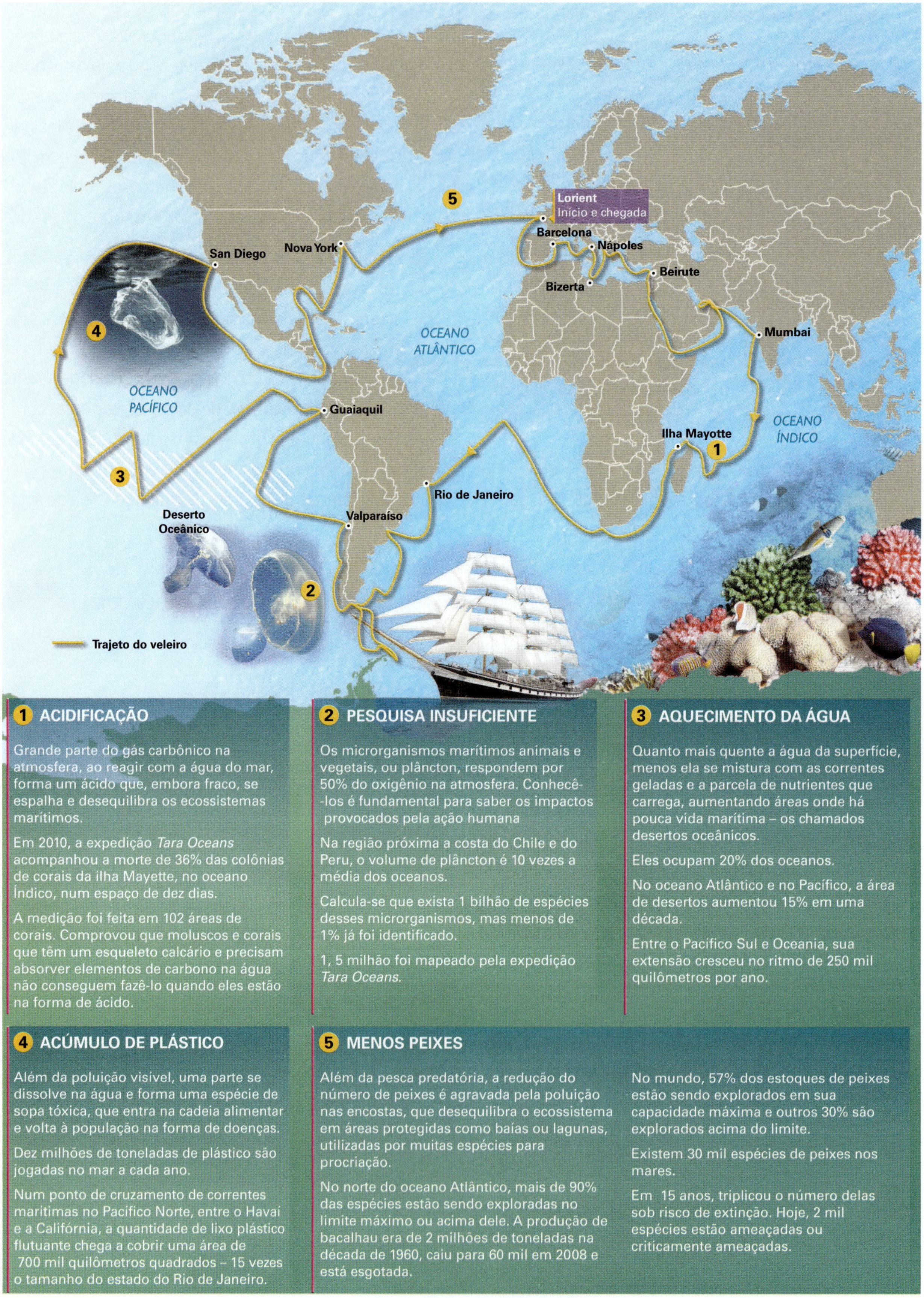

1 ACIDIFICAÇÃO

Grande parte do gás carbônico na atmosfera, ao reagir com a água do mar, forma um ácido que, embora fraco, se espalha e desequilibra os ecossistemas marítimos.

Em 2010, a expedição *Tara Oceans* acompanhou a morte de 36% das colônias de corais da ilha Mayette, no oceano Índico, num espaço de dez dias.

A medição foi feita em 102 áreas de corais. Comprovou que moluscos e corais que têm um esqueleto calcário e precisam absorver elementos de carbono na água não conseguem fazê-lo quando eles estão na forma de ácido.

2 PESQUISA INSUFICIENTE

Os microrganismos marítimos animais e vegetais, ou plâncton, respondem por 50% do oxigênio na atmosfera. Conhecê-los é fundamental para saber os impactos provocados pela ação humana

Na região próxima a costa do Chile e do Peru, o volume de plâncton é 10 vezes a média dos oceanos.

Calcula-se que exista 1 bilhão de espécies desses microrganismos, mas menos de 1% já foi identificado.

1, 5 milhão foi mapeado pela expedição *Tara Oceans*.

3 AQUECIMENTO DA ÁGUA

Quanto mais quente a água da superfície, menos ela se mistura com as correntes geladas e a parcela de nutrientes que carrega, aumentando áreas onde há pouca vida marítima – os chamados desertos oceânicos.

Eles ocupam 20% dos oceanos.

No oceano Atlântico e no Pacífico, a área de desertos aumentou 15% em uma década.

Entre o Pacífico Sul e Oceania, sua extensão cresceu no ritmo de 250 mil quilômetros por ano.

4 ACÚMULO DE PLÁSTICO

Além da poluição visível, uma parte se dissolve na água e forma uma espécie de sopa tóxica, que entra na cadeia alimentar e volta à população na forma de doenças.

Dez milhões de toneladas de plástico são jogadas no mar a cada ano.

Num ponto de cruzamento de correntes marítimas no Pacífico Norte, entre o Havaí e a Califórnia, a quantidade de lixo plástico flutuante chega a cobrir uma área de 700 mil quilômetros quadrados – 15 vezes o tamanho do estado do Rio de Janeiro.

5 MENOS PEIXES

Além da pesca predatória, a redução do número de peixes é agravada pela poluição nas encostas, que desequilibra o ecossistema em áreas protegidas como baías ou lagunas, utilizadas por muitas espécies para procriação.

No norte do oceano Atlântico, mais de 90% das espécies estão sendo exploradas no limite máximo ou acima dele. A produção de bacalhau era de 2 milhões de toneladas na década de 1960, caiu para 60 mil em 2008 e está esgotada.

No mundo, 57% dos estoques de peixes estão sendo explorados em sua capacidade máxima e outros 30% são explorados acima do limite.

Existem 30 mil espécies de peixes nos mares.

Em 15 anos, triplicou o número delas sob risco de extinção. Hoje, 2 mil espécies estão ameaçadas ou criticamente ameaçadas.

Adaptado de: VEJA. Disponível em: <http://veja.abril.com.br/200612/luz-escuridao-mares-689153.shtml>. Acesso em: 28 nov. 2014.

Cobrindo dois terços do globo terrestre e concentrando 97% da água do planeta, os oceanos são imprescindíveis à vida, em suas funções de fonte de alimento e regulador da quantidade de oxigênio e de gás carbônico na atmosfera. Ao mesmo tempo, eles são o ambiente menos estudado e explorado da Terra. No mais ambicioso esforço feito até agora para reverter esse quadro, em março passado [2012] o veleiro Tara encerrou no Porto de Lorient, na França, uma expedição científica que durou dois anos e meio, percorreu 115 mil quilômetros e passou por todos os oceanos. Com instrumentos de última geração e uma equipe de 126 cientistas de várias nacionalidades que se revezaram no trajeto, o veleiro reuniu 27 mil amostras de vida marinha que serão analisadas nos próximos dez anos. Além disso, o material coletado vai ajudar a detectar o tamanho do impacto da atividade humana nos mares.

Adaptado de: BORTOLOTI, Marcelo. *Veja*. Disponível em: <http://veja.abril.com.br/200612/luz-escuridao-mares-689153.shtml>. Acesso em: 28 nov. 2014.

a) Antes vistos como um reservatório infinito, que poderia ser poluído à vontade, os mares e oceanos hoje começam a ser encarados como ecossistemas frágeis. Mencionem exemplos de poluição nos oceanos e mares.

b) Façam um comentário sobre os estudos dos oceanos mostrados no infográfico.

ATIVIDADES INTERDISCIPLINARES

Conexões

CIÊNCIAS DA NATUREZA

1. Observe novamente o infográfico da página 292 e resolva as atividades.
   a) Qual é a importância dos mares e oceanos para a vida humana?
   b) Explique o que são os chamados "desertos oceânicos", onde e por que eles ocorrem.
   c) Explique os problemas ocasionados pelo lixo plástico jogado nos oceanos.
   d) Quantas espécies de peixes existem nos oceanos? E quantas estão ameaçadas de extinção?
   e) Faça uma pesquisa para descobrir o nome de algumas espécies de peixes ameaçadas de extinção.

LÍNGUA PORTUGUESA

2. Leia a letra da canção e responda às questões.

Aquecimento global

O aquecimento global aumentou o verão,
O sorveteiro agradece a situação,
O vendedor de biquíni também,
Essa semana vendeu mais de cem

Ninguém consegue entender essa confusão
Ligo a TV só dá enchente e furacão
Dizem que o mundo está pra acabar,
Me dá um bronzeador que eu não vou trabalhar

Mas desde quando eu nasci eu ouço falar
De um tratado que tudo ia resolver
Seu W. Bush não quis assinar
"sorry, galera, states não podem parar!"

Só vintém,
Não pensam em ninguém,
Existem coisas que não podem comprar:
O ar que eu respiro,
Um último suspiro,
Nações que só dizem amém

AMEND, Drico. Disponível em: <http://letras.terra.com.br/drico-amend/957456/>. Acesso em: 28 nov. 2014.

   a) Em sua opinião, o que a letra da canção tem a ver com tema da página 286?
   b) O que o autor quis dizer com a última estrofe da canção?
   c) Que tratado internacional sobre o ambiente foi citado na letra da canção? Em que versos ele aparece?
   d) Que outro título você daria para essa canção? Por quê?

LÍNGUA PORTUGUESA

3. Leia o seguinte texto.

Um dia, a Terra vai adoecer. Os pássaros cairão do céu, os mares vão escurecer e os peixes aparecerão mortos na correnteza dos rios. Quando esse dia chegar, os índios perderão o seu espírito. Mas vão recuperá-lo para ensinar ao homem branco a reverência pela sagrada terra. Aí, então, todas as raças vão se unir sob o símbolo do arco-íris para terminar com a destruição. Será o tempo dos Guerreiros do Arco-Íris.
(Profecia feita há mais de duzentos anos por "Olhos de Fogo", uma velha índia Cree, da América do Norte.)

Adaptado de: GREENPEACE. *Quem somos*: história. Disponível em: <http://mais.uol.com.br/view/629koxb12l05/um-dia-04020E9B3068E0C11326?types=T&>. Acesso em: 28 nov. 2014.

- Faça uma redação no caderno sobre essa profecia. Procure utilizar o que você aprendeu neste capítulo.

Ponto de chegada

O que você estudou

Nesta Unidade, você desenvolveu, entre outras, as seguintes habilidades:

- identificar as relações entre a Revolução Industrial e a divisão internacional do trabalho;
- reconhecer os prós e os contras da globalização;
- expressar as relações entre a globalização e as desigualdades internacionais;
- relacionar hierarquia dos Estados nacionais, equilíbrio de poder e construção de uma ordem mundial;
- caracterizar a ordem mundial multipolar e a ordem mundial bipolar;
- reconhecer as mudanças que levaram à nova ordem mundial, de caráter unimultipolar;
- diferenciar população absoluta e população relativa;
- relacionar elementos naturais e sociais na distribuição desigual da população no mundo;
- associar migrações internacionais, unidade nacional e as formas de preconceito;
- detectar os problemas ambientais mais graves;
- reconhecer as relações entre a questão ambiental e a construção da nova ordem mundial;
- identificar os principais tratados internacionais sobre o meio ambiente;
- relacionar consumismo desenfreado, crise ambiental, aparecimento de uma consciência ecológica e formação de uma cidadania planetária.

Mix cultural

Biblioteca

***A nova ordem mundial*, de José W. Vesentini, Ática.** Nesse livro há a análise do surgimento de uma nova ordem mundial a partir da crise do mundo bipolar, com o fim da União Soviética e a desintegração do bloco socialista.

***Ecologia da cidade*, de Samuel Murgel Branco, Moderna.** Nesse livro, o autor mostra que a cidade também possui os seus problemas de desequilíbrio ecológico; que medidas poderiam ser adotadas para resolvê-los e como podemos ajudar nessa importante tarefa de recuperar o equilíbrio ambiental urbano.

***Explosão demográfica*, de Albert Jacquard, Ática.** O autor primeiramente nos familiariza com a linguagem da demografia para explorar nossas possibilidades de futuro— de sobrevivência da humanidade.

***Guerra Fria*, de José Arbex Jr., Moderna.** A prática do terrorismo, que marca o cenário mundial contemporâneo, reflete, em grande parte, os impasses e a mentalidade truculenta herdada da Guerra Fria, nome dado ao conflito entre Washington e Moscou após a Segunda Guerra Mundial. O autor cobriu, como correspondente jornalístico, grande parte dos eventos que desembocaram no fim da Guerra Fria. Ele traça um panorama histórico e abrangente sobre esse período, indispensável aos que pretendem compreender criticamente o nosso mundo.

Suryara Bernardi/Arquivo da editora

Geografia nos *sites*

- **<www.greenpeace.org>** – *Site* da organização ambientalista Greenpeace, que possui também uma seção no Brasil.
- **<www.wwf.org.br>** – *Site* da organização ambientalista World Wide Fund for Nature (WWF), em português.
- **<www.pnud.org.br>** – *Site* do Pnud no Brasil, onde há informações e análises sobre o meio ambiente, sobre a Agenda 21 e como suas metas vêm sendo ou não cumpridas pelos diversos países, em especial pelo Brasil.
- **<www.unep.org>** – Programa da ONU sobre o meio ambiente.

Geografia nas telas

***Ilha das Flores*. Direção: Jorge Furtado. Brasil, 1988.** Documentário sobre essa ilha localizada na margem esquerda do rio Guaíba, a poucos quilômetros de Porto Alegre. Para lá é levada grande parte do lixo produzido na capital, sendo depositado num terreno de propriedade de criadores de porcos. Filas de crianças e mulheres do lado de fora da cerca se formam à espera da sobra do lixo, que utilizam para alimentação. O filme procura mostrar o absurdo dessa situação, a pobreza, a exclusão social e o problema ambiental do lixo na sociedade moderna.

***Nação* fast-food. Direção: Richard Linklater. Estados Unidos, 2006.** Don Henderson trabalha para uma das maiores redes de *fast-food* dos Estados Unidos. Sua mais recente criação, o sanduíche The Big One, tornou-se um sucesso de vendas e levou às alturas seu prestígio na empresa. Certo dia o chefe de Don o chama para uma conversa particular. Um amigo da universidade, ligado ao laboratório de testes com alimentos, contou que um escândalo está prestes a estourar: a carne de hambúrguer da casa está contaminada. Caberá a Don investigar o problema.

***Wall-E*. Direção: Andrew Stanton. Estados Unidos, 2008.** Após entulhar a Terra de lixo e poluir a atmosfera com gases tóxicos, a humanidade deixou o planeta e passou a viver em uma gigantesca nave. O plano era que o retiro durasse alguns poucos anos, com robôs sendo deixados para limpar o planeta. Wall-E é o último destes robôs, que se mantém em funcionamento graças ao autoconserto de suas peças. Sua vida consiste em compactar o lixo existente no planeta, que forma torres maiores do que arranha-céus, e colecionar objetos curiosos que encontra ao realizar seu trabalho. Até que um dia surge repentinamente uma nave, que traz um novo e moderno robô: Eva. A princípio curioso, Wall-E logo se apaixona pela recém-chegada.

***2012 – Tempo de Mudança*. Direção: João Amorin. Estados Unidos e Brasil, 2013.** O filme é baseado no livro com o mesmo nome, do jornalista Daniel Pinchbeck, que procurou mesclar a sabedoria arcaica de culturas tribais com o moderno método científico. Segundo o povo maia, o ano de 2012 marcaria o nascimento de uma cultura de regeneração do planeta, onde a colaboração substitui a competição. O documentário mistura animações com depoimentos de especialistas das mais diferentes áreas, que chamam a atenção para a ação da sociedade sobre o seu ambiente.

Bibliografia

ATLAS du 21e siècle. Paris: Nathan, 2011.

ATLAS of Global Development. 4th ed. Washington: The World Bank, 2013.

BADIE, B.; VIDAL, *D. L'état du monde 2014*: annuaire économique et géopolitique mondial. Paris: La Découverte, 2014.

BONIFACE, P.; VÉDRINE, H. *Atlas du monde global*. Paris: Armand Colin/Fayard, 2008.

CATTANI, A. D. *Riqueza e desigualdade na América Latina*. São Paulo: Zouk, 2010.

DASSELLER, P-H. *Russie, Union Européenne*: des regards sécuritaires différents. Paris: Institut Royal Supérieur de Défense, 2012.

DEMKO, G. J.; WOOD, W. B. *Geopolitical Perspectives on the 21st* Century. Oxford: Westview Press, 1999.

FONT, J. N.; RUFI, J. V. *Geopolítica, identidade e globalização*. São Paulo: Annablume, 2006.

GAUCHON, P. (Org.). *Dictionnaire de géopolitique et de géoéconomie*. Paris: PUF, 2011.

GEORGE, P. *Geografia dos Estados Unidos*. Campinas: Papirus, 1990.

HIRATA, H. (Org.). *Sobre o modelo japonês*. São Paulo: Edusp, 1993.

HUGON, P. *Geopolítica da África*. Rio de Janeiro: Editora da FGV, 2010.

ILYIN, M. et al. *Political Atlas of the Modern World*. New Jersey: John Wiley, 2011.

KENNEDY, P. *Ascensão e queda das grandes potências*. Rio de Janeiro: Campus, 1994.

________. *Preparando para o século XXI*. Rio de Janeiro: Campus, 1993.

KNOX, P. L.; MARSTON, S. A.; LIVERMAN, D. M. *World Regions in Global Context*. New Jersey: Prentice-Hall, 2002.

LACOSTE, Y. *Atlas géopolitique*. Nouvelle édition remise à jour. Paris: Larousse, 2013.

LANDS, D. *A riqueza e a pobreza das nações*. Rio de Janeiro: Campus, 2001.

LUEDTKE, L. S. *América*: aspectos geopolíticos, culturais e sociais dos EUA. Rio de Janeiro: Nórdica, 1989.

LUTTWAK, E. *Turbo-capitalism*: Winners and Losers in the Global Economy. New York: Harper Collins, 2000.

MARTIN, A.; JAF, I. *União Europeia*. São Paulo: Ática, 2007.

McKNIGHT, T. *Oceania*: the Geography of Australia, New Zealand and the Pacific Islands. Columbus: Prentice-Hall, 1998.

SHOEMAKER, M. W. *Russia and the Commonwealth of Independent States*. New York: Rowman & Littlefield, 2011.

THE WORLD Bank. *World Development Indicators 2014*. Washington: The World Bank, 2014.

________. *World Development Report 2014*. Washington: Oxford University Press/World Bank, 2014.

THUROW, L. C. *Cabeça a cabeça*: a batalha econômica entre Europa, Japão e Estados Unidos. Rio de Janeiro: Rocco, 1993.

________. *O futuro do capitalismo*. Rio de Janeiro: Rocco, 1997.

UNITED Nations Conference on Trade and Development. *Human Development Indicators 2014*. New York: United Nations, 2014.

WANG, F.; DAVIS, D. *Creating Wealth and Prosperity in Post-socialist China*. Stanford: Stanford University, 2009.

YUSUF, S.; WINTERS, A. (Org.). *Dancing with the Giants*: India, China and the Global Economy. Washington: The World Bank, 2010.